Ohser
Angewandte Bildverarbeitung und Bildanalyse

Bleiben Sie auf dem Laufenden!

Hanser Newsletter informieren Sie regelmäßig über neue Bücher und Termine aus den verschiedenen Bereichen der Technik. Profitieren Sie auch von Gewinnspielen und exklusiven Leseproben. Gleich anmelden unter
www.hanser-fachbuch.de/newsletter

Joachim Ohser

Angewandte Bildverarbeitung und Bildanalyse

Methoden, Konzepte und Algorithmen in der Optotechnik, optischen Messtechnik und industriellen Qualitätskontrolle

Mit 121 Bildern, 147 Beispielen und 35 Aufgaben

Fachbuchverlag Leipzig
im Carl Hanser Verlag

Prof. Dr.-Ing. habil. Joachim Ohser
Hochschule Darmstadt

Alle in diesem Buch enthaltenen Informationen, Verfahren und Darstellungen wurden nach bestem Wissen zusammengestellt und mit Sorgfalt getestet. Dennoch sind Fehler nicht ganz auszuschließen. Aus diesem Grund sind die im vorliegenden Buch enthaltenen Informationen mit keiner Verpflichtung oder Garantie irgendeiner Art verbunden. Autoren und Verlag übernehmen infolgedessen keine juristische Verantwortung und werden keine daraus folgende oder sonstige Haftung übernehmen, die auf irgendeine Art aus der Benutzung dieser Informationen – oder Teilen davon – entsteht.

Ebenso übernehmen Autoren und Verlag keine Gewähr dafür, dass beschriebene Verfahren usw. frei von Schutzrechten Dritter sind. Die Wiedergabe von Gebrauchsnamen, Handelsnamen, Warenbezeichnungen usw. in diesem Buch berechtigt deshalb auch ohne besondere Kennzeichnung nicht zu der Annahme, dass solche Namen im Sinne der Warenzeichen- und Markenschutz-Gesetzgebung als frei zu betrachten wären und daher von jedermann benutzt werden dürften.

Bibliografische Information der Deutschen Nationalbibliothek

Die Deutsche Nationalbibliothek verzeichnet diese Publikation in der Deutschen Nationalbibliografie; detaillierte bibliografische Daten sind im Internet über http://dnb.d-nb.de abrufbar.

ISBN: 978-3-446-44933-6
E-Book-ISBN: 978-3-446-45308-1

Dieses Werk ist urheberrechtlich geschützt.
Alle Rechte, auch die der Übersetzung, des Nachdruckes und der Vervielfältigung des Buches, oder Teilen daraus, vorbehalten. Kein Teil des Werkes darf ohne schriftliche Genehmigung des Verlages in irgendeiner Form (Fotokopie, Mikrofilm oder ein anderes Verfahren), auch nicht für Zwecke der Unterrichtsgestaltung – mit Ausnahme der in den §§ 53, 54 URG genannten Sonderfälle –, reproduziert oder unter Verwendung elektronischer Systeme verarbeitet, vervielfältigt oder verbreitet werden.

© 2018 Carl Hanser Verlag München
Internet: http://www.hanser-fachbuch.de

Lektorat: Manuel Leppert, M.A.
Herstellung: Dipl.-Ing. (FH) Franziska Kaufmann
Coverconcept: Marc Müller-Bremer, www.rebranding.de, München
Coverrealisierung: Stephan Rönigk
Druck und Bindung: Hubert & Co., Göttingen
Printed in Germany

Vorwort

Die digitale Bildverarbeitung ist seit vielen Jahrzehnten ein sich sehr schnell entwickelndes Gebiet. Die Ursachen liegen in der immer größer werdenden Vielfalt der Bildgebungsverfahren, den inzwischen zahllosen Anwendungsgebieten und verfeinerten technischen Möglichkeiten für die Verarbeitung und Analyse der Bilddaten. Zu Letzteren gehören die Parallelisierung [22], das Processing auf einer Graphikkarte (*graphics processing unit*, GPU) und die Verwendung programmierbarer logischer Schaltungen (vor allem *field programmable gate arrays*, FPGA), siehe z. B. [8], wo die Leistungen dieser Techniken verglichen werden. Die Beschleunigung von Bildverarbeitungsalgorithmen bietet sich wegen ihrer oft inhärenten Parallelität an und eröffnet damit stets neue Anwendungen. Die verschiedenen Anwendungsgebiete beeinflussen ihrerseits die Bildverarbeitung nicht nur dahingehend, dass sie die Entwicklung neuer Methoden anregen; sie tragen darüber hinaus zur Etablierung neuer Teilgebiete bei, die sich durch ihre Ausrichtungen und Fachbegriffe voneinander unterscheiden. Seit den Anfängen der Bildverarbeitung sind das vor allem die Fotogrammetrie sowie die mikroskopische Bildverarbeitung in Medizin [95], Mineralogie und Werkstofftechnik [114]. Heute ist die Palette der Anwendungen praktisch nicht mehr überschaubar, wobei industrielle Qualitätskontrolle, die Überwachung und Steuerung von Prozessen, Anlagen und Fahrzeugen bis hin zur Robotik [15] aus wirtschaftlicher Sicht ein besonderes Gewicht erhalten. Hinzu kommt, dass Bildgebung und Bildverarbeitung in vielen Systemen nicht mehr zu trennen sind. In einigen Fällen ist die Bildverarbeitung sogar integraler Bestandteil der Bildgebung. Man denke nur an moderne Fotografie, Computer-Tomographie [158],[10],[65], konfokale Laserscanningmikroskopie (CLSM) auf der Basis der Lichtblatttechnologie [69], [163], [89] (*light sheet fluorescense microscopy*, LSFM) oder die Ptychographie [85], [31].

Grundsätzlich lassen sich sehr viele Algorithmen der Verarbeitung und Analyse 2-dimensionaler Bilder auf 3-dimensionale (Volumen-)Bilder übertragen [118], die beispielsweise durch Tomographie oder CLSM erhalten werden. Für 3-dimensionale Bilder von Oberflächen, die mit aktiver Triangulation, mono-, bin- oder multiokularer Stereophotogrammetrie, mittels Lichtfeldkameras, durch Photoklinometrie (*shape from shading*) oder Autofokussensoren, mit Laufzeitmessungen (*time of flight*), Interferometrie, Shearographie und Holographie erzeugt werden [140], ist das allerdings nur sehr eingeschränkt möglich. Die Verarbeitung und Analyse solcher Bilder scheint derzeit mehr oder weniger eigenständige Wege zu gehen.

Mit diesen Entwicklungen einher geht, dass die Bildverarbeitung zu den zentralen Bestandteilen verschiedenster Fachgebiete gehört, die wiederum maßgeblich zu ihrer Entwicklung beigetragen haben. Dazu zählen insbesondere die Elektro- und Kommunikationstechnik [12], [40], [145] und die Informatik (von Computer-Vision [82] bis *geometric deep learning* [100]), aber auch die Mathematik (vor allem die Diskrete oder Digitale Geometrie [84],[83], die Differentialgeometrie [29], das Gebiet der Partiellen Differentialgleichungen [144], [122] und die Numerik [81]). Die Integralgeometrie mit dem exzellenten Buch von Rolf Schneider [149] hat sich zu einer wichtigen Grundlage der Bildanalyse entwickelt, und Büchern über Stochastische Geometrie [102], [150], [33] und zufällige Felder [2], [3] können wertvolle Anregungen zur Analyse von Mikrostrukturen entnommen werden.

Für die Bildverarbeitung und Bildanalyse gibt es zahlreiche eigenständige, von der Art der Bildgebung weitgehend unabhängige und daher allgemein anwendbare Softwarepakete. Dazu gehören das System OpenCV (*Open Source Computer Vision Library*) [70], das in Java geschriebene und damit plattformübergreifende System ImageJ [148], das System Halcon [110] der Firma MVTec Software GmbH, die Software der Fa. Stemmer [4], das System ToolIP [45] des Fraunhofer-Instituts für Techno- und Wirtschaftsmathematik, verschiedene Produkte der Firma PixelFerber (Berlin) [127] für die Mikroskopbildverarbeitung, das Modul LabVIEW Vision im System LabVIEW der National Instruments AG [48] und das System Ad Oculus der Firma The Imaging Source Europe GmbH[14]. Stärker an die Abbildungstechnik gebunden sind z. B. Softwareprodukte der Firmen Olympus Soft Imaging Solutions GmbH (Münster) und Carl Zeiss MicroImaging GmbH (München). Darüber hinaus sind umfangreiche Pakete für die Bildverarbeitung in die Systeme Python der Python Software Foundation [131], MatLab der Firma MathWorks [104] und IDL (*Interactive Data Language*) [61] integriert. Die Leistungsfähigkeit dieser Systeme, d. h. der Umfang der Algorithmen der Bildverarbeitung und Bildanalyse sowie die Qualität ihrer Implementierung, unterscheidet sich beträchtlich. Dabei scheint es schwerzufallen, ein durchgängiges Konzept hinsichtlich der Ausnutzung der Separabilität, der Berücksichtigung des zugrunde liegenden Gitters, der Wahl der Nachbarschaft der Pixel, der Randbehandlung in Bildern etc. zu wahren [88].

Aus den oben genannten Gründen können im vorliegenden Buch nur wenige Teilgebiete der Bildverarbeitung und Bildanalyse behandelt werden. Das Buch soll vielmehr als ein Lehrbuch verstanden werden, in dem eine Einführung in dieses sehr große Gebiet gegeben wird. Im Vordergrund stehen klassische Methoden der 2-dimensionalen Bildverarbeitung, wobei unter Wahrung der allgemeinen Verständlichkeit des Textes neuere Sichtweisen präsentiert werden. In nur wenigen Abschnitten werden mathematische Kenntnisse vorausgesetzt, die über ein Grundstudium hinausgehen. In didaktischer (und teilweise auch inhaltlicher) Hinsicht soll an den exzellenten Klassiker über morphologische Bildverarbeitung von Jean Serra [152], dem ehemaligen Direktor des Centre de Morphologie Mathématitque in Fontainebleau, angeknüpft werden. Dem Lehrbuchcharakter wird durch zahlreiche, zum überwiegenden Teil sehr leicht nachvollziehbare Beispiele Rechnung getragen. Ergänzende Übungsaufgaben und deren im Anhang präsentierte Lösungen sollen es dem Leser erleichtern, sich in das Stoffgebiet einzuarbeiten. Außerdem werden einige Algorithmen in Form von Quellcode präsentiert, um dazu anzuregen, selbst zu programmieren und eigene Methoden zu implementieren. Zum vertiefenden Studium wird auf das bereits in mehrfacher Auflage erschienene Buch von Bernd Jähne [72] und [74] (englischsprachige Fassung [73]) oder auf das dreibändige Werk ([26], [27]) von Wilhelm Burger und Mark Burge verwiesen. Eine mehr mathematische Behandlung des Themas ist in dem neueren Buch von Bredies und Lorenz [23] zu finden, siehe auch [121] zu Level-Set-Methoden und [167] zur Diffusionsfilterung. Die Bearbeitung von Farbbildern kann in [49] vertiefend nachgelesen werden, und auch zur Verarbeitung und Analyse von 3-dimensionalen (Volumen-)Daten gibt es umfangreiche weiterführende Literatur [98], [111], [164], [118]. Schließlich wird noch auf das Buch von Beyerer u. a. [19] hingewiesen, in dem eine ausgezeichnete Übersicht zur 3-dimensionalen Bildgebung profilierter oder gekrümmter Oberflächen enthalten ist.

Das vorliegende Buch ist wie folgt gegliedert: In Kapitel 1 werden einige Grundlagen der Bildverarbeitung behandelt. Dazu gehören homogene Gitter, auf denen kontinuierliche Bilder gesampelt werden, Pixel und ihre Nachbarschaften sowie der Wechsel des Gitters durch bilineare Interpolation der Pixeldaten. Einige für die Anwendung sehr wichtige Filter wie morphologische Transformationen, lineare und morphologische Filter sowie Rangordnungsfilter sind in Kapitel 2 beschrieben. Bildtransformationen wie das Labeling, die Distanz-, Wasserscheiden-, Radon- und Hough-Transformation werden in Kapitel 3 behandelt. Natürlich zählt auch die Fourier-Transformation zu den Bildtransformationen. Wegen ihrer großen Bedeutung ist ihr und ihren Anwendungen ein eigenständiges Kapitel gewidmet (Kapitel 4), wobei besonderes Augenmerk auf die vielfältigen wechselseitigen Beziehungen zwischen kontinuierlicher und diskreter Fourier-Transformation gelegt wird. Zu den Anwendungen der Fourier-Transformation gehören auch die lineare Filterung und die Korrelationsanalyse via Ortsfrequenzraum, die in Kapitel 5 behandelt werden. Das schließt die bildanalytische Bestimmung der Auto- und Kreuzkorrelationsfunktion von zufälligen Strukturen mit ein. Als weitere Anwendungen der Fourier-Transformation gelten die schnelle Radon-Transformation und ihre Inverse, die tomographische Rekonstruktion (Kapitel 6), wobei Algorithmen wie die gefilterte Rückprojektion zwar ohne Fourier-Transformation auskommen, bei deren Herleitung aber das Projektions-Schnitt-Theorem der Fourier-Transformation verwendet wird. Schließlich wird noch in Kapitel 7 auf einige Aspekte der digitalen Bildanalyse eingegangen, wobei vor allem auf integralgeometrische Ansätze zurückgegriffen wird.

Das Buch richtet sich an Studierende der Elektrotechnik (insbesondere der Automatisierungstechnik und Mechatronik), der Informatik, der Werkstofftechnik sowie der Optotechnik und Bildverarbeitung. Zudem wendet es sich an Entwickler von Bildverarbeitungssystemen und Ingenieure, die sich mit dem Einsatz dieser Systeme im industriellen Umfeld befassen.

Abschließend möchte ich mich bei allen bedanken, die auf die eine oder andere Art zu diesem Buch beigetragen haben, insbesondere bei meinen Kollegen Konrad Sandau und Udo Häberle von der Hochschule Darmstadt, bei meiner Ehefrau Renate Ohser-Wiedemann und nicht zuletzt bei Franziska Kaufmann und Manuel Leppert vom Carl Hanser Verlag für die sorgfältige redaktionelle Bearbeitung des Manuskripts.

Darmstadt, im November 2017   Joachim Ohser

Inhalt

1 Gitter, Bilder und Nachbarschaften **13**
   1.1 Vorbemerkungen zur Bilddatenstruktur 13
   1.2 Euler-Zahl 15
        1.2.1 Additive Erweiterung 16
        1.2.2 Euler-Poincaré-Formel 19
        1.2.3 Netzwerkformel 19
   1.3 Homogene Gitter, Sampling und Digitalisierung 20
   1.4 Lokale Pixelkonfigurationen 24
   1.5 Nachbarschaften von Pixeln und ihre Komplementarität 28
   1.6 Digitale Bilder 32
        1.6.1 Grautonbilder 32
        1.6.2 Interpolation von Pixelwerten 33
                1.6.2.1 Bilddrehung 36
                1.6.2.2 Verzeichnungskorrektur 36
        1.6.3 Lokale Pixeloperationen 41
                1.6.3.1 Binarisierung von Grautonbildern 43
                1.6.3.2 Manipulation des Grauwerthistogramms 45
        1.6.4 Elementare Statistik für Pixelwerte 48
        1.6.5 Mehrkanalige Bilder 50
        1.6.6 RGB- und HSV-Farbräume 50
        1.6.7 Bildrandfehler und allgemeine Prinzipien ihrer Behandlung 55

2 Filterung von Bildern **57**
   2.1 Morphologische Transformationen 57
        2.1.1 Minkowski-Addition und Dilatation 57
        2.1.2 Minkowski-Subtraktion und Erosion 60
        2.1.3 Morphologische Öffnung und Abschließung 62
        2.1.4 Top-Hat-Transformationen 65
        2.1.5 Algorithmische Implementierung 66
        2.1.6 Bildrandfehler morphologischer Transformationen 70
   2.2 Lineare Filter 73

      2.2.1 Lineare Glättungsfilter 75
            2.2.1.1 Mittelwertfilter 75
            2.2.1.2 Gauß- und Binomialfilter 79
      2.2.2 Ableitungsfilter 1. Ordnung 84
      2.2.3 Ableitungsfilter 2. Ordnung 92
  2.3 Morphologische Filter 95
      2.3.1 Von Transformation zu Filterung 95
      2.3.2 Algorithmische Implementierung 100
  2.4 Rangordnungsfilter 101
      2.4.1 Diskrete Versionen von Rangordnungsfiltern 103
      2.4.2 Hinweise zur algorithmischen Implementierung 104

3 Spezielle Bildtransformationen **107**
  3.1 Labeling von Zusammenhangskomponenten 107
      3.1.1 Verbundenheit und Zusammenhangskomponenten 108
      3.1.2 Elementarer Labeling-Algorithmus 110
      3.1.3 Labeling mit Lauflängenkodierung 118
  3.2 Distanztransformation 122
      3.2.1 Definition und Bezeichnungen 122
      3.2.2 Weitere Distanztransformationen 123
      3.2.3 Algorithmische Implementierung 125
            3.2.3.1 Der 1-dimensionale Fall 126
            3.2.3.2 Der 2-dimensionale Fall 128
  3.3 Wasserscheidentransformation 132
      3.3.1 Geodätischer Abstand 135
      3.3.2 Zerlegung in Einflusszonen 136
      3.3.3 Flutungsalgorithmus 139
  3.4 Radon- und Hough-Transformation 141
      3.4.1 Radon-Transformation 142
      3.4.2 Hough-Transformation 152
      3.4.3 Template-Matching 157

4 Fourier-Transformation **160**
  4.1 Kontinuierliche Fourier-Transformation 162
  4.2 Fourier-Bessel-Transformation 171
  4.3 Anwendungen 173
      4.3.1 Ortssensitive Diffusionsfilter 174
      4.3.2 Abtasttheorem und Moiré-Effekt 179

4.4	Diskrete Fourier-Transformation	183
	4.4.1 Die 1-dimensionale diskrete Fourier-Transformation	184
	4.4.2 Schnelle Fourier-Transformation	192
	4.4.3 Die 2-dimensionale diskrete Fourier-Transformation	197

5 Faltung und Korrelation im Ortsfrequenzraum ... **204**

5.1	Faltung im Ortsfrequenzraum	204
5.2	Transferfunktionen linearer Filter	214
	5.2.1 Transferfunktionen von Binomialfiltern	215
	5.2.2 Transferfunktionen von Mittelwertfiltern	220
	5.2.3 Transferfunktion von Gauß-Filtern	221
	5.2.4 Transferfunktion des Gradientenfilters	225
	5.2.5 Transferfunktion des Laplace-Filters	226
5.3	Filterdesign	226
	5.3.1 Design von Gradientenfiltern zur Messung von Richtungen	226
	5.3.2 Verbesserung der Isotropieeigenschaften von Laplace-Filtern	228
5.4	Tief-, Hoch- und Bandpassfilter	229
	5.4.1 Tiefpassfilter	229
	5.4.2 Hochpassfilter	230
	5.4.3 Bandpassfilter	231
5.5	Inverse Filterung	232
5.6	Auto- und Kreuzkorrelationsfunktionen zufälliger Strukturen	236
	5.6.1 Korrelation und Spektraldichte	236
	5.6.2 Wolkigkeit von Papier	241
	5.6.3 Kreuzkorrelationsfunktion und ihre Schätzung	243
	5.6.4 Über die Ausbreitung des Borkenkäfers	244

6 Radon-Transformation und tomographische Rekonstruktion ... **248**

6.1	Radon-Transformation via Ortsfrequenzraum	248
6.2	Tomographische Rekonstruktion	251
	6.2.1 Gefilterte Rückprojektion	254
	6.2.2 Algorithmische Implementierung	255

7 Grundbegriffe der Bildanalyse ... **260**

7.1	Additive, translationsinvariante, isotrope und stetige Merkmale	260
	7.1.1 Messung der Fläche	262
	7.1.2 Messung des Umfangs	264
7.2	Konvexe Hülle und ihre Merkmale	271
7.3	Weitere Merkmale	275

8 **Lösung der Übungsaufgaben** **276**

Formelzeichen und Abkürzungen **284**

Literatur **285**

Index **294**

1 Gitter, Bilder und Nachbarschaften

Im folgenden Kapitel sollen ein paar Grundlagen der Bildverarbeitung und Bildanalyse behandelt werden, die für die Behandlung in den darauf folgenden Kapiteln wichtig sind. Dazu gehört die Einführung digitaler Bilder als ein Sampling von Funktionen auf Gittern. Für viele Algorithmen der Bildverarbeitung und Bildanalyse von Binärbildern werden zudem Nachbarschaften der Pixel vorausgesetzt, die ebenfalls in diesem Kapitel erklärt werden sollen.

■ 1.1 Vorbemerkungen zur Bilddatenstruktur

Um künftig etwas Quellcode zur Notation von Algorithmen in der Programmiersprache C präsentieren zu können, verständigen wir uns darauf, dass ein Bild img eine Struktur der Form

```
/** @struct IMG
    structure of a complex pixel value
**/
typedef struct IMG{
  unsigned long *n;   // pixel number
  double *a;          // pixel size
  int t;              // type of the pixels
  void **pix;         // field of pixel values
} IMG;
```

haben möge. Dabei ist img.pix eine rechteckige Matrix von Pixelwerten mit n_1 = img.n[0] Zeilen und n_2 = img.n[1] Spalten. Die Pixelgrößen a_1 = img.a[0] und a_2 = img.a[1] entsprechen den Gitterabständen rechteckiger Gitter, und img.t ist der Datentyp der Pixelwerte, die für img.t = 1,2,... vom Typ unsigned char, unsigned sort, unsigned long, float, double etc. seien können. Die Pixelwerte von Binärbildern (img.t = 0) seien ebenfalls vom Typ unsigned char, wobei für Vordergrundpixel lediglich das erste Bit belegt ist. Für Pixel mehrkanaliger Bilder und komplexwertiger Pixel werden später an den entsprechenden Stellen gesonderte Vereinbarungen getroffen werden.

Die Reservierung von Speichplatz für das Feld pix erfolgt mithilfe von

```
/** Allocation of a 2-dimensional array of pixel values
 *  x[0..n[0]-1][0..n[1]-1] of items of size m.
    @param *n [IN] number of rows and collumns
    @param m [IN] size of an item
    @return error code or null pointer
***/
void **Calloc2D(unsigned long *n, size_t m) {
```

```
  unsigned long i;
  unsigned char *x;
  void* *y;

  x = (unsigned char *)calloc(n[0] * n[1], m);
  y = (void *)malloc(n[0]*sizeof(void *));

  for(i=0; i<n[0]; i++)
    y[i] = &x[i * n[1] * m];

  return (void **)y;
}
```

Das bedeutet, dass die Pixelwerte auf dem Datenstream y-lokal abgelegt sind. Sind also die Pixelwerte pix z. B. vom Typ unsigned char und setzen wir einen Datenstream str, der ebenfalls vom Typ unsigned char sein soll, mit str = &pix[0][0] auf die Adresse des ersten Pixels, dann sind die beiden Pixelwerte pix[i][j] und *(str + i * n[0] + j) für alle Indizes identisch. Formal schreiben wir

$$\text{pix}[i][j] \equiv *(\text{str} + i * n[0] + j) \tag{1.1}$$

für alle i = 0..n[0]-1 und j = 0..n[1]-1. Damit könnte die Invertierung eines 8-Bit-Grautonbildes beispielsweise mit einer Doppelschleife in

```
/** Inversion of image data.
    @param IMG [INOUT] greytone image of type unsigned char
    @return error code
**/
int InvertImg(IMG *img) {

  unsigned long i, j;
  unsigned char **pix;

  pix = (unsigned char **)img->pix;
  for(i=0; i<img->n[0]; i++)
    for(j=0; j<img->n[1]; j++)
      pix[i][j] = ~pix[i][j];

  return 0;
}
```

oder alternativ mit einer Einfachschleife in

```
/** Inversion of image data.
    @param IMG [INOUT] greytone image of type unsigned char
    @return error code
**/
int InvertImg1(IMG *img) {

  unsigned long i, n;
  unsigned char **pix, *str;
```

```
  pix = (unsined char **)img->pix;
  str = &pix[0][0];
  n = img->n[0] * img->n[1];
  for(i=0; i<n; i++)
    str[i] = ~str[i];

  return 0;
}
```

geschrieben werden. Wir werden später von beiden Varianten der Pixeladressierung Gebrauch machen. Schließlich wird der Speicherplatz noch mit der Funktion

```
/** Delallocation of a 2-dimensional array.
    @param x [IN] the 2-dimensional array to be deallocated and set to the NULL-pointer
**/
void Free2D(char **x){

  free((char *)&(x[0][0]));
  free((char *)x);
  x = NULL;
}
```

freigegeben. Zudem wird in diesem Buch noch eine Funktion NewImg() zur Erzeugung eines Bildes mit einer vorgegebenen Pixelzahl, einer Pixelgröße und eines Datentyps für die Pixelwerte verwendet.

Natürlich müsste in allen Funktionen noch eine sorgfältige Fehlerbehandlung vorgenommen werden, auf die wir hier aber aus Platz- und Übersichtsgründen verzichten wollen.

■ 1.2 Euler-Zahl

Die Euler-Zahl (Euler-Poincaré-Charakteristik) ist zunächst ein Merkmal (*feature*) eines Binärbildes, das algorithmisch sehr einfach bestimmt werden kann und mit dem sich eine Reihe von Problemen der Bildanalyse lösen lässt. In diesem Abschnitt wird die Euler-Zahl jedoch primär dazu eingeführt, um die Bedeutung von Nachbarschaften der Pixel eines Binärbildes und die Komplementarität von Nachbarschaften zu erklären.

Wir betrachten den kontinuierlichen Fall, in dem der Vordergrund und der Hintergrund eines Binärbildes als Teilmengen des 2-dimensionalen Euklidischen Raumes $\mathbb{R}^2$ aufgefasst werden können. Außerdem nehmen wir einfachheitshalber an, dass das Bild unendlich ausgedehnt ist. Das erspart uns die Behandlung von Bildrandeffekten, auf die aber später noch einzugehen ist.

Wenn wir mit $X \subseteq \mathbb{R}^2$ den Vordergrund eines kontinuierlichen Binärbildes bezeichnen, dann ist die Komplementärmenge $X^c = \mathbb{R}^2 \setminus X$ der Hintergrund. Die Euler-Zahl wird zunächst für kompakte (d. h. beschränkte und abgeschlossene), konvexe Mengen $K \subset \mathbb{R}^2$ erklärt.

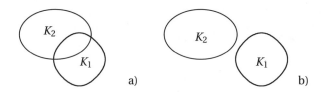

Bild 1.1 Die Vereinigung $X = K_1 \cup K_2$ zweier konvexer Mengen K_1 und K_2 ist im Allgemeinen nicht konvex. a) Der Durchschnitt $K_1 \cap K_2$ ist nicht leer, und folglich ist $\chi(X) = 1$. b) Der Durchschnitt ist leer, und damit ist $\chi(X) = 2$.

Definition 1.1 Sei $K \subset \mathbb{R}^2$ eine kompakte und konvexe Menge. Die Euler-Zahl $\chi(K)$ der Menge K ist definiert durch

$$\chi(K) = \begin{cases} 1, & \text{falls } K \neq \emptyset \\ 0, & \text{sonst} \end{cases}.$$

■

Das heißt, $\chi(K)$ nimmt für kompakte, konvexe Mengen nur die Werte 0 oder 1 an. Aus der Einfachheit dieser Definition erklärt sich letztendlich auch die Einfachheit der bildanalytischen Bestimmung. Allerdings bedeutet die Einschränkung auf konvexe Mengen eine wesentliche Einschränkung der Anwendung, denn es kann im Allgemeinen nicht vorausgesetzt werden, dass der Vordergrund eines Binärbildes oder auch nur eine Zusammenhangskomponente des Vordergrundes konvex sind. Wir gehen daher zu nichtkonvexen Mengen über.

1.2.1 Additive Erweiterung

- Die Vereinigung $X = K_1 \cup K_2$ zweier kompakter, konvexer Mengen K_1 und K_2 ist im Allgemeinen nicht konvex. Allerdings ist der Durchschnitt $K_1 \cap K_2$ konvex. Daher kann die Euler-Zahl von X durch

$$\chi(X) = \chi(K_1) + \chi(K_2) - \chi(K_1 \cap K_2)$$

erklärt werden. Sind K_1 und K_2 nicht leer, aber disjunkt, dann ist $\chi(X) = 2$. Ist der Durchschnitt $K_1 \cap K_2$ ebenfalls nicht leer (d. h. bildet $K_1 \cup K_2$ eine Zusammenhangskomponente), dann ist $\chi(X) = 1$.
In Bild 1.1 sind die Mengen K_1 und K_2 schematisch dargestellt.

- Für die Vereinigung $X = K_1 \cup K_2 \cup K_3$ dreier Mengen gilt

$$\begin{aligned} \chi(X) = {} & \chi(K_1) + \chi(K_2) + \chi(K_3) \\ & - \chi(K_1 \cap K_2) - \chi(K_1 \cap K_3) - \chi(K_2 \cap K_3) \\ & + \chi(K_1 \cap K_2 \cap K_3). \end{aligned}$$

Ist X die Vereinigung dreier konvexer Mengen, dann kann die Euler-Zahl von X Werte zwischen 0 und 3 annehmen, siehe Bild 1.2.

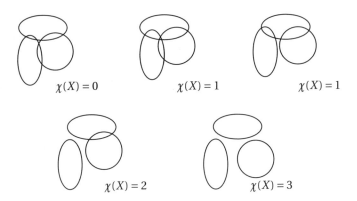

Bild 1.2 Werte für die Euler-Zahl der Vereinigung $X = K_1 \cup K_2 \cup K_3$ dreier konvexer Mengen K_1, K_2 und K_3

- Das lässt sich verallgemeinern. Für eine endliche Vereinigung $X = \bigcup_{i=1}^{m} K_i$ gilt

$$\chi(X) = \sum_{i=1}^{m} \chi(K_i) - \sum_{i=1}^{m-1} \sum_{j=i+1}^{m} \chi(K_i \cap K_j) + \ldots - (-1)^m \chi\left(\bigcap_{i=1}^{m} K_i\right) \tag{1.2}$$

(Inklusions-Exklusions-Prinzip), wobei anzumerken ist, dass sich jede kompakte, nichtkonvexe Menge hinreichend gut durch eine endliche Vereinigung kompakter konvexer Mengen approximieren lässt (wobei wir hier offen lassen, was „approximieren" bedeutet).

Wegen der Additivität der Euler-Zahl und des sich daraus ergebenden Inklusions-Exklusions-Prinzips lässt sich die Euler-Zahl lokaler Bildinformation bestimmen.

Die Euler-Zahl ist (im 2-dimensionalen Fall) die Anzahl der Zusammenhangskomponenten minus die Anzahl der „Löcher".

Aufgabe 1.1 Welche Werte kann die Euler-Zahl der Vereinigung von vier konvexen Mengen annehmen? ∎

Beispiel 1.1 Einfache Zuammenhangskomponenten (einfach zusammenhängende Objekte, Objekte ohne Loch) haben die Euler-Zahl 1. Folglich kann die Euler-Zahl verwendet werden, um einfache Zusammenhangskomponenten zu zählen. Die Zementitausscheidungen in Bild 1.3a sind einfach zusammenhängend. Also entspricht in diesem Fall die gemessene Euler-Zahl der Anzahl der Ausscheidungen, $\chi = N = 1978$. Meist wird die Anzahl auf die Größe des Bildausschnittes bezogen, d. h., es wird die Anzahl pro Flächeneinheit angegeben, $N_A = 0{,}218\,\mu\text{m}^{-2}$. ∎

Beispiel 1.2 Klar, die Anzahl m der (sich berührenden) Kohlenstofffaserquerschnitte in Bild 1.3b kann bestimmt werden, indem die Objekte in einem binarisierten Bild zunächst durch eine morphologische Transformation getrennt und danach gezählt werden, wobei für die Zählung wie oben die Euler-Zahl verwendet werden kann. ∎

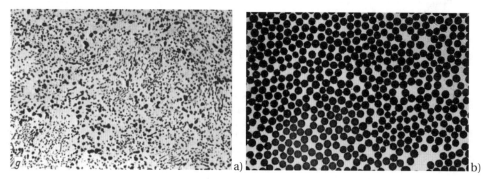

Bild 1.3 a) Zementitausscheidungen (dunkel) in einem eutektoidischen Kohlenstoffstahl in einem ebenen Anschliff, lichtoptische Aufnahme, 474 × 332 Pixel, Pixelgröße $a_1 = a_2 = 0.24\,\mu$m; b) Verbundwerkstoff, Kohlenstofffasern (dunkel) in Epoxidharz im Querschliff, lichtoptische Aufnahme

Beispiel 1.3 Schwieriger scheint es zu sein, in Bild 1.3b die Anzahl n der Faserkontakte (d. h. der Brührungsstellen der Objekte) zu bestimmen. Wir verwenden die Inklusions-Exklusions-Formel (1.2), wobei zu berücksichtigen ist, dass ausschließlich paarweise Überlappungen auftreten. Die Gl. (1.2) kann also vereinfacht werden,

$$\chi(X) = \underbrace{\sum_{i=1}^{m} \chi(K_i)}_{m} - \underbrace{\sum_{i=1}^{m-1} \sum_{j=i+1}^{m} \chi(K_i \cap K_j)}_{n},$$

wobei man sich leicht überlegen kann, dass die Doppelsumme auf der rechten Seite gerade der Anzahl n der Faserkontakte entspricht. Ein Wert für n kann bestimmt werden, wenn neben der Anzahl m der Faserquerschnitte auch die Euler-Zahl der (nicht erodierten) Struktur gemessen und die obige Gleichung nach n umgestellt wird,

$$n = m - \chi(X).$$

Die mittlere Anzahl κ der Faserkontakte pro Faser (d. h. die Koordinationszahl) erhält man aus

$$\kappa = 2\left(1 - \frac{\chi(X)}{m}\right).$$

Der Faktor 2 ist dadurch motiviert, dass sich jeweils zwei einander berührende Objekte eine Berührungsstelle „teilen". Für Bild 1.3b erhält man $\chi = -227$ (bezüglich der 6.1er-Nachbarschaft), $m = 471$ und damit $\kappa = 1{,}036$. ∎

Bemerkung 1.1 Ist X eine endliche Vereinigung konvexer Mengen, dann gilt das nicht für ihre Komplementärmenge X^c. Folglich lässt sich die Euler-Zahl von X^c nicht mithilfe des Inklusions-Exklusions-Prinzips erklären. In diesem Fall kann $\chi(X^c)$ durch Hadwigers rekursive Formel definiert werden [56], [115], und es gilt

$$\chi(X) = -\chi(X^c),$$

d. h., durch die Invertierung eines Binärbildes ändert sich das Vorzeichen der Euler-Zahl. ∎

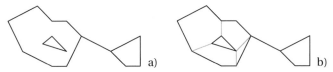

Bild 1.4 a) Eine zusammenhängende polygonale Menge X mit einem „Loch": Die Euler-Zahl von X ist erwartungsgemäß gleich 0. b) Durch die eingefügten Kanten erhält man eine Unterteilung in konvexe Polygone, deren Vereinigung X ist.

1.2.2 Euler-Poincaré-Formel

Für (nichtkonvexe) polygonale Mengen, d. h. für endliche Vereinigungen konvexer Polygone, kann die Euler-Zahl mit der Euler-Poincaré-Formel berechnet werden.

Satz 1.1 Sei X ein (nicht notwendig konvexes oder zusammenhängendes) Polygon mit v Ecken (*vertices*), e Kanten (*edges*) und f konvexen Flächen (*faces*). Für die Euler-Zahl $\chi(X)$ des Polygons gilt

$$\chi(X) = v - e + f \tag{1.3}$$

(Euler-Poincaré-Formel). ∎

Beispiel 1.4 Für ein konvexes n-Eck X ist $v = e = n$ und $f = 1$. Somit ist $\chi(X) = n - n + 1 = 1$. ∎

Beispiel 1.5 Für die polygonale Menge X in Bild 1.4b ist $v = 15$, $e = 20$ und $f = 5$. Damit erhält man $\chi(X) = 15 - 20 + 5 = 0$. Das Ergebnis ist plausibel, denn in Bild 1.4a ist eine Zusammenhangskomponente mit einem „Loch" abgebildet. ∎

1.2.3 Netzwerkformel

Für viele Anwendungen ist die sogenannte Netzwerkformel hilfreich, die etwas über den Zusammenhang zwischen der Euler-Zahl pro Flächeneinheit χ_A und der Anzahl der Knoten pro Flächeneinheit N_A in einem Netzwerk (d. h. in einem Graphen) aussagt. Wir bezeichnen mit $\bar{\mu}$ die mittlere Anzahl der Kanten des Netzwerks, die von einem Knoten ausgehen. Mit $\bar{\mu}$ wird die mittlere Ordnung der Knoten bezeichnet, also die mittlere Anzahl der Kanten, die von einem Knoten ausgehen. Dann gilt

$$\chi_A = N_A\left(1 - \frac{\bar{\mu}}{2}\right). \tag{1.4}$$

(Netzwerkformel) [105].

Beispiel 1.6 Wir fassen die Berührungsstellen der Glasfasern in Bild 1.5a als Knoten eines Netzwerkes auf. Von jedem dieser Knoten gehen vier Kanten aus, und folglich ist $\bar{\mu} = 4$.

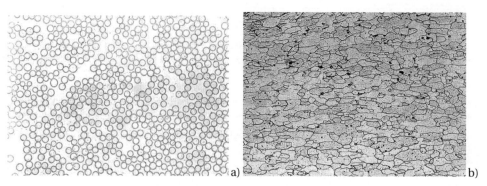

Bild 1.5 a) Glasfasern in Epoxidharz, Querschliff, mikroskopische Aufnahme, Dunkelfeldbeleuchtung und b) ferritischer Stahl, Längsschliff eines Drahts, lichtmikroskopische Aufnahme, Hellfeld: Die sich berührenden Kreislinien der Ränder der Glasfasern und das Kantensystem der Ferritkörner bilden Netzwerke.

Vorausgesetzt, das Netzwerk lässt sich segmentieren, dann wird die Euler-Zahl pro Flächeneinheit χ_A bestimmt und die Netzwerkformel (1.4) nach der Anzahl der Berührungsstellen pro Flächeneinheit N_A umgestellt. Man erhält unmittelbar

$$N_A = -\chi_A.$$

Beispiel 1.7 Für das Kantensystem in Bild 1.5b ist $\bar{\mu} = 3$. Die Anzahl der Knoten (Kornzwickel) je Flächeneinheit N_V lässt sich folglich mithilfe der Netzwerkformel

$$N_A = -2\chi_A$$

berechnen, sofern sich das Kantensystem vernünftig segmentieren lässt und χ_A mit der erforderlichen Genauigkeit bestimmt werden kann.

1.3 Homogene Gitter, Sampling und Digitalisierung

Digitale Bilder sind Daten auf Gitterpunkten, wobei in der Sprache der Bildverarbeitung die Daten den Pixelwerten und die Gitterpunkte den Pixelpositionen entsprechen. Die Menge der Gitterpositionen eines Bildes bildet ein 2-dimensionales Gitter $\mathbb{L}$. Eine besondere Rolle spielen in der Bildverarbeitung homogene Gitter.

Definition 1.2 Ein Gitter $\mathbb{L}$ heißt homogen, wenn es invariant bezüglich Gitterverschiebungen ist, d. h. $\mathbb{L} + x = \mathbb{L}$ für alle $x \in \mathbb{L}$.

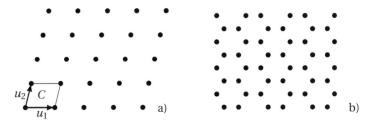

Bild 1.6 a) Ausschnitt aus einem homogenen 2-dimensionalen Gitter $\mathbb{L}$ mit 25 Punkten, den Basisvektoren u_1 und u_2 und der Einheitszelle C; b) Beispiel für ein inhomogenes Gitter

Seien $u_1, u_2 \in \mathbb{R}^2$ zwei linear unabhängige Vektoren und $\mathbb{Z}$ die Menge der ganzen Zahlen. Dann bildet die Menge

$$\mathbb{L} = \{x \in \mathbb{R}^2 : x = i u_1 + j u_2, \, i, j \in \mathbb{Z}\}$$

der ganzzahligen Linearkombinationen der Basisvektoren u_1 und u_2 ein homogenes Gitter mit der Einheitszelle $C = \{x \in \mathbb{R}^2 : x = p u_1 + q u_2, \, 0 \leq p, q \leq 1\}$, d. h., C hat die Eckpunkte 0, u_1, u_2 und $u_1 + u_2$. Die Kantenlängen $a_1 = \|u_1\|$ und $a_2 = \|u_2\|$ sind die Gitterabstände. Fassen wir die beiden Basisvektoren u_1 und u_2 zu einer Matrix $U = (u_1, u_2)$ zusammen, dann ist $F(C) = |\det U|$ die Fläche der Einheitszelle, die häufig mit der Pixelgröße eines digitalen Bildes assoziiert wird. Homogene Gitter sind unbeschränkt; in Bild 1.6a wird lediglich ein Ausschnitt gezeigt.

Das Gitter $\mathbb{L}$ ist durch seine Basisvektoren charakterisiert, jedoch sind für ein gegebenes homogenes Gitter die Basisvektoren nicht eindeutig bestimmt. Für ein inhomogenes Gitter, siehe Bild 1.6b, gibt es keine Basis.

Beispiel 1.8 Quadratische Gitter $\mathbb{L} = a\mathbb{Z}^2$ mit einem Gitterabstand $a > 0$ werden z. B. in CCD- und CMOS-Kameras zugrunde gelegt, Bild 1.7a. Die gebräuchliche Gitterbasis ist

$$u_1 = \begin{pmatrix} a \\ 0 \end{pmatrix}, \quad u_2 = \begin{pmatrix} 0 \\ a \end{pmatrix}.$$

Alternativ könnte aber auch die Basis

$$u_1 = \begin{pmatrix} a \\ 0 \end{pmatrix}, \quad u_2 = \begin{pmatrix} a \\ a \end{pmatrix}$$

gewählt werden. ∎

Beispiel 1.9 Zeilenkameras liefern meist Bilder auf rechteckigen Gittern, die z. B. durch die Basisvektoren

$$u_1 = \begin{pmatrix} a_1 \\ 0 \end{pmatrix}, \quad u_2 = \begin{pmatrix} 0 \\ a_2 \end{pmatrix}$$

charakterisiert sind. In Bild 1.7b ist das Verhältnis der Seitenlängen $a_1/a_2 = 1,5$. ∎

22   1 Gitter, Bilder und Nachbarschaften

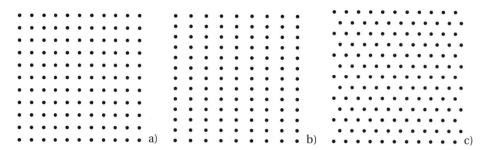

Bild 1.7 Ausschnitte homogener Gitter: a) quadratisch, b) rechteckig, c) hexagonal

Beispiel 1.10 Ein Gitter mit der Basis

$$u_1 = \begin{pmatrix} a \\ 0 \end{pmatrix}, \quad u_2 = \frac{1}{2}\begin{pmatrix} a \\ \sqrt{3}a \end{pmatrix}$$

und dem einheitlichen Gitterabstand $a > 0$ ist hexagonal, siehe Bilder 1.7c und 1.8a. In den 1970er Jahren wurden von der Firma Leitz Kameras mit hexagonalen Pixelrastern eingeführt, was für die Bildverarbeitung und Bildanalyse Vorteile im Vergleich zu quadratischen Rastern hat. Die Grundlagen dafür gehen auf Entwicklungen des Centre de Morphologie Mathématique in Fontainebleau zurück, siehe [152] und darin zitierte Literatur. ∎

Bei der Fourier-Transformation von Bildern spielt das inverse (oder reziproke) Gitter eine Rolle, das im Zusammenhang mit der Beugung von Röntgenstrahlen an Kristallgittern auch als reziprokes Gitter bezeichnet wird. Die Matrix $\hat{U}$ der Gitterbasis des zu $\mathbb{L}$ inversen Gitters $\hat{\mathbb{L}}$ ist die Transponierte der Inversen von U,

$$\hat{U} = (U^{-1})',$$

wobei die Spaltenvektoren $\hat{u}_1$ und $\hat{u}_2$ von $\hat{U}$ die Basis des inversen Gitters bilden, siehe auch Abschnitt 4.4.3. Offensichtlich haben die Gitterabstände $\|\hat{u}_1\|$ und $\|\hat{u}_2\|$ von $\hat{\mathbb{L}}$ die Maßeinheit m^{-1}, wenn die Maßeinheit der Gitterabstände $\|\hat{u}_1\|$ und $\|\hat{u}_2\|$ in m gegeben ist. Für die Pixelgröße des inversen Gitters mit der Einheitszelle $\hat{C}$ gilt $F(\hat{C}) = 1/F(C)$.

Beispiel 1.11 Das zum hexagonalen Gitter inverse Gitter ist ebenfalls hexagonal. Aus der in Beispiel 1.10 gegebenen Basis folgt

$$U = \frac{a}{2}\begin{pmatrix} 2 & 1 \\ 0 & \sqrt{3} \end{pmatrix}, \quad U^{-1} = \frac{1}{\sqrt{3}a}\begin{pmatrix} \sqrt{3} & -1 \\ 0 & 2 \end{pmatrix}, \quad \hat{U} = \frac{1}{\sqrt{3}a}\begin{pmatrix} \sqrt{3} & 0 \\ -1 & 2 \end{pmatrix}.$$

Die Basisvektoren des inversen Gitters sind also

$$\hat{u}_1 = \frac{1}{\sqrt{3}a}\begin{pmatrix} \sqrt{3} \\ -1 \end{pmatrix}, \quad \hat{u}_2 = \frac{1}{\sqrt{3}a}\begin{pmatrix} 0 \\ 2 \end{pmatrix}.$$

In Bild 1.8 sind die beiden zueinander inversen Gitter $\mathbb{L}$ und $\hat{\mathbb{L}}$ für $a = 1$ dargestellt. ∎

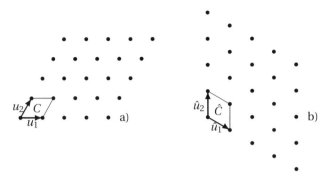

Bild 1.8 Ausschnitte a) aus dem hexagonalen Gitter $\mathbb{L}$ und b) dem zugehörigen inversen Gitter $\hat{\mathbb{L}}$

Aufgabe 1.2 Gegeben sei ein Gitter $\mathbb{L}$ mit den Basisvektoren

$$u_1 = \frac{1}{\sqrt{2}}\begin{pmatrix} 1 \\ 1 \end{pmatrix}, \quad u_2 = \frac{1}{\sqrt{2}}\begin{pmatrix} -1 \\ 1 \end{pmatrix}.$$

Bestimmen Sie eine Basis des zu $\mathbb{L}$ inversen Gitters $\hat{\mathbb{L}}$. ∎

Aufgabe 1.3 Unter welcher Voraussetzung ist $\mathbb{L} = \hat{\mathbb{L}}$? ∎

Als einfachstes Modell der Abtastung wird das Sampling $X_\square = X \cap \mathbb{L}$ einer Menge $X \subset \mathbb{R}^2$ auf einem homogenen Gitter $\mathbb{L}$ eingeführt. Es besteht aus allen Gitterpunkten, die in X liegen, Bild 1.9b. Unter $X \cap \mathbb{L}$ kann die Menge der Vordergrundpixel eines digitalen Binärbildes verstanden werden, und das Sampling $X^c \cap \mathbb{L}$ der Komplementärmenge X^c ist die Menge der Hintergrundpixel, Bild 1.9c. Sampling ist in der Regel mit einem Informationsverlust verbunden. Es ist also im Allgemeinen nicht möglich, X aus dem Sampling $X \cap \mathbb{L}$ zu rekonstruieren, siehe Abschnitt 4.3.2.

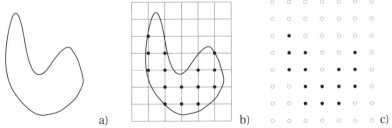

Bild 1.9 a) Eine Menge X, b) ihr Sampling $X \cap \mathbb{L}$ auf einem quadratischen Gitter $\mathbb{L}$ und c) das zugehörige Binärbild, wobei • die Vorder- und ○ die Hintergrundpixel kennzeichnen

Unter Digitalisierungen verstehen wir in diesem Abschnitt Approximationen von X, die durch eine Abtastung von X auf dem Gitter $\mathbb{L}$ initiiert werden.

- Die Gauß-Digitalisierung ist die Vereinigung aller Gitterzellen, deren untere linke Ecke in X liegt,

$$\bigcup_{x \in X \cap \mathbb{L}} (C + x), \tag{1.5}$$

24 1 Gitter, Bilder und Nachbarschaften

Bild 1.10a.

- Die innere Jordan-Digitalisierung ist die Vereinigung aller Gitterzellen, die vollständig in X liegen,

$$\bigcup_{x \in \mathbb{L}} \{C + x : X \subseteq C + x\},$$

Bild 1.10b.

- Die äußere Jordan-Digitalisierung ist die Vereinigung aller Gitterzellen, die von X geschnitten werden,

$$\bigcup_{x \in \mathbb{L}} \{C + x : X \cap (C + x) \neq \emptyset\},$$

Bild 1.10c.

- Betrachtet wird ein Rendering von X, das als Polygonzug die Mittelpunkte aller Kanten der Gitterzellen von $\mathbb{L}$ verbindet, für die jeweils ein Ende in X und das andere außerhalb von X liegt. Das zugehörige Polygon kann als eine Digitalisierung von X aufgefasst werden, Bild 1.10d.

Während die Gauß-Digitalisierung und das Rendering direkt aus dem Sampling $X \cap \mathbb{L}$ erzeugt werden, können die beiden Jordan-Digitalisierungen im Allgemeinen nicht aus $X \cap \mathbb{L}$ erhalten werden.

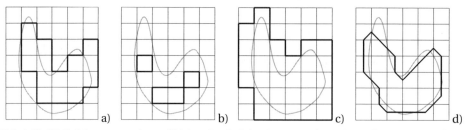

Bild 1.10 Digitalisierungen eines Objekts bezüglich eines quadratischen Gitters $\mathbb{L}$: a) Gauß-Digitalisierung, b) innere Jordan-Digitalisierung, c) äußere Jordan-Digitalisierung, d) das Polygon, dessen Rand durch Rendering von X auf $\mathbb{L}$ erhalten wurde

Bemerkung 1.2 Rendering spielt in der 3D-Bildverarbeitung eine große Rolle bei der Visualisierung von 3D-Binärbildern. Das in Bild 1.10 gezeigte Rendering des Vordergrundes eines 2D-Binärbildes entspricht dem Oberflächenrendering (indirektes Rendering) von 3D-Binärbildern [116]. ∎

■ 1.4 Lokale Pixelkonfigurationen

In diesem Abschnitt werden lokale Pixelkonfigurationen von Binärbildern eingeführt. Wie wir später noch sehen werden, enthält die Anzahl dieser Konfigurationen wesentliche Informationen. Wichtig sind vor allem 2 × 2-Pixelkonfigurationen, aus deren Anzahlen unter anderem die Euler-Zahl eines Binärbildes bestimmt werden kann.

Man kann sich leicht überlegen, dass in einem Binärbild 16 voneinander verschiedene 2 × 2-Pixelkonfigurationen vorkommen können. Zur Bezeichnung dieser Pixelkonfigurationen werden Piktogramme eingeführt, die in Tabelle 1.1 zusammengefasst sind.

Tabelle 1.1 Die 2 × 2-Pixelkonfigurationen von Binärbildern und die zugehörigen Koeffizienten w_k zur Berechnung der Euler-Zahl in Abhängigkeit von der Wahl der Nachbarschaft: Die Tabelle enthält zur besseren Übersicht das Vierfache $4w_k$ der Koeffizienten.

k	Pikt.	$4w_k$ 4er	6er	8er	k	Pikt.	$4w_k$ 4er	6er	8er
0		0	0	0	8		1	1	1
1		1	1	1	9		2	2	-2
2		1	1	1	10		0	0	0
3		0	0	0	11		-1	-1	-1
4		1	1	1	12		0	0	0
5		0	0	0	13		-1	-1	-1
6		2	-2	-2	14		-1	-1	-1
7		-1	-1	-1	15		0	0	0

Um jeder 2 × 2-Pixelkonfiguration einen Index k zuzuordnen, wird wie folgt verfahren: Sei $B = (b_{ij})$ die Matrix der Pixelwerte b_{ij} eines Binärbildes, wobei die Pixel die Werte 0 für den Hintergrund oder 1 für den Vordergrund haben. Außerdem wird die Filtermaske

$$M = \begin{pmatrix} 2 & 1 \\ 8 & 4 \end{pmatrix}$$

eingeführt, deren Koeffizienten Zweierpotenzen sind. Das grau markierte Pixel (Offsetpixel) liegt im Koordinatenursprung. Die lineare Filterung $B * M$ des Binärbildes B mit der Maske M ergibt ein 4-Bit-Grautonbild $F = (f_{ij})$. Hierbei ist zu beachten, dass die Filterung (Faltung) einer Korrelation mit der gespiegelten Maske

$$M^* = \begin{pmatrix} 4 & 8 \\ 1 & 2 \end{pmatrix}$$

entspricht, $B * M = B \star M$, siehe Abschnitt 2.2. Aufgrund der Wahl der Koeffizienten von M wird jeder Pixelkonfiguration in B in eineindeutiger Weise ein Grauwert f_{ij} zugeordnet, und wir legen fest, dass dieser Grauwert der Index k der Pixelkonfiguration ist, die sich an der Stelle (i, j) von B befindet. Die Pixelkonfiguration hat folglich den Index $k = 13$.

Beispiel 1.12 Setzt man ein Padding des Binärbildes mit Nullen voraus, dann erhält man aus

$$B = \begin{pmatrix} 0 & 0 & 0 & 0 & 0 \\ 0 & 1 & 1 & 1 & 0 \\ 0 & 1 & 0 & 1 & 0 \\ 0 & 1 & 1 & 1 & 0 \\ 0 & 0 & 0 & 0 & 0 \end{pmatrix}$$

das Grautonbild

$$F = B * M = \begin{pmatrix} 0 & 0 & 0 & 0 & 0 \\ 2 & 3 & 3 & 1 & 0 \\ a & d & e & 5 & 0 \\ a & 7 & b & 5 & 0 \\ 8 & c & c & 4 & 0 \end{pmatrix},$$

wobei die Pixelwerte von F für eine komprimierte Schreibweise als Hexadezimalzahlen angegeben sind. ■

Für manche Zwecke ist es sinnvoll, Pixelkonfigurationen zu Kongruenzklassen zusammenzufassen. Jede dieser Klassen enthält alle Konfigurationen, die sich durch Drehungen ineinander überführen lassen. Es gibt sechs Kongruenzklassen:

{▫}, {▫,▫,▫,▫}, {▫,▫,▫,▫}, {▫,▫}, {▫,▫,▫,▫}, {▫}.

Außerdem sollen im Folgenden auch Klassen von Konfigurationen durch Piktogramme beschrieben werden, in denen Pixel entweder Vorder- oder Hintergrund sind. Das soll an Beispielen klargemacht werden,

▫ = {▫,▫}, ▫ = {▫,▫,▫,▫}, ▫ = {▫,▫,▫,▫,▫,▫,▫,▫}.

Schließlich wird noch der Vektor $h = (h_k)$ der Anzahl von Konfigurationen im Binärbild B eingeführt, wobei mit h_k die Anzahl der Konfigurationen mit dem Index k bezeichnet wird, $k = 0, \ldots, 15$. Mit h wird das Grauwerthistogramm des Grautonbildes F bezeichnet, das durch eine lineare Filterung des Binärbildes B mit M erhalten wird, siehe Gl. (2.17), d. h., h_k ist die Anzahl der Pixel in F mit dem Grauwert $f_{ij} = k$, siehe auch Gl. (1.12). Mit # wird die Anzahl einer oder mehrer Konfigurationen bezeichnet, womit man z. B.

$$\#(\square) = h_{11}, \quad \#(\square) = h_4 + h_5 + h_6 + h_7, \quad \#(\square) = \sum_{k=8}^{15} h_k$$

schreiben kann. Die Summe der h_k ist gleich der Pixelzahl n eines Binärbildes, $n = \#(\square) = \sum_{k=0}^{15} h_k$.

Beispiel 1.13 Für das Binärbild

$$B = \begin{pmatrix} 0 & 0 & 0 & 0 & 0 & 0 & 0 & 0 & 0 & 0 & 0 & 0 & 0 & 0 \\ 0 & 1 & 0 & 1 & 1 & 1 & 1 & 0 & 0 & 1 & 1 & 0 & 1 & 0 & 1 & 0 \\ 0 & 1 & 0 & 0 & 0 & 0 & 1 & 0 & 1 & 1 & 0 & 0 & 0 & 1 & 0 \\ 0 & 1 & 1 & 1 & 0 & 0 & 1 & 1 & 1 & 0 & 1 & 0 & 1 & 1 & 0 \\ 0 & 1 & 1 & 0 & 1 & 0 & 0 & 1 & 0 & 1 & 0 & 1 & 0 & 0 & 1 & 0 \\ 0 & 0 & 0 & 0 & 1 & 1 & 1 & 0 & 1 & 0 & 1 & 0 & 1 & 1 & 1 & 0 \\ 0 & 0 & 1 & 0 & 1 & 0 & 1 & 0 & 0 & 1 & 0 & 1 & 0 & 0 & 0 & 0 \\ 0 & 0 & 0 & 1 & 1 & 0 & 1 & 0 & 0 & 0 & 1 & 0 & 0 & 0 & 0 \\ 0 & 0 & 1 & 1 & 0 & 0 & 1 & 1 & 1 & 0 & 1 & 0 & 0 & 0 & 0 \\ 0 & 1 & 0 & 0 & 1 & 1 & 0 & 1 & 0 & 1 & 1 & 1 & 1 & 0 \\ 0 & 1 & 1 & 1 & 1 & 0 & 1 & 1 & 0 & 1 & 0 & 1 & 1 & 0 & 0 \\ 0 & 0 & 1 & 0 & 1 & 1 & 1 & 0 & 0 & 0 & 1 & 0 & 1 & 0 & 1 & 0 \\ 0 & 0 & 1 & 0 & 1 & 1 & 1 & 0 & 0 & 0 & 1 & 0 & 1 & 0 & 0 \\ 0 & 0 & 0 & 0 & 0 & 1 & 0 & 1 & 1 & 1 & 1 & 0 & 0 & 1 & 0 \\ 0 & 1 & 0 & 1 & 1 & 0 & 1 & 0 & 1 & 1 & 1 & 1 & 0 & 0 & 0 \\ 0 & 0 & 0 & 0 & 0 & 0 & 0 & 0 & 0 & 0 & 0 & 0 & 0 & 0 \end{pmatrix}$$

mit $n = 256$ Pixeln erhält man

$$F = \begin{pmatrix} 0 & 0 & 0 & 0 & 0 & 0 & 0 & 0 & 0 & 0 & 0 & 0 & 0 & 0 & 0 & 0 \\ 2 & 1 & 2 & 3 & 3 & 3 & 1 & 0 & 2 & 3 & 1 & 2 & 1 & 2 & 1 & 0 \\ a & 5 & 8 & c & c & c & 6 & 1 & a & f & 5 & 8 & 4 & a & 5 & 0 \\ a & 7 & 3 & 1 & 0 & 0 & a & 7 & b & d & 6 & 1 & 2 & b & 5 & 0 \\ a & f & d & 6 & 1 & 0 & a & d & e & 5 & a & 5 & 8 & e & 5 & 0 \\ 8 & c & 4 & a & 7 & 3 & 9 & 6 & 9 & 6 & 9 & 6 & 3 & b & 5 & 0 \\ 0 & 2 & 1 & a & d & e & 5 & 8 & 6 & 9 & 6 & 9 & c & c & 4 & 0 \\ 0 & 8 & 6 & b & 5 & a & 5 & 0 & 8 & 4 & a & 5 & 0 & 0 & 0 & 0 \\ 0 & 2 & b & d & 4 & 8 & 6 & 3 & 3 & 1 & a & 5 & 0 & 0 & 0 & 0 \\ 2 & 9 & c & 6 & 3 & 3 & 9 & e & d & 6 & b & 7 & 3 & 3 & 1 & 0 \\ a & 7 & 3 & b & f & d & 6 & b & 5 & a & d & e & f & d & 4 & 0 \\ 8 & e & d & e & f & 7 & 9 & c & 4 & a & 5 & a & d & 6 & 1 & 0 \\ 0 & a & 5 & a & f & f & 7 & 1 & 0 & 8 & 6 & 9 & 6 & 9 & 4 & 0 \\ 0 & 8 & 4 & 8 & e & d & e & 7 & 3 & 3 & b & 5 & 8 & 6 & 1 & 0 \\ 2 & 1 & 2 & 3 & 9 & 6 & 9 & e & f & f & f & 7 & 1 & 8 & 4 & 0 \\ 8 & 4 & 8 & c & 4 & 8 & 4 & 8 & c & c & c & c & 4 & 0 & 0 & 0 \end{pmatrix}, \quad h = \begin{pmatrix} 50 \\ 17 \\ 11 \\ 17 \\ 14 \\ 17 \\ 18 \\ 9 \\ 18 \\ 12 \\ 19 \\ 9 \\ 13 \\ 12 \\ 10 \\ 10 \end{pmatrix},$$

wobei wieder Padding mit Nullen angenommen wurde. ■

Natürlich kann der Vektor h auch direkt aus B berechnet werden, ohne F explizit als Zwischenergebnis zu erhalten. In der Funktion NumbersOfConfigs() ist die Idee eines besonders effektiven Algorithmus implementiert. Dieser Algorithmus hat die Komplexität $\mathcal{O}(n)$, wobei $n = n_1 n_2$ die Pixelzahl ist. Hier wird die Indizierung der 2×2-Konfigurationen temporär durch die Maske

$$M = \begin{pmatrix} 4 & 1 \\ 8 & 2 \end{pmatrix}$$

festgelegt, um den Index k bei der Verschiebung der Maske M durch das Bitshift k <<= 2 besonders effektiv zu berechnen. Das erfordert jedoch eine nachträgliche Vertauschung einiger Komponenten von h mithilfe des Makros SWAP.

```
/** Computes the number of 2x2 neighborhood configurations
    @param img [IN] a binary image
    @param h [OUT] the vector h[0..15] of the numbers of 2x2-pixel configurations
    @return error code
**/
#define SWAP(a,b) { tmp = (a); (a) = (b); (b) = tmp; }
int NumberOfConfigs(IMG *img, unsigned long *h) {

  long int i, j, k, tmp;
  unsigned char **pix;

  pix = (unsigned char **)img->pix;

  k = pix[0][0];
  for(j=0; j<img->n[0]-1; j++) {
    k += (pix[0][j+1]<<2);           // convolution with M
    (*(h+k))++;
    k >>= 2;                          // convolution with M
  }
  (*(h+k))++;
```

```
for(i=0; i<img->n[0]-1; i++) {
  k = pix[i][0] + (pix[i+1][0]<<1);    // convolution with M
  for(j=0; j<img->n[1]-1; j++) {
    k+ = (pix[i][j+1]<<2) + (pix[i+1][j+1]<<3);    // convolution with M
    (*(h+k))++;
    k >>= 2;
  }
  (*(h+k))++;
}

SWAP(h[2],h[4]); SWAP(h[3],h[5]); SWAP(h[10],h[12]); SWAP(h[11],h[13]);

  return 0;
}
#undef SWAP
```

Aufgabe 1.4 Geben Sie den Vektor h für das in Beispiel 1.12 gegebene Binärbild B an. Bestimmen Sie #($\square$). ∎

Abschließend wird noch darauf hingewiesen, dass der Vektor $h^c = (h_k^c)$ mit den Koeffizienten $h_k^c = h_{15-k}$ der Vektor der Anzahlen der 2×2-Pixelkonfigurationen des invertierten Binärbildes ist.

■ 1.5 Nachbarschaften von Pixeln und ihre Komplementarität

Viele Algorithmen der Bildverarbeitung und Bildanalyse sind von der Wahl der Nachbarschaft der Pixel abhängig. Dazu zählen das Labeling, die Wasserscheidentransformation, die Skelettierung, die Berechnung geodätischer Abstände, die bildanalytische Bestimmung der Euler-Zahl und das Rendering. (Das Rendering in Bild 1.10d bezieht sich auf die 4er-Nachbarschaft.) Da von diesen Algorithmen die Bestimmung der Euler-Zahl sicherlich der einfachste Algorithmus ist, lässt sich deren Implementierung in Abhängigkeit von der Wahl der Nachbarschaft besonders anschaulich darstellen. Außerdem kann die Komplementarität von Nachbarschaften sehr gut mithilfe der Euler-Zahl erklärt werden.

In Bild 1.11 wird eine Übersicht über gebräuchliche Nachbarschaften gegeben, die sich anschaulich durch ihre Nachbarschaftsgraphen darstellen lassen. Da die beiden 6er-Nachbarschaften bis auf eine Drehung äquivalent sind, beschränken wir uns im Folgenden auf die 6.1er-Nachbarschaft; mit 6er-Nachbarschaft ist also stets die 6.1-er Nachbarschaft gemeint. Für das hexagonale Gitter ist die 6er-Nachbarschaft offensichtlich die natürliche Wahl, Bild 1.12a, und schließlich möchten wir noch darauf hinweisen, dass es zulässig ist, die Nachbarschaft wie z. B. Bild 1.12b von Pixel zu Pixel zu wechseln.

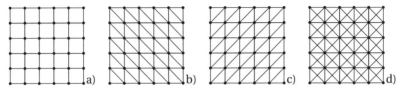

Bild 1.11 Ein Ausschnitt eines quadratisches Gitters mit verschiedenen Nachbarschaftsgraphen: a) 4er-, b) 6.1er-, c) 6.2er- und d) 8er-Nachbarschaft

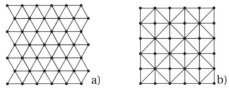

Bild 1.12 a) Die 6er-Nachbarschaft für das hexagonale Gitter, b) die 4-8er-Nachbarschaft, d. h. einer Komnination aus 4er- under 8-er Nachbarschaft

Wegen ihrer Additivität kann die Euler-Zahl mithilfe der Euler-Poincaré-Formel (1.3) aus Anzahlen von 2×2-Pixelkonfigurationen bestimmt werden.

Beispiel 1.14 Wir betrachten zunächst die 4er-Nachbarschaft. Die Anzahlen der Ecken, Kanten bzw. Zellen sind

$$v = \#(\square), \qquad e = \#(\square) + \#(\square), \qquad f = \#(\square).$$

Man kann sich leicht überlegen, dass man aus Symmetriegründen die Ecken- und Kantenzahl auch mithilfe der Mittelwerte

$$v = \frac{1}{4}\Big(\#(\square) + \#(\square) + \#(\square) + \#(\square)\Big),$$

$$e = \frac{1}{2}\Big(\#(\square) + \#(\square) + \#(\square) + \#(\square)\Big)$$

berechnen kann, was bis auf Bildrandeffekte identisch mit der Verwendung der obigen Gleichungen ist. Aus Gl. (1.3) erhält man die Euler-Zahl χ eines Binärbildes, für dessen Pixel die 4er-Nachbarschaft angenommen wird,

$$\chi = \frac{1}{4}(h_1 + h_2 + h_4 + h_8) + \frac{1}{2}(h_6 + h_9) - \frac{1}{4}(h_7 + h_{11} + h_{13} + h_{14}).$$

Die letzte Gleichung kann übersichtlicher mit dem Gewichtsvektor $w = (w_k)$ als Skalarprodukt $\chi = hw$ geschrieben werden, wobei die Gewichte w_k in der Tabelle 1.1 zusammengefasst sind. ■

Beispiel 1.15 Für die 6er-Nachbarschaft führt der Ansatz

$$v = \frac{1}{4}\Big(\#(\square) + \#(\square) + \#(\square) + \#(\square)\Big),$$

$$e = \#(\square) + \frac{1}{2}\Big(\#(\square) + \#(\square) + \#(\square) + \#(\square)\Big),$$

$$f = \#(\square) + \#(\square)$$

zum Ziel. Mit Gl. (1.3) erhält man

$$\chi = \frac{1}{4}(h_1 + h_2 + h_4 + 2h_9 + h_8) - \frac{1}{4}(2h_6 + h_7 + h_{11} + h_{13} + h_{14}).$$

Die entsprechenden Gewichte sind ebenfalls in Tabelle 1.1 enthalten. ■

Aufgabe 1.5 Wie werden v, e und f zur Berechnung der Euler-Zahl bezüglich der 8er-Nachbarschaft gewählt? Berechnen Sie die Koeffizienten w_k. ■

Beispiel 1.16 Mit den Koeffizienten aus Tabelle 1.1 erhält man für das Binärbild in Beispiel 1.13 mit $\chi = hw$ die Euler-Zahlen $\chi = 20$, $\chi = 2$ und $\chi = -10$ für die 4er-, 6er- bzw. 8er-Nachbarschaft. ■

Die Koeffizienten w_k sind unabhängig vom Bildinhalt und vom Gitter $\mathbb{L}$. Die Gewichte in Tabelle 1.1 können daher für Binärdatensätze auf beliebigen homogenen Gittern verwendet werden. Die Funktion `EulerNumber()` ist eine geeignete Implementierung, die auf `NumberOfConfigs()` basiert.

```
/** Computes the Euler number of a binary image
    with respect to a neighborhood of the pixels
    @param img [IN] image, a binary image
    @param m [IN] pixel neighborhood: m=4, 6 or 8
    @param chi [OUT] Euler number
    @return error code
**/
int EulerNumber(const IMG *img, const int m, double *chi) {

  long int *h;
  unsigned char k, **Data;
  int w[3][16]   // weights for computing the Euler number
    = { { 0, 1, 1, 0, 1, 0, 2,-1, 1, 2, 0,-1, 0,-1,-1, 0},
        { 0, 1, 1, 0, 1, 0,-2,-1, 1, 2, 0,-1, 0,-1,-1, 0},
        { 0, 1, 1, 0, 1, 0,-2,-1, 1,-2, 0,-1, 0,-1,-1, 0} };
  int m0;

  h = Calloc(16,long int);
  NumberOfConfigs(img, h);

  m0 = (m-4) / 2;
  for(k=0; k<16; k++)
    *chi += (double)(h[i] * w[m0][k]);
  *chi /= 4.0;

  Free(h);
  return 0;
}
```

Das letzte Beispiel zeigt, dass die gemessene Euler-Zahl stark von der Wahl der Nachbarschaft abhängig sein kann. Das trifft insbesondere auf Bilder mit geringer lateraler Auflösung zu. Die

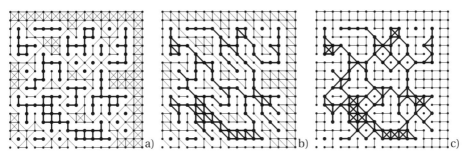

Bild 1.13 Nachbarschaftsgraphen des Binärbildes B aus Beispiel 1.13: a) 4er-, b) 6er- und c) 8er-Nachbarschaft. Eingezeichnet sind auch die Nachbarschaftsgraphen der Hintergrundpixel für die komplementären Nachbarschaften. Beide Nachbarschaftsgraphen – der des Vorder- und der des Hintergrundes – schneiden einander nicht.

Nachbarschaft muss in diesen Fällen also sorgfältig gewählt werden. Mit zunehmender Nachbarschaft wird die Euler-Zahl kleiner. Darüber hinaus sollte zur Kenntnis genommen werden, dass dann, wenn eine Nachbarschaft für die Vordergrundpixel gewählt wurde, implizit auch eine Nachbarschaft für die Hintergrundpixel festgelegt ist. Die beiden Nachbarschaften für den Vorder- und Hintergrund bilden ein Paar komplementärer Nachbarschaften. Aber welche Nachbarschaften sind komplementär zueinander?

Mit w und w^c werden die Gewichtsvektoren zur Berechnung der Euler-Zahl bezüglich eines Paares komplementärer Nachbarschaften bezeichnet. Da die Euler-Zahlen von Vorder- und Hintergrund sich nur durch das Vorzeichen unterscheiden, muss gelten

$$\chi = hw = -h^c w^c,$$

wobei $h^c = (h_k^c)$ der Vektor der Anzahl der 2×2-Konfigurationen des invertierten Binärbilds ist. Aus $h_k^c = h_{15-k}$ folgt unmittelbar $w_k^c = -w_{15-k}$. Wir fassen diese Aussage zu einem Satz zusammen:

Satz 1.2 Zwei Nachbarschaften mit den Gewichtsvektoren $w = (w_k)$ und $w^c = (w_k^c)$ sind komplementär zueinander, wenn

$$w_k^c = -w_{15-k}, \quad k = 0, \ldots, 15.$$

∎

Aus den Gewichten von Tabelle 1.1 kann geschlussfolgert werden, dass

- die 4er- und 8er-Nachbarschaft komplementär zueinander sind und
- die 6er-Nachbarschaft selbstkomplementär ist.

Aufgabe 1.6 Die Indizes der 3×3-Pixelkonfigurationen eines Binärbildes seien durch die Filtermaske

$$M = \begin{pmatrix} 4 & 2 & 1 \\ 32 & 16 & 8 \\ 256 & 128 & 64 \end{pmatrix}$$

festgelegt. Auf welche Weise kann aus dem Vektor h der Anzahl der 3×3-Konfigurationen die Zahl isolierter Vordergrundpixel bestimmt werden, wobei die 4er-, 6er-, oder 8er-Nachbarschaft zu Grunde gelegt wird?

∎

1.6 Digitale Bilder

Im folgenden Abschnitt sollen Bilder als Sampling einer Funktion auf einem Gitter etwas systematischer eingeführt und einige Grundbegriffe der Bildverarbeitung wie der Gitterwechsel und die Manipulation des Grauwerthistogramms behandelt werden. Außerdem wird die Analyse von Grautonbildern anhand ihres Grauwerthistogramms beschrieben und in einem weiteren Abschnitt kurz auf Farbbilder eingegangen. Schließlich werden noch ein paar allgemeingültige Prinzipien der Bildrandbehandlung diskutiert.

In den vorherigen Abschnitten hatten wir bereits informell Binärbilder als Sampling einer Menge auf einem Gitter eingeführt. Die Pixelwerte sind also 0 für den Bildhintergrund und 1 für den Vordergrund. Da ein Binärbild auch als das Sampling der Indikatorfunktion der Menge aufgefasst werden kann, sind Binärbilder ein Spezialfall von Grautonbildern. Mit Viewern wird der Hintergrund von Binärbildern meist weiß und der Vordergrund schwarz dargestellt. Die Begründung dafür ist in den Anfängen der Mikroskopbildverarbeitung zu sehen, bei der interessierende Objekte sowohl im Durch- als auch im Auflicht meist dunkel erscheinen. Ähnliches gilt für tomographische Abbildungen. Andere Darstellungen orientieren sich an Grauwertbildern, für die ein Pixel mit hohem Grauwert in der Visualisierung hell erscheint. Letztendlich ist die Art der Visualisierung von Binärbildern aber Vereinbarungssache.

1.6.1 Grautonbilder

Ein kontinuierliches Grautonbild wird durch eine reellwertige Funktion $f(x)$ repräsentiert,

$$f : \mathbb{R}^2 \mapsto \mathbb{R}.$$

Ihr Sampling auf einem homogenen Gitter $\mathbb{L}$ ist ein (unendlich großes) digitales Grautonbild $f_\square = F = (f_{ij})$ mit den Pixelwerten

$$f_{ij} = f(i u_1 + j u_2), \qquad i, j \in \mathbb{Z},$$

wobei u_1 und u_2 die beiden Basisvektoren von $\mathbb{L}$ bezeichnen, $u_1, u_2 \in \mathbb{R}^2$.
In diesem Abschnitt betrachten wir meist den Spezialfall

$$\mathbb{L} = \{(x_i, y_j) = (i a_1, j a_2) : i, j \in \mathbb{Z}\}$$

eines homogenen Gitters mit der rechteckigen Einheitszelle $C = [0, a_1] \times [0, a_2]$ (rechteckige Pixel), den Pixelgrößen $a_1, a_2 > 0$. Im Allgemeinen wird das Grautonbild und damit das Sampling auf ein (rechteckiges) Fenster W mit den Seitenlängen $n_1 a_1$ und $n_2 a_2$ eingeschränkt. Dann ist $F = (f_{ij})$ eine (endliche) Pixelmatrix mit den Pixelwerten f_{ij}, $i = 0, \ldots, n_1 - 1$, $j = 0, \ldots, n_2 - 1$, wobei n_1 und n_2 die Bildgröße charakterisieren. Ein Pixel ist das Tripel $(i a_1, j a_2, f_{ij})$ aus Pixelkoordinaten und Pixelwert.

Bemerkung 1.3 Um die Pixelmatrix F interpretieren zu können, müssen neben der Bildgröße
auch die Pixelgrößen a_1 und a_2 bekannt sein. Oft sind aber weitere Angaben zur Interpretation erforderlich, z. B. ein Offset, das die Translation des Bildes bezüglich eines gewählten Koordinatenursprungs beschreibt. ∎

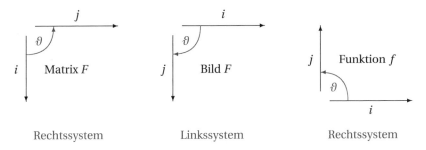

Bild 1.14 Schematische Darstellung zur Interpretation der Pixelkoordinaten von Bildern

Bemerkung 1.4 Es gibt Unterschiede bei der Interpretation der Indizes i und j. In der Matrixnotation bezeichnet i den Zeilenindex und j den Spaltenindex. Bei der Interpretation von F als Bild indiziert i die Spalten und j die Zeilen. Das hat vor allem historische Gründe, die mit dem Regime der Abtastung eines Objekts oder einer Szene durch Videokameras zusammenhängen. Außerdem wird manchmal mit i die x- und mit j die y-Koordinate eines kartesischen Koordinatensystems assoziiert, beispielsweise dann, wenn f als eine Funktion über der xy-Ebene aufgefasst wird, siehe Bild 1.14. Im Folgenden wird – wenn es nicht anders vermerkt ist – die Matrixnotation verwendet. ∎

Bemerkung 1.5 Das Sampling von f auf $\mathbb{L}$ ist mit einem Informationsverlust verbunden. ∎

Bemerkung 1.6 Natürlich wird bei digitalen Bildern auch der Wertebereich eingeschränkt. Für $f : \mathbb{R}^2 \mapsto \{0,1\}$ ist F ein Binärbild, für $f : \mathbb{R}^2 \mapsto \{0,\ldots,255\}$ repräsentiert F ein 8-Bit-Grautonbild, für $f : \mathbb{R}^2 \mapsto \{0,\ldots,2^{16}-1\}$ wird F zum 16-Bit-Grautonbild, ist f eine Abbildung in die Teilmenge der rationalen Zahlen vom Typ float, dann sind auch die Pixelwerte F vom Typ float, etc. ∎

1.6.2 Interpolation von Pixelwerten

Für spezielle Zwecke muss auf Zwischengitterinformationen eines Grautonbildes F zurückgegriffen werden. Dazu ist eine Interpolation erforderlich, d. h., für einen beliebigen Punkt (x, y) ist der Funktionswert $f(x, y)$ aus den Daten F zu rekonstruieren. Um das zu erreichen, werden zuerst die Indizes i und j der Zelle bestimmt, in der der Punkt (x, y) liegt. Diese Zelle hat die Eckpunkte

$$(x_i, y_j), \quad (x_{i+1}, y_j), \quad (x_i, y_{j+1}), \quad (x_{i+1}, y_{j+1}),$$

mit

$$i = \left\lfloor \frac{x}{a_1} \right\rfloor, \quad j = \left\lfloor \frac{y}{a_2} \right\rfloor,$$

siehe Bild 1.15, wobei $\lfloor x \rfloor = \max\{n \in \mathbb{Z} : n \leq x\}$ die floor-Funktion bezeichnet.

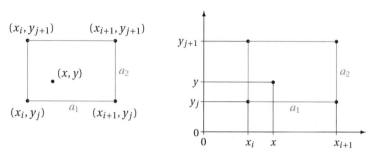

Bild 1.15 Schematische Darstellung zur bilinearen Interpolation zwischen Pixelwerten: Die ij-te Zelle des Gitters $\mathbb{L}$ ist jeweils grau markiert; links: mit den Koordinaten der Eckpunkte, rechts: eingepasst in ein (hypothetisches) kartesisches Koordinatensystem.

Zur Interpolation verwenden wir den bilinearen Ansatz

$$f(x,y) \approx c_0 + c_1(x-x_i) + c_2(y-y_j) + c_3(x-x_i)(y-y_j) \qquad (1.6)$$

mit den (zunächst) unbekannten Koeffizienten c_0, c_1, c_2, c_3. Diese Koeffizienten werden als Lösung des linearen Gleichungssystems

$$\left.\begin{aligned}
f(x_i, y_j) &= c_0 \\
f(x_{i+1}, y_j) &= c_0 + c_1(x_{i+1}-x_i) \\
f(x_i, y_{j+1}) &= c_0 + c_2(y_{j+1}-y_j) \\
f(x_{i+1}, y_{j+1}) &= c_0 + c_1(x_{i+1}-x_i) + c_2(y_{j+1}-y_j) + c_3(x_{i+1}-x_i)(y_{j+1}-y_j)
\end{aligned}\right\}$$

erhalten. Das Gleichungssystem wird nun nach den Koeffizienten c_0, c_1, c_2 und c_3 des Ansatzes (1.6) umgestellt, und mit $f(x_i, y_j) = f_{i,j}$, $x_{i+1} - x_i = a_1$ und $y_{j+1} - y_j = a_2$ ergibt sich

$$c_0 = f_{ij},$$
$$c_1 = \frac{f_{i+1,j} - f_{ij}}{a_1},$$
$$c_2 = \frac{f_{i,j+1} - f_{ij}}{a_2},$$
$$c_3 = \frac{f_{i+1,j+1} - f_{i+1,j} - f_{i,j+1} + f_{ij}}{a_1 a_2}.$$

Damit erhält man aus Gl. (1.6) die bilineare Interpolationsformel

$$\begin{aligned}
f(x,y) \approx\; & f_{ij} + \frac{f_{i+1,j} - f_{ij}}{a_1}(x-x_i) + \frac{f_{i,j+1} - f_{ij}}{a_2}(y-y_j) \\
& + \frac{f_{i+1,j+1} - f_{i+1,j} - f_{i,j+1} + f_{ij}}{a_1 a_2}(x-x_i)(y-y_j).
\end{aligned} \qquad (1.7)$$

Bemerkung 1.7 Wird f an der Stelle (x,y) lediglich durch f_{ij} approximiert, dann ist mit erheblichen Auflösungsverlusten im Vergleich zu bilinearer Interpolation zu rechnen. ■

Bemerkung 1.8 Durch Verwendung von bikubischen Splines kann die Interpolation deutlich verbessert werden. Jedoch ist der Rechenaufwand höher als bei der Verwendung eines bilinearen Ansatzes [130]. Das trifft in noch stärkerem Maße auf die Fourier-Interpolation zu, siehe Bemerkung 4.5. ■

Bemerkung 1.9 Im 1-dimensionalen Fall, wenn die Funktion $f : \mathbb{R} \mapsto \mathbb{R}$ auf den Gitterpunkten x_i, $i \in \mathbb{Z}$ gegeben ist, $f_i = f(x_i)$, kann $f(x)$ für einen Zwischenwert x mit $x_i < x < x_{i+1}$ mithilfe des linearen Ansatzes $f(x) \approx ax + b$ aus den Daten erhalten werden,

$$f(x) \approx f_i + \frac{f_{i+1} - f_i}{x_{i+1} - x_i}(x - x_i) \tag{1.8}$$

(lineare Interpolation). ∎

Bemerkung 1.10 Im allgemeinen Fall des homogenen Gitters $\mathbb{L}$ mit den Basisvektoren u_1 und u_2 (die nicht notwendigerweise parallel zur x- bzw. y-Achse sein müssen) und der Matrix $U = (u_1, u_2)$ wird der Wert von f in einem Punkt $(x, y)'$ von $\mathbb{L}$ interpoliert, indem der Wert von f auf

$$U^{-1}\begin{pmatrix} x \\ y \end{pmatrix}$$

im Einheitsgitter $\mathbb{Z}^2$ durch bilineare Interpolation bestimmt wird. ∎

Beispiel 1.17 Gegeben sind die Pixelwerte

$$f_{2,3} = 129, \quad f_{3,3} = 137, \quad f_{2,4} = 130, \quad f_{3,4} = 139$$

auf dem Einheitsgitter $\mathbb{L} = \mathbb{Z}^2$. Zu berechnen ist der Grauwert $f(x)$ an der Zwischengitterstelle $x = \begin{pmatrix} 2{,}41 \\ 3{,}16 \end{pmatrix}$ durch lineare Interpolation. Es ist $i = \lfloor 2{,}41 \rfloor = 2$ und $j = \lfloor 3{,}16 \rfloor = 3$, und damit erhält man

$$\begin{aligned} f(x) &= 129 + (2{,}41 - 2)(137 - 129) + (3{,}16 - 3)(130 - 129) \\ &\quad + (2{,}41 - 2)(3{,}16 - 3)(139 - 137 - 130 + 129) \\ &= 129 + 0{,}41 \cdot 8 + 0{,}16 \cdot 1 + 0{,}41 \cdot 0{,}16 \cdot 1 \\ &= 132{,}51 \\ &\approx 133. \end{aligned}$$

∎

Eine Interpolation ist erforderlich:

- für die Bilddrehung, siehe Bild 1.17,
- für die Darstellung des Bildinhalts in Polarkoordinaten,
- bei der Korrektur von Bildverzeichnungen, siehe Bild 1.18,
- für die Radon-Transformation von Bildern und deren Inverse,
- bei der Registrierung von Bildern,
- bei der Veränderung der Bildgröße (Anpassung an eine vorgegebene Bildgröße) und
- bei der Ergänzung eines Pixels, einer fehlenden Bildzeile oder -spalte (als Folge von Detektorfehlern).

1.6.2.1 Bilddrehung

Bei der Drehung des Bildes $F = (f_{ij})$ um einen Winkel $\vartheta \in [0, 2\pi)$ wird das Gitter $\mathbb{L}$ um den Winkel $-\vartheta$ gedreht. Dabei verwenden wir die Rotationsmatrix

$$A_\vartheta = \begin{pmatrix} \cos\vartheta & \sin\vartheta \\ -\sin\vartheta & \cos\vartheta \end{pmatrix} \qquad (1.9)$$

und ihre Inverse $A_{-\vartheta} = A_\vartheta^{-1} = A'_\vartheta$. Mit $A'_\vartheta \mathbb{L} = \{A'_\vartheta x : x \in \mathbb{L}\}$ wird das gedrehte Gitter bezeichnet. Die Pixelwerte $f_{i,j}^\vartheta$ des gedrehten Bildes $F^\vartheta = (f_{i,j}^\vartheta)$ werden durch bilineare Interpolation aus den Pixelwerten von F berechnet, siehe Bild 1.16.

Die Interpolation ist natürlich fehlerbehaftet. Zur Vermeidung einer Fehlerfortpflanzung muss daher bei einer mehrfachen Drehung stets auf das Ausgangsbild zurückgegriffen werden. Werden also zwei Drehungen F^{ϑ_1} und F^{ϑ_2} von F gebraucht, sollte auch F^{ϑ_2} aus den Daten von F berechnet werden und nicht durch Drehung von F^{ϑ_1} um den Winkel $\vartheta_2 - \vartheta_1$.

Beispiel 1.18 Das Quadrat $Q_3 = [-\frac{3}{2}, \frac{3}{2}]^2$ mit der Kantenlänge 3 wird auf dem Einheitsgitter $\mathbb{Z}^2$ gesampelt und dann mit $\vartheta = \frac{\pi}{4}$ um sein Zentrum gedreht. Wir erhalten das Binärbild B und seine Drehung $B^{\pi/4}$,

$$B = \begin{pmatrix} 0 & 0 & 0 & 0 & 0 \\ 0 & 1 & 1 & 1 & 0 \\ 0 & 1 & 1 & 1 & 0 \\ 0 & 1 & 1 & 1 & 0 \\ 0 & 0 & 0 & 0 & 0 \end{pmatrix}, \quad B^{\pi/4} = \begin{pmatrix} 0 & 0 & 0{,}34 & 0 & 0 \\ 0 & 0{,}59 & 1 & 0{,}59 & 0 \\ 0{,}34 & 1 & 1 & 1 & 0{,}34 \\ 0 & 0{,}59 & 1 & 0{,}59 & 0 \\ 0 & 0 & 0{,}34 & 0 & 0 \end{pmatrix},$$

siehe Bild 1.16. Das gedrehte Bild $B^{\pi/4} = (b_{ij}^{\pi/4})$ ist kein Binärbild. Die bilinear interpolierten Werte $b_{ij}^{\pi/4}$ wurden mithilfe des Ansatzes (1.6) für den Gitterabstand $a_1 = a_2 = 1$ berechnet. ∎

Beispiel 1.19 Das Bild 1.17 zeigt eine mehrfache Drehung, wobei die drei Farbkanäle separat gedreht wurden. Um eine Fehlerfortpflanzung zu vermeiden, wurde bei der Interpolation stets auf die Daten des Originalbildes zugegriffen. ∎

Aufgabe 1.7 Drehen Sie die in Beispiel 2.13 gegebene Maske B_2 des 3 × 3-Binomialfilters um $\vartheta = \frac{\pi}{4}$ analog zu Beispiel 1.18. ∎

1.6.2.2 Verzeichnungskorrektur

Im Folgenden soll auf die Korrektur der Bildverzeichnung etwas näher eingegangen werden. Dazu setzen wir voraus, dass die durch eine stetige Funktion $v: \mathbb{R}^2 \mapsto \mathbb{R}^2$ charakterisierte Verzeichnung bekannt ist bzw. aus Bilddaten bestimmt werden kann. Die Funktion v muss (im Bildausschnitt) bijektiv und somit invertierbar sein. Statt des (kontinuierlichen) Bildes f wird das verzeichnete Bild g erhalten,

$$g(x, y) = f(v(x, y)) \qquad (1.10)$$

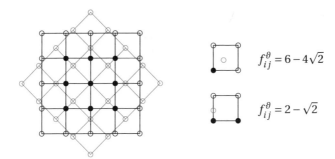

Bild 1.16 Schematische Darstellung einer Bilddrehung auf der Grundlage einer bilinearen Interpolation der Pixelwerte: Bis auf Drehungen und Spiegelungen treten dabei nur zwei Konfigurationen auf, für die die interpolierten Pixelwerte verschieden von 0 oder 1 sind (rechts). Das gedrehte Gitter ist grau dargestellt.

(Verzeichnung). Das Sampling von G auf dem Gitter $\mathbb{L}$ liefert die zugehörige Pixelmatrix G. Gesucht ist das Sampling F von f auf $\mathbb{L}$. Die Umkehrung der obigen Gleichung liefert zunächst

$$f(x,y) = g(v^{-1}(x,y)) \tag{1.11}$$

(Korrektur), wobei v^{-1} die inverse Funktion von v bezeichnet. Die Werte $v(x_i, y_i)$ sind für $(x_i, y_i) \in \mathbb{L}$ die Koordinaten des verzeichneten Gitters $v(\mathbb{L})$, siehe Bild 1.19 für ein Beispiel.

Bei der Verzeichniskorrektur (oft fälschlicherweise auch als Entzerrung bezeichnet) wird für jeden Gitterpunkt von $\mathbb{L} = v^{-1}(v(\mathbb{L}))$ des mit v^{-1} korrigierten Gitters der Wert von g im Originalgitter $\mathbb{L}$ durch Interpolation berechnet und gleich f_{ij} gesetzt.

Bemerkung 1.11 Prinzipiell wäre es möglich, für alle $(x_i, y_j) \in \mathbb{L}$ den Wert f_{ij} von f in $v(\mathbb{L})$ durch Interpolation zu berechnen. Jedoch sind die Zellen von $v(\mathbb{L})$ im Allgemeinen nicht rechteckig, so dass eine bilineare Interpolation mit Gl. (1.7) nicht möglich ist. ∎

Bemerkung 1.12 In den meisten Fällen kann die Funktion v nur numerisch invertiert werden (z. B. mit dem Gauß-Newton-Verfahren). ∎

Beispiel 1.20 Wir betrachten zunächst den 1-dimensionalen Fall, in dem eine Bildzeile mit der (1-dimensionalen) Verzeichnungsfunktion $v(x) = x + \frac{x}{x^2+1}$ verzeichnet wurde (verzeichnete Abbildung z. B. auf einer Zeilenkamera). Die Pixelwerte g_i auf dem verzeichneten Einheitsgitter $\mathbb{Z}$ seien

$g_{-3} = 133$, $g_{-2} = 122$, $g_{-1} = 119$, $g_0 = 118$, $g_1 = 115$, $g_2 = 135$, $g_3 = 136$.

Zu berechnen sind die Pixelwerte f_i, $i = -3, \ldots, 3$ auf dem nicht verzeichneten Gitter $\mathbb{Z}$ mithilfe linearer Interpolation.

Wir berechnen die Gitterpunkte $v_i = v(i)$ des verzeichneten Gitters $v(\mathbb{Z})$,

$$\ldots, \; v_{-3} = -\frac{33}{10}, \; v_{-2} = -\frac{12}{5}, \; v_{-1} = -\frac{3}{2}, \; v_0 = 0, \; v_1 = \frac{3}{2}, \; v_2 = \frac{12}{5}, \; v_3 = \frac{33}{10}, \ldots$$

Bild 1.17 Bilddrehung auf der Grundlage einer bilinearen Interpolation der Pixelwerte: a) Originalbild, b) Drehung des Originalbildes um 45°, c) Drehung um 63,4° und d) Drehung um 71,5°: Das Zentrum der Drehung ist jeweils die Bildmitte.

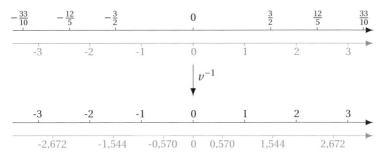

Bild 1.18 Das mit $v(x) = x + \frac{x}{x^2+1}$ verzeichnete Gitter (schwarz) und das nicht verzeichnete Gitter (grau) unter der inversen Abbildung v^{-1}

In unserem Beispiel hat die lineare Interpolation mit Gl. (1.8) die Form

$$f_i = f(i) \approx g_i + \frac{g_{i+1} - g_i}{v_{i+1} - v_i}(i - v_i),$$

und damit erhält man für $i = -3$

$$f_{-3} = 133 + \frac{122 - 133}{-\frac{12}{5} - \left(-\frac{33}{10}\right)}\left(-3 - \left(-\frac{33}{10}\right)\right) = 129 + \frac{1}{3}.$$

Auf analoge Weise werden die anderen Werte erhalten. Die gerundeten Werte sind

$$f_{-3} = 129, \ f_{-2} = 121, \ f_{-1} = 119, \ f_0 = 118, \ f_1 = 116, \ f_2 = 126, \ f_3 = 136.$$

■

Beispiel 1.21 Wir beziehen uns auf das vorherige Beispiel und verwenden statt v die inverse Abbildung v^{-1}. Dann lassen sich die Pixelwerte f_i auf dem Gitter $v^{-1}(\mathbb{Z})$ durch lineare Interpolation aus den auf dem Gitter $v^{-1}(v(\mathbb{Z})) = \mathbb{Z}$ gegebenen Pixelwerten g_i berechnen, siehe Bild 1.18. So erhält man z. B.

$$f_{-3} = f(-2,672) \approx 133 + \frac{122 - 133}{-2 - (-3)}(-2,672 - (-3)) = 129,392.$$

Das Resultat unterscheidet sich also nur geringfügig von dem der obigen Rechnung. Analog können auch die Werte $f_{-2}, \ldots, f_3$ bestimmt werden. ■

Beispiel 1.22 Im vorherigen Beispiel spielte es nur eine geringe Rolle, ob unter der Abbildung v^{-1} gerechnet wurde oder nicht. Im 2-dimensionalen Fall wird dagegen empfohlen, stets unter der Abbildung v^{-1} zu rechnen, da die Zellen des verzeichneten Gitters im Allgemeinen nicht rechteckig (mit Seiten parallel zu den Koordinatenachsen) sind und aus diesem Grund eine bilineare Interpolation auf diesem Gitter mithilfe von Gl. (1.7) nicht möglich wäre.

In Bild 1.19 ist oben links die Verzeichnung $v(\mathbb{Z}^2)$ des homogenen Gitters $\mathbb{Z}^2$ mit der Funktion

$$v(x, y) = \begin{pmatrix} \arctan(x + y/10) \\ \arctan(y - x/10) \end{pmatrix}$$

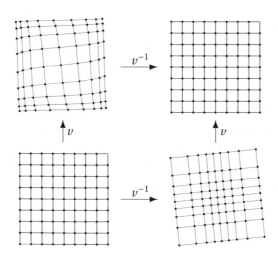

Bild 1.19 Beispiel für eine starke Verzeichnung (oben, links) des homogenen Gitters $\mathbb{Z}^2$ (unten, links) mit der Funktion v: Die beiden Gitter auf der rechten Seite erhält man durch Anwendung der inversen Abbildung v^{-1}.

zu sehen. Die Verzeichnungskorrektur eines Bildes G (mit den Bilddaten g_{ij} auf dem verzeichneten Gitter) könnte durch eine Interpolation der Pixelwerte erhalten werden. Dazu müssten die Pixelwerte f_{ij} des unverzeichneten Bildes F auf $\mathbb{Z}^2$ aus den auf $v(\mathbb{Z}^2)$ gegebenen Pixelwerten g_{ij} berechnet werden. Das ist jedoch nicht durch bilineare Interpolation auf der Grundlage des Ansatzes (1.6) möglich (linke Spalte in Bild 1.19). Wird dagegen sowohl auf $\mathbb{Z}^2$ als auch auf $v(\mathbb{Z}^2)$ die zu v inverse Abbildung v^{-1} angewandt, dann können die Pixelwerte f_{ij} auf den Gitterpunkten v^{-1} durch bilineare Interpolation aus den Pixelwerten g_{ij} berechnet werden, die nun auf dem Gitter $v^{-1}(v(\mathbb{Z}^2)) = \mathbb{Z}^2$ gegeben sind (rechte Spalte in Bild 1.19). Die inverse Funktion v^{-1} der in Bild 1.19 verwendeten Verzeichnung v erhält man, wenn das nichtlineare Gleichungssystem

$$\begin{aligned} v_1 &= \arctan(x + y/10) \\ v_2 &= \arctan(y - x/10) \end{aligned}$$

nach den abhängigen Variablen umgestellt wird. Es gilt

$$\begin{pmatrix} \tan v_1 \\ \tan v_2 \end{pmatrix} = \begin{pmatrix} 1 & \frac{1}{10} \\ -\frac{1}{10} & 1 \end{pmatrix} \begin{pmatrix} x \\ y \end{pmatrix},$$

und daraus folgt

$$\begin{pmatrix} x \\ y \end{pmatrix} = \begin{pmatrix} 1 & \frac{1}{10} \\ -\frac{1}{10} & 1 \end{pmatrix}^{-1} \begin{pmatrix} \tan v_1 \\ \tan v_2 \end{pmatrix} = \frac{1}{1 + \frac{1}{100}} \begin{pmatrix} 1 & -\frac{1}{10} \\ \frac{1}{10} & 1 \end{pmatrix} \begin{pmatrix} \tan v_1 \\ \tan v_2 \end{pmatrix}.$$

Formt man die rechte Seite noch ein bisschen um und vertauscht dann x mit v_1 bzw. y mit v_2, dann erhält man die inverse Funktion

$$v^{-1}(x, y) = \frac{10}{101} \begin{pmatrix} 10 & -1 \\ 10 & 1 \end{pmatrix} \begin{pmatrix} \tan x \\ \tan y \end{pmatrix}.$$

∎

1.6 Digitale Bilder

Beispiel 1.23 Das Bild 1.20b wurde durch eine Verzeichnung aus Bild 1.20a mit Gl. (1.10) unter Verwendung der (als bekannt vorausgesetzten) Funktion

$$v(x,y) = \begin{pmatrix} x(1 + \beta(1 + \cos 2\pi x/n_1)) \\ y(1 + \beta(1 + \cos 2\pi y/n_2)) \end{pmatrix}$$

und des Parameters $\beta = \frac{1}{4}$ erhalten, wobei n_1 und n_2 die Pixelzahlen in x- bzw. y-Richtung bezeichnen. Um das Bild 1.20b) mit Gl. (1.11) wieder korrigieren zu können, wird die inverse Funktion v^{-1} von v gebraucht. Leider kann die inverse Funktion v^{-1} in diesem Fall – wie auch in den meisten Anwendungen – nicht analytisch berechnet werden. Die Inverse v^{-1} wurde numerisch mithilfe des Gauß-Newton-Verfahrens für die Gitterpunkte von $\mathbb{L}$ berechnet. Damit erhalten wir Bild 1.20c), das sich vom Originalbild 1.20a) nur durch eine geringfügig reduzierte laterale Auflösung unterscheidet. ∎

Beispiel 1.24 Sinnvoll kann auch die Einführung von Polarkoordinaten sein, z. B. im Zusammenhang mit der Implementierung eines Algorithmus für die Radon-Transformation, siehe Abschnitt 6.1. Die Darstellung eines Bildes in Polarkoordinaten ist in Bild 1.21b zu sehen. ∎

Beispiel 1.25 Typische Verzeichnungen, die vom Objektiv einer Kamera verursacht werden können, sind kissen- bzw. tonnenförmige Verzeichnungen. Eine besondere Rolle in der Fotogrammetrie spielt auch die Korrektur von perspektivischen Verzeichnungen. ∎

Aufgabe 1.8 Gegeben sind die Pixelwerte $g_0 = 125$, $g_1 = 212$, $g_2 = 136$ und $g_3 = 187$ auf dem mit der Funktion $v(x) = \sinh x$ verzeichneten 1-dimensionalen Gitter $\mathbb{Z}$. Korrigieren Sie diese Verzeichnung. ∎

1.6.3 Lokale Pixeloperationen

Im Folgenden betrachten wir Bildoperationen, die lokal für jedes einzelne Pixel unabhängig von den Werten der Nachbarpixel durchgeführt werden. Natürlich gibt es unzählige Pixeloperationen, z. B. die Logarithmierung der Pixelwerte f_{ij} eines unsignierten 16-Bit-Grautonbildes $F = (f_{ij})$, das also vom Typ unsigned short ist. In C/C++ könnte man in der Form

```
f[i][j] = (unsigned short)(log((foat)(f[i][j] + 1)));
```

schreiben, wobei durch die Addition von 1 ungültige Werte vermieden werden. Die Umwandlung der Pixelwerte von unsigned short auf unsigned char kann auf der Grundlage von

$$g_{ij} = \left\lfloor 255 \frac{f_{ij} - m_0}{m_1 - m_0} \right\rfloor \quad \text{mit} \quad m_0 = \min_{ij} f_{ij} \quad \text{und} \quad m_1 = \max_{ij} f_{ij}$$

oder

$$g_{ij} = \left\lfloor 255 \frac{\ln(f_{ij} + 1) - m_0}{m_1 - m_0} \right\rfloor$$

Bild 1.20 Demonstration einer Verzeichnungskorrektur: a) Originalbild (Meißner Burg, Nachtaufnahme), b) mit v verzeichnetes Bild, c) mit v^{-1} korrigiertes Bild. Bitte beachten Sie, dass in b) der gleiche Ausschnitt wie in a) gezeigt ist. Folglich ist b) nicht eine „Verkleinerung" von a), sondern eine echte Verzeichnung.

mit

$$m_0 = \min_{ij} \ln(f_{ij}+1) \quad \text{und} \quad m_1 = \max_{ij} \ln(f_{ij}+1)$$

realisiert werden (*spreading*), wobei im letzten Fall wieder eine Logarithmierung einbezogen ist.

Im Folgenden werden Beispiele für Pixeloperationen unsignierter 8-Bit-Grautonbilder F und G aufgeführt, die ausschließlich auf der Manipulation der Pixelwerte basieren:

```
unsigned char k;
unsigned short iThres;    // Binarisierungsschwelle

...

f[i][j] = ~f[i][j];       // Negation, Bildinvertierung
f[i][j] &= 254;           // Das 1. Bit wird auf den Wert 0 gesetzt (gelöscht).
f[i][j] &= 252;           // Das 1. und 2. Bit werden gelöscht.
f[i][j] |= 1;             // Das 1. Bit wird auf den Wert 1 gesetzt.
f[i][j] |= 5;             // Das 1. und 3. Bit werden auf den Wert 1 gesetzt.
f[i][j] &= g[i][j];       /* Maskierung eines Bildes mit einem Bild G
                             welches eine Maske (d. h. ein Fenster) enthält,
                             g[i][j] = 255 innerhalb der Maske,
                             und g[i][j] = 0 außerhalb */
```

Bild 1.21 Demonstration eines Gitterwechsels: a) Originalbild, b) nach Einführung von Polarkoordinaten

```
if((f[i][j] & k) == k)   // Falls die Bits von k gesetzt sind, ...
if((f[i][j] & k) == 0)   // Falls die Bits von k nicht gesetzt sind, ...
if(f[i][j] < iThres) f[i][j] |= 1;
else f[i][j] &= 254;     /* Das 1. Bit des Grautonbildes wird durch sein
                            Binärbild bezüglich der Schwelle iThres überschrieben. */
```

Von Bedeutung ist dabei, dass die Menge $\{0,\ldots,255\}$ der Zahlen vom Typ unsigned char bezüglich der Operationen & und | eine Gruppe bildet.

Bei der Korrektur von additivem oder multiplikativem Shading mit einem entsprechenden Referenzbild werden ebenfalls nur lokale Pixeloperationen durchgeführt. Im Falle additiven Shadings wird der Pixelwert des Referenzbildes vom Pixelwert des Ausgangsbildes subtrahiert; im Falle multiplikativen Shadings wird durch die Pixelwerte des Referenzbildes dividiert.

1.6.3.1 Binarisierung von Grautonbildern

Eine Binarisierung eines Grautonbildes $F = (f_{ij})$ bezüglich einer Schwelle t wird durch

$$b_{ij} = \begin{cases} 1, & \text{falls } f_{ij} < t \\ 0, & \text{sonst} \end{cases},$$

für $i = 0,\ldots,n_1 - 1$ und $j = 0,\ldots,n_2 - 1$ erhalten, wobei b_{ij} die Pixelwerte des Binärbildes B sind, $B = (b_{ij})$.

Meist wird die Binarisierungsschwelle für eine Segmentierung eines Grautonbildes interaktiv auf der Grundlage subjektiver Kriterien gewählt. Das ist nicht immer möglich, insbesondere nicht in der industriellen Bildverarbeitung, wo für eine interaktive Wahl keine Zeit vorhanden ist. Wünschenswert sind daher objektive Kriterien, auf deren Grundlage die Binarisierungsschwelle automatisch gewählt wird.

Die Binarisierungsschwelle nach Otsu [123] eignet sich insbesondere für die Binarisierung von Grautonbildern mit zwei sich in ihrer Grauwertverteilung unterscheidenden Komponenten (Vordergrund und Hintergrund), wobei es meist von Vorteil ist, dass die Pixelzahlen der beiden Komponenten in der gleichen Größenordnung sind, siehe Bild 1.22.

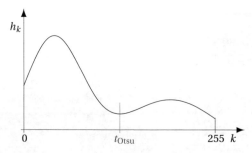

Bild 1.22 Beispiel für ein Grauwerthistogramm eines 8-Bit-Grautonbildes mit zwei sich in ihren Grauwertverteilungen deutlich unterscheidenden Komponenten und der zugehörigen Otsu-Binarisierungsschwelle t_{Otsu}

Im Folgenden wird die Otsu-Binarisierung anhand von 8-Bit-Grauwertbildern erläutert. Die Methode lässt sich jedoch auf Grauwertbilder mit beliebigem Pixeltyp übertragen. Es sei $h = (h_k)$ das Grauwerthistogramm eines 8-Bit-Grautonbildes F mit n Pixeln, d. h., h_k ist die Anzahl der Pixel von F mit dem Grauwert k. Mit der Indikatorfunktion $\mathbf{1}()$ lassen sich die Komponenten h_k des Grauwerthistogramms h in der Form

$$h_k = \sum_{i,j} \mathbf{1}(f_{ij} = k), \qquad k = 0, \ldots, 255 \tag{1.12}$$

darstellen, wobei $\mathbf{1}(f_{ij} = k) = 1$ für $f_{ij} = k$ und $\mathbf{1}(f_{ij} = k) = 0$ für $f_{ij} \neq k$. Offensichtlich ist die Pixelzahl n von F die Summe der Komponenten des Grauwerthistogramms,

$$n = \sum_{k=0}^{255} h_k.$$

Der mittlere Grauwert $\bar{f}$ und die Standardabweichung s können ebenfalls aus h berechnet werden. Es gilt

$$\bar{f} = \frac{1}{n} \sum_{k=0}^{255} k h_k, \tag{1.13}$$

$$s^2 = \frac{1}{n-1} \sum_{k=0}^{255} (k - \bar{f})^2 h_k$$

$$= \frac{1}{n-1} \left(\sum_{k=0}^{255} k^2 h_k - \frac{1}{n} \Big(\sum_{k=0}^{255} k h_k \Big)^2 \right). \tag{1.14}$$

Wir wählen zunächst eine beliebige Binarisierungsschwelle $t \in \{1, \ldots, 255\}$ und bestimmen die Anzahlen n_0 und n_1 der Pixel, deren Grauwerte kleiner bzw. größer oder gleich t sind,

$$n_0 = \sum_{k=0}^{t-1} h_k, \qquad n_1 = \sum_{k=t}^{255} h_k,$$

wobei alle Werte t zulässig sind, für die n_0 und n_1 größer als 1 sind. Analog zur obigen Rechnung werden die mittleren Grauwerte $\bar{f}_0$ und $\bar{f}_1$ und die Standardabweichungen s_0 und s_1 der beiden Segmente berechnet,

$$\bar{f}_0 = \frac{1}{n_0}\sum_{k=0}^{t-1} k h_k, \qquad \bar{f}_1 = \frac{1}{n_1}\sum_{k=t}^{255} k h_k,$$

$$s_0^2 = \frac{1}{n_0-1}\sum_{k=0}^{t-1}(k-\bar{f}_0)^2 h_k, \qquad s_1^2 = \frac{1}{n_1-1}\sum_{k=t}^{255}(k-\bar{f}_1)^2 h_k.$$

Auf dieser Grundlage lassen sich die Standardabweichungen s_{in} und s_{betw} der Grauwerte innerhalb bzw. zwischen den Segmenten abschätzen,

$$s_{\text{in}}^2 = \frac{n_0 s_0^2 + n_1 s_1^2}{n}, \qquad s_{\text{betw}}^2 = \frac{n_0(\bar{f}-\bar{f}_0)^2 + n_1(\bar{f}-\bar{f}_1)^2}{m}.$$

Die Binarisierungsschwelle t_{Otsu} nach Otsu ist diejenige Schwelle t, für die das Verhältnis $s_{\text{betw}}/s_{\text{in}}$ sein (globales) Maximum annimmt [123],

$$t_{\text{Otsu}} = \arg\max_{t} \frac{n_0(\bar{f}-\bar{f}_0)^2 + n_1(\bar{f}-\bar{f}_1)^2}{n_0 s_0^2 + n_1 s_1^2}.$$

Das Maximum

$$\max_{t} \frac{n_0(\bar{f}-\bar{f}_0)^2 + n_1(\bar{f}-\bar{f}_1)^2}{n_0 s_0^2 + n_1 s_1^2}$$

ist eine (dimensionslose) Kennzahl zur Bewertung des Kontrasts im Grautonbild F (Otsu-Kontrast). Eine Übersicht über weitere Binarisierungstechniken sowie eine vergleichende Untersuchung ihrer Leistungsfähigkeit wird in [153] gegeben. Die Anwendbarkeit der Otsu-Binarisierung ist im Wesentlichen beschränkt auf Bilder mit zwei sich in ihren Grauwerten deutlich unterscheidenden Komponenten. Als besonders leistungsfähig hat sich eine 2-dimensionale Otsu-Binarisierung erwiesen [175], [177], mit der die Limitierungen der elementaren Otsu-Binarisierung teilweise aufgehoben werden.

1.6.3.2 Manipulation des Grauwerthistogramms

Manipulationen des Grauwerthistogramms sind spezielle Grauwerttransformationen, die unabhängig von der Pixelposition vorgenommen werden. Für 8-Bit-Grautonbilder haben diese Abbildungen die Form

$$u : \{0,\ldots,255\} \mapsto \{0,\ldots,255\},$$

wobei jeder Pixelwert k durch $u(k)$ überschrieben wird, d. h., aus einem 8-Bit-Grautonbild $F = (f_{ij})$ wird ein 8-Bit-Grautonbild $G = (g_{ij})$ mit $g_{ij} = u(f_{ij})$. Die Funktion u kann als Vektor $u = (u_k)$ mit den Komponenten u_k, $k = 0,\ldots,255$ aufgefasst werden, die Werte aus $\{0,\ldots,255\}$ annehmen. Meist ist u eine monoton wachsende Funktion. Im Allgemeinen ist sie jedoch nicht umkehrbar (bijektiv). Falls u nicht bijektiv ist, führt eine Grauwerttransformation zu einem Informationsverlust.

Beispiel 1.26 Ein beliebter parametrischer Ansatz für die Grauwerttransformation u eines 8-Bit-Grautonbildes ist

$$u(k) = \left\lfloor 255\left(\frac{k}{255}\right)^\nu \right\rfloor, \qquad k = 0,\ldots,255,$$

Bild 1.23 Beispiel für eine Kontrastverstärkung durch den Histogrammausgleich: a) kontrastarmes Bild, b) Kontrastverstärkung

wobei $v > 0$ ein Parameter ist. Für $v < 1$ wird der untere Grauwertbereich gespreizt; das Bild erscheint dunkler. Ist dagegen $v > 1$, wird der obere Grauwertbereich gespreizt und das Bild erscheint insgesamt heller. Für $v = 1$ bleibt das Bild unverändert, d. h. $u(k) = k$ für $k = 0, \ldots, 255$. ∎

Beispiel 1.27 Ein parameterfreier Ansatz ist der Histogrammausgleich (*histogram equilibration*). Sei $h = (h_k)$ das Grauwerthistogramm eines 8-Bit-Grautonbildes mit n Pixeln, d. h., h_k ist die Anzahl der Pixel des Bildes mit dem Grauwert k. Dann bewirkt eine Grauwerttransformation mit der Funktion

$$u(\ell) = \left\lfloor \frac{255}{n} \sum_{k=0}^{\ell} h_k \right\rfloor, \quad \ell = 0, \ldots, 255 \tag{1.15}$$

einen Histogrammausgleich, wobei im transformierten Bild alle Grauwerte mit näherungsweise gleicher Häufigkeit auftreten. Ein Beispiel für einen Histogrammausgleich ist in Bild 1.23 zu sehen. ∎

Beispiel 1.28 Gegeben sei ein 8-Bit-Grautonbild mit 1024^2 Pixeln. Das Bild hat also $n = 2^{20}$ Pixel. Davon sollen je 2^{18} Pixel die Grauwerte $k = 126$, $k = 127$, $k = 128$ bzw. $k = 129$ haben, d. h., das Grauwerthistogramm h hat die Komponenten

$$h_{126} = h_{127} = h_{128} = h_{129} = 2^{18},$$

und $h_k = 0$ sonst. Bei der Betrachtung des Bildes ist der Bildinhalt nicht erkennbar, siehe Bild 1.24a. Mit Hilfe von Gl. (1.15) erhält man die Transformationsfunktion u mit

$$u(k) = 0, \quad k = 0, \ldots, 125, \quad u(126) = 63, \quad u(127) = 127, \quad u(128) = 191$$

und

$$u(k) = 255, \quad k = 129, \ldots, 255.$$

1.6 Digitale Bilder   47

a)   b)

Bild 1.24 Histogrammausgleich eines kontrastarmen Bildes: a) Ausgangsbild, b) Ergebnisbild

Nach der Transformation des Bildes mit der Funktion u ist der Bildinhalt für einen Betrachter erkennbar, siehe Bild 1.24b. ∎

Die Grauwerttransformation eines Bildes bezüglich u kann beispielsweise durch die folgende Funktion realisiert werden:

```
/** Grey value transform of an image of type unsigned char.
    @param img [INOUT] an image of type unsigned char
    @param u [IN] a vector u of length 256 (the transformation vector)
    @return error code
**/
int GreyValueTransform(IMG *img, unsigned char *u) {

  unsigned long i, j;
  unsigned char **pix;

  pix = (unsigned char **)image->pix;

  for(i=0; i<img->n[0]; i++)
    for(j=0; j<img->n[1]; j++)
      pix[i][j] = u[pix[i][j]];

  return 0;
}
```

In der folgenden Implementierung des Histogrammausgleichs wird die Funktion GreyValueTransform() aufgerufen, wobei zunächst das Grauwerthistogramm h berechnet wird, dessen Werte anschließend akkumuliert werden.

```
/** Histogram equilibration of an image of type unsigned char.
    @param img [INOUT] an image of type unsigned chat
    @return error code
**/
int HistogramEquilibration(IMG *img){
  unsigned long i, j, k, *h;
  unsigned char **pix, *u;

  pix = (unsigned char **)img->pix;
  h = Calloc(256, unsigned long);

  // grey-tone histogram
```

```
      for(i=0; i<img->n[0]; i++)
        for(j=0; j<img->n[1]; j++)
          h[pix[i][j]]++;

      // accumulated grey tone-histogram
      for(k=1; k<256; k++) h[k] += h[k-1];

      u = Calloc(256, unsigned char);
      for(k=0; k<256; k++)
        u[k] = (unsigned char)(255 * (double)h[k] / (double)h[255]);

      Free(h);

      GreyValueTransform(img, u);

      Free(u);
      return 0;
    }
```

Aufgabe 1.9 Formulieren Sie die Bildinvertierung eines 8-Bit-Grautonbildes als Grauwerttransformation. Geben Sie die Funktion u an. Ist diese Grauwerttransformation bijektiv? ∎

Aufgabe 1.10 Die Komponenten h_k des Grauwerthistogramms h eines 4-Bit-Bildes F sind die Binomialkoeffizienten der Ordnung 15,

$$h_k = \binom{15}{k}, \quad k = 0, \ldots 15.$$

Wie viele Pixel hat das Bild? Bestimmen Sie das Grauwerthistogramm des Bildes, das durch den Histogrammausgleich von F erhalten wird. ∎

1.6.4 Elementare Statistik für Pixelwerte

Wie oben ist $F = (f_{ij})$ ein 8-Bit-Grautonbild mit n Pixeln und dem Grauwerthistogramm $h = (h_k)$, dessen Komponenten durch Gl. (1.12) bestimmt sind. Die einfachsten Kennzahlen von F sind sicher der mittlere Grauwert $\bar{f}$ und die Standardabweichung s der Pixelwerte, die sich mithilfe von Gl. (1.13) bzw. Gl. (1.14) direkt aus h berechnen lassen. Die Signalverstärkung (*camera gain*) ist bei vielen 8-Bit-CCD-Kameras so eingestellt, dass $\bar{f} \approx 127$ und $28 \leq s \leq 32$, wobei $\bar{f}$ als Bildhelligkeit und s als Dynamik oder Kontrast interpretiert werden (*root mean square*, RMS).

Weitere Kenngrößen, die direkt aus dem Grauwerthistogramm berechnet werden können, sind der minimale und maximale Grauwert $f_{\min} = \min_{i,j} f_{ij}$ bzw. $f_{\max} = \max_{i,j} f_{ij}$ des Bildes F,

$$f_{\min} = \min\{k : h_k \neq 0\} \quad \text{und} \quad f_{\max} = \max\{k : h_k \neq 0\}.$$

Der so genannte Michelson-Kontrast ist das Verhältnis

$$\frac{f_{\max} - f_{\min}}{f_{\max} + f_{\min}}.$$

Die Entropie H ist ein Maß für den Informationsgehalt eines Bildes. Auch sie lässt sich direkt aus dem Grauwerthistogramm h bestimmen,

$$H = -\sum_{k=0}^{255} p_k \log_2 p_k, \quad (1.16)$$

wobei die Konvention $0 \cdot \log_2 0 = 0$ verwendet wird und die $p_k = h_k/n$ relative Häufigkeiten bezeichnen. Die Entropie ist informationstheoretisch begründet und eine wichtige Kenngröße zur Bewertung des Verlustes bei verlustbehafteter Bildkompression.

Beispiel 1.29 Man kann sich überlegen, dass H maximal ist, wenn alle Grauwerte in einem 8-Bit-Bild mit der gleichen Häufigkeit auftreten. Dann ist $p_k = 1/256$ und $\log_2 p_i = -8$. Gl. (1.16) liefert also unmittelbar $H = 8$. Durch Histogrammausgleich wird die Entropie allerdings nicht vergrößert. ∎

Beispiel 1.30 Die Entropie des in Beispiel 1.28 betrachteten Bildes ist 4, siehe auch Bild 1.23. Sie wird durch Histogrammausgleich nicht vergrößert. ∎

Aufgabe 1.11 Bestimmen Sie die maximale Entropie eines Binärbildes. ∎

Aufgabe 1.12 Berechnen Sie die Entropie des in Aufgabe 1.10 betrachteten Bildes. ∎

Bemerkung 1.13 Oft werden in die Statistik auch die Werte benachbarter Pixel mit einbezogen, wobei eine Nachbarschaft der Pixel z. B. wie in Abschnitt 1.5 gewählt wird. Zu diesen Statistiken zählt der Vektor h der 2×2-Pixelkonfigurationen eines Binärbildes, siehe Abschnitt 1.4. Eine dazu alternative Kenngröße ist die so genannte Übertragungsmatrix, die sich auf Grautonbilder mit ganzzahligen Pixelwerten verallgemeinern lässt (Grauwertübertragungsmatrix, *grey-level co-occurrence matrix*, GLCM) [47]. ∎

Bemerkung 1.14 Für ein 8-Bit-Grautonbild ist die Grauwertübertragungsmatrix $C = (c_{k\ell})$ eine quadratische Matrix mit 256^2 Koeffizienten $c_{k\ell}$, $k,\ell = 0,\ldots,255$. Dabei ist $c_{k\ell}$ der Anteil der Pixel von F mit dem Grauwert k, für die ein benachbartes Pixel den Grauwert ℓ hat. Aus der Matrix C wird eine Reihe von Kenngrößen abgeleitet wie Kontrast, Entropie, Gleichmäßigkeit, Homogenität, Energie etc. Dabei ist zu beachten, dass sich z. B. die aus C abgeleitete Entropie von der durch Gl. (1.16) definierten Entropie wesentlich unterscheidet. Die Haralick-Koeffizienten [59] sind eine Klasse von Merkmalen, die ebenfalls aus C erhalten werden. Mit diesen Koeffizienten wird versucht, Texturen in Bildern zu klassifizieren. Gelegentlich wird suggeriert, dass man mithilfe solcher Merkmale Grautonbilder umfassend charakterisieren kann. Das ist aber schon deshalb nicht möglich, weil in C im Allgemeinen nur ein Teil der Information über F enthalten ist. ∎

1.6.5 Mehrkanalige Bilder

Mehrkanalige Bilder können als das Sampling einer Funktion $f : \mathbb{R}^2 \mapsto \mathbb{R}^m$ auf einem homogenen Gitter betrachtet werden und haben daher vektorwertige Pixel.

- So können z. B. Bilder mit komplexwertigen Pixeln als 2-kanalige Bilder aufgefasst werden. In Anlehnung an Implementierungen der schnellen Fourier-Transformation z. B. in [46] wird in den Kapiteln 4, 5 und 6 dieses Buches die Struktur

```
/** @struct CPX
    structure of a complex pixel value
**/
typedef struct CPX{
    float re;    // real part
    float im;    // imaginary part
} CPX;
```

für einen komplexen Pixelwert verwendet (img.t = 6).

- RGB- oder HSV-Farbbilder sind 3-kanalige Bilder (img.t = 7), wobei jeder Farbkanal mit 8 Bit kodiert ist. Eine Möglichkeit der Adressierung der Pixel eines solchen Farbbildes besteht daher in der Verwendung von Dreifachpointern vom Typ unsigned char. Ähnliches gilt auch für Diffraktionsbilder, die in der Regel ebenfalls 3-kanalige Bilder (vom Typ float) sind. Wir führen hier lediglich den Datentyp

```
typedef unsigned char CLR[3];
```

für die Pixel eines 3-kanaligen Farbbildes ein.

- Bei Spektral-, Hyperspektral- und Ultraspektralbildern werden bis zu mehreren tausend Kanälen verwendet, siehe z. B. [30] und [52], wobei sich die Bezeichnung „ultraspektral" auf Flächendetektoren mit Interferometern extrem hoher Spektralauflösung bezieht [91].

Zur Verarbeitung und Analyse von Farb- und mehrkanaligen Bildern sei auf [128] und [49] verwiesen. Im vorliegenden Buch werden Farbbilder vor allem im Kontext der Pseudocolorierung von Label- oder Wasserscheidenbildern zu deren Visualisierung verwendet. Der Hintergrund dafür ist, dass das menschliche Auge wesentlich empfindlicher bezüglich der Wahrnehmung von Farb- als von Grauwertunterschieden ist.

1.6.6 RGB- und HSV-Farbräume

Das RGB-Farbmodell mit dem Rot-, Grün- und Blaukanal wird vor allem für die Aufnahme von Bildern mit Farbkameras und deren Wiedergabe auf Monitoren verwendet. Der entsprechende RGB-Würfel ist in Bild 1.25 dargestellt.

Intuitiver für die Wahl einer Farbe ist das HSV-Farbmodell – auch *hexcone model* genannt – mit dem Farbwert (*hue*, H), der Sättigung (*saturation*, S) und der Helligkeit (*value*, V). Die H-, S- und V-Kanäle haben gewisse Ähnlichkeiten mit den Zylinderkoordinaten im kartesischen Koordinatensystem, siehe Bild 1.26, weshalb manchmal der H-Kanal auch als Farbwinkel bezeichnet wird. Um im HSV-Modell gewählte Farben im RGB-Modell darstellen zu können oder einen geeigneten Farbkanal für die Bildsegmentierung auszuwählen, ist eine entsprechende Transformation von RGB zu HSV durchzuführen.

Wir bezeichnen mit (r, g, b) einen Pixelwert im RGB-Farbraum und mit (h, s, v) einen Pixelwert im HSV-Raum, wobei r, g, b, h, s und v Zahlen vom Typ unsigned char sind. Weiterhin seien

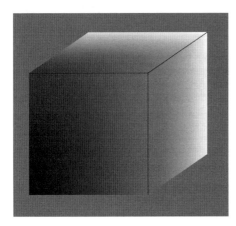 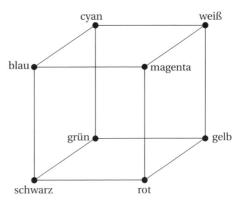

Bild 1.25 RGB-Farbwürfel mit den Ecken $(r,g,b) = (0,0,0)$ für schwarz, $(255,0,0)$ für rot, $(0,255,0)$ für grün, $(0,0,255)$ für blau, $(255,255,0)$ für gelb, $(255,0,255)$ für magenta, $(0,255,255)$ für cyan und $(255,255,255)$ für weiß

$m_0 = \min\{r,g,b\}$ und $m_1 = \max\{r,g,b\}$ das Minimum bzw. Maximum der drei Farbwerte r, g und b. Mithilfe von

$$v = m_1,$$

$$s = \begin{cases} 0, & \text{falls } r = g = b = 0 \quad \text{(schwarz)} \\ 255\dfrac{m_1 - m_0}{m_1}, & \text{sonst} \end{cases}$$

und

$$h = \begin{cases} 0, & \text{falls } r = g = b = 0 \quad \text{(schwarz)} \\ 43\dfrac{g-b}{m_1 - m_0}, & \text{falls } m_1 = r \\ 43\dfrac{b-r}{m_1 - m_0} + 85, & \text{falls } m_1 = g \\ 43\dfrac{r-g}{m_1 - m_0} + 171, & \text{falls } m_1 = b \end{cases}$$

kann der Farbwert (r,g,b) in (h,s,v) transformiert werden, wobei h modulo 256 zu verstehen ist. Die algorithmische Realisierung könnte so aussehen:

```
/** Convertes a color from the RGB model to the HSV model.
    @param clr [INOUT] the color to be converted
    @return error code
**/
#define MIN(a, b) ((a) < (b) ? (a) : (b))
#define MAX(a, b) ((a) < (b) ? (b) : (a))
int rgb2hsv(CLR clr) {

  unsigned char min, max, itmp;

  min = MIN(MIN(clr[0], clr[1]), clr[2]);
  max = MAX(MAX(clr[0], clr[1]), clr[2]);
```

```
    if(max == 0) return 0;   // black

    itmp = clr[1];
    clr[1] = 255 * (max - min) / max;
    if (clr[1] == 0) { clr[0] = 0; clr[2] = max; return 0; }

    if(clr[0] == max)
       clr[0] = 0 + 43 * ((short)itmp - (short)clr[2]) / (max - min);
    else if (itmp == max)
       clr[0] = 85 + 43 * ((short)clr[2] - (short)clr[0]) / (max - min);
    else{
       clr[0] = 171 + 43 * ((short)clr[0] - (short)itmp) / (max - min);
    }
    clr[2] = max;

    return 0;
}
#undef MAX
#undef MIN
```

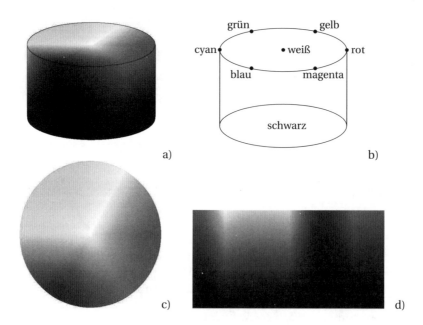

Bild 1.26 a) HSV-Farbzylinder, b) seine Deck- und c) Mantelfläche: Für die Deckfläche ist die Helligkeit v maximal ($v = 255$). Für die Mantelfläche ist die Sättigung s maximal ($s = 255$).

Für die Rücktransformation werden zunächst die Indizes $i = \lfloor h/43 \rfloor$ und $j = 6(h - 43i)$ sowie die Hilfsgrößen

$$p = \frac{v(255 - s)}{2^8}, \qquad q = \frac{v(65280 - sj)}{2^{16}}, \qquad t = \frac{v\bigl(65280 - s(255 - j)\bigr)}{2^{16}}$$

berechnet, und schließlich kann daraus der Vektor

$$(r,g,b) = \begin{cases} (v,t,p), & i=0 \\ (q,v,p), & i=1 \\ (p,v,t), & i=2 \\ (p,q,v), & i=3 \\ (t,p,v), & i=4 \\ (v,p,q), & i=5 \end{cases}$$

erhalten werden. Ein geeigneter Algorithmus ist durch die Funktion rgb2hsv() gegeben:

```
/** Convertes a color from the HSV model to the RGB model.
    @param clr [INOUT] the color to be converted
    @return error code
**/
int hsv2rgb(CLR clr) {

  unsigned char i, j;
  unsigned char p, q, t;    // auxiliary numbers

  if(clr[1] == 0) {
    clr[0] = clr[2]; clr[1] = clr[2];
    return 0;
  }

  i = clr[0] / 43;
  j = 6 * (clr[0] - 43 * i);
  p = (clr[2] * (255 - clr[1])) >> 8;
  q = (clr[2] * (255 - ((clr[1] * j) >> 8))) >> 8;
  t = (clr[2] * (255 - ((clr[1] * (255 - j)) >> 8))) >> 8;

  switch(i) {
    case 0: clr[0] = clr[2]; clr[1] = t; clr[2] = p; break;
    case 1: clr[0] = q; clr[1] = clr[2]; clr[2] = p; break;
    case 2: clr[0] = p; clr[1] = clr[2]; clr[2] = t; break;
    case 3: clr[0] = p; clr[1] = q; break;
    case 4: clr[0] = t; clr[1] = p; break;
    default: clr[0] = clr[2]; clr[1] = p; clr[2] = q; break;
  }

  return 0;
}
```

Beide Transformationen sind nicht verlustfrei in dem Sinne, dass durch eine Nacheinanderausführung von Vorwärts- und Rückwärtstransformation die Ausgangsfarbe (geringfügig) verändert wird.

Es gibt weitere Farbmodelle, die aber dem HSV-Modell sehr ähnlich sind. Dazu gehören das HSL-Modell (*double hexcone model*), wobei im L-Kanal die alternative Helligkeit gespeichert ist (*lightness*), das HSI-Modell (mit I für *intensity*) sowie das LCH-Modell (*luma, chroma, hue*). Eine genaue Beschreibung, die Präsentation weiterer Modelle sowie Motivationen für die Wahl dieser Modelle sind in [155] zu finden, siehe auch [42]. Die Suche nach einem geeigneten Farbraum, in dem ein Kanal für die Weiterverarbeitung mit den für Grautonbilder üblichen Methoden ausgewählt werden kann, basiert z. B. auf einer Hauptkomponentenanalyse des Farbbildes im RGB-Modell, [97], [32].

Im Folgenden präsentieren wir noch die Transformation eines Grautonbildes bezüglich einer zufälligen RGB-Farbtabelle (Palette), wobei die RGB-Werte unabhängig und gleichverteilt auf $\{0,\ldots,255\}$ sind. Eine solche Transformation ist z. B. sinnvoll zur Umwandlung von Label- oder Wasserscheidenbildern, für die die Labels natürliche Zahlen sind. Das Label 0, das oft für den Bildhintergrund vergeben ist, wird dabei in die Farbe weiß konvertiert.

```
/** Converts an image of type unsigned integers are converted to an image of type CLR
 *  with respect to a random palette, where the pixels of value 0 are set to white
    @param img [INOUT] the image to be converted
    @return error code
**/
int Grey2RandomColor(IMG *img) {

  unsigned long long int i, j, m;
  unsigned short **pix;
  CLR *palette, **pix1;

  switch(img->t) {
    case 1: m = 1 << 8; break;
    case 2: m = 1 << 16; break;
    case 3: m = 1 << 32; break
    default: return 1;
  }

  pix = (unsigned short **)img->pix;
  pix1 = Calloc2d(img->n, CLR);
  palette = Calloc(m, CLR);

  palette[0][0] = palette[0][1] = palette[0][2] = 255;   // white (background)
  for(i=1; i<m; i++)
    for(k=0; k<3; k++)
      palette[i][k] = random() % 256;   // random color

  for(i=0; i<img->n[0]; i++)
    for(j=0; j<img->n[1]; j++)
      for(k=0; k<3; k++)
        pix1[i][j][k] = palette[pix[i][j]][k];

  Free(palette);
  img->t = 7;               // setting type to color image
  Free2d(img->pix);
  img->pix = (void **)pix1;

  return 0;
}
```

1.6.7 Bildrandfehler und allgemeine Prinzipien ihrer Behandlung

Bildrandfehler entstehen durch die Begrenzung des Bildes. Sie sind abhängig von der Art der Bildverarbeitung bzw. Bildanalyse, vom Kontext der Anwendung und vom Bildinhalt. Häufig ist die Art der Behandlung von Bildrandfehlern in den Algorithmen von Bildverarbeitungssystemen implementiert, ohne dass dem Nutzer dazu Angaben gemacht werden. Das liegt daran, dass die Behandlung von Bildrandfehlern entweder offensichtlich oder so komplex ist, dass auf eine Beschreibung verzichtet wird. Gerade aber auch deshalb sollen an dieser Stelle noch ein paar Ausführungen zu diesem wichtigen Thema gemacht werden.

Was sind Bildrandfehler? Um das zu erklären, betrachten wir ein (unendlich ausgedehntes) Grauton- oder mehrkanaliges Bild $f : \mathbb{R}^2 \mapsto \mathbb{R}^m$. Auf f wird eine Bildtransformation φ angewandt (z. B. ein Filter, die Distanztransformation, ein Labeling etc.); das Ergebnis ist $\varphi(f)(x)$. Weiterhin sei W der Bildausschnitt (d. h. das Fenster), in dem die Bilddaten gegeben sind, und $\mathbf{1}_W(x)$ ist die zugehörige Indikatorfunktion, d. h. $\mathbf{1}_W(x) = 1$ für $x \in W$ und $\mathbf{1}_W(x) = 0$ für $x \notin W$. Wir können die Bildtransformation φ nur auf die gefensterte Funktion

$$(f \cdot \mathbf{1}_W)(x) = f(x) \cdot \mathbf{1}_W(x)$$

anwenden, die unserem Bild entspricht. Der dabei gemachte Bildrandfehler ist die auf W begrenzte Differenz

$$\delta(x) = \varphi(f)(x) - \varphi(f \cdot \mathbf{1}_W)(x), \quad x \in W.$$

Da $f(x)$ außerhalb von W im Allgemeinen unbekannt sein dürfte, kann der Bildrandfehler $\delta(x)$ meist nicht angegeben werden. Ausnahmen sind bildrandfehlerfreie Bildtransformationen wie die Binarisierung eines Grautonbildes, der Histogrammausgleich, das Casting, das Spreading oder die Umwandlung eines RGB-Farbbildes in ein HSV-Farbbild. Bei allen Bildtransformationen, die auf lokalen Pixeloperationen basieren, ist der Fehler $\delta(x)$ gleich null für alle x aus W.

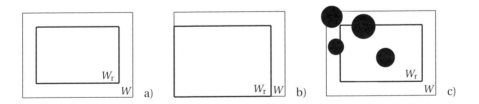

Bild 1.27 Beispiele für das Fenster W und das reduzierte Fenster W_r (ROI)

Für viele Bildtransformationen kann ein Teilfenster W_r von W angegeben werden, in dem diese Transformation fehlerfrei ist, d. h., W_r ist die größte Teilmenge von W mit $\delta(x) = 0$ für alle $x \in W_r$ und alle Bilder f, siehe Bild 1.27a. Gelegentlich wird das reduzierte Fenster W_r in diesem Zusammenhang auch *region of interest* (ROI) genannt. Im Bildrand $W \setminus W_r$ ist der Fehler $\delta(x)$ für fast alle x verschieden von null. Ein solches Teilfenster kann oft für Filter in Abhängigkeit von der Größe der Filtermaske bzw. des strukturierenden Elements angegeben werden. So wird beispielsweise in Abschnitt 2.1.6 das reduzierte Fenster für morphologische Transformationen in Abhängigkeit vom strukturierenden Element angegeben.

Beispiel 1.31 Die Filterung eines Binärbildes mit der in Abschnitt 1.4 zur Indizierung von 2×2-Pixelkonfigurationen verwendeten Maske M ist für die erste Bildzeile und die letzte Bildspalte fehlerbehaftet. Die Bestimmung des Vektors h der Anzahl der 2×2-Pixelkonfigurationen ist nur im um die erste Zeile und letzte Spalte reduzierten Fenster W_r fehlerfrei, siehe Bild 1.27b. ∎

Bild 1.28 Beispiele für die Bildrandbehandlung: a) Padding mit Nullen (schwarz), b) Reflexionsbedingung und c) periodische Fortsetzung

Durch eine Bildrandbehandlung kann der Fehler $\delta(x)$ im Rand $W \setminus W_r$ reduziert, aber im Allgemeinen nicht vollkommen korrigiert werden. Zu den Strategien der Bildrandbehandlung gehören:

- das Padding des Bildes mit Nullen, siehe Bild 1.28a, bzw. das Padding mit dem mittleren Grau- oder Farbwert,
- die Reflexionsbedingung, siehe Bild 1.28b, wobei das Bild an seinen Rändern gespiegelt wird, und
- die periodische Fortsetzung des Bildes, siehe Bild 1.28c.

Die periodische Fortsetzung ist für die diskrete Fourier-Transformation inhärent und erfordert z. B. bei der bildrandfehlerfreien Schätzung der Spektraldichte eine spezielle Strategie des Paddings mit Nullen, siehe Abschnitt 5.6.2.

Werden Objekte nach ihren Merkmalen (Features) klassifiziert, muss dafür Sorge getragen werden, dass die Objekte nicht den Bildrand schneiden. Nun könnte man einfach alle Objekte von der Klassifikation ausschließen, die den Bildrand schneiden. Dadurch würden Fraktionen kleiner Objekte gegenüber Fraktionen großer Objekte bevorzugt, denn die Wahrscheinlichkeit, den Bildrand zu schneiden, ist für kleine Objekte geringer als für große. Daher wird wie folgt verfahren: Das reduzierte Fenster wird so gewählt, dass die Zentren aller zu klassifizierenden Objekte, die nicht den Bildrand schneiden, innerhalb des reduzierten Fensters W_r liegen, siehe Bild 1.27c. Es werden ausschließlich die Merkmale derjenigen Objekte klassifiziert, deren Zentren sich in W_r befinden. Für die Bestimmung von Merkmalsverteilungen sind spezielle Techniken entwickelt worden, die auf R. Miles und C. Lantuéjoul zurückgehen, siehe z. B. [108].

Bei der Schätzung von Funktionen kann der Einfluss von Bildrandfehlern durch eine Funktion $c_W(x)$ beschrieben werden (die sogenannte Fensterfunktion). Das trifft auf die sphärische Kontakt- und Granulometrieverteilungsfunktion sowie auf die Spektraldichte zu. Die Bildrandkorrektur besteht dann in der Division der geschätzten Funktion durch die Fensterfunktion, siehe Bemerkung 2.8 und Bild 5.16.

2 Filterung von Bildern

In diesem Kapitel werden einige Filter behandelt. Dazu zählen auch die morphologischen Transformationen (Abschnitt 2.1), die als Filter für Binärbilder gelten und daher von den morphologischen Filtern (Abschnitt 2.3) unterschieden werden. Ihre Anwendung in der Bildverarbeitung wurde maßgeblich durch die Entwicklung der Mathematischen Morphologie in den 1960er Jahren stimuliert [103], siehe auch [54], [55], [54] und [151]. Weiterführende Arbeiten zur Morphologie finden sich in [62], [63], [64] und [137]. Wegen ihrer besonderen Bedeutung wird ausführlich auf die wichtigsten linearen Filter eingegangen (Abschnitt 2.2), die ihren Ursprung in der Signalverarbeitung haben und auf die wir im Zusammenhang mit der Filterung im Ortsfrequenzraum (Abschnitte 5.1 und 5.5) noch einmal zurückkommen werden. Die Klasse der Rangordnungsfilter (Abschnitt 2.4) stellt in gewissem Sinne eine Verallgemeinerung der Klasse der morphologischen Filter dar. Zu ihr gehört auch der für die Anwendung wichtige Medianfilter.

■ 2.1 Morphologische Transformationen

Wir behandeln die Filterung von Binärbildern, deren wichtigste Vertreter morphologische Transformationen sind. Der Begriff „morphologische Transformation" wird dabei bewusst zur Unterscheidung von den morphologischen Filtern verwendet, die zur Manipulation von Grautonbildern genutzt werden.

Wie auch in den vorangegangenen Abschnitten betrachten wir zunächst den kontinuierlichen Fall, und anschließend werden diskrete Varianten eingeführt, an denen die algorithmische Implementierung erläutert wird. Es sei also $X \subset \mathbb{R}^2$ eine Menge, die als Vordergrund eines (kontinuierlichen) Binärbildes aufgefasst wird. Genauer: die Indikatorfunktion

$$\mathbf{1}_X(x) = \begin{cases} 1, & x \in X \\ 0, & \text{sonst} \end{cases} \tag{2.1}$$

der Menge X ist das zu X gehörige Binärbild.

Morphologische Transformationen werden bezüglich eines strukturierenden Elements Y ausgeführt, das ebenfalls eine Menge ist, $Y \subset \mathbb{R}^2$, von der wir aber meist annehmen, dass sie kompakt ist. In den meisten Fällen ist Y sogar kompakt und konvex.

2.1.1 Minkowski-Addition und Dilatation

Die Definition aller morphologischen Transformationen basiert auf der Definition der Minkowski-Addition zweier Mengen $X, Y \subset \mathbb{R}^2$.

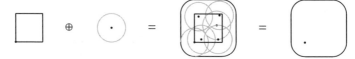

Bild 2.1 Schematische Darstellung der Minkowski-Addition eines Quadrats und eines Kreises als Vereinigung aller Kreise, deren Mittelpunkte im Quadrat liegen: Die Punkte markieren jeweils den Koordinatenursprung.

Definition 2.1 Die Minkowski-Addition $X \oplus Y$ zweier Mengen $X, Y \subseteq \mathbb{R}^2$ ist die Menge

$$X \oplus Y = \{x + y : x \in X, y \in Y\}.$$

■

Diese Definition, in der die Addition $X \oplus Y$ zweier Mengen auf die Addition $x + y$ von Punkten (Vektoren) zurückgeführt wird, ist formal sehr einfach. Anschaulicher aber ist die Formel

$$X \oplus Y = \bigcup_{x \in X} (Y + x), \tag{2.2}$$

d. h., $X \oplus Y$ ist die Vereinigung aller Verschiebungen $Y + x$ der Menge Y, wobei die Translationsvektoren aus X sind. Eine Minkowski-Addition eines Quadrats und eines Kreises kann man sich vorstellen als ein „Ausmalen" des Quadrats mit einem dicken (kreisrunden) Pinsel, wobei der „Pinselstiel" über alle Positionen im Quadrat geführt wird, siehe Bild 2.1.

Durch die Minkowski-Addition können Mengen „vergrößert" und auf diese Weise „Löcher" in Mengen (Objekten, Zusammenhangskomponenten) geschlossen werden oder getrennte Objekte zu Clustern zusammengefügt werden.

Die Minkowski-Addition ist kommutativ, assoziativ und distributiv bezüglich der (mengentheoretischen) Vereinigung $\cup$. Für alle $X, Y, Z \subseteq \mathbb{R}^2$ gilt

$$X \oplus Y = Y \oplus X, \tag{2.3}$$

$$X \oplus (Y \oplus Z) = (X \oplus Y) \oplus Z, \tag{2.4}$$

$$(X \cup Y) \oplus Z = (X \oplus Z) \cup (Y \oplus Z). \tag{2.5}$$

Bemerkung 2.1 Wegen der Kommutativität (2.3) sind die Rollen des Bildvordergrundes X und des strukturierenden Elements Y vertauschbar. Analog zu Gl. (2.2) gilt also auch

$$X \oplus Y = \bigcup_{y \in Y} (X + y).$$

In der Bildverarbeitung dürfte der Bildvordergrund X aber meist eine topologisch komplexe Gestalt haben, während das strukturierende Element sehr einfach ist. Insofern scheint die Kommutativität unseren Vorstellungen von der Transformation eines Binärbildes zu widersprechen.

■

Bemerkung 2.2 Aus dem Assoziativgesetz (2.4) folgt die Zerlegbarkeit (Separabilität) des strukturierenden Elements. Ist ein strukturierendes Element Y separabel, d. h., kann Y in Teilmengen Y_1 und Y_2 zerlegt werden, so dass

$$Y = Y_1 \oplus Y_2 \tag{2.6}$$

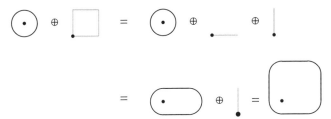

Bild 2.2 Anwendung der Separabilität bei der Minkowski-Addition, wobei ein quadratisches strukturierendes Element in zwei orthogonale Strecken zerlegt wird. Die strukturierenden Elemente sind jeweils grau markiert.

ist, dann lässt sich die Minkowski-Addition $\oplus Y$ als eine Hintereinanderausführung der Minkowski-Additionen $\oplus Y_1$ und $\oplus Y_2$ schreiben. (Eine solche Zerlegung ist natürlich nur dann sinnvoll, wenn sowohl Y als auch Y_1 und Y_2 aus mehr als einem Punkt bestehen.) Wegen der Assoziativität gilt

$$X \oplus Y = X \oplus (Y_1 \oplus Y_2) = (X \oplus Y_1) \oplus Y_2.$$

Beispielsweise ist ein Quadrat zerlegbar (separabel) in zwei orthogonale Strecken, siehe Bild 2.2, wobei die Minkowski-Additionen in horizontaler und in vertikaler Richtung nacheinander ausgeführt werden. Die Separabilität kann wesentlich zur Beschleunigung einer morphologischen Transformation beitragen und hat daher große Bedeutung für die Anwendung. ∎

Bemerkung 2.3 Aus dem Distributivgesetz (2.5) leitet sich die Parallelisierbarkeit von Algorithmen für morphologische Transformationen ab (Datenparallelisierung). Wir gehen davon aus, dass unser Binärbild so in zwei (überlappende) Teile zerlegt wird, dass der Vordergrund X die Vereinigung zweier (nicht notwendig disjunkter) Teilmengen X_1 und X_2 ist, $X = X_1 \cup X_2$, wobei X_1 der Vordergrund des ersten und X_2 der Vordergrund des zweiten Teilbildes ist. Nun können die beiden Minkowski-Additionen $X_1 \oplus Y$ und $X_2 \oplus Y$ auf zwei verschiedenen Prozessoren ausgeführt und anschließend die beiden Ergebnisse durch die Bildung der Vereinigung zu einem Gesamtergebnis zusammengefügt werden,

$$(X_1 \oplus Y) \cup (X_2 \oplus Y) = (X_1 \cup X_2) \oplus Y = X \oplus Y.$$

Wird das Ausgangsbild lediglich in Teilbilder zerlegt, können bei der Bearbeitung der Teilbilder zusätzlich Randeffekte an den Schnittstellen entstehen. Durch Überlappung der Teilbilder können diese zusätzlichen Randeffekte vermieden werden. ∎

Offensichtlich ist $X \oplus \emptyset = \emptyset$ und $X \oplus \{0\} = X$, d. h., die aus dem Koordinatenursprung 0 bestehende Menge $\{0\}$ ist das neutrale Element der Minkowski-Addition. Außerdem kann eine Translation $X + y$ der Menge X um einen Vektor y als Minkowski-Addition geschrieben werden, $X + y = X \oplus \{y\}$. Das bedeutet insbesondere, dass eine Minkowski-Addition auch eine Verschiebung beinhalten kann, wenn das strukturierende Element Y nicht zentriert ist (oder sich nicht zentrieren lässt).

Wesentlich gebräuchlicher als der Begriff Minkowski-Addition ist in der Bildverarbeitung die Dilatation, die nichts anderes als die Minkowski-Addition mit dem am Koordinatenursprung gespiegelten strukturierenden Element ist. Wir bezeichnen im Folgenden mit $\check{Y}$ die Spiegelung von Y,

$$\check{Y} = -Y = \{-y : y \in Y\}.$$

Die Menge Y heißt symmetrisch, wenn $Y = \check{Y}$, und es soll noch darauf hingewiesen werden dass eine Minkowski-Addition mit einem symmetrischen strukturierenden Element translationsfrei ist.

Definition 2.2 Für $X, Y \subset \mathbb{R}^2$ ist die Menge

$$X \oplus \check{Y} = \{x - y : x \in X, y \in Y\}$$

die Dilatation von X mit Y. ∎

Klar, wenn das strukturierende Element symmetrisch ist, dann ist die Dilatation identisch mit der Minkowski-Addition. Da in der Bildverarbeitung symmetrische strukturierende Elemente bevorzugt werden, wird häufig nicht zwischen Minkowski-Addition und Dilatation unterschieden. Allerdings können nicht immer symmetrische strukturierende Elemente verwendet werden, und dann ist es fatal, wenn nicht zwischen Minkowski-Addition und Dilatation unterschieden wird. Die Dilatation ist nicht kommutativ, $X \oplus \check{Y} \neq Y \oplus \check{X}$ und vor allem nicht assoziativ, $X \oplus \check{Y} \neq (X \oplus \check{Y}_1) \oplus \check{Y}_2$ mit $Y = Y_1 \oplus Y_2$. Letzteres muss unter anderem bei der Zerlegung (Separation) des strukturierenden Elements Y in Y_1 und Y_2 berücksichtigt werden.

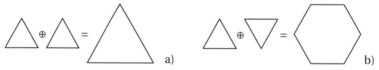

Bild 2.3 a) Minkowski-Addition zweier kongruenter gleichseitiger Dreiecke, b) Dilatation zweier kongruenter gleichseitiger Dreiecke

Der Unterschied zwischen Minkowski-Addition und Dilatation wird in Bild 2.3 an einem Beispiel gezeigt.

2.1.2 Minkowski-Subtraktion und Erosion

Die Minkowski-Subtraktion von X entspricht der Minkowski-Addition der Komplementärmenge $X^c = \mathbb{R}^2 \setminus X$ (also des Hintergrundes des entsprechenden Binärbildes) mit einem strukturierenden Element Y.

Definition 2.3 Für $X, Y \subseteq \mathbb{R}^2$ ist die Menge

$$X \ominus Y = (X^c \oplus Y)^c$$

die Minkowski-Subtraktion von X und Y. ∎

Diese Definition ist äquivalent zu

$$X \ominus Y = \bigcap_{y \in Y}(X + y). \tag{2.7}$$

Aus dieser Gleichung folgt unmittelbar $X \ominus \{y\} = X + y$, und für alle $X, Y, Z \subseteq \mathbb{R}^2$ gelten die Gleichungen

$$X \ominus (Y \oplus Z) = (X \ominus Y) \ominus Z, \tag{2.8}$$
$$(X \cap Y) \ominus Z = (X \ominus Z) \cap (Y \ominus Z). \tag{2.9}$$

Aus der ersten Gleichung folgt analog zu Gl. (2.4) die Separabilität des strukturierenden Elements, und Gl. (2.9) ist die Grundlage der Parallelisierung von algorithmischen Implementierungen der Minkowski-Subtraktion.

Es ist zu beachten, dass die Minkowski-Subtraktion nicht die Umkehrung der Minkowski-Addition ist, $(X \oplus Y) \ominus Y \neq X$ und $(X \ominus Y) \oplus Y \neq X$. Nur dann, wenn X und Y konvex sind, gilt

$$(X \oplus \check{Y}) \ominus Y = X, \tag{2.10}$$

siehe auch Bild 2.4. Unter noch strengeren Voraussetzungen an X und Y gilt

$$(X \ominus \check{Y}) \oplus Y = X. \tag{2.11}$$

Für die letzte Gleichung muss zusätzlich vorausgesetzt werden, dass $Y = cX$ mit $|c| < 1$ ist.

Bild 2.4 a) Das Ergebnis der Minkowski-Addition einer konvexen Menge X mit $Y = X$ und die anschließende Minkowski-Subtraktion mit $Y = X$ ergibt nur einen Punkt. b) Unter den gleichen Annahmen ergibt die Dilatation und die anschließende Minkowski-Subtraktion die Ausgangsmenge X.

Definition 2.4 Für $X, Y \subseteq \mathbb{R}^2$ ist die Menge $X \ominus \check{Y}$ die Erosion von X mit dem strukturierenden Element Y. ∎

Durch eine Minkowski-Subtraktion oder Erosion können kleine Objekte aus einem Binärbild entfernt und sich gerade berührende Objekte getrennt (segmentiert) werden. Der Begriff „Erosion" wurde der Geologie entlehnt, wo er „Abtragen einer geologischen Formation durch Wind oder Wasser" bedeutet. Ähnlich wird in der Bildverarbeitung durch eine Erosion am Rand des Vordergrundes etwas abgetragen, große Objekte werden kleiner, und kleine Objekte verschwinden. Die Funktion

$$F(r) = 1 - \frac{\text{Fläche}(X \ominus B_r)}{\text{Fläche}(X)}, \quad r \geq 0 \tag{2.12}$$

für kreisförmige strukturierende Elemente B_r mit dem Radius r ist eine monoton wachsende Funktion mit Werten zwischen 0 und 1. Sie kann folglich als Verteilungsfunktion interpretiert werden und wird in der Literatur als sphärische Kontaktverteilungsfunktion bezeichnet. Hinsichtlich ihrer Interpretation für zufällige Strukturen sei auf [33] verwiesen.

2.1.3 Morphologische Öffnung und Abschließung

Die Gln. (2.10) und (2.11) sind die Motivation für die Einführung der morphologischen Abschließung bzw. Öffnung.

Definition 2.5 Für zwei Mengen $X, Y \subseteq \mathbb{R}^2$ bezeichnen

$$X \circ Y = (X \ominus \check{Y}) \oplus Y,$$
$$X \bullet Y = (X \oplus \check{Y}) \ominus Y$$

die morphologische Öffnung bzw. Abschließung von X mit Y. ∎

Eine Öffnung ist also eine Erosion, gefolgt von einer Minkowski-Addition, und eine Abschließung ist eine Dilatation, gefolgt von einer Minkowski-Subtraktion. Es gilt

$$X \circ Y \subseteq X \subseteq X \bullet Y. \tag{2.13}$$

Die Größe von X wird durch eine Öffnung oder Anschließung nur geringfügig geändert. Meist ändert sich aber die Form. Außerdem gelten die Idempotenzgesetze

$$(X \circ Y) \circ Y = X \circ Y, \quad (X \bullet Y) \bullet Y = X \bullet Y. \tag{2.14}$$

Eine wiederholte Anwendung einer Öffnung oder Abschließung mit dem gleichen strukturierenden Element ist also völlig wirkungslos. Allerdings können Öffnung und Abschließung in der Form

$$(X \circ Y) \bullet Y \quad \text{oder} \quad (X \bullet Y) \circ Y$$

sinnvoll miteinander kombiniert werden (alternierende morphologische Transformationen, *alternate filtering*), um sowohl kleine Objekte zu entfernen als auch „Löcher" in größeren Objekten zu schließen. Analog zu Gl. (2.13) gilt

$$(X \circ Y) \bullet Y \subseteq (X \bullet Y) \circ Y.$$

Ähnlich wie bei der Erosion können durch eine Öffnung kleine Objekte aus dem Bild entfernt werden, wobei sich bei einer Öffnung die Größe der erhaltenen Objekte nicht oder nur geringfügig ändert. Allerdings kann die Form der Objekte stark verändert werden, siehe Bild 2.7. Mit zunehmender Größe der strukturierenden Elemente erhalten die Teilchen die Form der strukturierenden Elemente. Aus diesem Grund sollte die Form des strukturierenden Elements

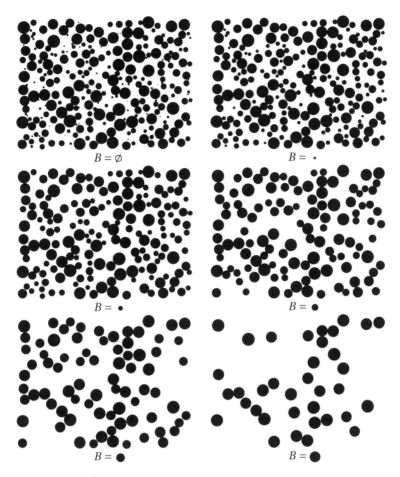

Bild 2.5 Morphologische Öffnung eines Systems von Kreisen mit unabhängig gleichverteilten Radien. Die strukturierenden Elemente sind jeweils Kreise B_r mit größer werdendem Radius r. Diese schrittweise Öffnung entspricht einer „Siebung", wobei der Durchmesser der strukturierenden Elemente äquivalent zur „Maschenweite" der „Siebe" ist.

der Teilchenform angepasst werden (soweit das überhaupt möglich ist). Durch eine Abschließung werden Löcher in den Objekten geschlossen und eng beieinander liegende Objekte zu Clustern zusammengefasst.

Eine „Siebung" von Teilchen (Körnern) mit zunehmender Maschenweite kann durch eine sequenzielle Öffnung mit größer werdenden strukturierenden Elementen simuliert werden. (Bei einer realen Kornklassifikation mit Siebung wird umgekehrt mit einer großen Maschenweite begonnen, und die Maschenweite wird schrittweise verkleinert.) Eine solche „virtuelle Siebung" entspricht der Bestimmung der Korngrößenverteilung in der Aufbereitungstechnik. Dabei werden die Kornfraktionen gewogen, und es wird eine massebezogene Korngrößenverteilung bestimmt, d. h., es werden die Masseanteile der Kornfraktionen berechnet (Masse der Kornfraktion bezogen auf die Gesamtmasse der Probe). Diese massebezogene Größenvertei-

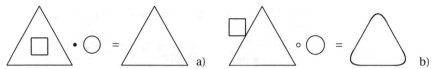

Bild 2.6 a) Das quadratische „Loch" in dem gleichseitigen Dreieck kann mit einem beliebigen (kompakten und konvexen) strukturierenden Element Y geschlossen werden, wenn Y hinreichend groß ist. Die Form des Dreiecks bleibt unverändert. b) Das Quadrat, das das Dreieck berührt, wird durch die Öffnung entfernt, aber die Form des Dreiecks hat sich verändert. (Der Kreisdurchmesser muss geringfügig größer als die Kantenlänge des Quadrats sein.)

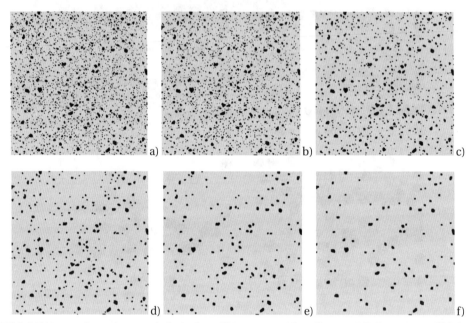

Bild 2.7 Verwendung der morphologischen Filterung zur Klassifikation („Siebung") von Teilchen (sphärodisierter Zementit in einem eutektoidischen Kohlenstoffstahl): a) Ausgangsbild, mikroskopische Aufnahme, Auflicht, Hellfeld; b) bis f) Öffnung der Zementitteilchen mit Quadraten zunehmender Kantenlänge

lung heißt in der Aufbereitungstechnik „Granulometrie". Wenn alle Fraktionen die gleiche Massendichte (Gesamtmasse pro Volumeneinheit) haben, dann ist die massenbezogene Größenverteilung gleich der volumengewichteten Größenverteilung. In der Bildverarbeitung wird statt des Volumens die Fläche bestimmt. Die Funktion

$$G(r) = 1 - \frac{\text{Fläche}(X \circ B_r)}{\text{Fläche}(X)}, \quad r \geq 0$$

für kreisförmige strukturierende Elemente ist ähnlich wie die durch Gl. (2.12) gegebene sphärische Kontaktverteilungsfunktion wegen $X \circ B_{r_1} \subseteq X \circ B_{r_2}$ für alle $r_1 \leq r_2$ eine monoton wachsende Funktion mit Werten zwischen 0 und 1. In der Bildverarbeitung wird die Funktion $F(r)$ als (sphärische) Granulometrieverteilungsfunktion bezeichnet [102], [152].

Bemerkung 2.4 Öffnung und Abschließung sind stets zentriert. Also auch dann, wenn das strukturierende Element Y nicht symmetrisch ist, sind Öffnung und Abschließung verschiebungsfrei. ∎

Bemerkung 2.5 Konvexe Mengen sind invariant gegenüber Abschließung, d. h., wenn X und Y kompakt und konvex sind, gilt $X \bullet Y = X$. In diesem Spezialfall können also „Löcher" in Objekten geschlossen werden, ohne dass sich die Größe und Form der Objekte ändert, siehe Bild 2.6a. Allerdings ändert sich durch eine Öffnung in der Regel die Form der Objekte, siehe Bild 2.6b. ∎

Bemerkung 2.6 Als Folge der Idempotenzgesetze (2.14) können sequenzielle Öffnungen und Abschließungen effektiv implementiert werden. Beispielsweise gilt

$$(X \circ B_{r_1}) \circ B_{r_2} = X \circ B_{r_2} \quad \text{für } r_1 \leq r_2,$$

was hilfreich für die bildanalytische Bestimmung der sphärischen Granulometrieverteilung ist. ∎

Beispiel 2.1 Werden die Großbuchstaben als Mengen (bzw. als Vordergrund von Binärbildern) aufgefasst, dann ließe sich tatsächlich schreiben

ABCDE ∘ A = A.

∎

2.1.4 Top-Hat-Transformationen

Aus den Ungleichungen (2.13) folgt, dass die Differenzmengen $X \setminus (X \circ Y)$ und $(X \bullet Y) \setminus X$ im Allgemeinen nicht leer sind. Die Abbildungen

$$X \mapsto X \setminus (X \circ Y), \qquad X \mapsto (X \bullet Y) \setminus X$$

werden Top-Hat-Transformationen (Zylinderhuttransformationen) der Menge X bezüglich des strukturierenden Elements Y genannt. Gelegentlich spricht man vom „weißen" bzw. „schwarzen Zylinderhut". Welche der beiden Top-Hat-Transformationen mit „weiß" oder „schwarz" bezeichnet werden, setzt eine Konvention zur Darstellung des Vordergrundes eines Binärbildes voraus. Wird der Vordergrund schwarz dargestellt, dann ist $X \setminus (X \circ Y)$ der „schwarze Zylinderhut", da diese Menge ein Teil des Vordergrundes ist. Die Menge $(X \bullet Y) \setminus X$ ist dagegen Teil des Hintergrundes und wird unter der obigen Konvention „weißer Zylinderhut" genannt. Die Bezeichnung „Top-Hat-Transformation" wurde von entsprechenden Kombinationen morphologischer Filter übernommen, wo sie die Filterwirkung intuitiv beschreibt, siehe Abschnitt 2.3.

Für das in Bild 2.6a gezeigte Dreieck mit dem quadratischen „Loch" wäre also das (offene) Quadrat das Ergebnis der Top-Hat-Transformation $(X \bullet Y) \setminus X$. Für die aus dem Dreieck und dem Quadrat bestehende Ausgangsmenge in Bild 2.6b ist das Resultat der Top-Hat-Transformation $X \setminus (X \circ Y)$ eine Menge, die aus dem Quadrat und den Dreieckspitzen besteht.

Aufgabe 2.1 Bestimmen Sie für $X = Y = \square$ die Mengen $X \oplus Y$, $X \ominus Y$, $X \ominus \check{Y}$, $X \circ Y$ und $X \bullet Y$. ∎

2.1.5 Algorithmische Implementierung

Da alle morphologischen Transformationen durch die Minkowski-Addition erklärt werden können, ist es ausreichend, eine diskrete Fassung der Minkowski-Addition einzuführen, die sich allerdings nicht von der kontinuierlichen unterscheidet. Bezeichnen $X_\square$ und $Y_\square$ Samplings von X bzw. Y auf einem homogenen Gitter $\mathbb{L}$,

$$X_\square = X \cap \mathbb{L}, \quad Y_\square = Y \cap \mathbb{L},$$

dann ist analog zu Definition 2.1

$$X_\square \oplus Y_\square = \{x + y : x \in X_\square, y \in Y_\square\}$$

die diskrete Minkowski-Addition von $X_\square$ und $Y_\square$. Natürlich ist auch $X_\square \oplus Y_\square$ eine Menge von Vordergrundpixeln, $X_\square \oplus Y_\square \subseteq \mathbb{L}$, aber man sollte zur Kenntnis nehmen, dass $X_\square \oplus Y_\square$ im Allgemeinen nicht das Sampling von $X \oplus Y$ ist,

$$X_\square \oplus Y_\square \subseteq (X \oplus Y)_\square.$$

Die Implementierung der Minkowski-Addition basiert auf der diskreten Fassung von Gl. (2.2),

$$X_\square \oplus Y_\square = \bigcup_{x \in X_\square} (Y_\square + x), \tag{2.15}$$

d. h., wir bilden die Vereinigung aller Translationen $Y_\square + x$ des (diskreten) strukturierenden Elements $Y_\square$, wobei die Translationsvektoren x aus $X_\square$ sind.

Beispiel 2.2 Fassen wir diskrete Mengen wieder als Matrizen von Pixelwerten auf, und setzen wir ein Padding mit Nullen voraus, dann gilt

$$(\boxed{1},1) \oplus (\boxed{1},1) = (\boxed{1},1,1),$$

$$(\boxed{1},1) \oplus \begin{pmatrix} 1 \\ \boxed{1} \\ 1 \end{pmatrix} = \begin{pmatrix} 1 & 1 \\ \boxed{1} & 1 \\ 1 & 1 \end{pmatrix},$$

$$\begin{pmatrix} 1 & 1 \\ \boxed{1} & 1 \end{pmatrix} \oplus \begin{pmatrix} 1 & 1 \\ \boxed{1} & 1 \end{pmatrix} = (\boxed{1},1,1) \oplus \begin{pmatrix} 1 \\ 1 \\ \boxed{1} \end{pmatrix} = \begin{pmatrix} 1 & 1 & 1 \\ 1 & 1 & 1 \\ \boxed{1} & 1 & 1 \end{pmatrix},$$

$$(\boxed{1},1) \oplus \begin{pmatrix} 1 & 0 \\ \boxed{0} & 1 \end{pmatrix} \oplus \begin{pmatrix} 1 \\ \boxed{1} \end{pmatrix} \oplus \begin{pmatrix} 0 & 1 \\ \boxed{1} & 0 \end{pmatrix} = \begin{pmatrix} 0 & 1 & 1 & 0 \\ 1 & 1 & 1 & 1 \\ 1 & 1 & 1 & 1 \\ \boxed{0} & 1 & 1 & 0 \end{pmatrix},$$

$$\begin{pmatrix} 1 & 1 & 1 \\ 1 & 0 & 1 \\ \boxed{1} & 1 & 1 \end{pmatrix} \oplus \begin{pmatrix} 1 & 1 \\ \boxed{1} & 1 \end{pmatrix} = \begin{pmatrix} 1 & 1 & 1 & 1 \\ 1 & 1 & 1 & 1 \\ 1 & 1 & 1 & 1 \\ \boxed{1} & 1 & 1 & 1 \end{pmatrix}.$$

Das Offset ist dabei jeweils grau markiert. Nicht in jedem Fall lässt sich das strukturierende Element zentrieren, was bei der Minkowski-Addition eine Verschiebung einschließt. ■

Beispiel 2.3 Im kontinuierlichen Fall ist die Minkowski-Addition zweier konvexer Mengen stets konvex. Für diskrete Mengen gilt das nicht, wie das folgende Beispiel zeigt:

$$\begin{pmatrix} 1 & 0 & 0 \\ 0 & 1 & 0 \\ 0 & 0 & 1 \end{pmatrix} \oplus \begin{pmatrix} 0 & 0 & 1 \\ 0 & 1 & 0 \\ 1 & 0 & 0 \end{pmatrix} = \begin{pmatrix} 0 & 0 & 1 & 0 & 0 \\ 0 & 1 & 0 & 1 & 0 \\ 1 & 0 & 1 & 0 & 1 \\ 0 & 1 & 0 & 1 & 0 \\ 0 & 0 & 1 & 0 & 0 \end{pmatrix},$$

siehe auch Spalte f in Tabelle 2.1. ∎

Beispiel 2.4 Wir rechnen noch ein paar Beispiele für andere morphologische Transformationen. Es gilt

$$\begin{pmatrix} 1 & 1 & 1 \\ 1 & 1 & 1 \\ 1 & 1 & 1 \end{pmatrix} \ominus \begin{pmatrix} 1 & 1 \\ 1 & 1 \end{pmatrix} = \begin{pmatrix} 1 & 1 \\ 1 & 1 \end{pmatrix}, \qquad \begin{pmatrix} 1 & 0 & 0 \\ 0 & 1 & 1 \\ 0 & 1 & 1 \end{pmatrix} \ominus \begin{pmatrix} 1 & 1 \\ 1 & 1 \end{pmatrix} = (1),$$

$$\begin{pmatrix} 1 & 0 & 0 \\ 0 & 1 & 1 \\ 0 & 1 & 1 \end{pmatrix} \circ \begin{pmatrix} 1 & 1 \\ 1 & 1 \end{pmatrix} = \begin{pmatrix} 1 & 1 \\ 1 & 1 \end{pmatrix}, \qquad \begin{pmatrix} 1 & 1 & 1 \\ 1 & 0 & 1 \\ 1 & 1 & 1 \end{pmatrix} \bullet \begin{pmatrix} 1 & 1 \\ 1 & 1 \end{pmatrix} = \begin{pmatrix} 1 & 1 & 1 \\ 1 & 1 & 1 \\ 1 & 1 & 1 \end{pmatrix}.$$

∎

Aufgabe 2.2 Wählen Sie in Beispiel 2.4 auf den linken Seiten für beide Operanden jeweils ein Offset und geben Sie in Abhängigkeit davon das Offset der rechten Seiten an. ∎

Bei algorithmischen Implementierungen wird die Separabilität des strukturierenden Elements ausgenutzt, um die Rechenzeiten für morphologische Transformationen zu reduzieren. Für viele Anwendungen ist es ausreichend, solche strukturierenden Elemente $Y_\square$ zu verwenden, die sich als Minkowski-Additionen von diskreten Strecken darstellen lassen. Bezeichnen $S_0,\ldots,S_3$ vier Strecken, die im Falle eines quadratischen Gitters $\mathbb{L} = a\mathbb{Z}^2$ die Längen a bzw. $\sqrt{2}a$ und die Richtungen $0, \frac{\pi}{4}, \frac{\pi}{2}$ bzw. $\frac{3\pi}{4}$ haben,

$$S_0 = (1,1), \qquad S_1 = \begin{pmatrix} 0 & 1 \\ 1 & 0 \end{pmatrix}, \qquad S_2 = \begin{pmatrix} 1 \\ 1 \end{pmatrix}, \qquad S_3 = \begin{pmatrix} 1 & 0 \\ 0 & 1 \end{pmatrix}$$

(Basiselemente), dann sind $\ell_k S_k$ Strecken der Längen $\ell_k a$ bzw. $\ell_k \sqrt{2}a$, wobei die ℓ_k nichtnegative ganze Zahlen sind. Strukturierende Elemente $Y_\square$ lassen sich dann in der Form

$$Y_\square = \ell_0 S_0 \oplus \ldots \oplus \ell_3 S_3 = \sum_{k=0}^{3} \ell_k S_k$$

zerlegen. Die ℓ_k sind Parameter von $Y_\square$. Beispiele für Parametrisierungen sind in Tabelle 2.1 zusammengestellt. Das digitale Achteck wird in Anwendungen gern zur Approximation von Kreisen verwendet.

Damit lassen sich morphologische Transformationen mit einer breiten Palette strukturierender Elemente mithilfe der Separabilität auf morphologische Transformationen bezüglich diskreter Strecken reduzieren. Als Beispiel soll die Dilatation betrachtet werden. Die folgende Implementierung der 1-dimensionalen Variante bearbeitet von `from` bis `to` mit einer Schrittweite von `step` den Datenstream eines Binärbildes.

Tabelle 2.1 Parametrisierungen diskreter strukturierender Elemente $Y_\square$ in einem homogenen Gitter $\mathbb{L}$ mit den Basisvektoren u_1 und u_2 bzw. in einem quadratischen Gitter $\mathbb{L} = \mathbb{Z}^2$: Für $\mathbb{L} = \mathbb{Z}^2$ sind das a) eine Strecke der Länge ℓ in horizontaler Richtung, b) eine Strecke der Länge $\sqrt{2}\ell$ in Richtung $(1,1)$, c) eine Strecke der Länge ℓ in vertikaler Richtung, d) eine Strecke der Länge $\sqrt{2}\ell a$ in Richtung $(-1,1)$, e) ein Quadrat der Seitenlänge ℓ (Seiten parallel zu den Koordinatenrichtungen), f) ein Quadrat der Seitenlänge $\sqrt{2}\ell$ (Seiten in Richtung der Flächendiagonalen der Gitterzelle), g) ein Rechteck mit den Seitenlängen 2ℓ und ℓ und h) ein Achteck mit der (minimalen) Breite 3ℓ.

Strukturierendes Element			Beispiele für die Wahl der ℓ_k							
S_k	Richtung von S_k		(a)	(b)	(c)	(d)	(e)	(f)	(g)	(h)
S_0	u_1	$(1,0)$	ℓ	0	0	0	ℓ	0	2ℓ	ℓ
S_1	$u_1 + u_2$	$(1,1)$	0	ℓ	0	0	0	ℓ	0	ℓ
S_2	u_2	$(0,1)$	0	0	ℓ	0	ℓ	0	ℓ	ℓ
S_3	$-u_2 + u_2$	$(-1,1)$	0	0	0	ℓ	0	ℓ	0	ℓ

```
/** Dilation on the data stream of a binary image.
    @param str [INOUT] the stream of the image data
    @param from [IN] index of the first pixel
    @param to [IN] index of the last pixel
    @param step [IN] step width on the stream
    @param m [IN] size of the structuring element
    @return error code
**/
static int dilation(unsigned char *str, unsigned long from,
      unsigned long to, unsigned long step, unsigned long m) {

  long i, i0, i1, is, n, n0, n1, n2;
  unsigned char *tmp;          // temporar copy of data

  if(m == 0) return 0;  // nothing to do

  n = m + 1;
  n0 = (to - from) / step;
  if(n0<n) n = n0;
  n1 = n / 2;
  n2 = n - n1;

  tmp = Malloc(n+n0, unsigned char);

  // copying the data
  for(i=from, i1 = n1; i!=to; i+=step, i1++)
    tmp[i1] = *(str + i);

  if(n%2 == 0)     // reflection condition at the edges
    for(i=0; i<n1; i++) {
      tmp[i] = tmp[n-i];
      tmp[n0+n-i-1] = tmp[n0+i-1];
    }
  else
    for(i=0; i<n2; i++) {
```

```
      tmp[i] = tmp[n-2-i];
      tmp[n0+n-i-1] = tmp[n0+i-1];   // (*)
   }

   // main part
   for(i0=0, is=0; i0<n-1; i0++)
     is += tmp[i0];
   for(i1=0, i=from; i!=to; i+=step, i1++) {
     is += tmp[i1 + i0];
     *(str+i) = (is==n);   // dilation
     is -= tmp[i1];
   }

   Free(tmp);
   return 0;
}
```

Die Erosion läuft analog. Der wichtigste Unterschied besteht darin, dass statt des logischen Wertes (is==n) der Wert (is>0) auf die Daten zurückgeschrieben wird. Außerdem wird für nichtzentrierbare diskrete Strecken (also für ungerades ell) mit der gespiegelten Strecke erodiert. Das wird erreicht, indem die mit (*) markierte Zeile in dilation() durch

```
      tmp[nsteps+n-i-2] = tmp[nsteps+i-1];
```

ersetzt wird.

Der Aufruf der Funktion dilation() in Dilation() für die Bearbeitung des Bildes in Zeilen und Spaltenrichtung ist sicher sofort plausibel. Es ist jedoch nicht ganz so ersichtlich, wie die Grenzen und die Schrittweite für die Bearbeitung des Bildes in beiden Diagonalenrichtungen gewählt wurden. Dennoch ist der folgende Quelltext noch einigermaßen übersichtlich.

```
/**Dilation of a binary image using the separability of structuring elements.
     @param img [INOUT] image to be dilated
     @param lenth [IN] size of the structuring element, length[0..3]
     @return error code
**/
int Dilation(IMAGE2d *img, int *length) {

   long i, j, x, y, n[2];
   unsigned char **pix, *str;

   pix = (unsigned char **)img->pix;
   str = &pix[0][0];
   n[0] = img->n[0]; n[1] = img->n[1];

   // direction (1,0), row direction
   for(i=0; i<n[0]; i++)
     dilation(str, i*n[1], (i+1)*n[1], 1, length[0]);

   // direction (1,1)
   for(i=0; i<n[0]; i++) {
     if(n[0]-i > n[1]) { x = i+n[1]-1; y = n[1]-1; }
     else { x = n[0] - 1; y = n[0] - 1 - i; }
     dilation(str, i*n[1], (x+1)*n[1]+y+1, n+1, length[1]);
   }
```

```
    for(j=1; j<n[1]; j++) {
      if(n[1]-j > n[0]) { x = n[0] - 1; y = j + n[0] - 1; }
      else { x = n[1] - 1 - j; y = n[1] - 1; }
      dilation(str, j, (x+1)*n[1] + y + 1, n[1]+1, length[1]);
    }

    // direction (0,1), column direction
    for(j=0; j<n[1]; j++)
      dilation(str, j, n[0]*n[1]+j, n[1], length[2]);

    // direction (-1,1)
    for(i=0; i<n[0]; i++) {
      if(i > n[1]-1) { x = i - n[1] + 1; y = n[1] - 1; }
      else { x = 0; y = i; }
      dilation(str, x*n[1] + y, (i+1)*n[1]-1, n[1]-1, length[3]);
    }
    for(j=1; j<n[1]; j++) {
      if(n[1]-j > n[0]) { x = 0; y = j + n[0] - 1; }
      else { x = n[0] - n[1] + j; y = n[1] - 1; }
      dilation(str, x*n[1]+y, m*n[1]+j-1, n-1, length[3]);
    }

    return 0;
}
```

Bemerkung 2.7 Offensichtlich lässt sich ein digitaler Kreis (also das Sampling eines Kreises auf einem homogenen Gitter) nicht in dieser Form separieren. Wir verweisen daher auf die Distanztransformation in Abschnitt 3.2, mit der sich morphologische Transformationen mit Kreisen als strukturierende Elemente perfekt realisieren lassen. ∎

In Bild 2.8 werden einige morphologische Transformationen anhand der Morphologie des Graphits in stabil erstarrtem Gusseisen demonstriert.

2.1.6 Bildrandfehler morphologischer Transformationen

Für morphologische Transformationen lässt sich der Teilbereich eines Bildes, in dem die Transformation frei von Bildrandfehlern ist, gut beschreiben. So folgt beispielsweise aus dem Distributivgesetz (2.9) der Minkowski-Subtraktion unmittelbar

$$(X \cap W) \ominus Y = (X \ominus Y) \cap (W \ominus Y),$$

wobei X der Vordergrund des Binärbildes, W der betrachtete Bildausschnitt und Y das strukturierende Element sind. Die rechte Seite der Gleichung kann mit Bildverarbeitung realisiert werden, was für die linke Seite nicht zutrifft. Die Minkowski-Subtraktion $X \ominus Y$ ist damit nur im reduzierten Ausschnitt $W \ominus Y$ fehlerfrei, siehe Bild 2.9.

Analoges gilt für die Minkowski-Addition,

$$(X \oplus Y) \cap (W \ominus Y) = \left((X^c \cap W) \ominus Y\right)^c.$$

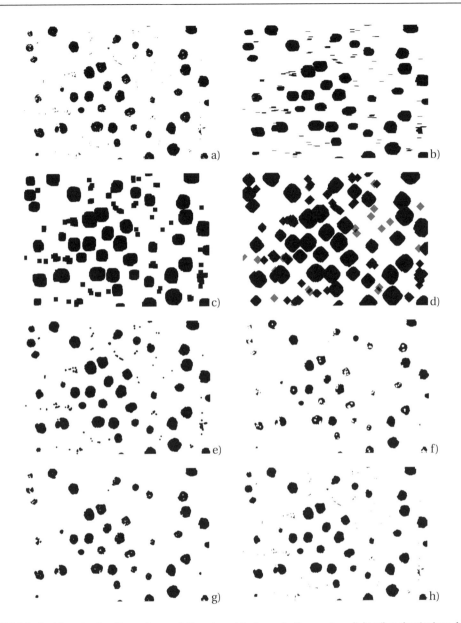

Bild 2.8 Stabil erstarrtes Gusseisen mit Kugelgraphit, Ausschnitt aus einer lichtmikroskopischen Abbildung eines polierten und geschliffenen ebenen Anschliffs (Auflichtmikroskopie, Hellfeld, Pixelgröße $a = 0,56\,\mu$m), Demonstration morphologischer Transformationen: a) Ausgangsbild, b) Dilatation mit einer horizontalen Strecke der Länge 11 Pixel, c) Dilatation mit einem Quadrat der Kantenlänge 11 (Kanten parallel zu den Koordinatenachsen), d) Dilatation mit einem Quadrat der Kantenlänge 11 (Kanten diagonal), e) Dilatation mit einem Achteck der Kantenlänge 2 (Approximation des Kreises), f) Erosion mit dem Achteck, g) Öffnung mit dem Achteck, h) Abschließung mit dem Achteck

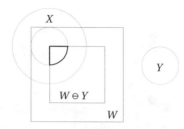

Bild 2.9 Minkowski-Subtraktion $X \ominus Y$ eines Kreises X, der nicht vollständig in einem quadratischen Bildausschnitt W liegt, mit dem strukturierenden Element Y: Das Ergebnis $(X \cap W) \ominus Y$ ist fett umrandet.

Zur Herleitung dieser Formel wird die Minkowski-Addition mithilfe der Gleichung $X \oplus Y = (X^c \ominus Y)^c$ auf die Minkowski-Subtraktion zurückgeführt, um wieder das Distributivgesetz der Minkowski-Subtraktion anwenden zu können.

Für die morphologische Öffnung und Abschließung gilt

$$X \bullet Y \cap \big((W \ominus \check{Y}) \ominus Y\big) = \Big(\big((X^c \cap W) \ominus \check{Y}\big)^c \cap (W \ominus \check{Y})\Big) \ominus Y$$

bzw.

$$X \circ Y \cap \big((W \ominus \check{Y}) \ominus Y\big) = \Big(\big(\big((X \cap W) \ominus \check{Y}\big)^c \cap (W \ominus \check{Y})\big) \ominus Y\Big)^c \cap \big((W \ominus \check{Y}) \ominus Y\big).$$

Aus diesen mehr oder weniger komplizierten Formeln lernt man nur, dass Öffnung und Abschließung lediglich im zweifach reduzierten Bildausschnitt $(W \ominus \check{Y}) \ominus Y$ vollkommen fehlerfrei sind.

Bemerkung 2.8 Eine bildrandfehlerfreie Schätzung der sphärischen Kontaktverteilungsfunktion $F(r)$ einer makroskopisch homogenen zufälligen Menge X aus den Daten eines beschränkten Fensters W erfordert die Berücksichtigung einer speziellen Fensterfunktion $c_W(r)$ in Gl. (2.12). Die Funktion

$$F(r) = 1 - \frac{\text{Fläche}\big((X \cap W) \ominus B_r\big)}{\text{Fläche}\big(X \cap (W \ominus B_r)\big)} \cdot \frac{1}{c_W(r)} \quad \text{mit} \quad c_W(r) = \frac{\text{Fläche}(W \ominus B_r)}{\text{Fläche}(W)}$$

ist für alle $r \geq 0$ mit $c_W(r) > 0$ ein bildrandfehlerfreier Schätzer der sphärischen Kontaktverteilungsfunktion. ∎

Bemerkung 2.9 Für eine bildrandfehlerfreie Schätzung der Granulometrieverteilungsfunktion makroskopisch homogener zufälliger Strukturen wird ähnlich vorgegangen wie in Bemerkung 2.8. Der wesentliche Unterschied besteht darin, dass das Fenster hier mit B_{2r} zu reduzieren ist,

$$G(r) = 1 - \frac{\text{Fläche}\big(((X \cap W) \circ B_r) \cap (W \ominus B_{2r})\big)}{\text{Fläche}\big(X \cap (W \ominus B_{2r})\big)} \cdot \frac{1}{c_W(2r)}.$$

Der Preis der Vermeidung des systematischen Fehlers einer unzureichenden Randkorrektur ist also die Erhöhung des statistischen Fehlers, der aus der stärkeren Reduzierung des Fensters resultiert. ∎

2.2 Lineare Filter

Im Zusammenhang mit der Indizierung lokaler Pixelkonfigurationen hatten wir einen speziellen linearen Filter verwendet, siehe Abschnitt 1.4. Im Folgenden werden weitere lineare Filter behandelt. Ihre Anwendungen sind:

- die Unterdrückung von Bildrauschen,
- die Erzeugung eines Referenzbildes für die Shadingkorrektur,
- die Bewertung lokaler Bildschärfe,
- die Detektion von Kanten bzw. Ecken und
- die Bestimmung von Richtungen.

Bevor wir spezielle lineare Filter behandeln, soll zunächst der Begriff „linear" erklärt werden. Mit $f: \mathbb{R}^2 \mapsto \mathbb{R}$ wird ein kontinuierliches Grautonbild bezeichnet. Wir werden im Allgemeinen voraussetzen, dass f integrierbar ist. Bei der Anwendung von Ableitungsfiltern wird zusätzlich angenommen, dass f (ein- bzw. zweimal) differenzierbar ist. Mit φ bezeichnen wir eine Bildtransformation (ein Filter), deren Anwendung auf ein Bild f ein Bild $\varphi(f)$ ist.

Definition 2.6 Eine Bildtransformation φ heißt linear, wenn für alle Zahlen $a, b \in \mathbb{R}$ und alle kontinuierlichen Grautonbilder f und g gilt

$$\varphi(af + bg) = a\varphi(f) + b\varphi(g).$$

∎

Beispiel 2.5 Zunächst stellen wir fest, dass die Verschiebung (Translation) $(\psi_y f)(x) = f(x-y)$ um einen Vektor $y \in \mathbb{R}^2$ eine lineare Transformation ist. Offensichtlich ist

$$\psi_y(af + bg) = a\psi_y f + b\psi_y g.$$

Die Verschiebung der Linearkombination $af + bg$ zweier Bilder f und g ist also äquivalent zur Linearkombination der Verschiebungen von f und g. ∎

Beispiel 2.6 Die Faltung $f * g$ der Bilder f und g, die durch

$$(f * g)(x) = \int_{\mathbb{R}^2} f(y) g(x - y) \, dy, \qquad x \in \mathbb{R}^2 \tag{2.16}$$

definiert wird und mit der häufig die kontinuierliche Version einer linearen Filterung assoziiert wird, stellt ebenfalls eine lineare Transformation dar. Es gilt

$$(af + bg) * h = a(f * h) + b(g * h)$$

für alle $a, b \in \mathbb{R}$. ∎

Beispiel 2.7 Der Laplace-Operator $\Delta = \frac{\partial^2}{\partial x_1^2} + \frac{\partial^2}{\partial x_2^2}$ ist linear; es gilt

$$\Delta(af + bg) = a\Delta f + b\Delta g.$$

∎

Definition 2.7 Eine Bildtransformation φ heißt translations-äquivariant (*shift-equivariant*), wenn Transformation und Verschiebung vertauschbar sind,

$$\varphi(\psi_y f) = \psi_y(\varphi(f))$$

für alle $y \in \mathbb{R}^2$. ∎

Beispiel 2.8 Die Faltung ist translations-äquivariant,

$$(\psi_y f) * h = \psi_y(f * h).$$

∎

Für eine lineare und translations-äquivariante Bildtransformation (*linear and shift-equivariant*, LSE) wird häufig auch die Bezeichnung LSI-Filter verwendet (*linear and shift-invariant*, LSI). Das ist irreführend, denn ausgerechnet der Verschiebungsoperator ψ_y wäre dann translations-invariant.

Neben der Linearität und der Translationsäquivarianz spielen in Anwendungen noch weitere Eigenschaften von Filtern eine wichtige Rolle:

- *Symmetrie.* Mit f^* wird die Spiegelung des Bildes f am Koordinatenursprung bezeichnet, d. h. $f^*(x) = f(-x)$ für alle $x \in \mathbb{R}^2$. Die Transformation φ heißt invariant bezüglich Spiegelung oder kurz symmetrisch, wenn $\varphi(f^*) = (\varphi(f))^*$. Beispielsweise ist die Faltung $f * h$ nur dann invariant bezüglich Spiegelung, wenn h symmetrisch ist, $h = h^*$. Dann gilt $f^* * h = (f * h^*)^* = (f * h)^*$.

- *Isotropie.* Sei Af eine Drehung von f um den Koordinatenursprung. Die Transformation φ heißt invariant bezüglich Rotation oder isotrop, wenn $\varphi(Af) = A\varphi(f)$ für alle Drehungen A. Klar, jede bezüglich Rotation invariante Transformation ist im 2-dimensionalen Fall auch invariant bezüglich Spiegelung.

- *Normerhaltung.* Mit $\|f\|_1 = \int_{\mathbb{R}^2} |f(x)| dx$ wird die L_1-Norm von f bezeichnet. Die Transformation φ heißt normerhaltend, wenn $\|\varphi(f)\|_1 = \|f\|_1$. Durch normerhaltende Transformationen bleibt die Bildhelligkeit von Grautonbildern mit nichtnegativen Pixelwerten unverändert, was meist für Glättungsfilter gefordert wird.

Lineare Filter lassen sich meist als Faltung von f mit einer Funktion h schreiben, $\varphi(f) = f * h$. Die Funktion h wird in diesem Zusammenhang als Filtermaske oder Filterkern bezeichnet. Die Faltung hat folgende Eigenschaften:

- *Kommutativität.* Wegen $f * h = h * f$ sind die Rollen von Bild und Filtermaske vertauschbar.

- *Assoziativität.* Aus dem Assoziativgesetz $f * (g * h) = (f * g) * h$ der Faltung resultiert die Separabilität von Filtermasken, die wesentlich zur Beschleunigung von Algorithmen für lineare Filterung von Bildern beitragen kann.

- *Distributivität.* Die Distributivität $(f + g) * h = f * h + g * h$ der Faltung bezüglich der Addition hat zur Folge, dass Filter, die sich als Faltung schreiben lassen, stets LSE-Filter sind. Außerdem folgt aus der Distributivität die Parallelisierbarkeit von Algorithmen für lineare Filterung von Bildern (analog zur Parallelisierbarkeit morphologischer Transformationen).

Von Glättungsfiltern wird außerdem erwartet, dass hohe Ortsfrequenzen in stärkerem Maße unterdrückt werden als niedrigere Frequenzen.

Schließlich führen wir noch die diskrete Version der Faltung (2.16) ein, d. h. eine diskrete lineare Filterung. Sei $F = (f_{ij})$ ein Grautonbild mit den Pixelwerten f_{ij} und $G = (g_{ij})$ die Filtermaske mit den Koeffizienten g_{ij}, dann hat das Bild $H = F * G$ die Pixelwerte

$$h_{ij} = \sum_k \sum_\ell f_{k\ell} g_{i-k, j-\ell}, \qquad (2.17)$$

wobei der Bildrand von F in geeigneter Weise zu behandeln ist (Padding mit Nullen, periodische Fortsetzung, Reflexionsbedingung etc.).

Wir möchten darauf aufmerksam machen, dass sich die Korrelation $H = F \star G$ mit

$$h_{ij} = \sum_k \sum_\ell f_{k\ell} g_{k-i, \ell-j}$$

im Allgemeinen von der Faltung unterscheidet. Faltung und Korrelation sind nur dann identisch, wenn die Maske G symmetrisch ist, $g_{ij} = g_{-i,-j}$ für alle i und j.

2.2.1 Lineare Glättungsfilter

Wie bereits erwähnt, können lineare Glättungsfilter unter anderem zur Unterdrückung von Bildrauschen verwendet werden. Dabei werden hochfrequente Anteile im Bild unterdrückt. In welchem Maße das geschieht, hängt von der Art und Größe der Filtermaske ab. Da Bildkanten im Ortsfrequenzraum durch entsprechende Anteile von hohen Frequenzen repräsentiert werden, führt die Anwendung von Glättungsfiltern auch zu einer unerwünschten „Abrundung" der Kanten. Bei der Wahl der Filtermaske ist also sorgfältig zwischen dem Grad der Rauschunterdrückung und der in Kauf zu nehmenden „Abrundung" der Bildkanten abzuwägen.

2.2.1.1 Mittelwertfilter

Wir führen zunächst diskrete Mittelwertfilter anhand einiger Beispiele ein.

Beispiel 2.9 Der zentrierte 3×3-Mittelwertfilter hat die Maske

$$M = \frac{1}{9} \begin{pmatrix} 1 & 1 & 1 \\ 1 & \boxed{1} & 1 \\ 1 & 1 & 1 \end{pmatrix},$$

wobei die Lage des Koordinatenursprungs markiert ist. Der Filter ist symmetrisch und wegen des Vorfaktors 1/9 auch normerhaltend, d. h., der mittlere Grauwert der Pixel eines Grautonbildes ändert sich bei der Filterung nicht. Außerdem ist M separabel in Koordinatenrichtung. Man kann leicht nachprüfen, dass

$$M = \frac{1}{9} \begin{pmatrix} 1 & 1 & 1 \\ 1 & \boxed{1} & 1 \\ 1 & 1 & 1 \end{pmatrix} = \frac{1}{3}(1, \boxed{1}, 1) * \frac{1}{3} \begin{pmatrix} 1 \\ \boxed{1} \\ 1 \end{pmatrix}. \qquad (2.18)$$

Die Masken der 1-dimensionalen Filter in x- bzw. y-Richtung wurden bei der Berechnung der diskreten Faltung mit Nullen gepaddet. Mit der gleichen Randbehandlung erhält man

$$M * M = \frac{1}{81} \begin{pmatrix} 1 & 2 & 3 & 2 & 1 \\ 2 & 4 & 6 & 4 & 2 \\ 3 & 6 & 9 & 6 & 3 \\ 2 & 4 & 6 & 4 & 2 \\ 1 & 2 & 3 & 2 & 1 \end{pmatrix}.$$

Die Matrix $M * M$ ist offensichtlich nicht die Maske eines Mittelwertfilters. Wendet man also nacheinander zwei Mittelwertfilter mit der Maske M auf ein Bild F an, dann ist insgesamt das Bild nicht mit einem Mittelwertfilter geglättet worden. ∎

Beispiel 2.10 Gegeben sei ein Grautonbild F und die Maske M eines Mittelwertfilters durch

$$F = \begin{pmatrix} 1 & 16 & 1 & 16 \\ 2 & 32 & 2 & 32 \\ 4 & 64 & 4 & 64 \\ 8 & 128 & 8 & 128 \end{pmatrix}, \quad M = \frac{1}{4} \begin{pmatrix} 1 & 1 \\ 1 & 1 \end{pmatrix},$$

wobei das grau markierte Pixel wieder den Koordinatenursprung markiert und periodische Randbedingung angenommen wird. Das Ergebnis der Mittelwertfilterung ist

$$F * M = \begin{pmatrix} 13 & 13 & 13 & 13 \\ 26 & 26 & 26 & 26 \\ 51 & 51 & 51 & 51 \\ 38 & 38 & 38 & 38 \end{pmatrix}.$$

Der Pixelwert 13 ist das arithmetische Mittel der Pixelwerte 1, 2, 16 und 32, der Wert 26 ist der Mittelwert von 2, 4, 32 und 64 etc. Der Name „Mittelwertfilter" leitet sich also davon ab, dass die Filterantworten als Mittelwerte interpretiert werden können. ∎

Beispiel 2.11 Zur Beurteilung der Filterwirkung ist es zweckmäßig, geeignete Testbilder zu verwenden. In dem in Bild 2.10a gezeigten Testbild steigt die Frequenz von links nach rechts. Die Glättung mit einem Mittelwertfilter, siehe Bild 2.10b, führt zur vollständigen Auslöschung im mittleren Frequenzbereich, während höhere Frequenzen erhalten bleiben. Das ist eine unerwünschte Eigenschaft von Mittelwertfiltern. Zudem kommt es in hochfrequenten Bildteilen zu Kontrastumkehr. ∎

Die stetige Version des Mittelwertfilters ist abhängig von einer kompakten Menge $Y \subset \mathbb{R}^2$, die eine ähnliche Rolle spielt wie das strukturierende Element für morphologische Transformationen. Bezeichnet Fläche(Y) die Fläche und $\mathbf{1}_Y(x)$ die Indikatorfunktion von Y, dann ist die Filtermaske $g(x)$ des zu Y gehörigen Mittelwertfilters durch $g(x) = \mathbf{1}_Y(x)/\text{Fläche}(Y)$ gegeben. Für die Filterung von f mit g erhält man

$$(f * g)(x) = \frac{1}{\text{Fläche}(Y)} \int_{\mathbb{R}^2} f(y) \mathbf{1}_Y(x-y) dy = \frac{1}{\text{Fläche}(Y)} \int_Y f(x-y) dy, \quad x \in \mathbb{R}^2$$

(kontinuierliche Version des Mittelwertfilters).

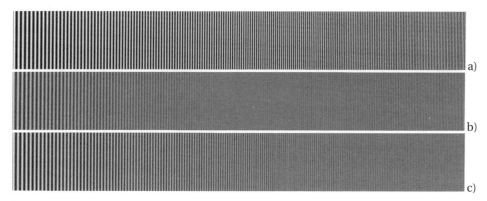

Bild 2.10 Vergleich von Filterwirkungen: a) Testbild mit von links nach rechts steigender Frequenz, b) Glättung mit einem Mittelwertfilter der Länge 5, c) Glättung mit einem Binomialfilter der Länge 5 (d. h. 4. Ordnung)

Beispiel 2.12 Ist Y ein zentriertes Rechteck mit den Seitenlängen a und b, dann kann das obige Integral mit $x = (x_1, x_2)$ und $y = (y_1, y_2)$ in der Form

$$(f * g)(x) = \frac{1}{ab} \int_{-\frac{a}{2}}^{\frac{a}{2}} \int_{-\frac{b}{2}}^{\frac{b}{2}} f(x_1 - y_1, x_2 - y_2) dy_2 dy_1$$

$$= \frac{1}{a} \int_{-\frac{a}{2}}^{\frac{a}{2}} \left(\frac{1}{b} \int_{-\frac{b}{2}}^{\frac{b}{2}} f(x_1 - y_1, x_2 - y_2) dy_2 \right) dy_1$$

geschrieben werden. Die Glättung von f kann in diesem Spezialfall analog zu Gl. (2.18) nacheinander in den Richtungen der beiden Koordinatenachsen ausgeführt werden (Separabilität in Koordinatenrichtung). ∎

Prinzipiell gibt es keine Einschränkungen an die Form von Y. Interessant für die Anwendung wären beispielsweise isotrope Mittelwertfilter, für die Y ein Kreis ist. Jedoch geht die Separabilität des zugehörigen Mittelwertfilters verloren, wenn Y kein Rechteck ist.

In Bild 2.11 ist die Indikatorfunktion $\mathbf{1}_Y(x)$ des zentrierten Quadrats mit der Kantenlänge 3 dargestellt. Ihr Sampling auf dem Einheitsgitter ist die durch Gl. (2.18) gegebene Maske M des diskreten 3×3-Mittelwertfilters. Wegen der speziellen Form der charakteristischen Funktion werden Mittelwertfilter auch Boxfilter genannt (*box blur*).

Die Implementierung basiert auf der Separabilität der Filtermaske und einer effektiven Berechnung der Filterantwort des 1-dimensionalen Filters. Seien $f = (f_i)$ ein 1-dimensionales Signal der Länge n und $g = (g_i)$ die zugehörige Filterantwort eines Mittelwertfilters der ungeradzahligen Länge $m = 2m_0 + 1$ für $m_0 = 1, 2, \ldots$ Dann ist $g_i = s_i / m$, wobei die Pixelsumme

$$s_i = \sum_{k=-m_0}^{m_0} f_{i+k}$$

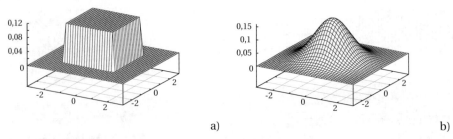

Bild 2.11 Masken kontinuierlicher Filter: a) charakteristische Funktion $1_Y(x)$ eines zentrierten Quadrats mit der Kantenlänge 3, b) Dichte der isotropen zentrierten 2-dimensionalen Gauß-Verteilung mit $\sigma^2 = 1$

an der Stelle i rekursiv mithilfe von $s_i = s_{i-1} - f_{i-m_0-1} + f_{i+m_0}$ aus der vorangegangenen Pixelsumme s_{i-1} berechnet werden kann. Damit ist die Rechenzeit unabhängig von der Größe m der Filtermaske.

In der Funktion mean() wird zur Bildrandbehandlung die Reflexionsbedingung angewandt, der Vektor tmp[0..n+m] zur temporären Speicherung der Bilddaten verwendet und die Schrittweite step auf dem Datenstream str im Hinblick auf die spätere Anwendung dieser Funktion bei der 2-dimensionalen Mittelwertfilterung eingeführt.

```
/** Mean value filter of length m on the data stream.
    @param str [INOUT] stream of image data
    @param n [IN] number of steps on stream
    @param step [IN] step width on stream
    @param m [IN] odd size of filter mask (m = 3,5..)
**/
static int mean(unsigned char *str, unsigned long n,
            unsigned long step, unsigned long m) {

    unsigned long i, m0;
    long k, s;
    unsigned char *tmp;      // temporar copy of data

    m0 = m / 2;
    tmp = Calloc(n + 2*m0, unsigned char);

    for(i=0; i<n; i++)       // copying data
      tmp[i + m0] = str[i * step];
    for(k=0; k<m0; k++) {    // reflection condition at the edge
      tmp[k] = tmp[2 * m0 -k];
      tmp[n + m0 + k] = tmp[n + k - 1];
    }

    // main part
    s = 0;
    for(k=0; k<m; k++) s += (long)tmp[k];    // fist pixel
    str[0] = (unsigned char)(s / m);
```

```
  for(i=1; i<n; i++) {     // other pixels
    s += -(long)tmp[i - 1] + (long)tmp[i + m - 1];
    str[i * step] = (unsigned char)(s / m);
  }

  Free(tmp);
  return 0;
}
```

Bei der 2-dimensionalen Mittelwertfilterung mit einer quadratischen Maske der Größe m wird vom Zusammenhang (1.1) zwischen der Matrix der Pixelwerte und dem Datenstream ausgegangen. Wegen der Separabilität kann das Bild nacheinander erst in x- und anschließend in y-Richtung durch einen entsprechenden Aufruf der Funktion mean() bearbeitet werden. Durch Nachzählen kann man leicht prüfen, dass in der Funktion Mean() die Anzahl der Operationen pro Pixel – abgesehen von den Pixeln am oberen und rechten Bildrand – unabhängig von der Wahl der Filtergröße m ist.

```
/** Mean value filter of a greytone image of type unsigned char.
    @param IMG [INOUT] greytone image of type unsigned char
    @param m [IN] odd size of the filter mask (m = 3,5..)
**/
extern int Mean(IMG *img, long m){

  unsigned long i, j;
  unsigned char **pix, *str;

  pix = (unsigned char **)img->pix;
  str = &pix[0][0];

  // main part
  for(i=0; i<img->n0[0]; i++)     // row direction
    mean(stream + i*img->n0[1], img->n0[1], 1, m);

  for(j=0; j<img->n0[1]; j++)     // column direction
    mean(stream + j, img->n0[0], img->n0[1], m);

  return 0;
}
```

2.2.1.2 Gauß- und Binomialfilter

Anders als im vorigen Abschnitt beginnen wir mit dem kontinuierlichen Fall und betrachten die zentrierte 2-dimensionale Gauß-Funktion $g_\sigma(x)$, die präziser als Dichte der zentrierten und isotropen 2-dimensionalen Gauß-Verteilung bezeichnet wird,

$$g_\sigma(x) = \frac{1}{2\pi\sigma^2} e^{-\frac{\|x\|^2}{2\sigma^2}}, \qquad x \in \mathbb{R}^2. \tag{2.19}$$

Die Funktion $g_\sigma(x)$ ist die Maske des isotropen Gauß-Filters, siehe Abbildung 2.11b. Der Parameter σ ist ein Filterparameter, mit dem die Stärke der Glättung beeinflusst wird. Je größer σ ist, desto stärker ist die Glättung.

Isotrope Gauß-Filter sind separabel im Sinne des Assoziativgesetzes der Faltung. Es gilt

$$(g_{\sigma_1} * g_{\sigma_2})(x) = g_{\sigma_1+\sigma_2}(x), \quad x \in \mathbb{R}^2, \tag{2.20}$$

für alle $\sigma_1, \sigma_2 > 0$.

Die Funktion $g_\sigma(x)$ ist größer als null für alle $x \in \mathbb{R}^2$, d. h., g_σ hat einen unbegrenzten Träger. Folglich würde ihr Sampling auf einem Gitter eine unendlich große Filtermaske G_σ ergeben. Grundsätzlich könnten kleine Werte des Samplings gleich null gesetzt werden, um die Maskengröße zu beschränken, jedoch würde das zum Verlust der Separabilität von G_σ führen. Aus diesem Grunde werden Gauß-Filter im diskreten Fall durch Binomialfilter approximiert. Die Matrix $B_m = (b_{ij})$ mit den Koeffizienten

$$b_{ij} = \frac{1}{2^{2m}} \binom{m}{i} \binom{m}{j}, \quad i, j = 0, \ldots, m$$

ist die Maske des Binomialfilters m-ter Ordnung, $m = 0, 1, \ldots$ Dabei bezeichnen $\binom{m}{i}$, $i = 0, \ldots, m$, die Binomialkoeffizienten m-ter Ordnung.

Der Zusammenhang zwischen einem Gauß-Filter mit dem Parameter σ und einem Binomialfilter gerader Ordnung m ist durch

$$m = 4\sigma^2$$

gegeben, wobei natürlich vorausgesetzt werden muss, dass $4\sigma^2$ eine natürliche Zahl ist. Die Masken von Binomialfiltern sind separabel. Analog zu Gl. (2.20) gilt

$$B_{m_1} * B_{m_2} = B_{m_1+m_2} \tag{2.21}$$

für alle Ordnungen $m_1, m_2 = 1, 2, \ldots$

Beispiel 2.13 Die Masken von Binomialfiltern sind

$$B_1 = \frac{1}{4}\begin{pmatrix} 1 & 1 \\ 1 & 1 \end{pmatrix}, \quad B_2 = \frac{1}{16}\begin{pmatrix} 1 & 2 & 1 \\ 2 & 4 & 2 \\ 1 & 2 & 1 \end{pmatrix}, \quad B_3 = \frac{1}{64}\begin{pmatrix} 1 & 3 & 3 & 1 \\ 3 & 9 & 9 & 3 \\ 3 & 9 & 9 & 3 \\ 1 & 3 & 3 & 1 \end{pmatrix},$$

usw. Die Maske des Binomialfilters 1. Ordnung entspricht also der Maske des 2×2-Mittelwertfilters. Außerdem wird angemerkt, dass die Masken von Binomialfiltern ungerader Ordnung nicht zentrierbar sind. ■

Beispiel 2.14 Aus der Separabilität folgt unmittelbar

$$B_2 * B_2 = B_4 = \frac{1}{256}\begin{pmatrix} 1 & 4 & 6 & 4 & 1 \\ 4 & 16 & 24 & 16 & 4 \\ 6 & 24 & 36 & 24 & 6 \\ 4 & 16 & 24 & 16 & 4 \\ 1 & 4 & 6 & 4 & 1 \end{pmatrix}.$$

■

Beispiel 2.15 Die 2-dimensionale Maske B_4 kann in zwei 1-dimensionale Masken von Binomialfiltern der Ordnung 4 zerlegt werden,

$$B_4 = \frac{1}{16}(1,4,6,4,1) * \frac{1}{16}\begin{pmatrix}1\\4\\6\\4\\1\end{pmatrix}$$

(Separabilität in Koordinatenrichtung). ∎

Beispiel 2.16 Für $m = 2$ ist $\sigma = \frac{1}{\sqrt{2}}$ und folglich

$$B_2 \approx G_\sigma = \frac{1}{\pi}\begin{pmatrix}e^{-2} & e^{-1} & e^{-2}\\ e^{-1} & 1 & e^{-1}\\ e^{-2} & e^{-1} & e^{-2}\end{pmatrix} = \frac{1}{16}\begin{pmatrix}0{,}689 & 1{,}874 & 0{,}689\\ 1{,}874 & 5{,}093 & 1{,}874\\ 0{,}689 & 1{,}874 & 0{,}689\end{pmatrix},$$

vgl. mit B_2 in Beispiel 2.13. Die Abweichung zwischen B_2 und G_σ ist also beachtlich. Für größer werdende Ordnung m wird die Approximation besser. ∎

Beispiel 2.17 Binomialfilter haben die Eigenschaft, dass höhere Frequenzen stärker unterdrückt werden als niedrige. In Bild 2.10c wird das für den Binomialfilter der Ordnung $m = 4$ gezeigt. Die unerwünschten Effekte, die charakteristisch für Mittelwertfilter sind, treten bei der Anwendung von Binomialfiltern also nicht auf. Bild 2.10 zeigt aber auch, dass Binomialfilter eine geringere Filterwirkung als Mittelwertfilter gleicher Größe haben. ∎

In Bild 2.12 wird die Rauschunterdrückung durch Binomialfilterung demonstriert. Binomialfilterung kann aber auch zur Simulation von Unschärfe verwendet werden. Eine noch stärkere Glättung könnte ein Referenzbild für die Korrektur eines additiven oder multiplikativen Shadings liefern.

Die Implementierung von 2-dimensionalen Binomialfiltern gerader Ordnung $m = 2m_0$ mit $m_0 = 1, 2, \ldots$ ähnelt wegen ihrer Separabilität der von Mittelwertfiltern ungerader Größe $m + 1$, jedoch ist bei der 1-dimensionalen Version der Grauwert g_i jedes Pixels der Filterantwort g eine Summe von $m + 1$ Produkten,

$$g_i = \sum_{k=-m_0}^{m_0} b_k f_{i-k},$$

wobei die b_k die Koeffizienten der 1-dimensionalen Filtermaske sind. Als Folge davon steigt die Rechenzeit von Binomialfiltern linear mit der Maskengröße $m + 1$ – ein bemerkenswerter Unterschied zu Mittelwertfiltern. In der Funktion binomial() ist die Maske *mask* zunächst eine beliebige symmetrische 1-dimensionale Filtermaske der Länge $m + 1$.

```
/** Binomial filter with a filter mask of length m (i.e. of order m-1).
    @param str [INOUT] stream of image data
    @param n [IN] number of steps on stream
    @param step [IN] step width on stream
```

Bild 2.12 Demonstration einer Anwendung von Binomialfiltern: a) Ausgangsbild (720 × 1 004 Pixel), b) nach Anwendung des Binomialfilters der Ordnung $m = 8$, c) $m = 16$ und d) $m = 32$

```
  @param mask [IN] the filter mask[0..m-1]
  @param m [IN] odd size of filter mask (m = 3,5..)
**/
static int binomial(unsigned char *str, unsigned long n,
    unsigned long step, double *mask, unsigned long m) {
    
  unsigned long i, k, m0;
  unsigned char *tmp;     // temporar copy of data
  double sum;
  
  m0 = m / 2;
  tmp = Calloc(n + 2*m0, unsigned char);
  
  for(i=0; i<n; i++)      // copying data
    tmp[i + m0] = str[i * step];
  for(k=0; k<m0; k++) {   // reflection condition at the edges
    tmp[k] = tmp[2 * m0 - k];
    tmp[n + m0 + k] = tmp[n + k - 1];
  }
  
  for(i=0; i<n; i++) {    // main part
    sum = 0.0;
    for(k=0; k<=m; k++)
      sum += mask[k] * (double)tmp[i + k];
    str[i * step] = (unsigned char)sum;
  }
  
  Free(tmp);
  return 0;
}
```

In der 2-dimensionalen Version Binomial() werden zunächst die Koeffizienten der Maske des 1-dimensionalen Binomialfilters bestimmt, mit der schließlich die Funktion binomial() analog zu Mean() nacheinander in Zeilen- und Spaltenrichtung ausgeführt wird.

```
/** Binomial filter of size m.
  @param IMG [INOUT] greytone image of type unsigned char
  @param m [IN] odd size of the filter mask (m = 3,5..63)
**/
extern int Binomial(IMG *img, unsigned long int m) {
  
  unsigned long int i, j;
  unsigned long long int bk, k, m0;
  unsigned char **pix, *str;
  double *mask, p;
  
  // recursive computation of the binomial coefficients
  m0 = m - 1 // the order
  mask = Calloc(m, double);   // allocation of mask
  p = (double)(1ll << m0);
  mask[0] = 1.0 / p;
  bk = 1ll;
```

```
for(k=0; k<m0; k++) {
  bk = (bk * (m0 - k)) / (k + 111);
  mask[k+1] = (double)bk / p;
}

pix = (unsigned char **)img->pix;
str = &pix[0][0];

// main part
for(i=0; i<img->n0[0]; i++)   // row direction
  binomial(str + i * img->n0[1], img->n0[1], 1, mask, m);

for(j=0; j<img->n0[1]; j++)   // column direction
  binomial(str + j, img->n0[0], img->n0[1], mask, m);

Free(mask);
return 0;
}
```

Die Binomialkoeffizienten der Ordnung m werden dabei rekursiv durch

$$\binom{m}{k+1} = \frac{m-k}{k+1}\binom{m}{k}, \qquad k = 0,\ldots, m-1$$

mit dem Initialwert

$$\binom{m}{0} = 1$$

berechnet. Dabei ist zu berücksichtigen, dass bei der Verwendung von ganzzahligen Pixelwerten der Länge 64 Bit die Filtergröße auf $m \leq 63$ begrenzt ist, jedoch lässt sich wegen Gl. (2.21) die Funktion `Binomial()` mehrfach hintereinander ausführen, um Binomialfilter mit größerer Maske ($m > 63$) anzuwenden.

Für Binomialfilter hoher Ordnung kann eine Filterung via Ortsfrequenzraum zu einer erheblichen Rechenzeiteinsparung beitragen, siehe Abschnitt 5.2.1. Eine weitere alternative Implementierung ist z. B. in [80] publiziert.

2.2.2 Ableitungsfilter 1. Ordnung

Wir nehmen nun an, dass das Grautonbild $f : \mathbb{R}^2 \mapsto \mathbb{R}$ differenzierbar ist. Dann existiert der Gradient $\operatorname{grad} f = \nabla f$ von f, wobei ∇ der Nabla-Operator ist,

$$\nabla = \begin{pmatrix} \frac{\partial}{\partial x_1} \\ \frac{\partial}{\partial x_2} \end{pmatrix}, \qquad \text{d. h.} \qquad \operatorname{grad} f = \nabla f = \begin{pmatrix} \frac{\partial}{\partial x_1} \\ \frac{\partial}{\partial x_2} \end{pmatrix} f = \begin{pmatrix} \frac{\partial f}{\partial x_1} \\ \frac{\partial f}{\partial x_2} \end{pmatrix}.$$

In der Sprache der Bildverarbeitung ist der Gradient ein Ableitungsfilter 1. Ordnung (Gradientenfilter). Das Ergebnis ist ein zweikanaliges Bild, $\operatorname{grad} f : \mathbb{R}^2 \mapsto \mathbb{R}^2$, wobei die partiellen Ableitungen $\frac{\partial f}{\partial x_1}$ und $\frac{\partial f}{\partial x_2}$ die beiden Bildkanäle darstellen. Alternativ kann $\operatorname{grad} f$ auch als einkanaliges Bild mit vektorwertigen Pixeln aufgefasst werden.

Für viele Anwendungen ist es sinnvoll, Polarkoordinaten (r, φ) einzuführen, wobei

$$r = \|\nabla f\| = \sqrt{\left(\frac{\partial f}{\partial x_1}\right)^2 + \left(\frac{\partial f}{\partial x_2}\right)^2}, \qquad \varphi = \arg \nabla f$$

die Norm bzw. Richtung des Gradienten bezeichnen. Hierbei ist die Funktion arg durch

$$\arg(x_1, x_2) = \begin{cases} \arctan \frac{x_2}{x_1}, & x_1 > 0, \, x_2 \geq 0 \\ \arctan \frac{x_2}{x_1} + \pi, & x_1 < 0, \, x_2 \neq 0 \\ \arctan \frac{x_2}{x_1} + 2\pi, & x_1 > 0, \, x_2 \leq 0 \\ \frac{\pi}{2}, & x_1 = 0, \, x_2 > 0 \\ \frac{3\pi}{2}, & x_1 = 0, \, x_2 < 0 \\ 0, & x_1 = x_2 = 0 \quad \text{(keine Richtung)} \end{cases} \qquad (2.22)$$

definiert. Der zu φ gehörige Richtungsvektor ist der normierte Gradient $\nabla f / \|\nabla f\|$.

Schließlich führen wir noch die Richtungsableitung ein, d. h. die Ableitung in eine gegebene Richtung $u \in \mathbb{R}^2$ mit $\|u\| = 1$ und den Komponenten u_1 und u_2. Die Ableitung von f in Richtung u erhält man aus

$$\frac{\partial f}{\partial u} = u \cdot \nabla f = \left(u_1 \frac{\partial}{\partial x_1} + u_2 \frac{\partial}{\partial x_2}\right) f = u_1 \frac{\partial f}{\partial x_1} + u_2 \frac{\partial f}{\partial x_2},$$

wobei „·" das Skalarprodukt bezeichnet.

Bemerkung 2.10 Der Gradient ist ein linearer Operator, d. h.

$$\nabla(af + bg) = a\nabla f + b\nabla g$$

für $a, b \in \mathbb{R}$ und differenzierbare Funktionen $f, g : \mathbb{R}^2 \mapsto \mathbb{R}$. Gleiches gilt für die Richtungsableitung. Die Norm des Gradienten ist dagegen nichtlinear; im Allgemeinen ist

$$\|\nabla(af + bg)\| \neq a\|\nabla f\| + b\|\nabla g\|.$$

Auch die Richtung des Gradienten ist nichtlinear. ■

Anwendungen

- Die Norm des Gradienten ist ein ausgezeichneter Kantendetektionsfilter. Die Bilder 2.13b und 2.13c zeigen Beispiele.
- Mithilfe der Richtung des Gradienten können Richtungen in Bildern detektiert werden, siehe Bild 2.14b.

Um eine diskrete Version des Gradientenfilters einzuführen, werden die partiellen Ableitungen durch ihre Differenzenquotienten ersetzt,

$$\frac{\partial f}{\partial x_1} \approx \frac{f(x_1 + \Delta x_1, x_2) - f(x_1, x_2)}{\Delta x_1}, \qquad \frac{\partial f}{\partial x_2} \approx \frac{f(x_1, x_2 + \Delta x_2) - f(x_1, x_2)}{\Delta x_2},$$

wobei Δx_1 und Δx_2 die Schrittweiten sind. Interpretieren wir die Schrittweiten als Pixelgrößen und bezeichnen wir wieder mit $F = (f_{ij})$ ein digitales Grautonbild mit den Grauwerten $f_{i,j}$, wobei F als ein Sampling des kontinuierlichen Bildes f auf einem rechteckigen Gitter mit den Pixelgrößen $a_1 = \Delta x_1$ und $a_2 = \Delta x_2$ aufgefasst werden kann, dann können die beiden Ableitungsoperatoren $\frac{\partial}{\partial x_1}$ und $\frac{\partial}{\partial x_2}$ durch die Filtermasken

$$D_1^{(f)} = \frac{1}{a_1}(1,-1,0) \quad \text{bzw.} \quad D_2^{(f)} = \frac{1}{a_2}\begin{pmatrix} 1 \\ -1 \\ 0 \end{pmatrix} \tag{2.23}$$

repräsentiert werden, wobei das Symbol (f) für „vorwärts" (*forward*) steht. Analog können die Approximationen

$$\frac{\partial f}{\partial x_1} \approx \frac{f(x_1,x_2) - f(x_1 - \Delta x_1, x_2)}{\Delta x_1}, \qquad \frac{\partial f}{\partial x_2} \approx \frac{f(x_1,x_2) - f(x_1, x_2 - \Delta x_2)}{\Delta x_2}$$

verwendet und daraus die Filtermasken

$$D_1^{(b)} = \frac{1}{a_1}(0,1,-1) \quad \text{bzw.} \quad D_2^{(b)} = \frac{1}{a_2}\begin{pmatrix} 0 \\ 1 \\ -1 \end{pmatrix} \tag{2.24}$$

erhalten werden, wobei (b) für „rückwärts" (*backward*) steht. Die Masken für die Vorwärts- und Rückwärtsableitungen sind also nur um ein Pixel relativ zueinander verschoben. In Anwendungen werden meist die zentrierten Versionen $D_1 = \frac{1}{2}(D_1^{(f)} + D_1^{(b)})$ und $D_2 = \frac{1}{2}(D_2^{(f)} + D_2^{(b)})$ verwendet, d. h., D_1 und D_2 sind die Mittelwerte aus den entsprechenden nichtzentrierten Varianten. Mit

$$D_1 = \frac{1}{2a_1}(1,0,-1) \quad \text{bzw.} \quad D_2 = \frac{1}{2a_2}\begin{pmatrix} 1 \\ 0 \\ -1 \end{pmatrix}$$

ist die Maske

$$D = \begin{pmatrix} D_1 \\ D_2 \end{pmatrix} \tag{2.25}$$

eine diskrete Version des Gradientenoperators grad $= \nabla$.

Bemerkung 2.11 Einfachheitshalber wird häufig die Pixelgröße vernachlässigt, wobei $a_1 = a_2 = 1$ gesetzt wird. Das ist sicher bei vielen Anwendungen gerechtfertigt. Es sollte jedoch berücksichtigt werden, dass die Pixelwerte von DF die Maßeinheit m^{-1} haben, wenn die Pixelgröße die Maßeinheit m hat und die Pixelwerte von F dimensionslos sind. Von Bedeutung kann die Berücksichtigung der Pixelgröße z. B. für die Bestimmung der Richtung des Gradienten sein, wenn $a_1 \neq a_2$ ist (also in der Regel bei der Verwendung von Zeilenkameras). ∎

Bemerkung 2.12 Statt der Maske $\frac{1}{2a}(1,0,-1)$ der Länge 3 werden in der Bildverarbeitung auch andere Masken für Ableitungsfilter 1. Ordnung verwendet, z. B. die Masken

$$\frac{1}{12a}(1,-8,0,8,-1), \qquad \frac{1}{8a}(1,-8,13,0,-13,8,-1),$$

der Längen 5, 7, ... Die Verwendung dieser Masken ist in der Regel nur dann sinnvoll, wenn die Pixelgröße a variiert werden kann. Das ist jedoch im Allgemeinen nicht der Fall. Zur Bewertung der Eigenschaften dieser Filtermasken sowie der Herleitung weiterer Ableitungsfilter 1. Ordnung verweisen wir auf [146] und darin zitierte Literatur. In dieser Arbeit, die außerdem eine sehr gute Übersicht über Methoden des Filterdesigns gibt, wird Filterdesign erstmals als Optimierungsproblem formuliert. ∎

Beispiel 2.18 Wir demonstrieren die Anwendung des Gradientenfilters auf das Binärbild

$$B = \begin{pmatrix} 0 & 0 & 0 & 0 & 0 \\ 0 & 1 & 1 & 1 & 0 \\ 0 & 1 & 1 & 1 & 0 \\ 0 & 1 & 1 & 1 & 0 \\ 0 & 0 & 0 & 0 & 0 \end{pmatrix}$$

mit der Pixelgröße $a_1 = a_2 = 1$. Die beiden Kanäle des Gradienten von B sind

$$B * D_1 = \frac{1}{2} \begin{pmatrix} 0 & 0 & 0 & 0 & 0 \\ 1 & 1 & 0 & -1 & -1 \\ 1 & 1 & 0 & -1 & -1 \\ 1 & 1 & 0 & -1 & -1 \\ 0 & 0 & 0 & 0 & 0 \end{pmatrix}, \quad B * D_2 = \frac{1}{2} \begin{pmatrix} 0 & 1 & 1 & 1 & 0 \\ 0 & 1 & 1 & 1 & 0 \\ 0 & 0 & 0 & 0 & 0 \\ 0 & -1 & -1 & -1 & 0 \\ 0 & -1 & -1 & -1 & 0 \end{pmatrix}.$$

Daraus erhält man

$$\|B * D\| = \frac{1}{2} \begin{pmatrix} 0 & 1 & 1 & 1 & 0 \\ 1 & \sqrt{2} & 1 & \sqrt{2} & 1 \\ 1 & 1 & 0 & 1 & 1 \\ 1 & \sqrt{2} & 1 & \sqrt{2} & 1 \\ 0 & 1 & 1 & 1 & 0 \end{pmatrix},$$

wobei die Norm pixelweise aus $B * D_1$ und $B * D_2$ berechnet wird. Die Pixel mit positiven Pixelwerten (grau markiert) sind in diesem Fall Randpixel des quadratischen Objekts in B. Die Richtung des Gradienten ist

$$\arg(B * D) = \begin{pmatrix} 0 & \frac{\pi}{2} & \frac{\pi}{2} & \frac{\pi}{2} & 0 \\ 0 & \frac{\pi}{4} & \frac{\pi}{2} & \frac{3\pi}{4} & \pi \\ 0 & 0 & 0 & \pi & \pi \\ 0 & \frac{7\pi}{4} & \frac{3\pi}{2} & \frac{5\pi}{4} & \pi \\ 0 & \frac{3\pi}{2} & \frac{3\pi}{2} & \frac{3\pi}{2} & 0 \end{pmatrix}.$$

In den grau hinterlegten Pixeln existiert die Richtung des Gradienten nicht. ∎

Beispiel 2.19 Für den Richtungsvektor $u = \frac{1}{5}(3, -4)$ mit $\varphi = \arg u = 306,9°$ erhält man die Maske

$$u \cdot D = \frac{1}{5}(3D_1 - 4D_2) = \frac{1}{10} \begin{pmatrix} 0 & -4 & 0 \\ 3 & 0 & -3 \\ 0 & 4 & 0 \end{pmatrix}$$

der zugehörigen Richtungsableitung. ∎

Bild 2.13 Kantendetektion: a) Originalbild, b) Norm des Gradienten, c) Norm des Gradienten in logarithmischer Skala, d) morphologischer Gradient bezüglich eines digitalen Achtecks mit der Kantenlänge 2 Pixel. Die Kanten wurden im V-Kanal des Originalbildes im HSV-Farbraum detektiert.

Bild 2.14 Detektion von Richtungen in einem RGB-Farbbild: a) Originalbild, b) Richtung des Gradienten. Die Richtung des Gradienten wurde in diesem Fall für jeden Farbkanal separat berechnet.

Bemerkung 2.13 Beispiel 2.18 zeigt, dass der mit der Norm des Gradienten detektierte Rand unscharf ist. Das ist nicht verwunderlich, denn die Komponenten D_1 und D_2 der Maske D des Gradientenfilters sind Faltungen (Glättungen) von $D_1^{(f)}$ bzw. $D_2^{(f)}$ mit Binomialfiltern 1. Ordnung,

$$D_1 = D_1^{(f)} * \frac{1}{2}(1,1), \quad D_2 = D_2^{(f)} * \frac{1}{2}\begin{pmatrix} 1 \\ 1 \end{pmatrix}.$$

∎

Bemerkung 2.14 Gelegentlich wird zur Kantendetektion die Anwendung der Roberts-Filter vorgeschlagen, wobei die Komponenten D_1 und D_2 von D durch die Masken

$$R_1 = \frac{1}{\sqrt{a_1^2 + a_2^2}} \begin{pmatrix} 1 & 0 \\ 0 & -1 \end{pmatrix} \quad \text{bzw.} \quad R_2 = \frac{1}{\sqrt{a_1^2 + a_2^2}} \begin{pmatrix} 0 & 1 \\ -1 & 0 \end{pmatrix}$$

ersetzt werden. Diese Masken sind nicht zentrierbar (wie auch $D_1^{(f)}$ und $D_2^{(f)}$). ∎

Aufgabe 2.3 Machen Sie eine Kantendetektion für das Binärbild B aus Beispiel 2.18 mit der Norm des Gradienten, wobei die diskreten partiellen 1. Ableitungen mit dem Roberts-Filter für $a_1 = a_2 = 1$ berechnet werden und Padding von B mit Nullen vorausgesetzt wird. ∎

Ableitungen sind sehr empfindlich bezüglich Bildrauschen, d. h., bereits geringfügiges Rauschen führt zu erheblichen Störungen in Ableitungen. Daher empfiehlt es sich, das Bild vor der Anwendung eines Ableitungsfilters zu glätten. Bei Sobel-Filtern wird orthogonal zur Ableitungsrichtung mit Binomialfiltern geglättet. Eine entsprechende Filtermaske S_1 für die Ableitung in x-Richtung kann durch die Faltung von D_1 mit einem dazu orthogonalen Binomialfilter 2. Ordnung erhalten werden,

$$S_1 = \frac{1}{2a_1}(1,0,-1) * \frac{1}{4}\begin{pmatrix} 1 \\ 2 \\ 1 \end{pmatrix} = \frac{1}{8a_1}\begin{pmatrix} 1 & 0 & -1 \\ 2 & 0 & -2 \\ 1 & 0 & -1 \end{pmatrix}.$$

Auf analoge Weise erhält man für die Ableitung in y-Richtung die Maske

$$S_2 = \frac{1}{2a_2}\begin{pmatrix} 1 \\ 0 \\ -1 \end{pmatrix} * \frac{1}{4}(1,2,1) = \frac{1}{8a_2}\begin{pmatrix} 1 & 2 & 1 \\ 0 & 0 & 0 \\ -1 & -2 & -1 \end{pmatrix}.$$

Eine regularisierte Variante der Maske D des Gradientenfilters ist also

$$S = \begin{pmatrix} S_1 \\ S_2 \end{pmatrix}. \tag{2.26}$$

Neben der Reduzierung des Bildrauschens hat die Verwendung von S auch den Vorteil, dass Kanten in Bildern besser detektiert werden als auf der Basis von D. Die pixelweise brechnete Norm eines mit S gefilterten Bildes ist die Grundlage der Canny-Kantendetektion (*Canny edge detection*) [28].

Bemerkung 2.15 Grundsätzlich kann auch mit anderen Glättungsfiltern orthogonal zur Ableitungsrichtung geglättet werden. Eine Glättung mit Mittelwertfiltern der Länge 3 wird Prewitt-Filterung genannt. Die zugehörigen Masken sind

$$P_1 = \frac{1}{6a_1} \begin{pmatrix} 1 & 0 & -1 \\ 1 & 0 & -1 \\ 1 & 0 & -1 \end{pmatrix}, \quad P_2 = \frac{1}{6a_2} \begin{pmatrix} 1 & 1 & 1 \\ 0 & 0 & 0 \\ -1 & -1 & -1 \end{pmatrix}.$$

Wir haben bisher noch keine Argumente, auf deren Grundlage wir beispielsweise die Sobel-Filter den Prewitt-Filtern vorziehen sollten. Dazu wird auf das Filterdesign in Abschnitt 5.3 verwiesen. ∎

Schließlich führen wir noch den Strukturtensor J eines Bildes f ein, der aus dem Gradienten ∇f erhalten wird,

$$J = (\nabla f)(\nabla f)' = \begin{pmatrix} \left(\frac{\partial f}{\partial x}\right)^2 & \frac{\partial f}{\partial x}\frac{\partial f}{\partial y} \\ \frac{\partial f}{\partial y}\frac{\partial f}{\partial x} & \left(\frac{\partial f}{\partial y}\right)^2 \end{pmatrix}$$

(diadisches Produkt des Gradienten mit sich selbst). Der Strukturtensor ordnet jedem $x \in \mathbb{R}^2$ eine 2×2-Matrix zu, deren Komponenten Produkte von 1. Ableitungen sind. Der Tensor J ist positiv semidefinit. Seine Eigenwerte sind die $v_1 = \|\nabla f\|^2$ und $v_2 = 0$. Der zu v_1 gehörige Eigenvektor u_1 ist die Richtung des Gradienten, $u_1 = \nabla f / \|\nabla f\|$; der zu v_2 gehörige Eigenvektor u_2 ist orthogonal zu u_1,

$$u_2 = \begin{pmatrix} 0 & 1 \\ -1 & 0 \end{pmatrix} \cdot \frac{\nabla f}{\|\nabla f\|}.$$

Das bedeutet, J enthält die gleiche Information wie der Gradient ∇f.

Ähnlich wie der Gradient ist auch der Strukturtensor J empfindlich bezüglich Bildstörungen wie z. B. Rauschen. Um Schätzungen von J zu regularisieren, muss also eine Glättung vorgenommen werden. Für den Strukturtensor ist eine zweistufige Glättung üblich. Zunächst erfolgt eine Glättung des Bildes $f(x)$ mit der Gauß-Funktion $g_\sigma(x)$, d. h. $f_\sigma = f * g_\sigma$ (innere Glättung). Dann ist der Strukturtensor von der Stärke σ der Glättung abhängig, $J_\sigma = (\nabla f_\sigma)(\nabla f_\sigma)'$. Schließlich wird noch eine äußere Glättung verwendet, $J_{\sigma\varrho} = J_\sigma * g_\varrho$, wobei die Matrix J_σ komponentenweise mit der Gauß-Funktion $g_\varrho(x)$ geglättet wird. Zusammenfassend schreiben wir

$$J_{\sigma\varrho} = \big((\nabla f_\sigma)(\nabla f_\sigma)'\big) * g_\varrho \tag{2.27}$$

mit den beiden Parametern $\sigma \geq 0$ und $\varrho \geq 0$. Der Tensor $J_{\sigma\varrho}$ ist für $\sigma > 0$ und $\varrho > 0$ in der Regel positiv definit und enthält somit Informationen, die über die des Gradientenfilters hinausgehen. Daraus erschließen sich neue Anwendungsgebiete.

Anwendungen

- Eine spezielle Klasse lokal-adaptiver Filter – die anisotropen Diffusionsfilter – basieren unter anderem auf dem Strukturtensor $J_{\sigma\varrho}$, siehe Abschnitt 4.3.1.

- Mit $J_{\sigma\varrho}$ lassen sich ähnlich wie mit dem Gradienten Kanten detektieren, zusätzlich aber auch Ecken. Sind beide Eigenwerte klein, $\nu_1 \approx \nu_2 \gtrsim 0$, dann ist das Bild f an dieser Stelle (relativ) strukturlos. Ist ν_1 wesentlich größer als ν_2, $\nu_1 \gg \nu_2$, dann befindet sich an dieser Stelle eine Bildkante. Falls beide Eigenwerte groß sind, $\nu_1 \approx \nu_1 \gg 0$, dann ist an dieser Stelle eine Bildecke (Kanade-Tomasi-Eckendetektor [99], [60], [161]).
- Die Übertragung des Strukturtensors auf 3-dimensionale Bilder von Materialstrukturen spielt eine große Rolle in der Festkörper- und Strukturmechanik [172].

Abschließend sei angemerkt, dass diskrete Versionen des Strukturtensors auf dem diskreten Ableitungsoperator D sowie auf Binomialfiltern geradzahliger Ordnungen $m = 4\sigma^2$ und $n = 4\varrho^2$ basieren.

2.2.3 Ableitungsfilter 2. Ordnung

Das Resultat der Anwendung des Laplace-Operators

$$\Delta = \nabla \cdot \nabla = \begin{pmatrix} \frac{\partial}{\partial x_1} \\ \frac{\partial}{\partial x_2} \end{pmatrix} \cdot \begin{pmatrix} \frac{\partial}{\partial x_1} \\ \frac{\partial}{\partial x_2} \end{pmatrix} = \frac{\partial^2}{\partial x_1^2} + \frac{\partial^2}{\partial x_2^2}$$

auf ein kontinuierliches Grautonbild $f : \mathbb{R}^2 \mapsto \mathbb{R}$ ist die Summe der partiellen Ableitungen 2. Ordnung,

$$\Delta f = \frac{\partial^2 f}{\partial x_1^2} + \frac{\partial^2 f}{\partial x_2^2},$$

und damit ein einkanaliges Grautonbild, d. h. $\Delta f : \mathbb{R}^2 \mapsto \mathbb{R}$.

Bemerkung 2.16 Da die Bildung der zweiten partiellen Ableitungen sehr empfindlich bezüglich des Bildrauschens ist, wird f vor der Anwendung des Laplace-Operators häufig mit einem geeigneten Glättungsfilter bearbeitet. Verwenden wir dazu die Maske $g_\sigma(x)$ des isotropen Gauß-Filters mit dem Parameter $\sigma > 0$, dann erhält man

$$\Delta(f * g_\sigma)(x) = (f * (\Delta g_\sigma))(x) = (f * h_\sigma)(x)$$

mit der Maske

$$h_\sigma(x) = \left(\frac{\|x\|^2}{\sigma^4} - \frac{1}{\sigma^2} \right) g_\sigma(x) \tag{2.28}$$

eines linearen Filters, der als LoG-Filter (*Laplace of Gaussian*) in der Bildverarbeitung bekannt ist. ∎

Die Maske des diskreten Laplace-Filters

Diskrete Versionen L_1 und L_2 der Ableitungsoperatoren 2. Ordnung $\frac{\partial}{\partial x_1^2}$ bzw. $\frac{\partial}{\partial x_2^2}$ erhält man durch die Faltung der Filtermasken für die Ableitungsfilter 1. Ordnung, die durch Gln. (2.23) und (2.24) gegeben sind. Dabei ist zu beachten, dass die Pixelwerte der Filterantwort eines

Laplace-Filtes die Maßeinheit m^{-2} haben, wenn die Pixelwerte des Ausgangsbildes unskaliert sind und die Pixelgrößen a_1 und a_2 die Maßeinheit m haben. Für $a_1 = a_2 = 1$ sind

$$L_1 = D_1^{(f)} * D_1^{(b)} = (1,-1,0) * (0,1,-1) = (1,-2,1)$$

bzw.

$$L_2 = D_2^{(f)} * D_2^{(b)} = \begin{pmatrix} 1 \\ -1 \\ 0 \end{pmatrix} * \begin{pmatrix} 0 \\ 1 \\ -1 \end{pmatrix} = \begin{pmatrix} 1 \\ -2 \\ 1 \end{pmatrix}$$

die Filtermasken der Ableitungsfilter 2. Ordnung. Daraus erhält man unmittelbar die Maske L des Laplace-Filters,

$$L = L_1 + L_2 = (1,-2,1) + \begin{pmatrix} 1 \\ -2 \\ 1 \end{pmatrix} = \begin{pmatrix} 0 & 1 & 0 \\ 1 & -4 & 1 \\ 0 & 1 & 0 \end{pmatrix}. \tag{2.29}$$

Anwendungen

- Der Laplace-Filter ist ein Kantendetektionsfilter. In der Rasterelektronenmikroskopie wird der Laplace-Filter z. B. zur Detektion von Rauschpixeln und Kanten in Bildern verwendet, die zunächst mit geringer Abtastzeit aufgenommen werden. Bei der weiteren Abtastung kann die Rasterung auf die Rausch- und Kantenpixel konzentriert werden. Dadurch wird eine schnellere Bildaufnahme bei gleichzeitig hoher Bildqualität erreicht [36].

- Laplace-Filter werden in der Bildbearbeitung häufig zur Erhöhung der Kantenschärfe verwendet (*edge sharpening*). Die Differenz

$$f - p\Delta f = (1 - p\Delta)f \tag{2.30}$$

kann dem Betrachter eine verbesserte Schärfe suggerieren, wobei $p > 0$ als Filterparameter fungiert. Inwiefern die Bildschärfe tatsächlich verbessert wurde, bedarf einer Bewertung der Transferfunktion der zugehörigen Filtermaske

$$1 - pL = \begin{pmatrix} 0 & 0 & 0 \\ 0 & 1 & 0 \\ 0 & 0 & 0 \end{pmatrix} - p \begin{pmatrix} 0 & 1 & 0 \\ 1 & -4 & 1 \\ 0 & 1 & 0 \end{pmatrix}.$$

Beispiel 2.20 Für das Binärbild B aus Beispiel 2.18 ist

$$B * L = \begin{pmatrix} 0 & 1 & 1 & 1 & 0 \\ 1 & -2 & -1 & -2 & 1 \\ 1 & -1 & 0 & -1 & 1 \\ 1 & -2 & -1 & -2 & 1 \\ 0 & 1 & 1 & 1 & 0 \end{pmatrix}.$$

Wird von $B * L$ noch pixelweise der Betrag bestimmt, erhält man ein Ergebnis, das mit dem der Norm des Gradienten qualitativ vergleichbar ist. ■

Beispiel 2.21 Für $p = \frac{1}{4}$ kann die Anwendung der Maske

$$1 - \frac{1}{4}L = \frac{1}{4}\begin{pmatrix} 0 & -1 & 0 \\ -1 & 8 & -1 \\ 0 & -1 & 0 \end{pmatrix}$$

eine subjektiv wahrnehmbare Kantenschärfung bewirken. ∎

Der Laplace-Filter ist als Kantendetektionsfilter im Allgemeinen weniger gut geeignet als die Norm des Gradienten. Im Unterschied zur Norm des Gradienten ist der Laplace-Filter jedoch ein linearer Filter (genauer: ein LSE-Filter). Die Maske L des Laplace-Filters ist separabel im Sinne der Zerlegung $L = L_1 + L_2$. Da die Maske L klein ist, ergeben sich aus der Anwendung der Separabilität aber nur geringe algorithmische Vorteile.

Bemerkung 2.17 Eine Alternative zur Maske $\frac{1}{a^2}(1,-2,1)$ des Ableitungsfilters 2. Ordnung ist z. B. die Maske $\frac{1}{12a^2}(-1,16,-30,16,-1)$ der Länge 5 [146, S. 20], für deren Anwendbarkeit das Gleiche gilt wie in Bemerkung 2.12. ∎

Bemerkung 2.18 Alternativ zu L werden in der Literatur auch die beiden Masken

$$L_m = \begin{pmatrix} 1 & 1 & 1 \\ 1 & -8 & 1 \\ 1 & 1 & 1 \end{pmatrix}, \quad L_{\text{mod}} = \begin{pmatrix} 1 & 2 & 1 \\ 2 & -12 & 2 \\ 1 & 2 & 1 \end{pmatrix}$$

angegeben, deren Koeffizienten empirisch gewählt wurden. Für die Verwendung von L_{mod} können jedoch auch inhaltliche Gründe angegeben werden, siehe Abschnitt 5.3.2. Der Betrag der Filterantwort von L_{mod} ist ein Maß für die lokale Bildschärfe, das z. B. zur Erzeugung eines 3D-Bildes (d. h. eines Höhenbildes) einer profilierten Oberfläche mit der Methode Tiefe von Defokus (*depth from defocus*, DFD) verwendet werden kann [147]. Dabei wird eine Sequenz von 2-dimensionalen Bildern bei geringer Schärfentiefe und variierendem Fokusabstand aufgenommen. In das Ergebnisbild wird lokal der Fokusabstand desjenigen Bildes eingetragen, dessen Betrag der Filterantwort von L_{mod} an dieser Stelle am größten ist. ∎

Bemerkung 2.19 Zu den Ableitungsfiltern 2. Ordnung zählt auch die Hesse-Matrix

$$H = \nabla \cdot \nabla' = \begin{pmatrix} \frac{\partial^2}{\partial x_1^2} & \frac{\partial^2}{\partial x_1 \partial x_2} \\ \frac{\partial^2}{\partial x_2 \partial x_1} & \frac{\partial^2}{\partial x_2^2} \end{pmatrix}$$

(diatisches Produkt des Nabla-Operators mit sich selbst). Aus Gründen der Regularisierung wird der Operator H in der Regel auf ein mit einem Gauß-Filter g_σ geglättetes Grautonbild $f * g_\sigma$ angewandt. Für $Hf * g_\sigma$ ergeben sich ähnliche Anwendungen wie für den Strukturtensor (2.27). ∎

2.3 Morphologische Filter

Eng verwandt mit morphologischen Transformationen sind morphologische Filter, die daher auch ähnliche Eigenschaften und Anwendungen haben. Die Anwendung eines morphologischen Filters auf ein Binärbild entspricht einer morphologischen Transformation. Jedoch lassen sich morphologische Filter im Unterschied zu morphologischen Transformationen auch auf Grautonbilder anwenden. Insofern stellen morphologische Filter Verallgemeinerungen morphologischer Transformationen dar. Ebenso wie morphologische Transformationen sind morphologische Filter von einem strukturierenden Element $Y \subset \mathbb{R}^2$ abhängig, das in der Regel konvex ist. Ist Y aus einer Klasse von Mengen (z. B. Kreise mit dem Radius $r > 0$ oder Quadrate mit der Kantenlänge $a > 0$), dann sind die Parameter (r bzw. a) Filterparamter.

Anwendungen

- Bildglättung, d. h. eine Unterdrückung kleiner, heller oder dunkler Objekte,
- Erzeugung von Referenzbildern für die Shadingkorrektur,
- Regularisierung des Distanzbildes zur Vermeidung einer Übersegmentierung bei der Anwendung der Kombination von Distanz- und Wasserscheidentransformation zur Bildsegmentierung, siehe Abschnitt 3.3, und
- Kantendetektion mit dem morphologischen Gradienten.

Zur Unterdrückung einer Übersegmentierung bei Wasserscheidentransformation sind morphologische Filter effizienter als lineare Glättungsfilter.

2.3.1 Von Transformation zu Filterung

Wir gehen zunächst von der Minkowski-Subtraktion $X \ominus Y$ bzw. der Minkowski-Addition $X \oplus Y$ einer Menge X mit einem strukturierenden Element Y aus, siehe Definitionen 2.3 bzw. 2.1. Mithilfe der Indikatorfunktion (2.1), lassen sich beide morphologischen Transformationen in der Form

$$\mathbf{1}_{X \ominus Y}(x) = \min\{\mathbf{1}_X(x-y) : y \in Y\} \quad \text{bzw.} \quad \mathbf{1}_{X \oplus Y}(x) = \max\{\mathbf{1}_X(x-y) : y \in Y\}$$

für $x \in \mathbb{R}^2$ schreiben. Ersetzt man nun das Binärbild $\mathbf{1}_X(x)$ durch ein Grautonbild f, dann erhalten wir daraus die Filterantworten des Minimum- bzw. Maximumfilters, die im Folgenden mit $f_{\check{Y}}(x)$ bzw. $f^{\check{Y}}(x)$ bezeichnet werden sollen.

Definition 2.8 Sei $f : \mathbb{R}^2 \mapsto \mathbb{R}$ eine stetige Funktion, dann sind der Minimum- bzw. Maximumfilter bezüglich eines strukturierenden Elements $Y \subset \mathbb{R}^2$ durch

$$f_{\check{Y}}(x) = \min\{f(x+y) : y \in Y\}, \quad x \in \mathbb{R}^2$$

bzw.

$$f^{\check{Y}}(x) = \max\{f(x+y) : y \in Y\}, \quad x \in \mathbb{R}^2$$

definiert.

Die Funktionen $f_Y(x)$ bzw. $f^Y(x)$ sind das Minimum bzw. das Maximum von $f(x)$ in einer Umgebung $Y + x$ von x, was für den 1-dimensionalen Fall in Bild 2.15 für ein Beispiel veranschaulicht wird.

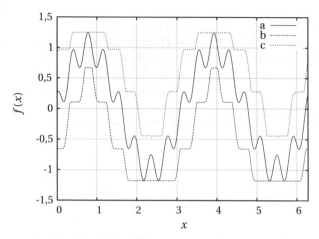

Bild 2.15 Demonstration morphologischer Filter an einem 1-dimensionalen Signal $f(x)$: a) Ausgangssignal, b) Minimumfilter (Erosion) und c) Maximumfilter (Dilatation). Das strukturierende Element ist hierbei eine zentrierte Strecke der Länge 0,8.

Wegen der Assoziativität des Minimums bzw. Maximums im Sinne von

$$\min\{\min\{x, y\}, z\} = \min\{x, \min\{y, z\}\}$$

bzw.

$$\max\{\max\{x, y\}, z\} = \max\{x, \max\{y, z\}\}$$

sind Minimum- und Maximumfilter analog zu morphologischen Transformationen assoziativ im Sinne des Distributivgesetzes der Minkowski-Addition,

$$f_{(X \oplus Y) \oplus Z}(x) = f_{X \oplus (Y \oplus Z)}(x) \quad \text{bzw.} \quad f^{(X \oplus Y) \oplus Z}(x) = f^{X \oplus (Y \oplus Z)}(x),$$

vgl. Gl. (2.4).

Eigenschaften

- Wir weisen zunächst darauf hin, dass Minimum- und Maximumfilter nichtlineare Filter sind. Im Allgemeinen ist

$$(af + bg)_Y \neq af_Y + bg_Y, \quad (af + bg)^Y \neq af^Y + bg^Y$$

für stetige Grautonbilder $f, g : \mathbb{R}^2 \mapsto \mathbb{R}$ und Konstanten $a, b \in \mathbb{R}$.

- Die Invertierung eines Bildes f und die anschließende Anwendung eines Maximumfilters entsprechen der Anwendung des zugehörigen Minimumfilters und der anschließenden Invertierung,

$$(-f)^Y = -(f_Y), \quad Y \subset \mathbb{R}^2.$$

Analog gilt $(-f)_Y = -(f^Y)$ für alle strukturierenden Elemente $Y \subset \mathbb{R}^2$.

- Minimum- und Maximumfilter sind monoton, d. h.

$$f_Y(x) \geq f_Z(x), \qquad f^Y(x) \leq f^Z(x)$$

für alle $x \in \mathbb{R}^2$ und alle strukturierenden Elemente $Y, Z \in \mathbb{R}^2$ mit $Y \subseteq Z$.

- Aus der Assoziativität der Minimum- und Maximumfilter folgt unmittelbar ihre Separabilität,

$$(f_Y)_Z = f_{Y \oplus Z}, \qquad (f^Y)^Z = f^{Y \oplus Z}, \qquad Y, Z \in \mathbb{R}^2,$$

was Folgen für ihre effiziente Implementierung hat, siehe auch Bemerkung 2.2.

- Mit den Notationen $\min\{f, g\}(x) = \min\{f(x), g(x)\}$ und $\max\{f, g\}(x) = \max\{f(x), g(x)\}$ für das pixelweise Minimum bzw. Maximum der Grautonbilder $f(x)$ und $g(x)$ können Distributivgesetze für Minimum- und Maximumfilter formuliert werden. Es gilt

$$\big(\min\{f, g\}\big)_Y = \min\{f_Y, g_Y\}, \qquad \big(\max\{f, g\}\big)^Y = \max\{f^Y, g^Y\},$$

was bei der Datenparallelisierung von Algorithmen Anwendung findet, siehe auch Bemerkung 2.3.

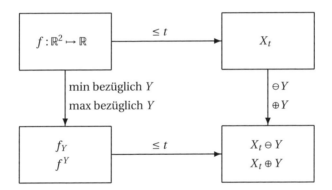

Bild 2.16 Schematische Darstellung des Zusammenhangs zwischen morphologischen Transformationen und morphologischen Filtern

An dieser Stelle soll noch einmal auf den Zusammenhang zwischen morphologischen Transformationen und morphologischer Filterung eingegangen werden. Sei X_t der Vordergrund eines Binärbildes, das durch die Binarisierung des Grautonbildes f bezüglich der Schwelle t erhalten wird,

$$X_t = \{x \in \mathbb{R}^2 : f(x) \leq t\}, \qquad t \in \mathbb{R}.$$

Dann lässt sich dieser Zusammenhang durch

$$X_t \ominus Y = \{x \in \mathbb{R}^2 : f_Y(x) \leq t\}, \qquad X_t \oplus Y = \{x \in \mathbb{R}^2 : f^Y(x) \leq t\}$$

ausdrücken. In Bild 2.16 wird das schematisch dargestellt. Aus inhaltlichen Gründen ist es also egal, ob erst binarisiert und dann eine morphologische Transformation angewandt wird

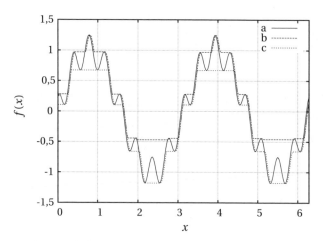

Bild 2.17 Demonstration morphologischer Filter an einem 1-dimensionalen Signal $f(x)$: a) Ausgangssignal, b) Abschließung und c) Öffnung. Das strukturierende Element ist hierbei eine zentrierte Strecke der Länge 0,8.

oder erst entsprechend morphologisch gefiltert und dann binarisiert wird. Ersteres dürfte jedoch wegen der früheren Binarisierung, mit der eine beachtliche Datenreduktion verbunden ist, wesentlich schneller sein.

Kombinationen von Minimum- und Maximumfiltern werden auch Öffnung bzw. Abschließung genannt. Genauer: $(f_{\check{Y}})^Y$ ist die morphologische Öffnung von f bezüglich Y, und mit $(f^{\check{Y}})_Y$ wird die morphologische Abschließung bezeichnet. In Bild 2.17 werden beide Filter an einem 1-dimensionalen Beispiel demonstriert. Die Wirkung im 2-dimensionalen Fall wird in Bild 2.17 gezeigt. Die Kombinationen $((f_{\check{Y}})^{Y \oplus \check{Y}})_Y$ und $((f^{\check{Y}})_{Y \oplus \check{Y}})^Y$ von Öffnung und Abschließung werden alternierende Filter (*alternate filter*) genannt. Die Top-Hat-Transformationen für Grautonbilder sind $f \mapsto f - (f_{\check{Y}})^Y$ bzw. $f \mapsto (f^{\check{Y}})_Y - f$.

Schließlich soll noch auf den Zusammenhang zwischen der Norm des Gradienten $\|\nabla f\|$ (Abschnitt 2.2.2) eines (differenzierbaren) Grautonbildes f und morphologischer Filterung aufmerksam gemacht werden. Wenn B_r ein Kreis mit dem Radius r ist, dann gilt

$$\|\nabla f\| = \lim_{r \to 0} \frac{1}{2r} (f^{B_r} - f_{B_r}),$$

wobei ∇ den Nabla-Operator bezeichnet. Daraus leitet sich der morphologische Gradient ab.

Definition 2.9 Sei Y ein konvexes und symmetrisches strukturierendes Element (mit nichtleerem Inneren), dann ist der morphologische Gradient von f bezüglich Y definiert durch

$$\frac{1}{\bar{b}(Y)} (f^Y - f_Y)$$

∎

mit der mittleren Breite $\bar{b}(Y)$ von Y. In Abbildung 2.13d wird der morphologische Gradient eines Bildes gezeigt. Der morphologische Gradient ist ein Kantendetektionsfilter, der Vorteile gegenüber der Norm des Gradienten haben kann. Ersterer ist von der Wahl des strukturierenden Elements Y abhängig, d. h., die Parameter von Y sind anpassbare Filterparameter.

Bild 2.18 Wirkung morphologischer Filter: a) Originalbild, b) Öffnung mit einem Achteck der Kantenlänge 10 Pixel, c) Abschließung mit dem Achteck, d) Shadingkorrektur durch Subtraktion des Ausgangsbildes von der Abschließung (Top-Hat-Transformation). Feine Details – hier insbesondere die Staubgefäße der Blüten – werden hervorgehoben.

Beispiel 2.22 Für das Grautonbild

$$F = \begin{pmatrix} 2 & 3 & 2 & 1 & 1 \\ 3 & 3 & 2 & 2 & 1 \\ 8 & 3 & 0 & 1 & 2 \\ 7 & 9 & 8 & 8 & 7 \\ 8 & 8 & 9 & 9 & 7 \end{pmatrix}$$

und das strukturierende Element

$$Y = \begin{pmatrix} 1 & 1 & 1 \\ 1 & 1 & 1 \\ 1 & 1 & 1 \end{pmatrix}$$

mit der mittleren Breite $\bar{b}(Y) = 8/\pi$ erhält man unter der Reflexionsbedingung für die Randbehandlung die gefilterten Bilder

$$F_Y = \begin{pmatrix} 2 & 2 & 1 & 1 & 1 \\ 2 & 0 & 0 & 0 & 1 \\ 3 & 0 & 0 & 0 & 1 \\ 3 & 0 & 0 & 0 & 1 \\ 7 & 7 & 8 & 7 & 7 \end{pmatrix}, \quad F^Y = \begin{pmatrix} 3 & 3 & 3 & 2 & 2 \\ 8 & 8 & 3 & 2 & 2 \\ 9 & 9 & 9 & 8 & 8 \\ 9 & 9 & 9 & 9 & 9 \\ 9 & 9 & 9 & 9 & 9 \end{pmatrix}$$

und den morphologischen Gradienten

$$\frac{\pi}{8}(F^Y - F_Y) = \frac{\pi}{8} \begin{pmatrix} 1 & 1 & 2 & 1 & 1 \\ 6 & 8 & 3 & 2 & 1 \\ 6 & 9 & 9 & 8 & 7 \\ 6 & 9 & 9 & 9 & 8 \\ 2 & 2 & 1 & 2 & 2 \end{pmatrix}.$$

Im Gradienten sind die zur Bildkante gehörigen Pixel markiert. ∎

2.3.2 Algorithmische Implementierung

Da morphologische Filter eng mit morphologischen Transformationen verwandt sind, werden auch ähnliche Prinzipien bei der algorithmischen Implementierung verwendet, siehe Abschnitt 2.1.5. Um z. B. einen 2-dimensionalen Maximumfilter zu implementieren, ist in der Funktion Dilation() lediglich die 1-dimensionale Version dilation() durch die im Folgenden angegebene 1-dimensionale Version maximum() zu ersetzen.

```
/** Maximum filter on the data stream of an image of type unsigned char.
    @param str [INOUT] the stream of the image data
    @param from [IN] index of the first pixel
    @param to [IN] index of the last pixel
    @param step [IN] step width on the stream
    @param m [IN] size of the structuring element
    @return error code
**/
static int maximum(unsigned char *str, unsigned long from,
          unsigned long to, unsigned long step, unsigned long m}

  long i, i0, is, n, n0, n1, n2, i1;
  long max_, maxp;
  unsigned char *tmp, *tmp0;

  n = m + 1;
  n0 = (to - from) / step;
  if(n0<n) n = n0;
  n1 = n / 2;
  n2 = n - n1;

  tmp = Calloc(n + n0, unsigned char);

  i1 = n1;
  for(i=from, i1 = n1; i!=to; i+=step, i1++) // copying the data
    tmp[i1] = *(str + i);

  if(n%2 == 0)    // reflection condition at the edges
    for(i=0; i<n1; i++) {
      tmp[i] = tmp[n-i];
      tmp[n0+n-i-1] = tmp[n0+i-1];
    }
```

```
    else
      for(i=0; i<n1; i++) {
        tmp[i] = tmp[n-2-i];
        tmp[n0+n-i-1] = tmp[n0+i-1];
      }

    max_ = maxp = 0;   // searching for maximum
    for(i0=0; i0<n-1; i0++)
      if(max_ < tmp[i0]) {
        max_ = tmp[i0];
        maxp = i0;
      }

    for(i=from, i1 = 0; i!=to; i+=step, i1++) {   // main part
      if(max_ < tmp[i1+i0]) {
        max_ = tmp[i1+i0];
        maxp = i1+i0;
      }
      *(str+i) = max_;
      if(maxp == i1) {
        max_ = 0;
        maxp = i1;
        for(is=1; is<n; is++)
          if(max_ < tmp[i1+is]) {
            max_ = tmp[i1+is];
            maxp = i1 + is;
          }
      }
    }

    Free(tmp);
    return 0;
}
```

2.4 Rangordnungsfilter

Rangordnungsfilter sind nichtlineare Filter, zu denen auch die morphologischen Filter gehören. Die Rangordnungsfilter stellen also eine Verallgemeinerung der morphologischen Filter dar. Zusätzlich zum strukturierenden Element Y, das bereits zur Parametrisierung morphologischer Filter verwendet wurde, wird nun noch ein Parameter α für Rangordnungsfilter eingeführt, $0 \leq \alpha \leq 1$.

Bei dieser Verallgemeinerung wird eine Binarisierung des Grautonbildes $f : \mathbb{R}^2 \mapsto \mathbb{R}$ bezüglich der Schwelle $t \in \mathbb{R}$ betrachtet. Mit $\mathbf{1}(f(x) \leq t)$ wird die zugehörige Indikatorfunktion bezeichnet, die hier analog zu Gl. (2.1) durch

$$\mathbf{1}(f(x) \leq t) = \begin{cases} 1, & \text{falls } f(x) \leq t \\ 0, & \text{sonst} \end{cases}$$

definiert ist, d. h., $\mathbf{1}(f(x) \leq t)$ ist das Binärbild von $f(x)$ bezüglich der Schwelle t. Außerdem wird für ein gegebenes strukturierendes Element Y mit Fläche$(Y) > 0$ die bis t kumulative Funktion

$$H^Y(t) = \frac{1}{\text{Fläche}(Y)} \int_Y \mathbf{1}(f(y) \leq t) dy, \quad t \in \mathbb{R}$$

verwendet, die als Flächenanteil aller Punkte (Pixel) x in Y mit $f(x) \leq t$ interpretiert werden kann. Das Produkt $H^Y(t) \cdot \text{Fläche}(Y)$ ist das kumulierte Grauwerthistogramm des Bildes f in Y. Für jedes Y ist die Funktion $H^Y(x)$ monoton steigend und nimmt Werte zwischen 0 und 1 an; die Funktion $H^Y(t)$ kann als empirische Verteilungsfunktion der Grauwerte von f in Y interpretiert werden.

Jetzt wird eine Schwelle t_α^Y in Abhängigkeit vom strukturierenden Element Y und von α bestimmt,

$$t_\alpha^Y = \inf\{t \in \mathbb{R} : \alpha \leq H^Y(t)\}.$$

Die Schwelle t_α^Y wird α-Quantil von $H^Y(t)$ genannt.

Eine Verschiebung $Y + x$ des strukturierenden Elements Y um x führt dazu, dass das Quantil t_α^Y auch von der Pixelposition x abhängig ist,

$$t_\alpha^Y(x) = \inf\{t \in \mathbb{R} : \alpha \leq H^{Y+x}(t)\}.$$

Damit erhalten wir für ein strukturierendes Element Y und ein $\alpha \in [0,1]$ aus einem Grautonbild f das Grautonbild t_α^Y. Der Wert $t_\alpha^Y(x)$ ist die Filterantwort an der Stelle x.

Definition 2.10 Für ein Grautonbild $f : \mathbb{R}^2 \mapsto \mathbb{R}$ und eine Zahl α mit $0 \leq \alpha \leq 1$ ist das α-Quantil t_α^Y die Filterantwort eines Rangordnungsfilters bezüglich eines beschränkten strukturierenden Elements $Y \subset \mathbb{R}^2$ mit nichtleerem Inneren. ∎

Wichtige Spezialfälle von Rangordnungsfiltern sind

- der Minimumfilter mit der Filterantwort t_0^Y,
- der Maximumfilter mit der Filterantwort t_1^Y und
- der Medianfilter mit der Filterantwort $t_{1/2}^Y$.

Durch Variation des Filterparameters α kann also von einem Minimum- über den Median- zum Maximumfilter übergegangen werden.

Anwendungen

- Medianfilter sind kantenerhaltende Glättungsfilter, mit denen sich unter anderem sogenanntes Salz- und Pfefferrauschen in Bildern unterdrücken lässt. Ein wichtiger Anwendungsfall ist die Unterdrückung von Rauschpixeln in CT-Aufnahmen, die von gestreuten, hochenergetischen Photonen verursacht werden.
- In Anwendungen wird zusätzlich die Differenz zwischen dem Ausgangsbild und dem mit einem Medianfilter modifizierten Bild bewertet. Ist an einem Pixel x der Betrag dieser Differenz größer als ein vorgegebener Schwellwert $t > 0$, dann wird der Median $t_{1/2}^Y(x)$ verwendet, andernfalls bleibt das Ausgangsbild unverändert (bedingter Medianfilter, *conditional*

median filter). Im modifizierten Bild f_mod mit

$$f_\text{mod}(x) = \begin{cases} t^Y_{1/2}(x), & \text{falls } |f(x) - t^Y_{1/2}(x)| > t \\ f(x), & \text{sonst} \end{cases}$$

ist Salz- und Pfefferrauschen unterdrückt, ohne das der Inhalt des Ausgangsbildes an anderen Stellen substanziell geändert wird. Der Schwellwert t ist hierbei neben α ein zusätzlicher Filterparameter.

- Ist α etwas größer als null ($\alpha \gtrapprox 0$), dann ist t^Y_α im Wesentlichen die Filterantwort eines Minimumfilters, wobei gleichzeitig dunkle Rauschpixel („Pfeffer") unterdrückt werden. Ist α dagegen etwas kleiner als eins ($\alpha \lessapprox 1$), wird ein Maximumfilter bei gleichzeitiger Unterdrückung heller Rauschpixel („Salz") angewandt.
- Bei einer geeigneten Wahl von α sind Rangordnungsfilter nicht nur kanten-, sondern auch eckenerhaltende Glättungsfilter.

Für $0 < \alpha < 1$ sind Rangordnungsfilter nicht separabel, auch dann nicht, wenn das strukturierende Element Y wie in Gl. (2.6) zerlegbar wäre. Das hat Konsequenzen für die Implementierung von Rangordnungsfiltern.

Bemerkung 2.20 Alternativen zu Medianfiltern sind ortssensitive Filter wie z. B. Diffusionsfilter, siehe Abschnitt 4.3.1, und bilaterale Filter [162], die ebenfalls zur Klasse der kantenerhaltenden Glättungsfilter zählen. ∎

2.4.1 Diskrete Versionen von Rangordnungsfiltern

Prinzipiell wird wie folgt vorgegangen: Für einen Wert α und ein diskretes strukturierendes Element $Y_\square$ mit m Vordergrundpixeln werden die Pixelwerte eines Grautonbildes $F = (f_{ij})$ mit Positionen aus dem verschobenen strukturierenden Element $Y_\square + (i, j)$ betrachtet. Für eine feste Position (i, j) bezeichnet $t_0, \ldots, t_{m-1}$ die Folge der aufsteigend nach ihrer Größe sortierten Pixelwerte, aus denen der Wert t_k mit $k = \lfloor \alpha(m-1) \rfloor$ ausgewählt wird. Dabei ist der Index k die größte ganze Zahl, die kleiner oder gleich $\alpha(m - 1)$ ist. Der Wert t_k ist die Filterantwort an der Position (i, j).

Beispiel 2.23 Gegeben sei ein Grautonbild G und ein strukturierendes Element $Y_\square$ mit $m = 9$ Pixeln durch

$$F = \begin{pmatrix} 135 & 95 & 17 & 120 \\ 129 & 132 & 117 & 101 \\ 215 & 133 & 115 & 127 \\ 206 & 214 & 119 & 121 \end{pmatrix}, \quad Y_\square = \begin{pmatrix} 1 & 1 & 1 \\ 1 & 1 & 1 \\ 1 & 1 & 1 \end{pmatrix}.$$

Die Positionen des Koordinatenursprungs in F und $Y_\square$ sind grau hinterlegt. Es soll ein Medianfilter ($\alpha = 1/2$) angewandt werden, wobei für den Bildrand Reflexion angenommen wird. Das entsprechend erweiterte Grautonbild ist

$$F = \begin{pmatrix} 135 & 135 & 95 & 17 & 120 & 120 \\ 135 & 135 & 95 & 17 & 120 & 120 \\ 129 & 129 & 132 & 117 & 101 & 101 \\ 215 & 215 & 133 & 115 & 127 & 127 \\ 206 & 206 & 214 & 119 & 121 & 121 \\ 206 & 206 & 214 & 119 & 121 & 121 \end{pmatrix}.$$

Dabei sind die reflektierten Pixel dunkelgrau dargestellt und die in $Y_\square$ liegenden Pixel hellgrau hinterlegt. Die nach ihrer Größe sortierten Pixel aus $Y_\square$ sind

95, 95, 129, 129, 132, 135, 135, 135, 135,

wobei der Median, d. h. das Pixel mit dem Index $k = \lfloor 8/2 \rfloor = 4$, markiert ist. Die Filterantwort ist

$$T^Y_{1/2} = \begin{pmatrix} 132 & 117 & 101 & 117 \\ 133 & 129 & 117 & 117 \\ 206 & 132 & 121 & 119 \\ 206 & 206 & 121 & 121 \end{pmatrix}.$$

Die Filterantwort für $\alpha = 1/4$ wäre an gleicher Stelle der Wert 129. ∎

Aufgabe 2.4 Gegeben sei das Grautonbild

$$F = \begin{pmatrix} 134 & 73 & 222 & 121 \\ 74 & 147 & 137 & 211 \\ 98 & 245 & 75 & 166 \\ 27 & 201 & 37 & 210 \end{pmatrix}.$$

Wenden Sie auf dieses Bild G einen 3×3-Minimumfilter, einen 3×3-Maximumfilter und einen 3×3-Medianfilter an, wobei ein Padding mit Nullen vorausgesetzt wird. ∎

2.4.2 Hinweise zur algorithmischen Implementierung

Da Rangordnungsfilter für $0 < \alpha < 1$ nicht separabel sind, unterscheiden sich ihre Implementierungen wesentlich von denen separabler Filter. Sie basieren zunächst auf einer schnellen Sortierung der Pixelwerte. Sofern die Pixelwerte vom Typ float oder double sind, kann dazu z. B. Shell's Methode verwendet werden, siehe z. B. [130]. Um die Anordnung der Pixelwerte in der Pixelmatrix (und somit auf dem Datenstream) nicht zu verändern, wird eine sortierte Liste der Adressen erzeugt, und zwar derart, dass der Pixelwert mit der ersten Adresse am kleinsten und der Pixelwert mit der letzten Adresse am größten ist. Die Funktion tt vsort() ist eine effektive Variante für Daten vom Typ float. Der Algorithmus ist von einer Komplexität $\mathcal{O}(m \log m)$, wobei m die Länge des Datenstreams ist. (In unserem Fall ist m die Anzahl der Pixel in $Y_\square + (i, j)$.)

```
/** sorting of the addresses idx of an array str[0..m-1] of floats by Shell's
 * method such that the str[idx[0..m-1]] are given in an ascending order.
```

2.4 Rangordnungsfilter

```
  @param str [IN] the data of type float
  @param idx [INOUT] the adresses of the data (initial setting idx[i]=i)
  @param m [IN] number of elements
*/
static void vsort(float *str, unsigned long *idx, unsigned long m) {

  long i, i1 = 0, j, ell = 0;
  unsigned long k;
  float s;

  while(ell < m) { ell *= 3; ell++; }
  do {
    ell /= 3;
    for(i=i1; i<m; i++) {
      s = str[idx[i]];
      k = idx[i];
      j = i;
      while(s < str[idx[j-ell]]) {
        idx[j] = idx[j-ell];
        j -= ell;
        if(j < ell) break;
      }
      idx[j] = k;
    }
  } while(ell > 0);
}
```

Sind die Daten dagegen vom Typ unsigned char, unsigned short oder unsigned long, kann ein linearer Algorithmus (von der Ordnung $\mathcal{O}(m)$) auf der Basis einer distributiven Sortierung angegeben werden (auch unter den Namen *integer sorting* und *count sort* bekannt). Dabei wird zunächst das Histogramm h[] der Pixelwerte gebildet, aus dem in einem zweiten Scan die Indizes vergeben werden [86]. Die Funktion dsort() für unsigned char lässt leicht auf andere Datentypen übertragen.

```
/** sorting of the addresses idx of an array str[0..m-1] of unsigned characters by
 * distributive sorting such that the str[idx[0..m-1]] are given in an ascending order.
  @param str [IN] the data of type unsigned char
  @param idx [INOUT] the adresses of the data
  @param m [IN] number of elements
*/
static int dsort(unsigned char *str, unsigned long *idx, unsigned long m) {

  unsigned long i, k, h[256], h0, h1, *pos;

  for(i=0; i<m; i++) h[str[i]]++; // fist scan, computation of h[]

  for(i=0; i<255; i++) h[i+1] += h[i];
  for(i=255; i>0; i--) h[i] = h[i-1];
  h[0] = 0;

  for(i=0; i<m; i++) {          // second scan, computation of idx[]
    idx[h[str[i]]] = i;
```

```
      h[str[i]]++;
  }

  return 0;
}
```

Natürlich müssen die Daten bei einer Verschiebung des strukturierenden Elements zur Berechnung der Filterantwort für ein benachbartes Pixel nicht noch einmal neu sortiert werden. Es ist ausreichend, die zu ersetzenden Pixelwerte sequenziell in die bereits sortierte Liste einzufügen. Die Funktion insert2sort() kann leicht auf andere Datentypen übertragen werden.

```
/** quick sort of the index of the vector str under the condition that the i0-th
 * element of the just ordered list str is replaced with a new one.
 @param str [IN] the data of type unsigned char
 @param idx [INOUT] the adresses of the data (initial setting idx[k]=k)
 @param m [IN] number of elements
 @param i0 [IN] the index of the repacement
*/
#define SWAP(a,b) { tmp = (a); (a) = (b); (b) = tmp; }
static void insert2sort(unsigned char *str, unsigned long *idx,
              unsigned long m, unsigned long i0) {

  unsigned long k, k0, k1, tmp;

  for(k=0; k<m; k++)
    if(idx[k] == i0) break;

  k0 = k;
  for(k=k0; k<m-1; k++) {    // foreward
    k1 = k + 1;
    if(str[idx[k0]] > str[idx[k1]]) {
      SWAP(idx[k0],idx[k1]);
      k0 = k1;
    }
    else break;
  }

  for(k=k0; k>0; k=k-1) {   //backward
    k1 = k - 1;
    if(str[idx[k1]] > str[idx[k0]]) {
      SWAP(idx[k0], idx[k1]);
      k0 = k1;
    }
    else break;
  }
}
#undef SWAP
```

Die Komplexität von Algorithmen für Rangordnungsfilter für Bilder vom Typ unsigned char und bezüglich rechteckiger strukturierender Elemente ist von gleicher Ordnung wie für morphologische Filter.

3 Spezielle Bildtransformationen

Bildtransformationen sind Abbildungen von einer Bildklasse in eine andere. Insofern sind Filter auch Bildtransformationen, wobei beide Klassen identisch sind. So bildet der Binomialfilter beispielsweise von der Klasse der 8-Bit-Grauwertbilder in die Klasse der 8-Bit-Grauwertbilder ab. Im nun folgenden Kapitel betrachten wir Transformationen, bei denen sich beide Bildklassen in der Regel unterscheiden. Mithilfe einer Distanztransformation erhält man aus einem Binärbild ein Grautonbild (z. B. mit Werten vom Typ `float`). Durch ein Labeling wird ein Binärbild auf ein 16- oder 32-Bit-Grauwertbild abgebildet. Durch eine Radon-Transformation erhält man aus einem Grautonbild wieder ein Grauwertbild, jedoch ändert sich die Bildgröße, etc. Schließlich wird in diesem Kapitel noch die Wasserscheidentransformation behandelt, die auf Binär- oder 8-Bit-Grauwertbilder angewendet werden kann und deren Ergebnis meist ein Labelbild (also ein 16- oder 32-Bit-Grautonbild) ist.

■ 3.1 Labeling von Zusammenhangskomponenten

Labeling bedeutet zunächst „einem Objekt ein Label zuordnen". In der Bildverarbeitung werden für die Pixel eines Bildes Labels vergeben. Jedem Vordergrundpixel eines Binärbildes wird in eindeutiger Weise ein Label zugeordnet, wobei ein Label meist eine natürliche Zahl ist.

Das Ziel des Labelings besteht darin, allen Pixeln eines Objekts (d. h. einer Zusammenhangskomponente) ein einheitliches Label zu geben, das sich von den Labels der Pixel aller anderen Objekte unterscheidet. Auf diese Weise sollen die im Bild enthaltenen Objekte adressierbar und damit weiteren spezifischen Verarbeitungsschritten oder einer Objektcharakterisierung, z. B. der Bestimmung von Objektmerkmalen, zugängig gemacht werden. Labeling kann im gewissen Sinne auch zur Filterung von Binärbildern verwendet werden, z. B. zur Beseitigung kleiner Objekte (oder kleiner Löcher in Objekten, *fill holes*). Das kann sensibler sein als mit morphologischen Transformationen, da eine Klassifikation der zu löschenden Objekte anhand ihrer Merkmale flexibler und intuitiver ist als die Wahl der Größe und Form eines strukturierenden Elements.

Das Labeling ist einer der wichtigsten Algorithmen der Bildverarbeitung. Das liegt nicht nur an der breiten Anwendbarkeit des Algorithmus, sondern auch an seiner Effizienz. Zweifellos zählt das Labeling zu den schnellsten Algorithmen, das zudem auch speicherplatzsparend ist.

Bemerkung 3.1 Um einem weit verbreiteten Irrtum vorzubeugen, sei angemerkt, dass ein Labeling kein Algorithmus zur Objekttrennung (Segmentierung) ist. Labeling kann bestenfalls eine Objekttrennung unterstützen, wofür es zunächst allerdings nicht entwickelt wurde. ■

Bemerkung 3.2 Auch andere Algorithmen, z. B. die Wasserscheidentransformation, können ein Labeling beinhalten, jedoch unterscheiden sich die Zielsetzungen dieser Algorithmen von denen eines Labelings von Zusammenhangskomponenten. Beispielsweise dient die Wasserscheidentransformation vorrangig der Objekttrennung. Das integrierte Labeling ist hier eine schöne Nebensache. ■

In diesem Abschnitt sollen folgende Fragen beantwortet werden:
- Im Kontext von Labeling ist ein Objekt eine Zusammenhangskomponente. Aber was ist eine Zusammenhangskomponente?
- Welche elementaren Algorithmen gibt es?
- Auf welche Weise können elementare Algorithmen beschleunigt werden?

3.1.1 Verbundenheit und Zusammenhangskomponenten

Bevor wir uns mit der Algorithmik befassen, sollen ein paar Grundbegriffe eingeführt werden, um das Ziel des Labelings etwas präziser zu fassen.

Definition 3.1 Eine Menge X heißt *verbunden* (oder topologisch zusammenhängend), wenn für alle Teilmengen $X_1, X_2 \subseteq X$ mit $X_1 \cup X_2 = X$ folgt, dass

$$\overline{X_1} \cap X_2 \neq \emptyset \quad \text{oder} \quad X_1 \cap \overline{X_2} \neq \emptyset.$$

■

Dabei bezeichnet $\overline{X}$ den topologischen Abschluss der Menge X, d. h., der Rand von X gehört zu $\overline{X}$.

Diese Definition ist für die Zwecke dieses Abschnitts leider nicht sehr hilfreich. Stattdessen wollen wir den Begriff der Pfadverbundenheit einführen und zunächst erklären, was ein Pfad ist.

Definition 3.2 Ein *Pfad* im $\mathbb{R}^2$ ist eine stetige Abbildung f vom Intervall $[0,1]$ in den $\mathbb{R}^2$, d. h. $f: [0,1] \mapsto \mathbb{R}^2$. Falls $f(0) = x$ und $f(1) = y$, dann heißt f Pfad von x nach y. ■

Beispiel 3.1 Die Abbildung

$$f(t) = \begin{pmatrix} \cos \pi t \\ \sin \pi t \end{pmatrix}, \quad t \in [0,1]$$

ist ein Pfad von $x = \begin{pmatrix} 1 \\ 0 \end{pmatrix}$ nach $y = \begin{pmatrix} -1 \\ 0 \end{pmatrix}$. ■

Beispiel 3.2 Die Abbildung

$$f(t) = \begin{pmatrix} t \cos \tan \frac{\pi t}{2} \\ t \sin \tan \frac{\pi t}{2} \end{pmatrix}, \quad t \in [0, 1)$$

ist kein Pfad. Der Grenzwert $\lim_{t \to 1} f(t)$ ist der Rand des Einheitskreises. ∎

Definition 3.3 Eine Menge $X \subseteq \mathbb{R}^2$ heißt *pfadverbunden*, wenn für jedes Paar von Punkten $x, y \in X$ ein Pfad f von x nach y existiert, der vollständig in X liegt, d. h.

$$f(t) \in X \quad \text{für alle} \quad t \in [0, 1].$$

∎

Satz 3.1 Jede pfadverbundene Menge $X \subset \mathbb{R}^2$ ist verbunden. ∎

Allerdings gilt nicht die Umkehrung. Es gibt also Mengen, die verbunden, aber nicht pfadverbunden sind. Ein häufig zitiertes Beispiel ist das Sinusoid

$$X = \left\{ \left(t, \sin \frac{1}{t}\right) : t \in [-1, 0) \cup (0, 1] \right\} \cup \{(0, t) : t \in [-1, 1]\},$$

das zusammenhängend ist, für das es aber keinen Pfad vom linken zum rechten Teil gibt, siehe Bild 3.1. Wir werden solche pathologischen Fälle freundlich ignorieren und im Folgenden ausschließlich den Begriff der Pfadverbundenheit verwenden. Und wenn uns der Unterschied zwischen verbunden und pfadverbunden stets gegenwärtig ist, dann können wir uns den Luxus leisten, auch dann „verbunden" zu sagen, wenn „pfadverbunden" gemeint ist.

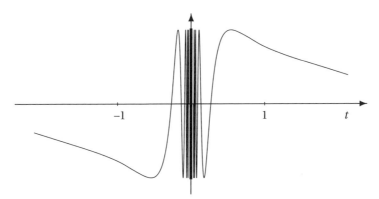

Bild 3.1 Das Sinusoid ist verbunden, jedoch nicht pfadverbunden. Es gibt keinen Pfad, mit dem zwei Punkte auf den rechten und linken Teilen der Kurve miteinander verbunden werden können.

Wir schreiben $x \sim y$, falls es einen Pfad f von x nach y in X gibt. Die Relation $\sim$ ist eine Äquivalenzrelation. Das bedeutet, die Relation $\sim$ ist

- reflexiv, d. h. $x \sim x$,
- symmetrisch, d. h., aus $x \sim y$ folgt $y \sim x$,
- transitiv, d. h., aus $x \sim y$ und $y \sim z$ folgt $x \sim z$.

für alle $x, y, z \in X$.

Die Äquivalenzklassen $X_1, X_2, \ldots$ einer (nicht notwendig zusammenhängenden) Menge X bezüglich der Äquivalenzrelation $\sim$ werden pfadverbundene Komponenten, oder Zusammenhangskomponenten einer Menge $X \subset \mathbb{R}^2$ genannt. In der Sprache der Bildverarbeitung wird eine Zusammenhangskomponente auch als ein Objekt bezeichnet. Im obigen Sinne ist das Ziel eines Labelings die Zerlegung von X in seine Äquivalenzklassen $X_1, X_2, \ldots$ bezüglich $\sim$. Das geschieht, indem jedem Punkt von X_i das gleiche Label (z. B. der Index i) zugeordnet wird, das sich von den Labels der Punkte aller anderen Äquivalenzklassen unterscheidet.

Wir betrachten jetzt eine (nichtleere, endliche) diskrete Menge $Y \subset \mathbb{L}$ auf einem homogenen Gitter $\mathbb{L}$, das mit einer Nachbarschaft versehen ist (4er-, 6er- oder 8er-Nachbarschaft). Die Menge Y bildet also den Vordergrund eines Binärbildes.

Definition 3.4 Es seien x und y Gitterpunkte, $x, y \in \mathbb{L}$. Eine Folge (x_k) von Gitterpunkten $x_k \in \mathbb{L}$, $k = 0, \ldots, m$, heißt diskreter Pfad oder Pfad von x nach y bezüglich einer Nachbarschaft, wenn $x = x_0$, $y = x_m$ und die Kanten $[x_{k-1}, x_k]$ aus der Nachbarschaft sind, $k = 1, \ldots, m$. ∎

Definition 3.5 Eine Menge $Y \subset \mathbb{L}$ heißt pfadverbunden bezüglich einer Nachbarschaft, falls Y aus einem Punkt besteht oder für alle Punkte $x, y \in Y$ mit $x \neq y$ ein Pfad (x_k) bezüglich der Nachbarschaft von x nach y existiert, der vollständig in Y liegt, $x_k \in Y$ für $k = 0, \ldots, m$. ∎

Analog zum kontinuierlichen Fall schreiben wir $x \sim y$, wenn es einen Pfad von x nach y in Y bezüglich der Nachbarschaft gibt. Die Äquivalenzklassen $Y_1, \ldots, Y_m$ einer (nicht notwendig verbundenen) Menge Y haben die Eigenschaft, dass alle Y_i pfadverbunden und alle paarweisen Vereinigungen $Y_i \cup Y_j$ für $i \neq j$ nicht pfadverbunden bezüglich der Nachbarschaft sind. Klar, wenn Y pfadverbunden bezüglich der Nachbarschaft ist, dann ist $m = 1$.

Ein diskretes Labeling hat das Ziel, Y in seine Äquivalenzklassen bezüglich der Nachbarschaft zu zerlegen. Folglich ist ein Labeling-Algorithmus stets von der gewählten Nachbarschaft abhängig. Das Label eines beliebigen Pixels $x \in Y_i$ kann als Repräsentant der Labels aller Pixel von Y_i ausgezeichnet werden.

3.1.2 Elementarer Labeling-Algorithmus

Labeling-Algorithmen sind meist Zwei-Schritte-Verfahren, bei denen im 1. Schritt jedem Vordergrundpixel eines Binärbildes B ein Label zugeordnet und gleichzeitig eine Liste L erzeugt wird, aus der im 2. Schritt auf die Äquivalenzklassen bezüglich einer Nachbarschaft geschlossen werden kann. Die Liste L besteht aus Labelpaaren. Im 2. Schritt werden aus der Liste L die Äquivalenzklassen bestimmt. Ein solches Zwei-Schritte-Verfahren kann wie folgt beschrieben werden:

1. *Schritt (Scanning)*. Wir scannen durch das Binärbild B, bis ein Vordergrundpixel gefunden wird, welches noch nicht gelabelt ist.

- Besitzt dieses Pixel (bezüglich der gewählten Nachbarschaft) noch keinen Nachbarn, der bereits ein Label hat, dann wird ein neues Label kreiert, welches dem Pixel zugeordnet wird.
- Hat das Pixel Nachbarn, die bereits gelabelt wurden und alle das gleiche Label tragen, dann wird das Label der Nachbarpixel übernommen.
- Tragen die Nachbarpixel unterschiedliche Labels, dann kann nur eines dieser Labels übernommen werden. (Sind die Labels z. B. natürliche Zahlen, dann kann vereinbart werden, jeweils das kleinste Label zu übernehmen.) Die Paare verschiedener Labels der Nachbarn werden in die Liste L eingetragen.

  2. Schritt (Repräsentanten der Äquivalenzklassen). Aus der Liste L werden Repräsentanten der Äquivalenzklassen bestimmt, und die Labels aller Pixel werden durch ihre Repräsentanten überschrieben.

Bemerkung 3.3 Es ist zunächst gleichgültig, auf welche Weise durch das Bild gescannt wird.

Naheliegend ist ein zeilenweises Scanning von oben nach unten (also in der Reihenfolge der Pixel auf dem Byte-Stream des Bildes). Bei diesem Scanning ist es ausreichend, in Abhängigkeit von der Nachbarschaft die bereits vergebenen Labels der in Bild 3.2 gezeigten Nachbarpixel zu berücksichtigen. ∎

Bemerkung 3.4 Um möglichst wenig Einträge in die Liste L zu machen, empfiehlt es sich, die

Labels benachbarter Pixel nach einer gewissen Priorität auf das gerade bearbeitete Pixel zu übertragen. Geeignete Vorschläge für Prioritäten werden durch eine Indizierung der Nachbarn in Bild 3.2 gemacht. ∎

Bemerkung 3.5 Die Bestimmung der Äquivalenzklassen (und deren Repräsentanten) aus der

Liste L ist relativ aufwändig. Entsprechende Algorithmen sind von der Komplexität $\mathcal{O}(m^2)$, wobei m die Anzahl der Listeneinträge ist. ∎

Bemerkung 3.6 Werden natürliche Zahlen als Labels verwendet, kann das zu einem Binär-

bild B gehörige Labelbild G als ein Grautonbild aufgefasst werden. Dabei ist zu berücksichtigen, dass die maximale Anzahl der Labels in der Größenordnung der halben Pixelzahl des Bildes sein kann (z. B. dann, wenn Vorder- und Hintergrundpixel im Binärbild ein Schachbrettmuster bilden und beim Labeling die 4er-Nachbarschaft verwendet wird). Das Labelbild ist also als Grautonbild vom Typ unsigned short oder gar vom Typ unsigned long zu initialisieren. Die Hintergrundpixel erhalten meist das Label 0. ∎

Bemerkung 3.7 Es ist üblich, die Labels im 2. Schritt des elementaren Labeling-Algorithmus

nicht durch willkürlich bestimmte Repräsentanten zu überschreiben, sondern durch fortlaufende Nummerierung (d. h. die Nummern der Äquivalenzklassen). ∎

Bemerkung 3.8 Das Labelbild G kann bezüglich einer Lookup-Tabelle als Farbbild angezeigt

werden, wobei die Einträge in der Lookup-Tabelle gleichverteilte, unabhängige Zufallszahlen vom Typ unsigned char sind und der Hintergrund weiß ist (Pseudocolorierung).

Eine solche Anzeige, bei der die Pixel einer jeden Zusammenhangskomponente in der gleichen Farbe erscheinen, ist auch möglich, wenn die Labels in G nicht zuvor durch ihre Repräsentanten (bzw. deren Nummern) überschrieben wurden. Dann muss allerdings bei den Einträgen in die Lookup-Tabelle die Zugehörigkeit der Labels zu den Äquivalenzklassen berücksichtigt werden. ∎

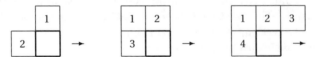

Bild 3.2 Das zentrale Pixel (fett eingerahmt) und seine Nachbarn: 4er-Nachbarschaft (links), 6er-Nachbarschaft (Mitte) und 8er-Nachbarschaft (rechts). Die Scanning-Richtung wird jeweils durch den Pfeil markiert. Durch die Ziffern wird die Priorität der Übertragung der Labels gekennzeichnet.

Beispiel 3.3 Bei der Vergabe von natürlichen Zahlen als Labels werden aus dem Binärbild B nach dem 1. Schritt (Scanning) das Labelbild G und die Liste L (mit zwei Einträgen) erhalten,

$$B = \begin{pmatrix} 1 & 1 & 1 & 1 & 1 & 1 & 1 \\ 0 & 0 & 0 & 0 & 0 & 0 & 1 \\ 0 & 1 & 1 & 1 & 1 & 0 & 1 \\ 0 & 1 & 0 & 0 & 1 & 0 & 1 \\ 0 & 1 & 0 & 1 & 0 & 1 & 0 & 1 \\ 0 & 1 & 0 & 1 & 1 & 1 & 0 & 1 \\ 0 & 1 & 0 & 0 & 0 & 0 & 1 \\ 0 & 1 & 1 & 1 & 1 & 1 & 1 \end{pmatrix}, \quad G = \begin{pmatrix} 1 & 1 & 1 & 1 & 1 & 1 & 1 \\ 0 & 0 & 0 & 0 & 0 & 0 & 1 \\ 0 & 2 & 2 & 2 & 2 & 2 & 0 & 1 \\ 0 & 2 & 0 & 0 & 0 & 2 & 0 & 1 \\ 0 & 2 & 0 & 3 & 0 & 2 & 0 & 1 \\ 0 & 2 & 0 & 3 & 3 & 2 & 0 & 1 \\ 0 & 2 & 0 & 0 & 0 & 0 & 1 \\ 0 & 2 & 2 & 2 & 2 & 2 & 2 & 1 \end{pmatrix},$$

wobei die Liste

$$L = \begin{pmatrix} 3 & 2 \\ 2 & 1 \end{pmatrix}$$

von Paaren äquivalenter Labels erzeugt wird. Das Ergebnis ist in diesem Fall unabhängig von der Wahl der Nachbarschaft. Im 1. Schritt wurden die Labels 1, 2 und 3 vergeben. Aus der Liste geht hervor, dass 3 mit 2 und 2 mit 1 verbunden sind, d. h., alle Labels gehören zur gleichen Äquivalenzklasse, und als gemeinsamer Repräsentant kann das Label 1 gewählt werden. Der Vordergrund in B besteht also aus nur einer Zusammenhangskomponente. Werden in G die vergebenen Labels durch ihren Repräsentanten überschrieben, wird das Ausgangsbild B erhalten. ∎

Beispiel 3.4 Man kann leicht sehen, dass der Vordergrund im Binärbild

$$B = \begin{pmatrix} 1 & 1 & 1 & 1 & 1 & 1 & 0 & 1 \\ 0 & 0 & 0 & 0 & 0 & 0 & 1 & 0 & 1 \\ 1 & 1 & 1 & 1 & 1 & 0 & 1 & 0 & 1 \\ 1 & 0 & 0 & 0 & 1 & 0 & 1 & 0 & 1 \\ 1 & 0 & 1 & 0 & 1 & 0 & 1 & 0 & 1 \\ 1 & 0 & 1 & 0 & 0 & 0 & 1 & 0 & 1 \\ 1 & 0 & 1 & 1 & 1 & 1 & 0 & 1 \\ 1 & 0 & 0 & 0 & 0 & 0 & 0 & 1 \\ 1 & 1 & 1 & 1 & 1 & 1 & 1 & 1 \end{pmatrix}$$

aus zwei Zusammenhangskomponenten besteht (unabhängig von der Wahl der Nachbarschaft). Im 1. Schritt werden das Labelbild G und die Liste L erhalten,

$$G = \begin{pmatrix} 1 & 1 & 1 & 1 & 1 & 1 & 0 & 2 \\ 0 & 0 & 0 & 0 & 0 & 0 & 1 & 0 & 2 \\ 3 & 3 & 3 & 3 & 3 & 0 & 1 & 0 & 2 \\ 3 & 0 & 0 & 0 & 3 & 0 & 1 & 0 & 2 \\ 3 & 0 & 4 & 0 & 3 & 0 & 1 & 0 & 2 \\ 3 & 0 & 4 & 0 & 0 & 0 & 1 & 0 & 2 \\ 3 & 0 & 4 & 4 & 4 & 4 & 1 & 0 & 2 \\ 3 & 0 & 0 & 0 & 0 & 0 & 0 & 0 & 2 \\ 3 & 3 & 3 & 3 & 3 & 3 & 3 & 3 & 2 \end{pmatrix}, \quad L = \begin{pmatrix} 4 & 1 \\ 3 & 2 \end{pmatrix}.$$

Es gibt zwei Äquivalenzklassen, als deren Repräsentanten die Zahlen 1 bzw. 2 gewählt werden können. Überschreibt man die Labels in G durch ihre Repräsentanten, wird

$$G = \begin{pmatrix} 1 & 1 & 1 & 1 & 1 & 1 & 1 & 0 & 2 \\ 0 & 0 & 0 & 0 & 0 & 0 & 1 & 0 & 2 \\ 2 & 2 & 2 & 2 & 2 & 0 & 1 & 0 & 2 \\ 2 & 0 & 0 & 0 & 2 & 0 & 1 & 0 & 2 \\ 2 & 0 & 1 & 0 & 2 & 0 & 1 & 0 & 2 \\ 2 & 0 & 1 & 0 & 0 & 0 & 1 & 0 & 2 \\ 2 & 0 & 1 & 1 & 1 & 1 & 1 & 0 & 2 \\ 2 & 0 & 0 & 0 & 0 & 0 & 0 & 0 & 2 \\ 2 & 2 & 2 & 2 & 2 & 2 & 2 & 2 & 2 \end{pmatrix}$$

erhalten. ■

Beispiel 3.5 Nach dem 1. Schritt eines Labelings sei die Liste

$$L = \begin{pmatrix} 5 & 1 \\ 3 & 2 \\ 7 & 4 \\ 6 & 3 \\ 8 & 5 \\ 9 & 8 \\ 4 & 2 \end{pmatrix}$$

erhalten worden. Die Suche nach den Äquivalenzklassen in L liefert die Zuordnung

$$\begin{pmatrix} 0 & 0 \\ 1 & 1 \\ 2 & 2 \\ 3 & 2 \\ 4 & 2 \\ 5 & 1 \\ 6 & 2 \\ 7 & 2 \\ 8 & 1 \\ 9 & 1 \end{pmatrix},$$

wobei in der linken Spalte die vergebenen Labels und in der rechten Spalte Repräsentanten der Äquivalenzklassen stehen. Es gibt also $v = 3$ Äquivalenzklassen (einschließlich der Klasse des Hintergrundes), und damit besteht der Vordergrund aus $v - 1 = 2$ Zusammenhangskomponenten. ■

Aufgabe 3.1 Gegeben sei das Binärbild

$$B = \begin{pmatrix} 0 & 0 & 0 & 0 & 0 & 0 & 0 & 0 \\ 0 & 1 & 0 & 1 & 0 & 1 & 0 & 1 \\ 1 & 0 & 1 & 0 & 1 & 1 & 1 & 0 \\ 0 & 1 & 1 & 0 & 0 & 1 & 0 & 0 \\ 1 & 0 & 1 & 0 & 0 & 1 & 1 & 0 \\ 0 & 1 & 1 & 1 & 0 & 1 & 0 & 1 \\ 0 & 1 & 0 & 0 & 0 & 1 & 1 & 0 \\ 0 & 0 & 1 & 1 & 1 & 1 & 0 & 0 \end{pmatrix}$$

(Randbehandlung: Padding mit Nullen). Führen Sie den 1. Schritt (Scanning) eines Labelings von B bezüglich der 4er-Nachbarschaft durch. Verwenden Sie dabei natürliche Zahlen als Labels. Hat beim Scannen ein noch nicht gelabeltes Pixel zwei bereits gelabelte Nachbarn mit verschiedenen Labels, dann übertragen Sie das kleinste der beiden Labels auf das noch nicht gelabelte Pixel. Geben Sie die Liste L der Paare äquivalenter Labels an. Geben Sie die Anzahl der Zusammenhangskomponenten bezüglich der 4er-Nachbarschaft an. ∎

Ein Labeling ist sinnvoll nach einer erfolgreichen Segmentierung der Objekte. In Bild 3.3 sind die gefundenen Zusammenhangskomponenten topologisch einfach zusammenhängend. Bild 3.4a) weist dagegen eine sehr komplexe topologische Struktur auf. Durch ein Labeling können die Zusammenhangskomponenten jedoch schnell und sicher gefunden werden, siehe Bild 3.4b.

Basierend auf einer Liste $L = \text{iEquiv}$ ordnet die folgende Funktion jedem Label einen Repräsentanten der entsprechenden Äquivalenzklasse zu, wobei nicht notwendig die kleinsten Repräsentanten gewählt werden:

```
/** Searches for the representatives of the equivalence classes of n labels
    from {0..n-1} depending on a field of m pairs of equivalent labels
    @param iPairs [IN] field iPairs[0..m-1][0..1] of equivalent labels
    @param iEquiv [INOUT] vector iEquiv[0..n-1] of representaives
    @param m [IN] number of pairs of equivalent labels
    @param n [IN] number of labels
**/
void equiv_classes(unsigned long **iPairs, unsigned long *iEquiv,
        unsigned long m, unsigned long n) {

  unsigned long i, j, k;

  for(i=0; i<n; i++) iEquiv[i] = i;
  for(i=0; i<m; i++) {
    j = iPairs[i][0];
    while(iEquiv[j] != j) j = iEquiv[j];
    k = iPairs[i][1];
    while(iEquiv[k] != k) k = iEquiv[k];
    if(k != j) // if the labels iPairs[j][0] and iPairs[j][1] differ
      iEquiv[j] = k;
  }
  for(i=0; i<n; i++)
    while(iEquiv[i] != iEquiv[iEquiv[i]])
```

```
        iEquiv[i] = iEquiv[iEquiv[i]];
}
```

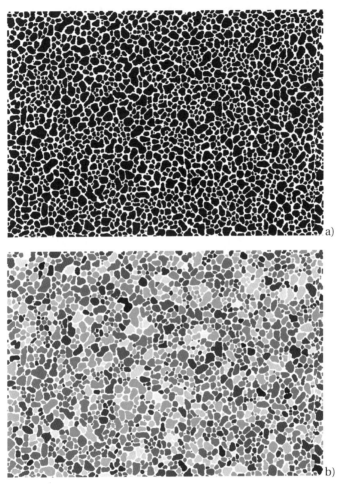

Bild 3.3 Demonstration des Labelings topologisch einfacher Zusammenhangskomponenten: a) Binärbild nach einer Segmentierung der Objekte mit einer Kombination aus Distanz- und Wasserscheidentransformation, b) Labeling bezüglich der 4er-Nachbarschaft (pseudocoloriert)

Wie bereits erwähnt, wird anschließend meist noch jedem Repräsentanten ein Index aus der Indexmenge $\{0,\ldots,v-1\}$ zugeordnet, wobei v die Anzahl der Äquivalenzklassen ist. Genau das macht die folgende Funktion, wobei nClasses die Klassenzahl v bezeichnet. Klar, $v-1$ ist die Anzahl der Zusammenhangskomponenten (Objekte) des Vordergrunds.

```
/** Computes the number nClasses of equivalence classes from the the vector of
    representatives and assigns each representative to its index from {0..nClasses-1}
    @param iEquiv [INOUT] vector iEquiv[0..n-1] of representaives
    @param n [IN] number of labels
    @param nClasses [OUT] number of equivalence classes of lables
**/
```

Bild 3.4 Labeling topologisch komplexer Zusammenhangskomponenten bezüglich der 6er-Nachbarschaft: a) Originalbild (Grautonbild), b) Labeling des Originalbildes nach einer Binarisierung

```
void number_of_equivalence_classes(unsigned long *iEquiv, unsigned long n,
      unsigned long *nClasses) {

  unsigned long i, j, k;

  for(i=0, *nClasses=0; i<n; i++) {
    k = iEquiv[i];
    if(k > *nClasses) {
      iEquiv[i] = ++(*nClasses);
      for(j=i+1; j<n; j++)
        if(k == iEquiv[j]) iEquiv[j] = *nClasses;
    }
  }
}
```

Damit lässt sich ein einfacher Algorithmus für ein Labeling implementieren. In der folgenden Funktion ist der Index k die Filterantwort eines linearen Filters mit der Maske

$$M = \begin{pmatrix} 4 & 1 \\ 8 & 2 \end{pmatrix}, \quad \text{d.h.} \quad M^* = \begin{pmatrix} 2 & 8 \\ 1 & 4 \end{pmatrix},$$

vgl. auch Abschnitt 1.4. So bedeutet z. B. $k = 6$ (d. h. case 6 in Labeling()), dass bezüglich der 4er-Nachbarschaft das gerade bearbeitete Pixel mit genau einem Nachbarpixel verbunden ist, welches bereits gelabelt wurde (der Vorgänger in Datenstream). Für $k = 13$ (d. h. case 13 in Labeling.c) ist das aktuelle Pixel mit zwei bereits gelabelten Nachbarn verbunden.

```
/** Labeling of a binary image and computing the number of equivalence classes.
    @param img1 [OUT] label image with pixels of type unsigned long
    @param img [IN] binary image
    @param nClasses [OUT] number of equivalence classes
**/
int Labeling(IMG *img1, const IMG *img, unsigned long *nClasses) {

  unsigned long i, j, k, ell = 0, m0 = 0, n[2], n0, nLabels;
  unsigned char **pix;
  unsigned long **pix1, **iPairs, *iEquiv;

  n0 = img->n[0] * (img->n[1]+1) / 2;   // maximum number of labels
  n[0] = n0; n[1] = 2;

  NewImg(img1, img->n, img->a, unsigned long);
  pix = (unsigned char **)img->pix;
  pix1 = (unsigned long **)img1->pix;
  iPairs = Calloc2D(n, unsigned long);   // pairs of eqiuvalent labels
  iEquiv = Calloc(n0, unsigned long);    // reprÃ¤sentatives of equivalence classes

  for(j=0, k=0; j<img->n[1]; j++) {      // first row
    k += (pix[0][j] << 2);               // convolution with M
    if(k==4) pix1[0][j] = (++ell);
    if(k==5) pix1[0][j] = ell;
    k >>= 2;                             // convolution with M
  }

  for(i=1; i<img->n[0]; i++) {           // other rows
    for(j=0, k=0; j<img->n[1]; j++) {
      k += (pix[i][j]<<2) + (pix[i-1][j]<<3); // convolution with M
      switch(k) {
        case 4: case 6: pix1[i][j] = (++ell); break;
        case 5: case 7: pix1[i][j] = pix1[i][j-1]; break;
        case 12: case 14: pix1[i][j] = pix1[i-1][j]; break;
        case 13: case 15: pix1[i][j] = pix1[i][j-1];
          if(pix1[i][j-1] != pix1[i-1][j]) {
            iPairs[m0][0] = pix1[i][j-1];
            iPairs[m0][1] = pix1[i-1][j];
            m0++;
          }
          break;
```

```
         default: break;
      }
      k >>= 2;                        // convolution with M
   }
}

nLabels = ell+1;
equiv_classes(iPairs, iEquiv, m0, nLabels);
number_of_equivalence_classes(iEquiv, nLabels, nClasses);

// overwriting the labels with the index of the equivalenve classes
for(i=0; i<img->n[0]; i++)
   for(j=0; j<img->n[1]; j++)
      pix1[i][j] = iEquiv[pix1[i][j]];

free2d((char **)iPairs);
free((char *)iEquiv);
return 0;
}
```

In diesem Algorithmus wurde für die Vordergrundpixel die 4er-Nachbarschaft gewählt. Zum besseren Verständnis der Implementierung ist es hilfreich, die Berechnung der Variablen k mit der Berechnung von k in der Funktion `NumberOfConfigs()` von Abschnitt 1.4 zu vergleichen.

Bemerkung 3.9 Es ist möglich, Kennzahlen (Features) der Zusammenhangskomponenten während des Labelings zu berechnen, wobei die Akkumulation entsprechender Daten für jedes vergebene Label im 1. Schritt und die Zusammenfassung der Daten, die den jeweiligen Äquivalenzklassen zugeordnet sind, im 2. Schritt erfolgen. ∎

Bemerkung 3.10 Es gibt Algorithmen zur Bestimmung der Kennzahlen von Zusammenhangskomponenten, die auf einem impliziten Labeling basieren. Dabei wird also kein Labelbild erzeugt, was Speicherplatz und Rechenzeit spart. ∎

3.1.3 Labeling mit Lauflängenkodierung

Das Labeling ist selbst in seiner elementaren Fassung ein vergleichsweise schneller Algorithmus. Wegen seiner großen Bedeutung in der Bildverarbeitung wurden dennoch erhebliche Anstrengungen zu seiner Beschleunigung unternommen. Dafür gibt es in der Literatur verschiedene Ansätze, von denen im Folgenden eine (implizite) Lauflängenkodierung beschrieben wird, in die eine Label-Propagation eingeschlossen werden kann.

Durch eine (implizite) Lauflängenkodierung des Labelbildes kann der Zugriff zu dessen Pixeln beschleunigt werden. Statt der Vergabe eines Labels für ein einzelnes Pixel wird das Label mit einem Zugriff für den kompletten Lauf vergeben. Außerdem wird durch die Label-Propagation die Anzahl der Einträge in die Liste L und damit die erforderliche Rechenzeit zur Bestimmung der Äquivalenzklassen reduziert.

Wir fassen zunächst zwei aufeinanderfolgende Zeilen mit den Indizes $i-1$ und i des Binärbildes $B = (b_{ij})$ zu einem Zeilenpaar zusammen und kodieren die Pixelwerte des Zeilenpaars an der Stelle j durch

$$c_{ij} = b_{i-1,j} + 2b_{ij},$$

wobei wieder zur Randbehandlung das Ausgangsbild B mit Nullen gepaddet wird. Das liefert ein neues Bild $C = (c_{ij})$ mit Pixelwerten zwischen 0 und 3. Es wird angemerkt, dass C als Faltung von B mit der Maske

$$M_1 = \begin{pmatrix} 1 \\ 2 \end{pmatrix}$$

geschrieben werden kann, $C = B * M_1$.

Das Bild C wird (zeilenweise) lauflängenkodiert, d. h., statt einer Zeile von C wird die Folge $(\bar{c}_{ik}, \ell_{ik})$ abgelegt, wobei $\bar{c}_{ik}$ ein (lokaler) Pixelwert von C und ℓ_{ik} die Anzahl seiner Wiederholungen in Zeilenrichtung ist, d. h., ℓ_{ik} ist die Lauflänge, $k = 0, \ldots, m_0 - 1$. Hierbei ist m_0 die Anzahl der Läufe.

Beispiel 3.6 Gegeben seien zwei aufeinander folgende Zeilen eines Binärbildes B mit den Indizes $i-1$ und i,

$$B = \begin{pmatrix} \vdots & \vdots & \vdots & \vdots & \vdots & \vdots & \vdots & \vdots & \vdots & \vdots & \vdots & \vdots & \vdots & \vdots & \vdots & \vdots \\ 0 & 1 & 1 & 1 & 1 & 1 & 0 & 0 & 0 & 1 & 1 & 1 & 1 & 1 & 1 & 1 \\ 0 & 0 & 1 & 1 & 1 & 1 & 1 & 1 & 0 & 0 & 1 & 1 & 1 & 0 & 0 & 0 \\ \vdots & \vdots & \vdots & \vdots & \vdots & \vdots & \vdots & \vdots & \vdots & \vdots & \vdots & \vdots & \vdots & \vdots & \vdots & \vdots \end{pmatrix}.$$

Daraus errechnet sich die i-te Zeile von C,

$$C = \begin{pmatrix} \vdots & \vdots & \vdots & \vdots & \vdots & \vdots & \vdots & \vdots & \vdots & \vdots & \vdots & \vdots & \vdots & \vdots \\ 0 & 1 & 3 & 3 & 3 & 3 & 2 & 2 & 0 & 1 & 3 & 3 & 3 & 1 & 1 \\ \vdots & \vdots & \vdots & \vdots & \vdots & \vdots & \vdots & \vdots & \vdots & \vdots & \vdots & \vdots & \vdots & \vdots \end{pmatrix}.$$

Die Lauflängenkodierung dieser Zeile ist

$(0,1), (1,1), (3,4), (2,2), (0,1), (1,1), (3,3), (1,3)$

mit $m_0 = 8$. Das Padding von B bzw. C mit Nullen wird durch eine entsprechende Ergänzung am Zeilenbeginn und -ende realisiert,

$(0,0), (0,1), (1,1), (3,4), (2,2), (0,1), (1,1), (3,3), (1,3), (0,0)$

mit $m_0 = 10$. ∎

Für die oben beschriebene Lauflängenkodierung gibt es eine Reihe von Anwendungen, von denen später noch einige behandelt werden. Im Folgenden wird beschrieben, wie diese Form der Datenkomprimierung zur Beschleunigung des Labelings verwendet werden kann. Dazu wird das Labelbild G mit C initialisiert. Die Folge $(\bar{g}_{ik}, \ell_{ik})$ bezeichnet die Lauflängenkodierung der i-ten Zeile von G. Die Lauflängen in der Lauflängenkodierung der $(i-1)$-ten Zeile von G wird dabei an die Lauflängen ℓ_k der i-ten Zeile angepasst, d. h. die $(i-1)$-te Zeile von G wird mit (ℓ_k) getriggert.

Wir betrachten drei aufeinander folgende Läufe $(\bar{c}_{i,k-1}, \ell_{i,k-1})$, $(\bar{c}_{ik}, \ell_{ik})$ und $(\bar{c}_{i,k+1}, \ell_{i,k+1})$ in der i-ten Zeile von C und berechnen daraus die Zahl

$$c = \bar{c}_{i,k-1} + 4\bar{c}_{ik} + 16\bar{c}_{i,k+1}, \tag{3.1}$$

die (einen Teil der) Werte zwischen 0 und 63 annehmen kann. Durch den Wert von c ist der Vektor $(\bar{c}_{i,k-1}, \bar{c}_{ik}, \bar{c}_{i,k+1})$ eindeutig charakterisiert. Die Kodierung mit c entspricht der Faltung des (lauflängenkodierten) Bildes C mit der Maske $M_2 = (1, 4, 16)$ und kann als Faltung des (lauflängenkodierten) Binärbildes B mit der Maske

$$M = M_1 * M_2 = \begin{pmatrix} 1 & 4 & 16 \\ 2 & 8 & 32 \end{pmatrix}$$

aufgefasst werden. Es sei darauf hingewiesen, dass aus den Werten von c auch auf die Pixel des Binärbildes B zurückgeschlossen werden kann.

Aufgabe 3.2 Überlegen Sie, welche Werte aus $\{0,\ldots,63\}$ die Variable c nicht annehmen kann. ∎

Beispiel 3.7 Für $\ell_{ik} = 4$ bedeutet der Wert $c = 45$

$$B = \begin{pmatrix} \vdots & \vdots & \vdots & \vdots & \vdots & \vdots & \vdots \\ \cdots & 1 & 1 & \overbrace{1 \quad 1 \quad 1 \quad 0}^{\ell_{ik} = 4} & \cdots \\ \cdots & 0 & 1 & 1 & 1 & 1 & 1 & \cdots \\ \vdots & \vdots & \vdots & \vdots & \vdots & \vdots & \vdots \end{pmatrix},$$

vgl. auch mit dem Binärbild B in Beispiel 3.6. ∎

Analog zu Abschnitt 1.4 sollen solche Ausschnitte von Binärbildern zur Veranschaulichung wieder durch Piktogramme dargestellt werden. Im obigen Beispiel würden wir für $c = 45$ und eine beliebige Länge $\ell_{ik} \geq 1$ das Piktogramm ▢⋯▢ verwenden. Ebenso wie in Abschnitt 1.4 verwenden wir eine Schreibweise für Mengen von Pixelkonfigurationen. So besteht z. B. ▢⋯▢ aus den Elementen ▢⋯▢ und ▢⋯▢. Die Punkte ... stehen dabei für eine $(\ell_k - 2)$-fache Wiederholung der inneren Pixelpaare.

Wir beschreiben das Labeling einer durch $(\bar{c}_{ik}, \ell_{ik})$ lauflängenkodierten Zeile von C für den Spezialfall der 6er-Nachbarschaft. Als Labels werden natürliche Zahlen verwendet. Der Labelwert λ wird mit 0 initialisiert, $\lambda = 0$. Im Verlauf des Labelings wird das lauflängenkodierte Bild zeilenweise von oben nach unten durchlaufen, wobei der Wert c mit Gl. (3.1) stets neu berechnet wird und folgende Spezialfälle behandelt werden:

- *Konfigurationen* ▢⋯▢. Der aus Vordergrundpixeln der i-ten Zeile bestehende Lauf $(\bar{c}_{ik}, \ell_{ik})$ wurde noch nicht gelabelt. Ein neues Label wird kreiert, d. h., der Labelwert λ wird inkrementiert, $\lambda = \lambda + 1$, und $\bar{g}_{ik}$ wird durch λ überschrieben, $\bar{g}_{ik} = \lambda$. Es sei angemerkt, dass die Konfiguration ▢⋯▢ programmtechnisch leicht durch die if-Anweisung

3.1 Labeling von Zusammenhangskomponenten

```
if((c&8 == 8) && (c&39 == 0)) ...
```
anhand von c detektiert werden kann.

- *Konfigurationen* ▫⋯▫ *und* ▫⋯▫. Das Label $\bar{g}_{ik}$ der i-ten Zeile wird durch das Label $\bar{g}_{i-1,k}$ bzw. durch das Label $\bar{g}_{i-1,k-1}$ aus der $(i-1)$-ten Zeile überschrieben.
- *Konfigurationen* ▫⋯▫ *und* ▫⋯▫. Das Label $\bar{g}_{ik}$ der i-ten Zeile wird durch das Label $\bar{g}_{i,k-1}$ der i-ten Zeile bzw. durch das Label $\bar{g}_{i-1,k-1}$ aus der $(i-1)$-ten Zeile überschrieben. Außerdem wird das Paar $(\bar{g}_{i,k-1}, \bar{g}_{i-1,k})$ bzw. das Paar $(\bar{g}_{i-1,k-1}, \bar{g}_{i-1,k+1})$ in die Liste L eingetragen (Paare äquivalenter Labels).
- *Konfigurationen* ▫⋯▫. Ein Label für $\bar{g}_{ik}$ wurde bereits in einem der vorangegangenen Schritte vergeben. Es kann der nächste Lauf betrachtet werden. Der Laufindex k wird inkrementiert, $k = k+1$, und c wird mit Gl. (3.1) neu berechnet. Programmtechnisch könnte das so aussehen:

```
c = (c >> 2) + (cb[i][k+1] << 4);
```
wobei mit `cb[i][k+1]` das Element $\bar{c}_{i,k+1}$ gemeint ist.

Beispiel 3.8 Das Auftreten einer der Konfigurationen ▫⋯▫ wird effektiv durch

```
if((c&12 == 12) && (c&34 == 0)) ...
```

abgefragt. ∎

Aufgabe 3.3 Aus wie vielen Konfigurationen besteht die Menge ▫⋯▫? Auf welche Weise kann geprüft werden, ob lokal eine dieser Konfigurationen vorliegt? ∎

Bemerkung 3.11 Im oben beschriebenen Algorithmus ist es erforderlich, die Lauflängen der $(i-1)$-ten Zeile von G an die Lauflängen ℓ_k der i-ten Zeile anzupassen. Das kann vermieden werden, wenn für die Läufe der $(i-1)$-ten Zeile von G ein von k unabhängiger Index eingeführt wird. ∎

Bemerkung 3.12 Bei der Beschreibung des Algorithmus wurden zur besseren Übersicht die kompletten Bilder C und G lauflängenkodiert. Es ist jedoch ausreichend, nur jeweils ein Zeilenpaar der beiden Bilder in der lauflängenkodierten Form zu verwenden. Außerdem muss das Bild C nicht explizit angelegt werden, d. h., die Folge $(\bar{c}_{ik}, \ell_{ik})$ kann direkt aus der $(i-1)$-ten und der i-ten Zeile von B erzeugt werden. ∎

Bemerkung 3.13 Das in diesem Abschnitt für die 6er-Nachbarschaft beschriebene Labeling lässt sich mühelos auf die 4er- oder 8er-Nachbarschaft übertragen. ∎

Bemerkung 3.14 Da jeweils auf komplette Läufe zugegriffen wird und nicht auf Einzelpixel, wird das Labeling in den meisten Fällen beachtlich beschleunigt. Der Effizienzgewinn gegenüber elementaren Algorithmen ist jedoch vom Bildinhalt abhängig und lässt sich daher nur schwer beziffern. ∎

Es gibt eine Vielzahl weiterer Algorithmen für das Labeling von Zusammenhangskomponenten. Eine umfassende Übersicht sowie eine Bewertung dieser Algorithmen wird in [143] gegeben.

## 3.2 Distanztransformation

Die Euklidische Distanztransformation ist ein zentraler Algorithmus der Bildverarbeitung, der noch immer einer Entwicklung unterworfen ist. Seine wichtigsten Anwendungen sind

- die Erosion oder Dilatation eines Binärbildes mit einem Kreis als strukturierendes Element durch Binarisierung des Distanzbildes, wobei die Binarisierungsschwelle dem Kreisradius entspricht und die Wahl der Binarisierungsschwelle auch für große Bilder durch Manipulation der Lookup-Tabelle interaktiv erfolgen kann, siehe Bilder 3.5 und 3.6,
- die Trennung (Segmentierung) von Objekten in Verbindung mit der Wasserscheidentransformation, siehe Bild 3.9.

3.2.1 Definition und Bezeichnungen

Für zwei Punkte $x, y \in \mathbb{R}^2$ ist der Euklidische Abstand durch die Euklidische Norm der Differenz $x - y$ definiert,

$$\|x - y\| = \sqrt{(x_1 - y_1)^2 + (x_2 - y_2)^2}.$$

Die Funktion $\text{dist}(x, X^c)$ ordnet jedem Punkt (Pixel) x den kleinsten Abstand zwischen x und der Komplementärmenge $X^c = \mathbb{R}^2 \setminus X$ von X zu,

$$\text{dist}(x, X^c) = \inf\{\|x - y\| : y \in X^c\}, \quad x \in \mathbb{R}^2.$$

Klar, falls x selbst ein Punkt aus X^c ist, dann ist $\text{dist}(x, X^c) = 0$. Ist die Komplementärmenge X^c abgeschlossen, dann kann das Infimum (inf) durch das Minimum (min) ersetzt werden. Ausgehend von dieser Abstandsdefinition kann die Euklidische Distanztransformation (EDT) der Pixel eines Binärbildes zum Bildhintergrund eingeführt werden.

Definition 3.6 Für jede Menge $X \subseteq \mathbb{R}^2$ ist die Abbildung

$$\begin{aligned} \text{EDT}_X : \mathbb{R}^2 &\mapsto [0, \infty) \\ x &\mapsto \text{dist}(x, X^c) \end{aligned}$$

die Euklidische Distanztransformation (EDT) von X.

Bemerkung 3.15 Mit der Transformation EDT_{X^c} wird jedem Punkt x sein kleinster Abstand zur Menge X zugeordnet. Sinnvoll sind Distanztransformationen, bei denen sowohl die Abstände der Vordergrundpixel zum Hintergrund als auch der Hintergrundpixel zum Vordergrund berechnet werden. Um die Werte im Distanzbild unterscheiden zu können, werden die Abstände der Hintergrundpixel zum Vordergrund mit -1 multipliziert (signierte Distanztransformation, *signed distance transform*, SDT; *signed distance map*, SDM),

$$\text{SDT}_X(x) = \begin{cases} \text{dist}(x, X^c), & x \in X \\ -\text{dist}(x, X), & x \in X^c. \end{cases}$$

Der Zusammenhang zwischen der EDT und der Erosion bzw. Dilatation ist in Bild 3.5 dargestellt. Die Dilatationen des Vordergrundes des in Bild 3.6a) gezeigten Binärbildes wurden durch Binarisierungen des zugehörigen Distanzbildes (Bild 3.6b) erhalten.

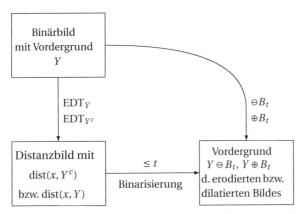

Bild 3.5 Der Zusammenhang zwischen EDT und Erosion bzw. Dilatation mit Kreisen. Die Binarisierung des Distanzbildes bezüglich einer Schwelle t entspricht der Erosion bzw. Dilatation mit einem zentrierten Kreis B_t mit dem Radius t.

Bemerkung 3.16 Wegen ihrer Beziehung zu morphologischen Transformationen könnte die EDT auch „Erosions-Transformation" genannt werden. Eine analoge Begriffsbildung liegt der sogenannten Öffnungs-Transformation (*opening transform*) zugrunde. Die Öffnungs-Transformation eines Binärbildes ergibt ein Grautonbild, dessen Binarisierung mit der Binarisierungsschwelle t gerade die morphologische Öffnung des Binärbildes bezüglich eines Kreises mit dem Radius t ist [58]. Eine schnelle Öffnungs-Transformation ist z. B. zur Bestimmung der sphärischen Granulometrieverteilung (siehe Abschnitt 2.1.3) von Bedeutung. Eine ähnliche Bedeutung hat die Sehnenlängentransformation (*chord length transform*, CLT), bei der Strecken beliebiger Länge und Richtung als strukturierende Elemente verwendet werden [142]. Die CLT hat sich zur Segmentierung von Fasern in Fasersystemen und zur Bestimmung deren Richtungsverteilung als hilfreich erwiesen, siehe [5] und [172]. ∎

3.2.2 Weitere Distanztransformationen

Alternativen zur EDT leiten sich aus der Verallgemeinerung der Euklidischen Vektornorm ab. Die p-Norm von x ist durch

$$\|x\|_p = \left(|x_1|^p + |x_2|^p\right)^{\frac{1}{p}} = \sqrt[p]{|x_1|^p + |x_2|^p}, \qquad 1 \leq p < \infty$$

definiert. Eine besondere Rolle in der Bildverarbeitung spielt noch die Norm $\|x\|_\infty$, die sogenannte Maximum-Norm, die durch $\|x\|_\infty = \max\{|x_1|, |x_2|\}$ definiert ist. Die Euklidische Norm $\|x\|_2 = \sqrt{x_1^2 + x_2^2}$ entspricht der p-Norm für $p = 2$. Im Allgemeinen wird unter der Norm eines Vektors, wenn diese nicht weiter spezifiziert ist, stets die Euklidische Vektornorm verstanden, und mit der Bezeichnung $\|x\|$ ist meist $\|x\|_2$ gemeint.

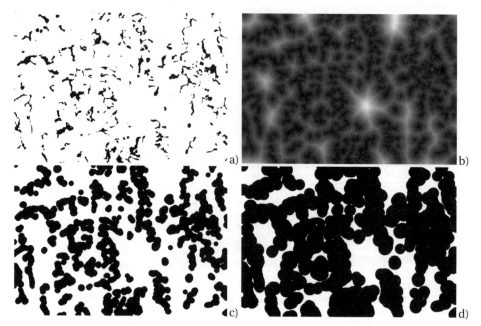

Bild 3.6 Dilatation mit Hilfe der EDT: a) Binärbild, b) Distanzbild (Abstand der Hintergrundpixel zum Vordergrund), c) Binarisierung des Distanzbildes, d) Binarisierung des Distanzbildes bezüglich eines größeren Schwellwertes als in c)

Prinzipiell könnte eine Distanztransformation bezüglich jeder beliebigen Vektornorm definiert werden. Aus algorithmischen Gründen sind in der Vergangenheit Distanztransformationen

- bezüglich $\|x-y\|_1$ (*city block distance, Manhattan distance*) oder
- bezüglich $\|x-y\|_\infty$ (*Chebychev distance, chessboard distance*)

implementiert worden [138]. Während die Menge aller $x \in \mathbb{R}^2$ mit $\|x\|_2 \leq r$ einen Kreis mit dem Radius r beschreibt, bilden die Mengen aller $x \in \mathbb{R}^2$ mit $\|x\|_1 \leq r$ bzw. $\|x\|_\infty \leq r$ Quadrate mit der Kantenlänge r, siehe Bild 3.7. Analog entspricht die Binarisierung eines Distanzbildes bezüglich der City-Block-Norm oder der Chebychev-Norm einer Dilatation mit einem Quadrat der Kantenlänge t, wobei t die Binarisierungsschwelle bezeichnet. Die in Bild 3.7 dargestellten Quadrate sind die entsprechenden strukturierenden Elemente.

Für die Vektornormen $\|\cdot\|_1$ und $\|\cdot\|_\infty$ lassen sich Algorithmen angeben, deren Rechenzeiten nur linear von der Pixelzahl n abhängig sind. Die Komplexität der Algorithmen ist also $\mathcal{O}(n)$. Eine algorithmische Variante der Euklidischen Distanztransformation mit der Komplexität $\mathcal{O}(n)$ ist die Chamfer-Distanztransformation (nach der englischen Bezeichnung *chamfer* für „Schräge" oder „abgefaste Kante"). Die zugehörige Chamfer-Metrik ist eine spezifische Metrik auf dem quadratischen Gitter $\mathbb{L}^2 = a\mathbb{Z}^2, a > 0$. Allerdings werden nur Näherungen der Euklidischen Distanzen erhalten, was in der Bildverarbeitung oft zu Problemen führt. Seit geraumer Zeit gibt es jedoch hinreichend schnelle Algorithmen für die (exakte) Euklidische Distanztransformation. Aus diesem Grund spielen Distanztransformationen bezüglich anderer Vektornormen nur noch eine marginale Rolle. Die Chamfer-Distanztransformation kann vergessen werden.

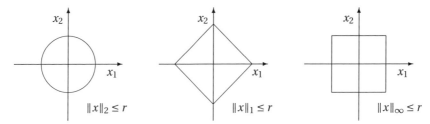

Bild 3.7 Die Menge aller $x \in \mathbb{R}^2$ mit $\|x\|_2 \leq r$ ist ein Kreis mit dem Radius r, die Mengen aller $x \in \mathbb{R}^2$ mit $\|x\|_1 \leq r$ bzw. $\|x\|_\infty \leq r$ sind Quadrate mit der Kantenlänge r.

Der Name „Euklidische Distanztransformation" hat also vor allem historische Gründe. Inzwischen ist es ausreichend, von „Distanztransformation" zu sprechen, womit fast immer eine Distanztransformation bezüglich des Euklidischen Abstands gemeint ist. Eine Ausnahme ist allderdings die geodätische Distanztransformation.

3.2.3 Algorithmische Implementierung

Diskrete Varianten der EDT basieren auf einem Sampling der Menge X auf einem räumlichen Gitter $\mathbb{L}^2$. Dabei bezeichnet $Y = X \cap \mathbb{L}^2$ die Menge der Vordergrundpixel eines Binärbildes, und $Y^c = X^c \cap \mathbb{L}^2$ ist die Menge der Hintergrundpixel. Die diskreten Mengen Y und Y^c sind stets abgeschlossen. Damit kann die diskrete Distanztransformation in der Form

$$\text{dist}(x, Y^c) = \min\{\|x - y\| : y \in Y^c\}, \quad x \in \mathbb{L}^2$$

geschrieben werden.

Beispiel 3.9 Besteht das Binärbild B aus lediglich einem Hintergrundpixel und wird Padding mit Einsen vorausgesetzt, dann muss zur Berechnung des Bildes D^2 mit den quadratischen Abständen lediglich der Satz des Pythagoras angewendet werden. Nimmt man an, dass die Bilddaten auf dem Einheitsgitter $\mathbb{Z}^2$ gesampelt wurden (quadratische Pixel mit der Pixelgröße 1), dann ist die Rechnerei simpel,

$$B = \begin{pmatrix} 1 & 1 & 1 & 1 & 1 & 1 & 1 & 1 \\ 1 & 1 & 1 & 1 & 1 & 1 & 1 & 1 \\ 1 & 1 & 1 & 1 & 1 & 1 & 1 & 1 \\ 1 & 1 & 1 & 0 & 1 & 1 & 1 & 1 \\ 1 & 1 & 1 & 1 & 1 & 1 & 1 & 1 \\ 1 & 1 & 1 & 1 & 1 & 1 & 1 & 1 \\ 1 & 1 & 1 & 1 & 1 & 1 & 1 & 1 \\ 1 & 1 & 1 & 1 & 1 & 1 & 1 & 1 \end{pmatrix}, \quad D^2 = \begin{pmatrix} 18 & 13 & 10 & 9 & 0 & 13 & 18 & 25 \\ 13 & 8 & 5 & 4 & 5 & 8 & 13 & 20 \\ 10 & 5 & 2 & 1 & 2 & 5 & 10 & 17 \\ 9 & 4 & 1 & 0 & 1 & 4 & 9 & 16 \\ 10 & 5 & 2 & 1 & 2 & 5 & 10 & 17 \\ 13 & 8 & 5 & 4 & 5 & 8 & 13 & 20 \\ 18 & 13 & 10 & 9 & 10 & 13 & 18 & 25 \\ 25 & 20 & 17 & 16 & 17 & 20 & 25 & 32 \end{pmatrix}.$$

Aus Gründen der Übersichtlichkeit enthält D^2 die quadratischen Abstände. ∎

Beispiel 3.10 Der rechnerische Aufwand steigt linear mit der Anzahl der Hintergrundpixel, da nun das Minimum der Abstandsquadrate über alle Hintergrundpixel zu bilden ist.

Unter den Voraussetzungen des vorangegangenen Beispiels erhält man z. B. für sechs Hintergrundpixel

$$B = \begin{pmatrix} 1 & 0 & 1 & 1 & 1 & 1 & 1 & 0 \\ 0 & 1 & 1 & 1 & 1 & 1 & 1 & 1 \\ 1 & 1 & 1 & 1 & 1 & 1 & 1 & 1 \\ 1 & 1 & 1 & 1 & 1 & 1 & 1 & 1 \\ 1 & 1 & 1 & 1 & 1 & 1 & 0 & 1 \\ 1 & 1 & 1 & 1 & 1 & 1 & 1 & 1 \\ 1 & 1 & 1 & 1 & 1 & 1 & 1 & 1 \\ 1 & 0 & 0 & 1 & 1 & 1 & 1 & 1 \end{pmatrix}, \quad D^2 = \begin{pmatrix} 1 & 0 & 1 & 4 & 9 & 4 & 1 & 0 \\ 0 & 1 & 2 & 5 & 10 & 5 & 2 & 1 \\ 1 & 2 & 5 & 8 & 8 & 5 & 4 & 4 \\ 4 & 5 & 8 & 10 & 5 & 2 & 1 & 2 \\ 9 & 9 & 9 & 9 & 4 & 1 & 0 & 1 \\ 5 & 4 & 4 & 5 & 5 & 2 & 1 & 2 \\ 2 & 1 & 1 & 2 & 5 & 5 & 4 & 5 \\ 1 & 0 & 0 & 1 & 4 & 9 & 9 & 10 \end{pmatrix}.$$

■

Aufgabe 3.4 Gegeben sei das Binärbild

$$B = \begin{pmatrix} 0 & 1 & 0 & 0 & 1 \\ 0 & 0 & 0 & 0 & 0 \\ 0 & 0 & 0 & 0 & 0 \\ 1 & 0 & 0 & 0 & 0 \\ 0 & 0 & 0 & 0 & 1 \end{pmatrix}$$

(quadratische Pixel mit der Pixelgröße 0,25 mm). Geben Sie das entsprechende Distanzbild D für die Euklidischen Abstände der Hintergrundpixel zu den Vordergrundpixeln an, wobei Padding von B mit Nullen zur Randbehandlung verwendet wird. Binarisieren Sie D bezüglich der Schwelle $t = 0,25$ mm, wobei allen Pixeln der Wert $d_{ij} = 1$ zugeordnet wird, falls $d_{ij} \leq t$ ist. Andernfalls wird $d_{ij} = 0$ gesetzt. ■

Man kann sich überlegen, dass der Rechenaufwand für die Distanztransformation mit dem Quadrat der Pixelzahl n des Bildes steigen würde, wenn für jedes Vordergrundpixel der Abstand zu allen Hintergrundpixeln berechnet werden müsste und dann das Minimum aller Abstände zu bestimmen wäre. Ein solcher simpler Algorithmus wäre also von der Ordnung $\mathcal{O}(n^2)$, was dessen Anwendung in den meisten Applikationen ausschließen würde.

3.2.3.1 Der 1-dimensionale Fall

Wegen der Separabilität der Distanztransformation gehen wir zunächst ausführlich auf den 1-dimensionalen Fall ein, bevor wir die algorithmische Implementierung auf den 2-dimensionalen Fall übertragen.

Mit $b = (b_i)$ wird ein 1-dimensionales Binärbild mit n Pixeln bezeichnet (also eine Bildzeile). Die Pixelwerte b_i sind Binärzahlen, wobei der Hintergrund mit 0 und der Vordergrund mit 1 kodiert ist. Zur Vereinfachung wird zunächst angenommen, dass der Pixelabstand 1 ist, d. h., die Pixelgröße ist 1.

Für die Berechnung der kürzesten Abstände der Pixel zu den Vodergrundpixeln wird der Zeile b eine Zeile $d = (d_i)$ durch

$$d_i = \begin{cases} 0, & \text{falls} \quad b_i = 0 \\ \infty, & \text{falls} \quad b_i = 1 \end{cases}, \quad i = 0, \ldots, n-1$$

zugeordnet. Zur Berechnung der kürzesten Abstände zu den Hintergrundpixeln würden wir diese Zuordnung gerade umkehren. (Bei der Implementierung nimmt man statt ∞ den maximalen Wert des entsprechenden Wertebereichs.)

3.2 Distanztransformation

Der einfachste Algorithmus für die Distanztransformation besteht aus folgenden Schritten:

1. *Initialisierung.* Wir initialisieren einen zusätzlichen Vektor $\tilde{d} = (\tilde{d}_i)$ mit $\tilde{d}_i = d_i$ für $i = 0, \ldots, n-1$.
2. *Straight recurrence.* Wir bestimmen für $\ell = 0, \ldots, n-1$ das Minimum durch

$$\tilde{d}_\ell = \min\{\tilde{d}_\ell, d_i + (i - \ell)^2\}, \quad \text{für} \quad i = 0, \ldots, n-1.$$

Nach Abarbeitung dieses einfachen Algorithmus stehen auf den Pixeln von $\tilde{d}$ die quadratischen Abstände. Es müssen also noch die Wurzeln gezogen werden. Es sei angemerkt, dass wir im 1-dimensionalen Fall die zusätzliche Zeile $\tilde{d}$ eigentlich nicht gebraucht hätten und statt dessen gleich auf d arbeiten könnten. Jedoch ist die Einführung von $\tilde{d}$ im Hinblick auf eine spätere Übertragung des Algorithmus auf höherdimensionale Fälle sinnvoll.

Beispiel 3.11 Wir betrachten eine Zeile b mit $n = 16$ Pixeln. Im Folgenden ist neben b auch d und die nach *straight recurrence* erhaltene Distanzzeile $\tilde{d}$ angegeben.

b	0	0	1	1	1	1	0	0	0	1	1	1	1	1	0	0
d	0	0	∞	∞	∞	∞	0	0	0	∞	∞	∞	∞	∞	0	0
$\tilde{d}$	0	0	1	4	4	1	0	0	0	1	4	9	4	1	0	0

Der obige Algorithmus ist von der Ordnung $\mathcal{O}(n^2)$. Geht das schneller? Natürlich! Dazu führen wir zwei zusätzliche Variablen d' und κ ein, auf denen temporär der kleinste Wert bzw. der zugehörige Index gespeichert werden. Die quadratischen Abstände werden in zwei Schritten berechnet, durch einen Vorwärts- und einen Rückwärts-Scan:

1. *Initialisierung.* Wir initialisieren $\tilde{d}$ wie zuvor.
2. *Forward scan.*
   $\kappa = 0$ and $d' = \infty$,
   for $\ell = 1, \ldots, n-1$ do
       if $\tilde{d}_\ell = 0$ then $d' = 0$ and $\kappa = \ell$,
       if $d' + (\kappa - \ell)^2 < \tilde{d}_\ell$ then $\tilde{d}_\ell = d' + (\kappa - \ell)^2$.
3. *Backward scan.*
   $\kappa = n-1$ and $d' = \infty$,
   for $\ell = n-2, \ldots, 0$ do
       if $\tilde{d}_\ell = 0$ then $d' = 0$ and $\kappa = \ell$,
       if $d' + (\kappa - \ell)^2 < \tilde{d}_\ell$ then $\tilde{d}_\ell = d' + (\kappa - \ell)^2$.

Die Variable d' spielt hier nur eine Nebenrolle. Sie kommt ins Spiel, wenn die Bildzeile b mit einem Vordergrundpixel beginnt (Randbehandlung). Die Verwendung von d' könnte programmtechnisch vermieden werden. Sie wurde hier aber im Hinblick auf eine Verallgemeinerung des Algorithmus eingeführt, vgl. Abschnitt 3.2.3.2. Auf der Variablen κ wird die Position des letzten Hintergrundpixels gespeichert.

Beispiel 3.12 Nach dem ersten bzw. zweiten Schritt sieht $\tilde{d}$ so aus:

b	0	0	1	1	1	1	0	0	0	1	1	1	1	1	0	0
d	0	0	∞	∞	∞	∞	0	0	0	∞	∞	∞	∞	∞	0	0
$\tilde{d}$	0	0	1	4	9	16	0	0	0	1	4	9	16	25	0	0
$\tilde{d}$	0	0	1	4	4	1	0	0	0	1	4	9	4	1	0	0

Der obige Algorithmus ist tatsächlich von der Ordnung $\mathcal{O}(n)$. Ein Vorschlag für die Implementierung wird durch `distance0()` gemacht.

```
/** Distance transform on a binary image stream.
    @param str [INOUT] the data stream of type float
    @param n [IN] number of rows or columns
    @param step [IN] step width on the stream
    @param a [IN] pixel size in row or column direction
    @return error code
**/
int distance0(float *str, int n, int step, double a) {

  int i, kappa;
  long int i0;
  float *dt, dp, dp1;

  dt = Malloc(n, float);
  dp1 = MAX_FLOAT;
  for(i=0, i0=0; i<n; i++, i0+=step) // initialization
    dt[i] = str[i0];

  kappa = 0;
  for(i=1, i0 = step; i<n; i++, i0 += step) {  // forward scan
    if(str[i0] == 0.0) { kappa = i; dp1 = 0.0; }
    else {
      dp = dp1 + (float)((i-kappa)*(i-kappa));
      if(dp < dt[i]) dt[i] = dp;
    }
  }

  dp1 = MAX_FLOAT;
  kappa = n - 1;
  for(i=n-2, i0=(n-2)*step; i>=0; i--, i0-=step) { // backward scan
    if(str[i0] == 0.0) { kappa = i; dp1 = 0.0; }
    else {
      dp =  dp1 + (float)((i-kappa)*(i-kappa));
      if(dp < dt[i]) dt[i] = dp;
    }
  }

  for(i=0, i0=0; i<n; i++, i0+=step) // copying data
    str[i0] = a * dt[i];

  Free(dt);
  return 0;
}
```

3.2.3.2 Der 2-dimensionale Fall

Die Idee der Übertragung des 1-dimensionalen Falls auf höhere Dimensionen stammt von Saito & Toriwaki [141]. Dabei wird *straight recurrence* nacheinander in Zeilen- und Spaltenrichtungen ausgeführt. Die Distanztransformation hat sich also als separabel erwiesen. Der ma-

3.2 Distanztransformation

thematische Hintergrund für die Separabilität ist der Satz des Pythagoras zur Berechnung der Quadrate der (Euklidischen) Abstände. Wir gehen von einem Binärbild $B = (b_{ij})$ mit den Pixelwerten b_{ij} aus und nehmen vereinfachend an, dass das Bild aus $n_1 n_2$ Pixeln besteht und die Kantenlänge der Pixel 1 ist. Analog zum 1-dimensionalen Fall wird ein 2-dimensionales Distanzbild initialisiert, d. h. $D = (d_{ij})$ mit $d_{ij} = 0$ falls $b_{ij} = 0$ und $d_{ij} = \infty$ für $b_{ij} = 1$. Ein Algorithmus könnte dann so aussehen:

1. *x-Richtung.* Für alle Zeilen mit dem Index j wird Folgendes ausgeführt:
   for $i = 0, \ldots, n_1 - 1$ do $\tilde{d}_i = d_{ij}$,
   for $\ell = 0, \ldots, n_1 - 1$ do
       for $i = 0, \ldots, m - 1$ do $\tilde{d}_\ell = \min\{\tilde{d}_\ell, d_{ij} + (i - \ell)^2\}$,
   for $i = 0, \ldots, n_1 - 1$ do $d_{ij} = \tilde{d}_i$
2. *y-Richtung.* Für alle Indizes i wird Folgendes ausgeführt:
   for $j = 0, \ldots, n_2 - 1$ do $\tilde{d}_j = d_{ij}$,
   for $\ell = 0, \ldots, n_2 - 1$ do
       for $j = 0, \ldots, n_2 - 1$ do $\tilde{d}_\ell = \min\{\tilde{d}_\ell, d_{ij} + (j - \ell)^2\}$,
   for $j = 0, \ldots, n_2 - 1$ do $d_{ij} = \tilde{d}_j$

Es wird also für jede Raumrichtung fast das Gleiche gemacht. Und wenn wir durchzählen, stellen wir fest, dass das ein $\mathcal{O}(n_1 n_2^2 + n_1^2 n_2)$-Algorithmus ist. Zum Vergleich, die direkte Berechnung der kleinsten Abstände aller Pixel zum Bildhintergrund wäre von der Ordnung $\mathcal{O}((n_1 n_2)^2)$. Saito und Toriwakis Methode führt also zu einer erheblichen Reduzierung der Rechenzeit.

Jetzt könnte man auf die Idee kommen, in der 2D-Variante der Distanztransformation *straight recurrence* durch den Zwei-Schritte-Algorithmus zu ersetzen, um die Rechenzeit noch weiter zu reduzieren und einen Algorithmus der Ordnung $\mathcal{O}(n_1 n_2)$ zu erhalten. Aber das läuft nicht so, denn dieser Zwei-Schritte-Algorithmus setzt stets ein Binärbild voraus. Nach der Anwendung des Algorithmus in der x-Richtung wird aber nicht mehr auf Binärdaten zugegriffen, sondern auf Abstände (die als reelle Zahlen vom Typ float kodiert werden können).

Der in Abschnitt 3.2.3.1 beschriebene Zwei-Schritte-Algorithmus ist also für den Zweck der Übertragung auf 2-dimensionale Bilder zu modifizieren [118]. Dabei ist κ ein Indexvektor, $\kappa = (\kappa_i)$, auf dem die Indizes der nächstgelegenen Pixel mit den bisher kleinsten quadratischen Abständen gespeichert werden.

1. *Initialisierung.* Wir setzen $\tilde{d}$ wie in Abschnitt 3.2.3.1 und $\kappa_i = i$ für $i = 0, \ldots, n - 1$.
2. *Forward scan.*
   for $i = 1, \ldots, n - 1$ do
       $k = \kappa_{i-1}$,
       for $j = k, \ldots, i$ do
           $d' = d_j + (i - j)^2$,
           if $d' < \tilde{d}_i$ then $\kappa_i = j$ and $\tilde{d}_i = d'$
3. *Backward scan.*
   for $i = n - 2, \ldots, 0$ do
       $k = \kappa_{i+1}$,
       for $j = i, \ldots, k$ do
           $d' = d_j + (i - j)^2$,
           if $d' < \tilde{d}_i$ then $\kappa_i = j$ and $\tilde{d}_i = d'$

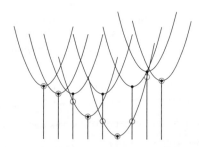

Bild 3.8 Anschauliche Darstellung der Pixelwerte • und ihre Überschreibung durch das Sampling ○ der unteren Einhüllenden der Parabeln $p_i(x) = d_i^2 + (x-i)^2$, $x \in \mathbb{R}$, $i = 0, \ldots, n-1$

Anschaulich werden durch diesen Algorithmus die quadratischen Abstände d_i^2 durch die untere Einhüllende der Parabeln $p_i(x) = d_i^2 + (x-i)^2$ für $x \in \mathbb{R}$ und $i = 0, \ldots, n-1$ überschrieben, siehe Bild 3.8.

Die Komplexität dieses Algorithmus ist vom Bildinhalt abhängig. Sie liegt zwischen $\mathcal{O}(n)$ und $\mathcal{O}(n^2)$. Für „vernünftige" Bilder ist sie nahe bei $\mathcal{O}(n)$. Ersetzt man *straight recurrence* im obigen 2-dimensionalen Algorithmus durch den eben beschriebenen Zwei-Schritte-Algorithmus, dann erhält man einen 2-dimensionalen Algorithmus, der in praktischen Anwendungen eine Komplexität von nahezu $\mathcal{O}(n_1 n_2)$ erreicht, also fast linear ist.

Eine Implementierung des obigen Algorithmus könnte wie folgt aussehen:

```
/** Distance transform on an image stream
    @param str [INOUT] the data stream of type float
    @param n [IN] number of rows or columns
    @param step [IN] step width on the stream
    @param a [IN] pixel size in row or column direction
    @return error code
**/
int distance(float *str, int n, int step, double a) {

  int i, j, k, *kappa;
  long int i0, j0;
  float *dt, dp;

  kappa = Malloc(n, int);
  dt = Calloc(n, float);

  for(i=0, i0=0; i<n; i++, i0+=step) { // initialization
    dt[i] = str[i0];
    kappa[i] = i;
  }

  for(i=1; i<n; i++) { // forward scan
    k = kappa[i-1];
    for(j=k, j0=k*step; j<=i; j++, j0+=step) {
      dp = str[j0] + (float)((i-j)*(i-j));
      if(dp < dt[i]) {
        kappa[i] = j;
        dt[i] = dp;
```

```
        }
      }
    }

    for(i=n-2, i0=(n-2)*step; i>=0; i--, i0-=step) { // backward scan
      k = kappa[i+1];
      for(j=i, j0=i*step; j<=k; j++, j0+=step) {
        dp = str[j0] + (float)((i-j)*(i-j));
        if(dp < dt[i]) {
          kappa[i] = j;
          dt[i] = dp;
        }
      }
    }

    for(i=0, i0=0; i<n; i++, i0+=step) // copying data
      str[i0] = a * dt[i];

    Free(kappa);
    Free(dt);
    return 0;
}
```

Mit dem Parameter a wird berücksichtigt, dass die Pixelgröße im Allgemeinen verschieden von 1 ist. Die Schrittweite step wurde als zusätzlicher Parameter eingefügt, um die Funktion in einem Algorithmus zur 2-dimensionalen Distanztransformation anwenden zu können. Die 2-dimensionale Transformation kann damit in der folgenden Form implementiert werden:

```
/** Distance transform of an image
    @param img [IN] a binary image
    @param img1 [OUT] the distance image of type float
    @return error code
**/
int Distance(IMG *img1, IMG *img){

    unsigned long int i, j;
    unsigned char **pix;
    float **pix1, *str1;

    NewImg(img1, img->n, img->a, float);

    pix = (unsigned char **)img->pix;
    pix1 = (float **)img1->pix;
    str1 = &pix1[0][0];

    for(i=0; i<img1->n[0]; i++)
      for(j=0; j<img1->n[1]; j++) {
        if(pix[i][j] == 0) pix1[i][j] = 0.;
        else pix1[i][j] = FLOAT_MAX;    // initialization
      }

    // main part
```

```
  for(i=0; i<img1->n[0]; i++)     // row direction
    distance0(str1 + i*img1->n[1], img1->n[1], 1, img1->a[1]);

  for(j=0; j<img1->n[1]; j++)     // column direction
    distance(str1 + j, img1->n[0], img1->n[1], img1->a[0]);

  for(i=0; i<img1->n[0]; i++)     // square root
    for(j=0; j<img1->n[1]; j++)
      pix1[i][j] = sqrt(pix1[i][j]);

  return 0;
}
```

Bemerkung 3.17 Es sei noch darauf hingewiesen, dass zur Vermeidung der wiederholten Berechnung der Quadratwurzeln der d_{ij} eine Tabelle mit den Quadratwurzeln verwendet werden kann, deren maximale Länge $n_1 + n_2$ ist, wobei n_1 und n_2 die Zeilen- bzw. Spaltenzahlen des Bildes bezeichnen. ■

Bemerkung 3.18 In Implementierungen der SDT werden die kürzesten Abstände zum Vorder- und zum Hintergrund gleichzeitig berechnet, wobei die Abstände zum Hintergrund im Distanzbild mit einem negativen Vorzeichen versehen werden (SDM). Ein solcher Algorithmus wurde z. B. zur Berechnung des Bildes 3.6 verwendet. ■

Bemerkung 3.19 Zur Trennung von Objekten in Binärbildern wird die Distanztransformation mit der in Abschnitt 3.3 beschriebenen Wasserscheidentransformation kombiniert. Bei manchen Anwendungen muss das Distanzbild zuvor invertiert werden, um die Wasserscheidentransformation sinnvoll auf das Distanzbild anwenden zu können. In Bild 3.9 wurde das Distanzbild vor der Anwendung der Wasserscheidentransformation invertiert. ■

■ 3.3 Wasserscheidentransformation

Segmentierung von Bildinhalten ist ein wichtiges Problem der Bildverarbeitung. Die dazu verwendeten Methoden sind in der Regel stark vom Bildinhalt abhängig. Nur wenige sind geeignet, eine größere Klasse von Segmentierungsaufgaben zu lösen. Dazu gehört die Wasserscheidentransformation (WST), mit der z. B. sich berührende Objekte trennen lassen. Genauer: mit der WST werden Trennlinien generiert, die sogenannten „Wasserscheiden", durch die Bilder in Teilbereiche (Segmente) unterteilt (tesselliert) werden. Diese Bildsegmente heißen in der Sprache der WST „Becken".

Die WST ist sowohl auf Binär- als auch auf Grautonbilder anwendbar. Das bedeutet, eine Objekttrennung ist auch ohne eine vorherige Binarisierung möglich. Das ist von Vorteil, weil eine vorangehende Binarisierung in der Regel mit einem Informationsverlust verbunden sein kann.

3.3 Wasserscheidentransformation 133

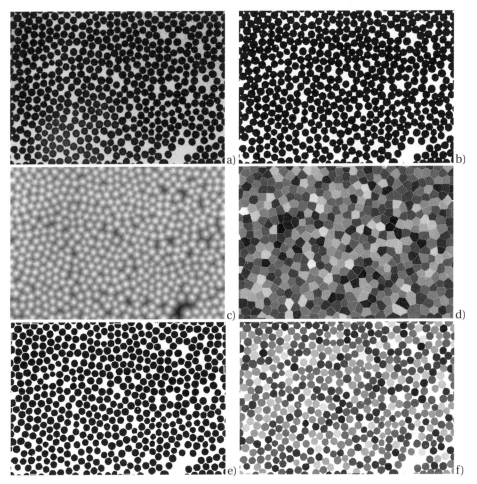

Bild 3.9 Objekttrennung durch eine Kombination von EDT und Wasserscheidentransformation: a) Originalbild, b) Binarisierung, c) Distanzbild (SDM), e) Wasserscheidenbild (pseudocoloriert), e) nach der Übertragung der Wasserscheiden ins Binärbild, f) Labeling der getrennten Objekte (pseudocoloriert)

In vielen Fällen ist es sinnvoll, Binärbilder vor der WST in Grautonbilder umzuwandeln, beispielsweise mit der Distanztransformation, siehe Abschnitt 3.2.

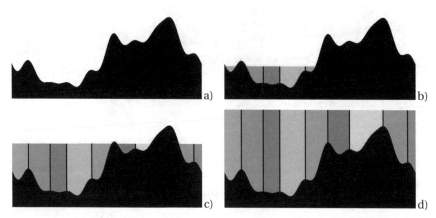

Bild 3.10 Demonstration des Flutungsalgorithmus an einem 1-dimensionalen Beispiel: a) Ausgangsbild (Grautonzeile), b) beginnende, c) fortgeschrittene und d) abgeschlossene Flutung

Der gebräuchlichste Algorithmus für die WST kann anschaulich wie folgt beschrieben werden:
- Das (Binär- oder) Grautonbild wird als ein „Gebirge" interpretiert, wobei die Grauwerte „Höhen" sind.
- Das „Gebirge" wird ausgehend von den lokalen Minima „geflutet".
- Es entstehen „Becken", die sich mit zunehmender Flutung füllen.
- Dort, wo zwei „Becken" aneinander stoßen, werden „Dämme" errichtet – die „Wasserscheiden".
- Der Algorithmus bricht ab, wenn das gesamte Bild „geflutet" ist.

Dieser Algorithmus, der für den 1-dimensionalen Fall in Bild 3.10 veranschaulicht wird, geht auf Beucher und Lantuéjoul zurück [17] und wird zur Unterscheidung von anderen Algorithmen als Flutungsalgorithmus bezeichnet. Der Flutungsalgorithmus wurde von vielen Autoren modifiziert, auch in neueren Arbeiten, z. B. in [13] (*priority flood*). Alternativen zum Flutungsalgorithmus sind die topologische WST [34], [16], die Inter-Pixel-WST [18], und der sogenannte Beregnungsalgorithmus [35].

Bemerkung 3.20 Im 1-dimensionalen Fall entsprechen die lokalen Maxima von f den Wasserscheiden, siehe Abbildung 3.10. Für 2- und höherdimensionale Fälle gilt das nicht. ∎

Wir folgen im Wesentlichen der Beschreibung der WST aus [157], wobei zunächst der geodätische Abstand, siehe Abschnitt 3.3.1, und die Zerlegung des Vordergrundes eines Binärbildes in Einflusszonen, siehe Abschnitt 3.3.2, beschrieben wird.

3.3.1 Geodätischer Abstand

Die Ausdehnung der Becken ist eng mit dem Begriff des geodätischen Abstands verbunden, der bezüglich einer Menge (z. B. des Vordergrundes eines kontinuierlichen Binärbildes) definiert ist. Der geodätische Abstand wird entlang eines Pfades zwischen zwei Punkten x und y gemessen. Dabei ist ein Pfad zwischen x und y die Kurve einer stetigen und integrierbaren parametrischen Funktion $f : \mathbb{R} \mapsto \mathbb{R}^2$ mit $x = f(0)$ und $y = f(1)$ und der Kurvenlänge

$$\ell = \int_0^1 \|\dot{f}(t)\| \, dt.$$

Der Pfad liegt in X, falls $f(t) \in X$ für alle t mit $0 \leq t \leq 1$, siehe auch Definition 3.2. Ein Beispiel für einen in X gelegenen Pfad wird in Bild 3.11 gezeigt.

Definition 3.7 Sei $X \subset \mathbb{R}^2$ eine kompakte Menge. Falls für zwei Punkte x und y aus X ein Pfad von x nach y in X existiert, dann ist der geodätische Abstand $\text{dist}_X(x, y)$ die Länge des kürzesten Pfades von x nach y in X. Falls kein Pfad von x nach y in X existiert, dann wird $\text{dist}_X(x, y) = \infty$ gesetzt. ∎

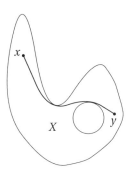

Bild 3.11 Eine Menge X mit einem Pfad f von x nach y, der in X liegt. Dieser Pfad ist nicht der kürzeste Pfad. Der geodätische Abstand $\text{dist}_X(x, y)$ ist in diesem Fall kleiner als die Pfadlänge ℓ.

Offensichtlich ist der geodätische Abstand mindestens so groß wie der Euklidische Abstand,

$$\text{dist}_X(x, y) \geq \|y - x\|, \quad x, y \in \mathbb{R}^2.$$

Algorithmen zur Bestimmung geodätischer Abstände auf diskreten Mengen sind von der Wahl der Nachbarschaft abhängig und liefern im Allgemeinen nur Approximationen des geodätischen Abstandes, wobei mit größer werdender Anzahl der Nachbarn die Approximation besser wird.

Beispiel 3.13 Aus dem Binärbild

$$B = \begin{pmatrix} 1 & 0 & 0 & 0 & 1 & 0 \\ 1 & 1 & 1 & 0 & 0 & 1 \\ 0 & 0 & 1 & 1 & 0 & 1 \\ 1 & 1 & 1 & 1 & 0 & 1 \\ 1 & 0 & 0 & 1 & 1 & 1 \\ 1 & 0 & 0 & 1 & 1 & 0 \end{pmatrix}$$

mit den Pixeln $x = (1,1)$ (hellgrau) $y = (2,5)$ (dunkelgrau) wird das Bild

$$D = \begin{pmatrix} 2 & \infty & \infty & \infty & \infty & \infty \\ 1 & 0 & 1 & \infty & \infty & 10 \\ \infty & \infty & 2 & 3 & \infty & 9 \\ 5 & 4 & 3 & 4 & \infty & 8 \\ 6 & \infty & \infty & 5 & 6 & 7 \\ 7 & \infty & \infty & 6 & 7 & \infty \end{pmatrix}$$

mit den geodätischen Distanzen von x bezüglich der 4er-Nachbarschaft bestimmt. Daraus erhält man die Näherung $\text{dist}_X(x,y) \approx 9$ für den geodätischen Abstand zu y. ∎

Aufgabe 3.5 Bestimmen Sie für das im Beispiel 3.13 gegebene Binärbild B die Matrix D der geodätischen Abstände vom Pixel x. Welcher Wert wird für $\text{dist}_X(x,y)$ erhalten? ∎

Schließlich wird noch der geodätische Abstand eines Punkts zu einer Menge eingeführt.

Definition 3.8 Seien $X, Y \subset \mathbb{R}^2$ kompakt. Dann ist das Minimum

$$\text{dist}_X(x,Y) = \min_{y \in Y}\{\text{dist}_X(x,y)\}$$

der geodätische Abstand zwischen einem Punkt $x \in \mathbb{R}^2$ und der Menge Y. ∎

Die geodätische Distanztransformation bezüglich X und Y ordnet jedem Punkt $x \in \mathbb{R}^2$ seinen geodätischen Abstand $\text{dist}_X(x,Y)$ in X zu.

3.3.2 Zerlegung in Einflusszonen

Im Folgenden wird angenommen, dass $Y = \{Y_1, \ldots, Y_m\}$ ein System kompakter Mengen ist, $m > 0$. Eine Zerlegung $X \boxplus Y$ einer kompakten Menge X bezüglich Y bildet ein System von Teilmengen $X_1, \ldots, X_m$ von X, wobei für alle x aus X_k der geodätische Abstand zu Y_k endlich und nicht größer als zu den Y_ℓ ist, d. h.

$$\text{dist}_X(x, Y_k) \leq \text{dist}_X(x, Y_\ell) < \infty \qquad \text{für alle } x \in X_k \text{ und } k \neq \ell.$$

Klar, X_k ist leer, wenn $X \cap Y_k = \emptyset$. Die Y_k heißen in der Bildverarbeitung Marker, und $X \boxplus Y$ bildet eine Segmentierung von X bezüglich des Markersystems Y. Die X_k werden auch Einflusszonen der Y_k genannt. Die Vereinigung der paarweisen Durchschnitte der X_k ist das System der Grenzen der Einflusszonen.

Beispiel 3.14 Im Binärbild

$$\begin{pmatrix} 1 & 0 & 0 & 0 & 1 & 0 \\ 1 & 1 & 1 & 0 & 0 & 1 \\ 0 & 0 & 1 & 1 & 0 & 1 \\ 1 & 1 & 1 & 1 & 0 & 1 \\ 1 & 0 & 0 & 1 & 1 & 1 \\ 1 & 0 & 0 & 1 & 1 & 0 \end{pmatrix}$$

mit dem Vordergrund X sind die Marker Y_1 (hellgrau) und Y_2 (dunkelgrau) gesetzt. Die Segmentierung des Vordergrunds $X \boxplus Y$ auf der Basis der kleinsten geodätischen Distanz liefert

$$\begin{pmatrix} 1 & \infty & \infty & \infty & \infty & \infty \\ 0 & 1 & 2 & \infty & \infty & 0 \\ \infty & \infty & 3 & 4 & \infty & 0 \\ 6 & 5 & 4 & 5 & \infty & 1 \\ 7 & \infty & \infty & 4 & 3 & 2 \\ 8 & \infty & \infty & 5 & 4 & \infty \end{pmatrix},$$

wobei die beiden Segmente hell- bzw. dunkelgrau markiert sind und die Grenze gerahmt ist. ∎

In Anwendungen ist Y meist eine Teilmenge von X, und die Y_k bilden die (paarweise disjunkten) Zusammenhangskomponenten von Y, siehe Abschnitt 3.1.1. So lassen sich beispielsweise Grautonbilder F bezüglich zweier Binarisierungsschwellen mit $X \boxplus Y$ segmentieren, wobei X der Vordergrund des Binärbildes B von F bezüglich einer Schwelle t_1 ist. Das Markersystem Y bildet den Vordergrund eines weiteren Binärbildes bezüglich einer Schwelle t_2 mit $t_1 < t_2$. Durch Labeling wird aus Y das Bild G erhalten, und die Unterteilung $X \boxplus Y$ entspricht einer durch X begrenzten Ausbreitung der Labels (Regionenwachstum).

Beispiel 3.15 Das in Bild 3.12a gezeigte 8-Bit-Grautonbild F wurde zunächst bezüglich der Schwelle $t_1 = 41$ binarisiert. Dadurch wird das Binärbild B mit X als Vordergrund erhalten, siehe Bild 3.12b. Zur Erzeugung von Markern wurde F außerdem bezüglich $t_2 = 69$ binarisiert und anschließend gelabelt. Das Ergebnis ist das Labelbild G mit den drei Markern Y_1, Y_2 und Y_3, siehe Bild 3.12c. Das bezüglich B begrenzte Regionenwachstum von G liefert die Segmentierung $X \boxplus Y$, siehe Bild 3.12d. ∎

Bei der algorithmischen Implementierung wird von den Binärbildern B und B_1 mit dem Vordergrund X bzw. Y ausgegangen. Aus B_1 wird ein Labelbild G (vom Typ `unsigned long`) bezüglich einer gewählten Nachbarschaft erzeugt, z. B. mit der in Abschnitt 3.1.2 beschriebenen Methode. Die Zusammenhangskomponenten in G bilden dabei die Marker $Y_1, \ldots, Y_m$, wobei der Wert 0 für den Hintergrund verwendet wird und die Indizes $1, \ldots, m$ die in G vergebenen Labels sind.

Nun wird das Labelbild G mit B maskiert, und anschließend wird B_1 invertiert und B mit dem invertierten Binärbild B_1 maskiert, so dass in B nur die bisher noch nicht gelabelten Pixel Vordergrundpixel sind.

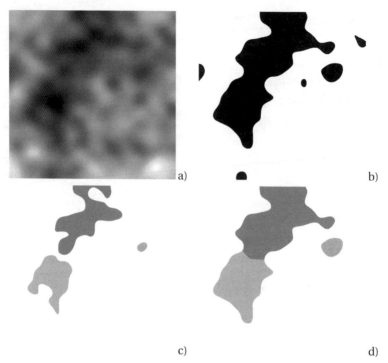

Bild 3.12 a) Grautonbild F, b) Binärbild B von F bezüglich der Schwelle t_1, c) Labelbild G (Markerbild), d) Bild mit der Segmentierung von X bezüglich der Marker Y

Das Labeling der in B verbliebenen Vordergrundpixel basiert auf ihrer Verwaltung in einer verketteten Liste, die als *first-in-first-out*-Warteschlange organisiert ist (FIFO-Liste L). Dabei wird wie folgt vorgegangen:

1. *Schritt (Scanning).* Das Bild B wird gescannt, bis ein Vordergrundpixel x_k gefunden ist, das einen bereits gelabelten Nachbarn bezüglich der verwendeten Nachbarschaft hat. Die Pixelposition k wird in die FIFO-Liste L aufgenommen.
2. *Schritt (Bearbeitung der FIFO-Liste).* Die Liste L wird bearbeitet, wobei in der Reihenfolge ihrer Aufnahme die Pixeladressen entnommen werden.

    - Ist k die aktuelle Adresse aus L, dann werden die Adressen aller noch nicht gelabelten Nachbarn von x_k in L eingetragen (sofern sie Vordergrundpixel von B und noch nicht in L enthalten sind).
    - Haben alle bereits gelabelte Nachbarn von x_k das gleiche Label ℓ, dann wird x_k in B gelöscht, d. h., der Pixelwert mit der Adresse k wird in B gleich 0 (Hintergrund) gesetzt. Außerdem wird in G der Pixelwert mit der Adresse k durch ℓ überschrieben.
    - Haben bereits gelabelten Nachbarn von x_k unterschiedliche Labels, dann werden die Pixelwerte mit der Adresse k in B und in G auf null gesetzt (Grenzpixel zwischen den sich bildenden Einflusszonen).
    - Der Algorithmus bricht ab, wenn L leer ist.

In dem mit diesem Algorithmus beschriebenen Regionenwachstum wird der geodätische Abstand bezüglich der gewählten Nachbarschaft approximiert.

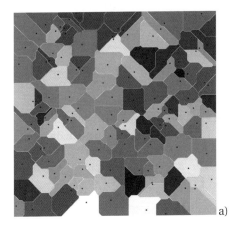 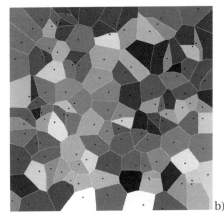

a) b)

Bild 3.13 Einflusszonen punktförmiger Objekte, die im Bild unabhängig und gleichverteilt angeordnet sind: a) Einflusszonen mit Objekten, wobei die geodätischen Abstände bezüglich einer 4er-Nachbarschaft bestimmt wurden, b) Wasserscheidentransformation nach der Anwendung einer EDT auf den Bildhintergrund

Beispiel 3.16 Besteht Y aus m isolierten Punkten $x_1, \ldots, x_m$, d. h. $Y_k = \{x_k\}$, $k = 1, \ldots, m$, und ist X der komplette Bildausschnitt, dann entspricht die geodätische Distanz der Euklidischen Distanz, und $X \boxplus Y$ ist eine Zerlegung des Bildausschnitts in konvexe Polygone $X_1, \ldots, X_m$ (Voronoï-Zerlegung). Wird jedoch eine Approximation der geodätischen Abstände verwendet, dann sind die X_k nicht konvex, siehe Bild 3.13a. ∎

Bei der Anwendung der Wasserscheidentransformation kommt es in der Regel zu einer Übersegmentierung, die aber durch verschiedene Methoden wesentlich reduziert oder ganz unterdrückt werden kann [106], [165], [107]. Zu den Methoden der Reduzierung der Übersegmentierung zählen:

- *Preprozessing.* Meist gelingt es bereits mit einer linearen Filterung (z. B. durch Anwendung eines Binomialfilters) auf das Ausgangsbild die Übersegmentierung erheblich zu reduzieren. Effizienter bei der Reduzierung der Anzahl lokaler Minima des Ausgangsbilds ist aber die Verwendung des Maximumfilters.
- *Prefloating.* Das Prefloating ist in den Algorithmus der Wasserscheidentransformation integriert [157, Abschnitt 4.4.1]. Mit der Errichtung von Wasserscheiden wird dabei erst dann begonnen, wenn die Flutung eine vorgegebene Schwelle überschritten hat. Diese Schwelle ist ein zusätzlicher Parameter der Wasserscheidentransformation.
- *Postprozessing.* Dabei werden benachbarte „Becken" nach bestimmten Kriterien zu größeren Becken zusammengefasst [166]. Als Kriterium kann z. B. der Abstand der Lage lokaler Minima benachbarter Becken dienen.

3.3.3 Flutungsalgorithmus

Mit $X \boxplus Y$ wird wie zuvor ein System der Teilmengen $X_1, \ldots, X_m$ von X bezeichnet, das durch die Zerlegung von X bezüglich des Systems $Y_1, \ldots, Y_m$ von Y erhalten wird. Zusätzlich kann es

Zusammenhangskomponenten $X_{m+1}, \ldots, X_{m+\mu}$ von X geben, die Y nicht schneiden, $X_{m+k} \cap Y = \emptyset$, $k = 1, \ldots, \mu$, und folglich auch nicht Bestandteil der Zerlegung $X \boxplus Y$ sind. Die Zusammenhangskomponenten $X_{m+1}, \ldots, X_{m+\mu}$ müssen jedoch im Flutungsalgorithmus der WST berücksichtigt werden, und daher wird die Bedeutung des Symbols $\boxplus$ um ein kleines, für eine formale Beschreibung des Flutungsalgorithmus aber wichtiges Detail erweitert. Mit $X \boxplus Y$ soll im Folgenden die ergänzte Zerlegung $X_1, \ldots, X_{m+\mu}$ bezeichnet werden.

Der Flutungsalgorithmus wird auf ein Grautonbild F mit nichtnegativen, ganzzahligen Pixelwerten angewandt, wobei v der größte Grauwert in F ist. Das Markerbild wird in diesem Algorithmus sequentiell durch eine Binarisierung von F bezüglich der Schwelle k für $0 \leq k \leq v-1$ erhalten, wobei $B_k = (F \leq k)$ das mit k binarisierte Bild $B_k = (b_{ijk})$ bezeichnet, d.h. $b_{ijk} = 1$, falls $f_{ij} \leq k$, und $b_{ijk} = 0$ sonst.

Das Ergebnis G_v der WST kann damit rekursiv aus

$$G_{k+1} = (F \leq k) \boxplus G_k, \quad k = 0, \ldots, v-1$$

mit der Initialisierung

$$G_0 = (F \leq 0)$$

erhalten werden.

Um beim Flutungsalgorithmus sequentiell auf die Pixel des Ausgangsbildes in der Reihenfolge ihrer Werte effektiv zugreifen zu können, ist es sinnvoll, die Pixelwerte aufsteigend zu sortieren. Sind die Werte vom Typ `unsigned char`, `unsigned short` oder `unsigned long`, dann kann eine sortierte Liste z. B. mit der in Abschnitt 2.4.2 präsentierten Funktion `dsort()` erzeugt werden. Weitere Details zur Implementierung sind in [136] nachlesbar. Für Ausgangsbilder vom Typ `float` oder `double` muss dagegen auf die Funktion `sort()` zurückgegriffen werden, was die Sortierung wesentlich zeitaufwändiger macht.

3.4 Radon- und Hough-Transformation

Die Radon-Transformation, benannt nach dem österreichischen Mathematiker Johann Radon, ist eine Verallgemeinerung der Abel-Transformation und kann als ein Spezialfall der Hough-Transformation aufgefasst werden. Die Abel-Transformation spielt in der Bildverarbeitung z. B. im Zusammenhang mit dem Wicksellschen Korpuskelproblem eine Rolle, bei dem ein ebener Schnitt durch ein System von (nicht überlappenden) Kugeln betrachtet wird. In dem ebenen Schnitt werden Schnittkreise mit zufälligen Durchmessern beobachtet, und aus der bildanalytisch bestimmten Schnittkreisdurchmesserverteilung soll auf die Kugeldurchmesserverteilung geschlossen werden. Die Umrechnung der Dichtefunktion der Kugeldurchmesserverteilung in die Dichtefunktion der Schnittkreisdurchmesserverteilung basiert auf der Lösung einer Abelschen Integralgleichung [118].

Wesentlich größere praktische Bedeutung hat die Radon-Transformation erlangt. Ihre Umkehrung, die inverse Radon-Transformation, wird bei der Bildgebung mit Methoden der Computertomographie verwendet, die längst zu einem eigenständigen Forschungsgebiet geworden ist. In diesem Abschnitt kann lediglich auf das Grundprinzip der Radon-Transformation eingegangen werden. Außerdem werden Aspekte einer Verallgemeinerung der Radon-Transformation behandelt.

Bild 3.14 Können die Linien in a) entwirrt werden? Offensichtlich handelt es sich um eine Überlagerung von Violinschlüsseln gleicher Größe und Ausrichtung. In der Hough-Transformierten b) sind Spots zu sehen, deren Positionen denen der Violinschlüssel entsprechen. Das Problem der Segmentierung der Violinschlüssel in a) lässt sich also auf die Segmentierung der Spots in b) reduzieren.

Zu diesen Verallgemeinerungen gehören zweifellos die Hough-Transformation und in einem gewissen Sinne auch das Template-Matching.

3.4.1 Radon-Transformation

Wir betrachten zunächst eine (beschränkte und integrierbare) Funktion $f : \mathbb{R}^2 \mapsto \mathbb{R}$, also ein kontinuierliches Grautonbild mit reellwertigen Pixelwerten. Das Integral

$$\hat{f}(x_2) = \int_{-\infty}^{\infty} f(x_1, x_2) \, dx_1, \quad x_2 \in \mathbb{R}$$

entspricht für jeden festen Wert x_2 der Integration von f entlang einer Geraden, die parallel zur x_1-Achse ist. Die Funktion $\hat{f} : \mathbb{R} \mapsto \mathbb{R}$ wird als orthogonale Projektion von f auf die x_2-Achse bezeichnet (orthogonale Projektion in x_2-Richtung).

Die Funktion f soll nun in eine beliebige Richtung $\vartheta \in [0, \pi)$ projiziert werden, was der Integration von f entlang einer Geraden g entspricht. Dazu betrachten wir die Geradengleichung

$$x = x_0 + ta, \quad t \in \mathbb{R} \tag{3.2}$$

(parametrische Form), d.h.

$$g = \{x \in \mathbb{R}^2 : x = x_0 + ta, \ t \in \mathbb{R}\}.$$

Dabei sind $x_0 \in \mathbb{R}^2$ das Offset der Geraden und a der zu ϑ gehörige Richtungsvektor,

$$a = \begin{pmatrix} \cos \vartheta \\ \sin \vartheta \end{pmatrix}.$$

Als Offset wählen wir den zu a orthogonalen Vektor

$$x_0 = s \begin{pmatrix} \cos(\vartheta - \frac{\pi}{2}) \\ \sin(\vartheta - \frac{\pi}{2}) \end{pmatrix} = s \begin{pmatrix} \sin \vartheta \\ -\cos \vartheta \end{pmatrix}$$

mit $s \in \mathbb{R}$, siehe Bild 3.15. Der Betrag $|s|$ ist der kürzeste Abstand von g zum Koordinatenursprung. Damit kann die Geradengleichung (3.2) in der Form

$$\begin{pmatrix} x_1 \\ x_2 \end{pmatrix} = s \begin{pmatrix} \sin \vartheta \\ -\cos \vartheta \end{pmatrix} + t \begin{pmatrix} \cos \vartheta \\ \sin \vartheta \end{pmatrix}, \quad t \in \mathbb{R}$$

geschrieben werden, wobei x_1 und x_2 die Komponenten von x sind. Substituieren wir in $f(x_1, x_2)$ die Veränderlichen x_1 und x_2 durch die rechte Seite der obigen Gleichung, dann ist $\|\dot{x}\| = 1$ und $dx = \|\dot{x}\| dt = dt$. Für jeden festen Wert $s \in \mathbb{R}$ erhält man damit

$$\int_g f(x) \, dx = \int_{-\infty}^{\infty} f(x_1, x_2) \, dt = \int_{-\infty}^{\infty} f(s \sin \vartheta + t \cos \vartheta, -s \cos \vartheta + t \sin \vartheta) \, dt,$$

d.h. ein Linienintegral von f entlang der Geraden g. Für variables s kann dieses Integral als Projektion von f in die Geradenrichtung ϑ interpretiert werden.

Definition 3.9 Sei $f : \mathbb{R}^2 \mapsto \mathbb{R}$ eine integrierbare Funktion, dann ist

$$\hat{f}(s, \vartheta) = \int_{-\infty}^{\infty} f(s \sin \vartheta + t \cos \vartheta, -s \cos \vartheta + t \sin \vartheta) \, dt, \quad s \in \mathbb{R}, \ \vartheta \in [0, \pi) \tag{3.3}$$

die Radon-Transformierte von f. ∎

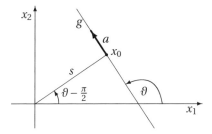

Bild 3.15 Parametrisierung der Geraden g mit s und ϑ

Wir führen eine Operatorschreibweise ein, bezeichnen mit $\hat{f}(s,\vartheta) = [\mathscr{R}f](s,\vartheta) = [\mathscr{R}f](s,\vartheta)$ die Radon-Transformierte von f, und $\mathscr{R}$ ist das Symbol für die Radon-Transformation. Die Rücktransformation, d. h. die inverse Radon-Transformation, wird mit $\bar{\mathscr{R}}$ bezeichnet. Formal schreiben wir $f = \bar{\mathscr{R}}\hat{f}$.

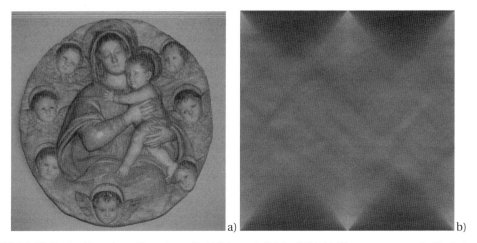

Bild 3.16 Radon-Transformation eines Farbbildes: a) Originalbild, b) Sinogramm, wurde für jeden Farbkanal separat berechnet

Die Radon-Transformation ist eine lineare Transformation. Für $f, g : \mathbb{R}^2 \mapsto \mathbb{R}$ und $a, b \in \mathbb{R}$ gilt

$$\mathscr{R}(af + bg) = a\mathscr{R}f + b\mathscr{R}g.$$

Außerdem ist die Radon-Transformierte 2π-periodisch, d. h. $\hat{f}(s,\vartheta+2\pi) = \hat{f}(s,\vartheta)$ für alle $\vartheta \in \mathbb{R}$. Schließlich gilt noch

$$\hat{f}(s,\vartheta+\pi) = \hat{f}(-s,\vartheta), \qquad \vartheta \in \mathbb{R},$$

und damit enthält die Radon-Transformierte $\hat{f}$ für $(s,\vartheta) \in \mathbb{R} \times [0,\pi)$ die komplette Information über f. Eine Rücktransformation von $\hat{f}(s,\vartheta)$ mit $s \in \mathbb{R}$ und $\vartheta \in [0,\pi)$ könnte also verlustfrei sein, $f = \bar{\mathscr{R}}\hat{f}$.

Beispiel 3.17 Gesucht ist die Radon-Transformierte der isotropen 2-dimensionalen Gauß-Funktion

$$f(x) = \frac{1}{2\pi\sigma^2} e^{-\frac{\|x\|^2}{2\sigma^2}}, \qquad x \in \mathbb{R}^2. \tag{3.4}$$

Es gilt

$$\begin{aligned}
\|x\|^2 &= x_1^2 + x_2^2 \\
&= (s\sin\vartheta + t\cos\vartheta)^2 + (-s\cos\vartheta + t\sin\vartheta)^2 \\
&= (s^2\sin^2\vartheta + 2st\sin\vartheta\cos\vartheta + t^2\cos^2\vartheta) \\
&\quad + (s^2\cos^2\vartheta - 2st\cos\vartheta\sin\vartheta + t^2\sin^2\vartheta) \\
&= (s^2 + t^2)(\sin^2\vartheta + \cos^2\vartheta) \\
&= s^2 + t^2.
\end{aligned}$$

Damit erhält man

$$\begin{aligned}
\hat{f}(s,\vartheta) &= \int_{-\infty}^{\infty} \frac{1}{2\pi\sigma^2} e^{-\frac{s^2+t^2}{2\sigma^2}} dt = \int_{-\infty}^{\infty} \frac{1}{\sqrt{2\pi}\sigma} e^{-\frac{s^2}{2\sigma^2}} \frac{1}{\sqrt{2\pi}\sigma} e^{-\frac{t^2}{2\sigma^2}} dt \\
&= \frac{1}{\sqrt{2\pi}\sigma} e^{-\frac{s^2}{2\sigma^2}} \underbrace{\int_{-\infty}^{\infty} \frac{1}{\sqrt{2\pi}\sigma} e^{-\frac{t^2}{2\sigma^2}} dt}_{=1} \\
&= \frac{1}{\sqrt{2\pi}\sigma} e^{-\frac{s^2}{2\sigma^2}}.
\end{aligned}$$

Erwartungsgemäß ist die Radon-Transformierte $\hat{f}(s,\vartheta)$ der (isotropen) 2-dimensionalen Gauß-Funktion eine 1-dimensionale Gauß-Funktion, die unabhängig von der Projektionsrichtung ϑ ist. ∎

Bemerkung 3.21 Das Ergebnis der Radon-Transformation, also die Radon-Transformierte, wird wegen seiner charakteristischen Form auch Sinogramm genannt, siehe z. B. Bild 3.16. ∎

Bemerkung 3.22 Die Radon-Transformierte $\hat{f}$ kann mit physikalischen Abbildungstechniken erhalten werden. Es bezeichne I die Strahlintensität nach Durchdringung eines Körpers mit der ortsabhängigen Dichte f, und für die erste Ableitung in Strahlrichtung ϑ gelte die einfache Differentialgleichung 1. Ordnung $\dot{I} = -\lambda f I$, wobei λ den homogenen (d. h. von f unabhängigen) Absorptionskoeffizienten bezeichnet (Lambert-Beersches Gesetz oder Bourgersches Gesetz), dann ist $\ln(I/I_0) = -\lambda \mathcal{R} f$ mit der Intensität I_0 des ungeschwächten Strahls (Anfangsintensität). ∎

Bemerkung 3.23 Die inverse Radon-Transformation ist der Kern der Computertomographie. ∎

Bemerkung 3.24 Die inverse Radon-Transformation ist numerisch instabil, d. h., kleine Änderungen (Fehler) im Sinogramm $\hat{f}$ bewirken große Änderungen in der Rücktransformierten $\mathscr{R}\hat{f}$. Ein Algorithmus für die inverse Radon-Transformation ist die gefilterte Rückprojektion *(filtered backprojection)*, siehe Abschnitt 6.2.1. ∎

Bemerkung 3.25 Für die Radon-Transformation gibt es eine Reihe alternativer Darstellungen, von denen die Folgende vielleicht hilfreich für ein besseres Verständnis ist. Die Gleichung für die Gerade g wird häufig in der Form $x_2 = ax_1 + b$ mit dem Anstieg a und der Konstanten b geschrieben. Substituiert man in der Funktion $f(x_1, x_2)$ die Veränderliche x_2 durch $ax_1 + b$, dann kann die Radon-Transformation wegen $\|\frac{d}{dx_1}x\| = \sqrt{1+a^2}$ in der Form

$$\tilde{f}(a,b) = \sqrt{1+a^2} \int_{-\infty}^{\infty} f(x_1, ax_1 + b)\, dx_1, \qquad a, b \in \mathbb{R} \tag{3.5}$$

geschrieben werden. Das sieht einfacher aus als in Gl. (3.3), und für manche Zwecke ist diese Darstellung tatsächlich auch hilfreich. Ein Problem in Gl. (3.5) ist jedoch die Projektion in Richtung $\vartheta = \frac{\pi}{2}$, denn für $s \neq 0$ und $\vartheta \to \frac{\pi}{2}$ divergieren sowohl der Anstieg a als auch das Absolutglied. Das bedeutet, die auf der Grundlage von Gl. (3.5) berechnete Radon-Transformierte eines Bildes mit beschränktem Ausschnitt (Fenster) wäre unbeschränkt. ∎

Bemerkung 3.26 Da die Differenz $x_2 - ax_1 - b$ gleich null ist, falls der Punkt (x_1, x_2) auf der Geraden g liegt, kann die Radon-Transformation mithilfe der Dirac-Funktion δ auch als Doppelintegral geschrieben werden,

$$\tilde{f}(a,b) = \int_{-\infty}^{\infty} \int_{-\infty}^{\infty} f(x_1, x_2)\, \delta(x_2 - ax_1 - b)\, dx_2\, dx_1, \qquad a, b \in \mathbb{R}.$$

∎

Bemerkung 3.27 Wir hatten bereits darauf hingewiesen, dass eine explizite Form der inversen Radon-Transformation kompliziert ist. Geht man jedoch von Gl. (3.5) aus, dann ist das noch einigermaßen übersichtlich,

$$f(x_1, x_2) = \frac{1}{2\pi} \int_{-\infty}^{\infty} \frac{d}{dx_2} \mathscr{H}\tilde{f}(a, x_2 - ax_1) \sqrt{1+a^2}\, da, \qquad x_1, x_2 \in \mathbb{R}.$$

Dabei ist $\mathscr{H}$ die Hilbert-Transformation,

$$\mathscr{H}g(v) = \frac{1}{2\pi} \int_{-\infty}^{\infty} \frac{g(u)}{u-v}\, du, \qquad v \in \mathbb{R}.$$

∎

Beispiel 3.18 Mithilfe von Gl. (3.5) kann die Radon-Transformierte der isotropen 2-dimensionalen Gauß-Funktion (3.4) berechnet werden. Es gilt

$$
\begin{aligned}
\tilde{f}(a,b) &= \sqrt{1+a^2} \int_{-\infty}^{\infty} \frac{1}{2\pi\sigma^2} \exp\left(-\frac{x_1^2 + (ax_1+b)^2}{2\sigma^2}\right) dx_1 \\
&= \frac{\sqrt{1+a^2}}{2\pi\sigma^2} \int_{-\infty}^{\infty} \exp\left(-\frac{x_1^2 + a^2 x_1^2 + 2abx_1 + b^2}{2\sigma^2}\right) dx_1 \\
&= \frac{\sqrt{1+a^2}}{2\pi\sigma^2} \int_{-\infty}^{\infty} \exp\left(-\frac{1+a^2}{2\sigma^2}\left(x_1^2 + \frac{2abx_1}{1+a^2} + \frac{b^2}{1+a^2}\right)\right) dx_1 \\
&= \frac{\sqrt{1+a^2}}{2\pi\sigma^2} \int_{-\infty}^{\infty} \exp\left(-\frac{1+a^2}{2\sigma^2}\left(\left(x_1 + \frac{ab}{1+a^2}\right)^2 - \frac{a^2 b^2}{(1+a^2)^2} + \frac{b^2}{1+a^2}\right)\right) dx_1.
\end{aligned}
$$

Mit den Abkürzungen $\sigma_0 = \frac{\sigma}{\sqrt{1+a^2}}$ und $\mu = -\frac{ab}{1+a^2}$ schreibt sich das in der Form

$$
\begin{aligned}
\tilde{f}(a,b) &= \frac{1}{\sqrt{2\pi}\sigma} \underbrace{\frac{1}{\sqrt{2\pi}\sigma_0} \int_{-\infty}^{\infty} \exp\left(-\frac{(x-\mu)^2}{2\sigma_0^2}\right) dx}_{=1} \exp\left(\frac{1}{2\sigma^2}\left(b^2 - \frac{a^2 b^2}{1+a^2}\right)\right) \\
&= \frac{1}{\sqrt{2\pi}\sigma} \exp\left(-\frac{b^2}{2\sigma^2(1+a^2)}\right).
\end{aligned}
$$

Das bedeutet, die Radon-Transformierte $\tilde{f}(a,b)$ ist bis auf den konstanten Faktor $1/\sqrt{1+a^2}$ eine zentrierte 1-dimensionale Gauß-Funktion in der Variablen b und mit der Varianz $\sigma^2(1+a^2)$. Überraschend ist das nicht. Aber warum ist $\tilde{f}(a,b)$ vom Anstieg a abhängig, obwohl $f(x,y)$ isotrop ist? ∎

Aufgabe 3.6 Bestimmen Sie für das obige Beispiel aus $\tilde{f}(a,b)$ die Radon-Transformierte $\hat{f}(s,\vartheta)$ durch eine geeignete Substitution. ∎

Für die Radon-Transformation gibt es eine Vielzahl von Anwendungen, siehe z. B. [57]. Auf zwei dieser Anwendungen soll besonders eingegangen werden:

- Die Radon-Transformation modelliert eine Bildaufnahme auf der Grundlage von Absorption (Schwächungskontrast), wobei das abzubildende Objekt um eine Achse senkrecht zur Strahlrichtung rotiert wird. Prominentes Beispiel ist die Röntgenschwächung. Es entsteht eine Sequenz von Schwächungsbildern, die mit k indiziert werden, siehe Bild 3.17. Wählt man aus den Schwächungsbildern jeweils die ℓ-te Zeile aus und fasst diese Zeilen zu einem 2-dimensionalen Bild zusammen, erhält man ein Sinogramm (mit dem Index ℓ). Die inverse Radon-Transformation des ℓ-ten Sinogramms liefert ein 2-dimensionales Bild, welches dem ℓ-ten Schnitt durch das Objekt zugeordnet ist. Dieses 2-dimensionale Bild ist eine Abbildung der inneren Struktur des Objekts.

- Offensichtlich werden Strecken (d. h. lang gestreckte, sich eventuell auch gegenseitig überlagernde Objekte mit ausreichend hohem Kontrast zum Bildhintergrund) als markante

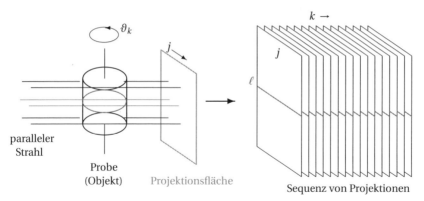

Bild 3.17 Schematische Darstellung der Anwendung der Radon-Transformation bei tomographischen Verfahren mit Parallelprojektion: Für jeden (diskreten) Drehwinkel ϑ_k entsteht ein Schwächungsbild. Fasst man die ℓ-ten Zeilen aller Schwächungsbilder (markierte Zeilen im rechten Teilbild) zu einem 2-dimensionalen Bild zusammen, erhält man ein Sinogramm.

Spots (Punkte) in der Radon-Transformierten dargestellt, siehe Bild 3.18. Da die Projektion eine Glättung bewirkt, kann insbesondere dann, wenn das Originalbild durch starkes Rauschen gestört wird, die Segmentierung dieser Strecken via Sinogramm einfacher als im Originalbild sein. Dazu betrachten wir eine gerade Faser X_r mit der Breite $2r$. Genauer: X_r ist die Menge aller Punkte $x \in \mathbb{R}^2$, deren Abstand von einer Geraden g kleiner oder gleich r ist. Klar, für $r \to 0$ konvergiert die Faser X_r gegen die Gerade g. Werden nun mit $\mathbf{1}_{X_r}$ die Indikatorfunktion der Faser X_r und mit s und ϑ die Parameter von g bezeichnet, dann gilt für die Radon-Transformierte $\mathscr{R}\mathbf{1}_{X_r}$ der Indikatorfunktion der Faser

$$\lim_{r \to 0} \frac{\mathscr{R}\mathbf{1}_{X_r}(s,\vartheta)}{2r} = 2\pi\delta(s-s', \vartheta-\vartheta'), \quad s' \in \mathbb{R},\ \vartheta' \in [0,\pi),$$

wobei δ die 2-dimensionale Dirac-Funktion ist. In diesem Sinne entspricht der Geraden g der Punkt (s,ϑ) im Sinogramm. Das spezifische Muster der Spots im Sinogramm von Bild 3.18b ist eine Folge der (von null verschiedenen) Breite und der endlichen Länge der Fasern im Originalbild. Auf diese Weise lassen sich den Strecken in Bild 3.18a die Spots in Bild 3.18b zuordnen (und umgekehrt). Die zu einem Spot an der Stelle (s,ϑ) gehörige Gerade ist durch die Gleichung

$$x_2 = x_1 \tan\vartheta + \frac{s}{\cos\vartheta}, \quad x_1 \in \mathbb{R}$$

für $s \in \mathbb{R}$ und $\vartheta \in [0,\pi)$, $\vartheta \neq \frac{\pi}{2}$ gegeben, siehe auch Bild 3.19. Klar, $a = \tan\vartheta$ ist der Anstieg, und $b = \frac{s}{\cos\vartheta}$ ist das Absolutglied. Umgekehrt kann mithilfe von

$$\vartheta = \begin{cases} \arctan a, & a > 0 \\ \arctan a + \pi, & a < 0 \end{cases}, \quad s = b\cos\vartheta$$

der Geraden $x_2 = ax_1 + b$ im Bild f ein Spot in der Radon-Transformierten $\hat{f}$ an der Stelle (s,ϑ) zugeordnet werden, siehe Bild 3.19. Die Detektion der Spots in der Radon-Transformierten ist jedoch nicht immer einfach. Hilfreich ist dabei die Verwendung von Modellen zur Beschreibung der Form der Spots [92].

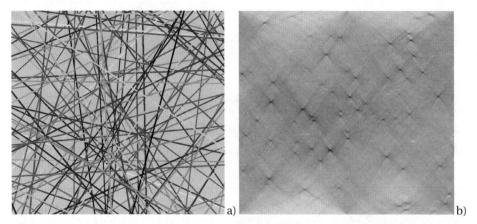

Bild 3.18 Radon-Transformation eines Farbbildes (durch Computer-Simulation erzeugte zufällige Struktur): a) Originalbild, b) Sinogramm. Den farbigen Linien im Originalbild entsprechen gleichfarbige Spots im Sinogramm. Die Spots im Sinogramm lassen sich leichter detektieren als die Strecken im Originalbild, insbesondere dann, wenn das Originalbild gestört ist (z. B. durch ein Rauschen).

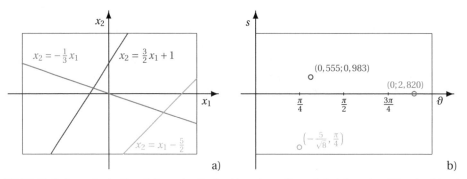

Bild 3.19 Schematische Darstellung der Radon-Transformation: a) drei Geraden (Strecken) in einem Bild und b) die Lage (s, ϑ) der zugehörigen Spots in der Radon-Transformierten

Ein Algorithmus für die Radon-Transformation

Sei $F = (f_{ij})$ ein Grautonbild mit n_1 Zeilen und n_2 Spalten, wobei der Einfachheit halber angenommen wird, dass die Pixelabstände gleich 1 sind (d. h. F ist ein rechteckiger Ausschnitt aus einem Sampling von f auf dem Einheitsgitter $\mathbb{Z}^2$). Wir bezeichnen mit W das zugehörige rechteckige Fenster und setzen voraus, dass f außerhalb von W null sein soll, $f(x) = 0$ für alle $x \notin W$ (Padding mit Nullen). Dann ist der Vektor $(\hat{f}_j)$ mit

$$\hat{f}_i = \sum_{j=0}^{n_2-1} f_{ij}, \qquad i = 0, \ldots, n_1 - 1$$

eine Approximation des Samplings der Radon-Transformierten $\hat{f}$ für $\vartheta = 0$ auf $\mathbb{Z}$. Im diskreten Fall ist die Projektion von f in x_1-Richtung also nichts anderes als die Bildung der Zeilensummen von F.

Um F in eine beliebige Richtung projizieren zu können, betrachten wir eine Drehung $F^k = (f_{ij}^k)$ von F um den Winkel $-\vartheta_k$ mit $\vartheta_k = k\pi/m$, $k = 0,\ldots, m-1$, wobei m die Anzahl der Drehungen ist. Werden die Pixelwerte von F^k dabei aus den Daten von F durch bilineare Interpolation bestimmt, siehe Abschnitt 1.6.2, dann ist F^k die Approximation eines Samplings von f auf dem gedrehten Gitter $A_{-\vartheta_k}\mathbb{Z}^2$ mit der Rotationsmatrix (1.9) und ihrer Inversen $A_{-\vartheta} = A_\vartheta^{-1}$. Unter der Drehung $A_{-\vartheta_k}\mathbb{Z}^2$ des Gitters $\mathbb{Z}^2$ ist natürlich die Drehung der Gitterpunkte um den Koordinatenursprung zu verstehen, $A_{-\vartheta_k}\mathbb{Z}^2 = \{A_{-\vartheta_k}x : x \in \mathbb{Z}^2\}$. Das Sinogramm $\hat{F} = (\hat{f}_{ik})$ von F ist ein Bild mit m Zeilen und n_1 Spalten; es kann mithilfe von

$$\hat{f}_{ik} = \sum_{j=0}^{n_2-1} f_{ij}^k, \quad i = 0,\ldots, n_1-1,\ k = 0,\ldots, m-1 \qquad (3.6)$$

berechnet werden.

Bemerkung 3.28 Sind F und F^k Grautonbilder vom Typ unsigned char, dann muss $\hat{F}$ als ein Grautonbild vom Typ unsigned short oder sogar vom Typ unsigned long initialisiert werden. Um das Sinogramm $\hat{F}$ (mit der üblichen Software) auch anzeigen zu können, bedarf es also noch eines Spreadings auf unsigned char. ■

Bemerkung 3.29 Die Anzahl m der (diskreten) Drehungen kann beliebig (also unabhängig von der Bildgröße n_1 und n_2) gewählt werden. Ist jedoch eine Rücktransformation erforderlich, dann sollte m mindestens so groß wie die Spaltenzahl n_2 des Bildes F sein. ■

Bemerkung 3.30 Man kann sich leicht überlegen, dass bei der Radon-Transformation Randeffekte (Bildrandfehler) eine große Rolle spielen. Insbesondere dann, wenn eine Rücktransformation erforderlich ist, muss darauf geachtet werden, dass das interessierende Objekt für alle Winkel ϑ_k vollständig im gedrehten Bild liegt (so wie beispielsweise in Bild 3.18). Ist das nicht der Fall, dann ist die Rücktransformation (mehr oder weniger) fehlerbehaftet. ■

Bemerkung 3.31 Um Bildrandfehler zu vermeiden, muss das Bild F so in ein größeres Bild eingebettet werden, dass bei Drehungen um das Bildzentrum keine Teile von F verloren gehen. Bild 3.21 zeigt eine passende Einbettung. ■

Bemerkung 3.32 Zu beachten ist ferner, dass die Radon-Transformation in kartesischen Koordinaten beschrieben wurde. Die x_1-, x_2-Koordinatenachse und die Achse der Funktionswerte $f(x_1, x_2)$ bilden also ein Rechtsystem, siehe Bild 1.14. Bei der Übertragung auf digitale Bilder müssen daher die Beziehungen zwischen den kartesischen Koordinaten x_1 und x_2 und den Pixelkoordinaten i und j berücksichtigt werden. Auch in den Bildern 3.16, 3.18, 3.19, 3.20 und 3.22 werden jeweils Rechtsysteme zugrunde gelegt. ■

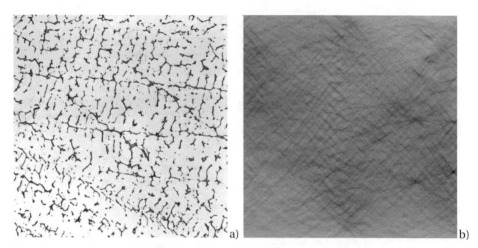

Bild 3.20 Radon-Transformation des Grautonbildes einer dendritischen Struktur in einem ebenen Anschliff: a) Originalbild, b) Sinogramm. Die im Originalbild (nur schwach erkennbaren) nahezu horizontalen Linien entsprechen den (dunklen) Spots am rechten Rand des Sinogramms.

Beispiel 3.19 Die Projektion der Indikatorfunktion 1_{Q_a} des Quadrats $Q_a = \left[-\frac{a}{2}, \frac{a}{2}\right]^2$ mit der Kantenlänge a in Richtung $\vartheta = \frac{\pi}{4}$ ist die Funktion

$$\hat{f}\left(s, \frac{\pi}{4}\right) = \begin{cases} \sqrt{2}a + 2s, & -a/\sqrt{2} \leq s \leq 0 \\ \sqrt{2}a - 2s, & 0 \leq s \leq a/\sqrt{2} \\ 0, & \text{sonst} \end{cases},$$

siehe Bild 3.22. ∎

Beispiel 3.20 Wir beziehen uns auf Beispiel 1.18. Für das Quadrat $Q_3 = \left[-\frac{3}{2}, \frac{3}{2}\right]^2$ mit der Kantenlänge 3 sind das Binärbild B und sein Sinogramm $\hat{B}$ durch

$$B = \begin{pmatrix} 0 & 0 & 0 & 0 & 0 \\ 0 & 1 & 1 & 1 & 0 \\ 0 & 1 & 1 & 1 & 0 \\ 0 & 1 & 1 & 1 & 0 \\ 0 & 0 & 0 & 0 & 0 \end{pmatrix}, \quad \hat{B} = \begin{pmatrix} 0 & 0{,}34 & 0 & 0{,}34 \\ 3 & 2{,}17 & 3 & 2{,}17 \\ 3 & 3{,}69 & 3 & 3{,}69 \\ 3 & 2{,}17 & 3 & 2{,}17 \\ 0 & 0{,}34 & 0 & 0{,}34 \end{pmatrix}$$

gegeben, wobei $m = 4$ gewählt wurde. Vergleichen Sie die zweite Spalte von $\hat{B}$ mit der Lösung von Beispiel 1.18. ∎

Beispiel 3.21 Auf der Grundlage von Bilddrehungen berechnete Sinogramme sind in den Bildern 3.16, 3.18 und 3.20 zu sehen, wobei in den Sinogrammen jeweils k der Spalten- und j der Zeilenindex ist und $m = n_1$ gewählt wurde. In Bild 3.18 ist die Zuordnung der Geraden zu den jeweiligen Spots offensichtlich. Die im Sinogramm von Bild 3.20 nahe am rechten Bildrand deutlich erkennbaren drei Spots entsprechen den drei nahezu horizontalen Linien im Originalbild. ∎

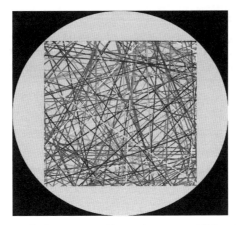

Bild 3.21 Einbettung eines Bildes F zur Vermeidung von Bildrandfehlern bei der Radon-Transformation

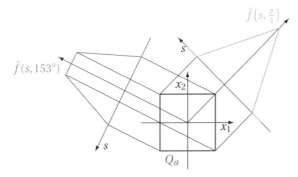

Bild 3.22 Projektion $\hat{f}(s, \vartheta)$ (hellgraue Kurve) der Indikatorfunktion des Quadrats Q_a in Richtung $\vartheta = \frac{\pi}{4}$, Projektion in Richtung $\vartheta = 153°$ (dunkelgrau)

Bemerkung 3.33 Die Radon-Transformation hat eine stark glättende Wirkung, was dazu führt, dass Bildrauschen (z. B. weißes Rauschen) unterdrückt wird. ∎

Bemerkung 3.34 Prinzipiell kann die Radon-Transformation auch auf Systeme von Strecken angewendet werden. Jedoch enthält die Radon-Transformierte nur einen Teil der Information über die Lage der Strecken. Die Streckenlänge kann unter der Voraussetzung einer einheitlichen Streckendicke anhand der Summe der Pixelwerte der Spots nur grob abgeschätzt werden. ∎

Bemerkung 3.35 Die Projektion der Radon-Transformierten auf die ϑ-Achse ergibt eine Schätzung der Dichte der Richtungsverteilung eines Systems gerader oder gekrümmter Fasern. ∎

3.4.2 Hough-Transformation

Wir verallgemeinern die Radon-Transformation, indem die Funktion $f : \mathbb{R}^2 \mapsto \mathbb{R}$ statt entlang einer Geraden jetzt entlang einer beliebigen Kurve $C \subset \mathbb{R}^2$ integriert wird. Formal kann das Linienintegral in der Form

$$\int_C f(x)\,dx$$

geschrieben werden. Um dieses Linienintegral für unsere Zwecke handhabbar zu machen, wird die Kurve C durch eine stetige und differenzierbare parametrische Funktion $x(t)$ beschrieben,

$$C = \{x(t) : t \in D(x)\},$$

wobei $D(x)$ der Definitionsbereich von x ist. (Falls x stetig ist, dann ist C zusammenhängend.) Substituieren wir x durch t, dann erhalten wir wegen $dx = \|\dot{x}\|\,dt$ für das obige Linienintegral

$$\int_C f(x)\,dx = \int_{D(x)} f\bigl(x(t)\bigr)\,\|\dot{x}(t)\|\,dt.$$

Die Länge ℓ der Kurve C ist

$$\ell = \int_C dx = \int_{D(x)} \|\dot{x}(t)\|\,dt.$$

Wir gehen nun davon aus, dass die Funktion x und damit die Kurve C durch die Parameter $a_1,\ldots,a_v$ charakterisiert ist, wobei $\mathbb{H} \subseteq \mathbb{R}^v$ den Parameterraum bezeichnet, d. h., der Parametervektor $(a_1,\ldots,a_v)$ ist aus $\mathbb{H}$, $(a_1,\ldots,a_v) \in \mathbb{H}$.

Definition 3.10 Sei $f : \mathbb{R}^2 \mapsto [0,\infty)$ eine integrierbare Funktion und $x : \mathbb{R} \mapsto \mathbb{R}^2$ eine parametrische Funktion, die von den Parametern $a_1,\ldots,a_v$ abhängig ist. Dann heißt die Integraltransformation

$$\hat{f}(a_1,\ldots,a_v) = \int_{D(x)} f\bigl(x(t)\bigr)\,\|\dot{x}(t)\|\,dt, \qquad (a_1,\ldots,a_v) \in \mathbb{H}$$

Hough-Transformation. Die Funktion $\hat{f}$ ist die Hough-Transformierte von f bezüglich x. ∎

Der Parameterraum $\mathbb{H}$ wird auch Hough-Raum genannt. Falls die Länge ℓ der Kurve C endlich ist, muss f nicht notwendig integrierbar, sondern lediglich beschränkt sein, um sicherzustellen, dass die Hough-Transformierte $\hat{f}$ existiert.

Beispiel 3.22 Eine Gerade g ist eine spezielle Kurve mit unendlicher Länge. Wird g wie in Bild 3.15 durch s und ϑ parametrisiert, dann ist $\mathbb{H} = \mathbb{R} \times [0,\pi)$ der zur Radon-Transformation gehörige Hough-Raum. In diesem Sinne ist die Radon-Transformation ein Spezialfall der Hough-Transformation. Eine Umkehrung der Hough-Transformation existiert im Prinzip nur für diesem Spezialfall. ∎

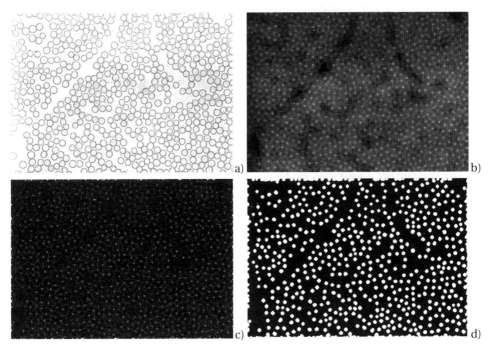

Bild 3.23 Lichtmikroskopische Aufnahme eines Querschliffs durch ein glasfaserverstärktes Epoxidharz (a) und die Hough-Transformation bezüglich Kreislinien: Der Radius r der Kreise wurde zwischen 6 und 10 Pixeln variiert, wobei im Hough-Bild das jeweilige relative Maximum des (numerischen Werts des) Linienintegrals an der Position (u, v) des Kreiszentrums eingetragen wurde (b). (Das Originalbild wurde vor der Hough-Transformation invertiert.) Nach der Hough-Transformation wurde eine Top-Hat-Transformation (c) und dann eine Binarisierung mit anschließender Dilatation (d) ausgeführt.

Beispiel 3.23 Die Kreislinie kann durch die parametrische Funktion

$$x(t) = r \begin{pmatrix} \cos t \\ \sin t \end{pmatrix} - \begin{pmatrix} u \\ v \end{pmatrix}, \quad t \in [0, 2\pi)$$

mit $D(x) = [0, 2\pi)$ beschrieben werden. Dabei sind r der Radius, $r > 0$, und $x_0 = \begin{pmatrix} u \\ v \end{pmatrix} \in \mathbb{R}^2$ das Offset. (Der Punkt $-x_0$ ist der Kreismittelpunkt.) Offensichtlich sind $\|\dot{x}(t)\| = r$ und $\ell = 2\pi r$. Die Hough-Transformation von f bezüglich des Kreises C kann daher in der Form

$$\hat{f}(r, u, v) = r \int_0^{2\pi} f(r \cos t - u, r \sin t - v) \, dt, \quad r > 0, \ u, v \in \mathbb{R} \tag{3.7}$$

geschrieben werden. Jede Kreislinie im Grautonbild f entspricht einem Spot in der Hough-Transformierten $\hat{f}$. Der zugehörige Hough-Raum $\mathbb{H} = (0, \infty) \times \mathbb{R}^2$ ist ein Teil des 3-dimensionalen Raums, $\mathbb{H} \subset \mathbb{R}^3$, was die Sache unübersichtlich macht. Daher wird – wann immer das möglich ist – der Radius r als eine Konstante betrachtet, wodurch $\hat{f}$ nur noch von den beiden Parametern u und v abhängig ist und folglich als ein 2-dimensionales Bild aufgefasst werden kann, siehe Bild 3.23. ∎

Beispiel 3.24 Eine Ellipse C, deren Hauptachsen parallel bzw. senkrecht zu den Koordinatenrichtungen sind, kann durch

$$x(t) = \begin{pmatrix} a\cos t \\ b\sin t \end{pmatrix} - \begin{pmatrix} u \\ v \end{pmatrix}, \qquad t \in [0, 2\pi)$$

mit den Hauptachsenlängen $a, b > 0$ und dem Offset $\begin{pmatrix} u \\ v \end{pmatrix} \in \mathbb{R}^2$ beschrieben werden. Es gilt $\|\dot{x}(t)\| = \sqrt{a^2 \sin^2 t + b^2 \cos^2 t}$, und die Länge

$$\ell = \int_0^{2\pi} \sqrt{a^2 \sin^2 t + b^2 \cos^2 t}\, dt$$

der Kurve C ist jetzt der Umfang der Ellipse. Die zu C gehörige Hough-Transformation von f ist daher in der Form

$$\hat{f}(a, b, u, v) = \int_0^{2\pi} f(a\cos t - u, b\sin t - v) \sqrt{a^2 \sin^2 t + b^2 \cos^2 t}\, dt,$$

mit $a, b > 0$ und $u, v \in \mathbb{R}$ gegeben, wobei der Hough-Raum $\mathbb{H} = (0, \infty)^2 \times \mathbb{R}^2$ jetzt 4-dimensional ist, was die Anwendung wesentlich erschwert. Für die allgemeine Fassung einer Hough-Transformation bezüglich einer Ellipse müsste auch noch eine Drehung der Ellipse um den Winkel $\varphi \in [0, \pi)$ zugelassen werden, wodurch $\mathbb{H}$ sogar 5-dimensional werden würde. Das ist jedoch nur eine theoretische Möglichkeit, die fern von praktischer Anwendbarkeit ist. ■

Beispiel 3.25 Ein vielleicht etwas kurioses Beispiel ist der Violinschlüssel C mit den beiden Komponenten

$$\begin{aligned} x_1(t) &= \frac{17}{100}\sin 2t - \frac{3}{20}\cos 3t - u, \\ x_2(t) &= -\frac{t}{10} - \frac{1}{3}\sin t - \frac{1}{2}\cos t + \frac{37}{100}\sin 2t + \frac{21}{100}\cos 2t - v \end{aligned}$$

der parametrischen Funktion $x(t)$ für $t \in [0, 2\pi)$, siehe Bild 3.24a, wobei u und v wieder die Koordinaten des Offsets sind. Die zugehörige Hough-Transformation kann in der Form

$$\hat{f}(u, v) = \int_0^{2\pi} f(x_1(t), x_2(t)) \|\dot{x}(t)\|\, dt, \qquad u, v \in \mathbb{R}$$

geschrieben werden. Das Sympathische an diesem Beispiel scheint zu sein, dass die Hough-Transformierte $\hat{f}$ nur von den Lageparametern u und v abhängig ist, $\mathbb{H} = \mathbb{R}^2$. Jedem Violinschlüssel in f an der Stelle (u, v) entspricht ein Spot an der Stelle (u, v) in $\hat{f}$. Das ist jedoch Augenwischerei, denn das obige Setting setzt voraus, dass in f alle Violinschlüssel die gleiche Größe und Ausrichtung haben. Es müsste also noch zusätzlich zu u und v ein Skalierungsparameter eingeführt werden, um alle Violinschlüssel in f zumindest unabhängig von ihrer Größe in $\hat{f}$ als Spots abzubilden, siehe auch Bild 3.14. ■

3.4 Radon- und Hough-Transformation

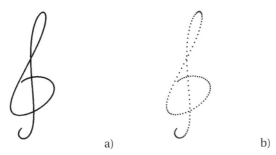

Bild 3.24 a) Der Violinschlüssel als parametrische Funktion $x(t)$. b) Auch bei äquidistanten t_k liegen die Punkte $x(t_k)$ nicht äquidistant auf der Kurve C.

Bemerkung 3.36 Das Problem der Hough-Transformation besteht hauptsächlich in der Anzahl v der Parameter. In praktischen Anwendungen sollte $v \leq 3$ sein. Das beschränkt natürlich die Auswahl geeigneter Kurven und damit die Anwendbarkeit der Hough-Transformation in der Praxis. ∎

Bemerkung 3.37 Ist die Kurvenlänge ℓ endlich, dann empfiehlt sich eine Normierung der Hough-Transformierten $\hat{f}$, damit die Intensitäten der Spots (weitgehend) unabhängig von ℓ und damit unabhängig von Skalierungsfaktoren sind. Beispielsweise ist die Intensität der Spots für Kreise vom Umfang $\ell = 2\pi r$ abhängig. Statt Gl. (3.7) würden wir also die normierte Variante

$$\tilde{f}(r,u,v) = \frac{1}{2\pi} \int_0^{2\pi} f(r\cos\vartheta - u, r\sin\vartheta - v)\, d\vartheta, \qquad r > 0,\ u, v \in \mathbb{R}$$

bevorzugen. ∎

Algorithmische Implementierung

Das Grautonbild $F = (f_{ij})$ sei ein Sampling der Funktion $f : \mathbb{R}^2 \mapsto \mathbb{R}$ auf dem Einheitsgitter $\mathbb{L}^2$. Gegeben sei eine Kurve C endlicher Länge ℓ durch eine stetige und differenzierbare Parameterfunktion $x : \mathbb{R} \mapsto \mathbb{R}^2$. Für jeden diskreten Wert t_k aus dem Definitionsbereich $D(x)$ von x wird der Funktionswert von f an der Stelle $x(t_k)$ aus den Daten von F durch bilineare Interpolation bestimmt, $f_k \approx f(x(t_k))$, $k = 0, \ldots, m$, wobei m die Anzahl der Werte ist. Damit kann das Linienintegral von f über C durch eine Summe approximiert werden,

$$\int_C f(x)\, dx \approx \frac{\ell}{m} \sum_{k=0}^{m-1} f_k.$$

Aber wie müssen $t_0, \ldots, t_{m-1}$ gewählt werden, damit diese Approximation möglichst gut ist? Intuitiv würden wir die t_k gleichmäßig auf dem Definitionsbereich von x verteilen. Für den Kreis ist das tatsächlich die beste Wahl. Für $t_k = 2\pi k/m$, $k = 0, \ldots, m-1$, liegen die $x(t_k)$ äquidistant auf der Kreislinie. Das klappt aber nicht mehr für Ellipsen und erst recht nicht für den Violinschlüssel, siehe Bild 3.24b).

Um im allgemeinen Fall die Punkte $x(t_k)$ äquidistant auf einer Kurve C anzuordnen, führen wir die Funktion

$$s(t) = \int_{t_0}^{t} \|\dot{x}(\tau)\| \, d\tau, \quad t \in [t_0, t_m]$$

ein, d. h., $s(t)$ ist die Länge der Kurve C zwischen den Punkten $x(t_0)$ und $x(t)$. Die Funktion $s(t)$ ist eine Stammfunktion von $\|\dot{x}(t)\|$. Offensichtlich ist $s(t_0) = 0$ und $s(t_m) = \ell$. Außerdem ist $s(t)$ streng monoton wachsend, und damit existiert ihre Umkehrfunktion $s^{-1}(t)$. Wählen wir äquidistante Längen $\ell_k = k\ell/m$ für $k = 0, \ldots, m-1$ und berechnen die t_k durch

$$t_k = s^{-1}(\ell_k), \quad k = 0, \ldots, m-1,$$

dann sind die Punkte $x(t_k)$ auf C tatsächlich äquidistant, d. h., alle Kurvenstücke von C zwischen zwei aufeinander folgenden Punkten $x(t_k)$ und $x(t_{k+1})$ haben die gleiche Länge. Die Anzahl m der Punkte $x(t_k)$ wird in Abhängigkeit von der Länge ℓ so gewählt, dass die Länge $\Delta\ell = \ell/m$ aller Kurvenstücke von C zwischen zwei aufeinander folgenden Punkten in der Größenordnung der Pixelgröße von F liegt.

Leider ist die Umkehrfunktion s^{-1} im Allgemeinen analytisch nicht bekannt, so dass die t_k als Lösung der (nichtlinearen) Gleichung

$$\ell_k = s(t_k)$$

numerisch bestimmt werden müssen, z. B. mit dem Newton-Verfahren.

Die oben beschriebene Methode der diskreten Hough-Transformation kann sehr aufwändig sein. Wenn die Hough-Transformierte nur von den Lageparametern u und v einer Kurve C abhängig ist, ergeben sich bemerkenswerte Vereinfachungen. Für $u = v = 0$ wird ein sogenanntes Template $G = (g_{ij})$ von C generiert, also ein Grautonbild mit gleicher Pixelgröße wie F. Die Pixelwerte g_{ij} werden mit null initialisiert. Liegt der Punkt $x(t_k)$ in der Gitterzelle mit den Indizes i und j, wird zu g_{ij} der Wert $\Delta\ell$ addiert, $g_{ij} = g_{ij} + \Delta\ell$, $k = 0, \ldots, m-1$.

Dann kann die diskrete Hough-Transformierte $\hat{F} = (\hat{f}_{ij})$ von F bezüglich des Templates G durch die (Kreuz-)Korrelation von F mit G bestimmt werden,

$$\hat{f}_{ij} = \sum_{k=0}^{n_1-1} \sum_{\ell=0}^{n_2-1} f_{k\ell} \, g_{k-i, \ell-j}, \quad i = 0, \ldots, n_1-1, \, j = 0, \ldots, n_2-1, \tag{3.8}$$

wobei das Template G meist periodisch fortgesetzt wird. (Die Differenzen $k - i$ und $\ell - j$ der Indizes werden modulo n_1 bzw. n_2 berechnet.) Das Bild $\hat{F}$ ist meist eine gute Näherung für das Sampling der Hough-Transformierten $\hat{f}$ bezüglich der Kurve C.

Die Kreuzkorrelation von F mit G entspricht einer Faltung von F mit Spiegelung G^* von G,

$$\hat{F} = F \star G = F \ast G^*.$$

Insofern besteht ein Zusammenhang zur linearen Filterung.

Es ist leicht zu sehen, dass die Komplexität dieses Algorithmus quadratisch in der Pixelzahl des Templates G ist. Daran kann nur wenig geändert werden, wenn man berücksichtigt, dass die meisten Pixelwerte von G gleich null sind und daher viele der Multiplikationen in der Summe von Gl. (3.8) nicht ausgeführt werden müssen. Jedoch kann die Berechnung der Kreuzkorrelation zweier Bilder durch Anwendung des Faltungstheorems (4.10) in Verbindung mit der schnellen Fourier-Transformation (*fast Fourier transform*, fFT) erheblich beschleunigt werden, siehe Abschnitt 5.6.3.

3.4.3 Template-Matching

Wir lassen jetzt alle Zurückhaltung im Hinblick auf einen sparsamen Umgang mit Resourcen (d. h. mit Rechenzeit) fallen und betrachten statt einer Kurve C ein beliebiges (kontinuierliches) Grautonbild $g : \mathbb{R}^2 \mapsto \mathbb{R}$. Dieses Grautonbild spielt im Folgenden die Rolle eines Templates (also einer Schablone oder Maske). Im Unterschied zum vorherigen Abschnitt muss mit g keine Kurve assoziiert werden, sondern vielleicht ein spezielles Muster, das sich in dem zu untersuchenden Bild an verschiedenen Stellen wiederholt. Wir verfolgen das Ziel, das durch das Template gegebene Muster im Bild f zu detektieren. Die allgemeine Formulierung eines Template-Matchings basiert auf der Kreuzkorrelation von f und g,

$$(f \star g)(x) = \int_{\mathbb{R}^2} f(y)\, g(y - x)\, dy, \qquad x \in \mathbb{R}^2. \tag{3.9}$$

An der Stelle x im Bild $f \star g$ treten genau dann besonders große Werte auf, wenn die Translation des Templates g um den Vektor x besonders gut mit dem entsprechenden Muster in f übereinstimmt. Gl. (3.9) ist nichts anderes als die stetige Version von Gl. (3.8), wobei $\hat{F}$ nun ein Sampling der Funktion $f \star g$ auf $\mathbb{L}^2$ ist.

Bemerkung 3.38 Die Kreuzkorrelation des Bildes f mit dem Template g entspricht einer Faltung von f mit dem gespiegelten Template f^*, d. h. $f \star g = f * g^*$. Insofern ist das Template-Matching mit der Filterung des Bildes f verwandt. ∎

Bemerkung 3.39 Das Template g ist meist ein speziell ausgewählter quadratischer oder rechteckiger Ausschnitt aus einem Bild h, welches das in f gesuchte Muster enthält, d. h., g wird durch eine entsprechende Maskierung von h erhalten, also durch eine Multiplikation von h mit der Indikatorfunktion des Quadrats oder Rechtecks. (Die Konsequenzen dieser Maskierung ähneln den Nachteilen von Mittelwertfiltern im Vergleich zu Gauß-Filtern.) Jedoch wirken sich Kanten, die durch die Maskierung mit Indikatorfunktionen verursacht werden, ungünstig auf das Template-Matching aus. Diese Nachteile können durch eine Maskierung von h mit einer Gauß-Funktion behoben werden. ∎

Bemerkung 3.40 Es ist zu beachten, dass der Begriff der Kreuzkorrelation von Funktionen nicht mit dem in der Statistik verwendeten Begriff der Korrelation zweier Zufallszahlen übereinstimmt. Es seien (x_i, y_i), $i = 1, \ldots, n$, Paare von Realisierungen dieser Zufallszahlen, dann ist im Kontext der Statistik die Zahl

$$\mathrm{corr} = \frac{\sum_{i=1}^{n}(x_i - \bar{x})(y_i - \bar{y})}{\sqrt{\sum_{i=1}^{n}(x_i - \bar{x})^2 \sum_{i=1}^{n}(y_i - \bar{y})^2}}$$

ein Schätzwert für den Korrelationskoeffizienten der Zufallszahlen, wobei $\bar{x}$ und $\bar{y}$ die Mittelwerte bezeichnen,

$$\bar{x} = \frac{1}{n} \sum_{i=1}^{n} x_i, \qquad \bar{y} = \frac{1}{n} \sum_{i=1}^{n} y_i.$$

Der Korrelationskoeffizient kann Werte zwischen -1 und 1 annehmen. Ist $|\text{corr}| \ll 1$, dann ist die Korrelation gering, andernfalls liegt eine starke Korrelation vor. ■

Bemerkung 3.41 Dieser Ansatz aus der Statistik wird nun auf das Template-Matching übertragen. Analog zu $\hat{F}$ in Gl. (3.8) führen wir eine Pixelmatrix $C = (\text{corr}_{ij})$ mit den ortsabhängigen Korrelationskoeffizienten

$$\text{corr}_{ij} = \frac{\sum_{k=0}^{n_1-1}\sum_{\ell=0}^{n_2-1}(f_{k\ell}-\bar{f})(g_{k-i,\ell-j}-\bar{g})}{\sqrt{\sum_{k=0}^{n_1-1}\sum_{\ell=0}^{n_2-1}(f_{k\ell}-\bar{f})^2 \sum_{k=0}^{n_1-1}\sum_{\ell=0}^{n_2-1}(g_{k\ell}-\bar{g})^2}} \qquad (3.10)$$

für $i = 0,\ldots,n_1-1$ und $j = 0,\ldots,n_2-1$ ein, wobei $\bar{f}$ und $\bar{g}$ die entsprechenden Mittelwerte sind,

$$\bar{f} = \frac{1}{n_1 n_2} \sum_{k=0}^{n_1-1}\sum_{\ell=0}^{n_2-1} f_{k\ell}, \qquad \bar{g} = \frac{1}{n_1 n_2} \sum_{k=0}^{n_1-1}\sum_{\ell=0}^{n_2-1} g_{k\ell},$$

und die Differenzen $k-i$ und $\ell-j$ modulo n_1 bzw. n_2 berechnet werden. Dabei kann die Matrix C wieder als Bild aufgefasst werden. Wegen der in Gl. (3.10) enthaltenen Normalisierung ist diese Form des Template-Matching meist sensibler als die in Gl. (3.8), d. h., charakteristische Muster im Originalbild F lassen sich in C besser erkennen als in $\hat{F}$. Schließlich wird angemerkt, dass natürlich auch C effektiv mittels fFT berechnet werden kann. ■

Bemerkung 3.42 Mit der Notation von Gl. (3.9) lässt sich Gl. (3.10) im kontinuierlichen Fall für integrierbare Funktionen f und g in der Form

$$\text{corr} = \frac{(f-\bar{f}) \star (g-\bar{g})}{s_f s_g} \qquad (3.11)$$

mit

$$\bar{f} = \int_{\mathbb{R}^2} f(x)dx, \qquad \bar{g} = \int_{\mathbb{R}^2} g(x)dx$$

und

$$s_f^2 = \int_{\mathbb{R}^2} \bigl(f(x)-\bar{f}\bigr)^2 dx, \qquad s_g^2 = \int_{\mathbb{R}^2} \bigl(g(x)-\bar{g}\bigr)^2 dx$$

schreiben. In manchen Fällen wird zur Verbesserung des Template-Matching empfohlen, an Stelle von $\bar{f}$ und $\bar{g}$ stark geglättete Versionen von f bzw. g einzusetzen. ■

Zum Abschluss sollen noch ein paar Anwendungen des Template-Matching genannt werden:

- Dazu gehört das Zusammenfügen mehrerer Bilder mit paarweise überlappenden Ausschnitten (*mosaicing*). Für ein Paar von Bildern wird ein Teil des ersten Bildes im Überlappungsgebiet als Template G ausgewählt. Die Position dieses Templates im zweiten Bild F entspricht (unter gewissen Voraussetzungen) der Lage des globalen Maximums im R.

- Mithilfe von Serienschnitttechniken, z. B. Rasterelektronenmikroskopie (REM) kombiniert mit Ionendünnung (FIB), können Sequenzen von 2-dimensionalen Schnittbildern zu einem 3-dimensionalen Bild zusammengefügt werden. Das erfordert eine sorgfältige (Ausrichtung) Registrierung aufeinanderfolgender Schnittbilder auf der Basis eines Template-Matching.
- Werden Bilder von einer Szene mit verschiedenen Detektoren aufgenommen, dann ist bei mangelnder Justage von Ionenstrahl und Abtastung eine nachträgliche Registrierung der Bilder erforderlich. Auch hierfür kann ein Template-Matching verwendet werden.

4 Fourier-Transformation

Die Fourier-Transformation ist eine Integraltransformation, für die es in der Bildverarbeitung ein sehr breites Spektrum von Anwendungen gibt [21]. Ein wichtiger Grund dafür ist die Existenz schneller Algorithmen für die diskrete Fourier-Transformation. Ein weiterer Grund ist, dass die Spektraldichte eines Bildes, welches durch die pixelweise Bildung des Betragsquadrats der Fourier-Transformierten erhalten wird, eine eigenständige Bedeutung für die Interpretation von Bildinhalten hat. Zu den Anwendungen der schnellen Fourier-Transformation gehören

- lineare Filterung via Ortsfrequenzraum und damit ihre Beschleunigung,
- inverse Filterung, z.B. Wiener-Filterung und Anwendung des Paganin-Filters,
- Bewertung der Filtermasken linearer Filter,
- Design optimaler Filter für spezifische Anwendungen,
- Bewertung der globalen Bildschärfe durch die Gesamtenergie hoher Frequenzen,
- Berechnung von Auto- und Kreuzkorrelationsfunktionen, z. B. beim Template-Matching und der Bildregistrierung,
- Bestimmung der Spektraldichte zufälliger Strukturen,
- schnelle Radon-Transformation,
- Verfahren der Computertomographie, z. B. die gefilterte Rückprojektion [90],
- Phasenrekonstruktion (*phase retrieval*), z. B. bei der Bildgebung mit Ptychographie [85] und [31], und
- Volumenrendering von 3-dimensionalen Bildern.

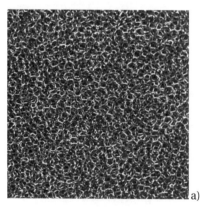
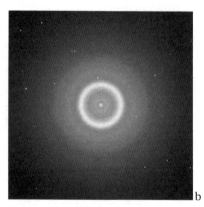

Bild 4.1 a) Dunkelfeldaufnahme eines offenporigen Polyurethan-Schaumes und b) das Rotationsmittel ihrer Spektraldichte [113, S. 264], [117] und [134]

Beispiel 4.1 Die Spektraldichte einer zufälligen Struktur, d. h. die Fourier-Transformierte der Autokorrelationsfunktion, ist eine wichtige Kenngröße zur Beschreibung dieser Struktur. Die Spektraldichte kann bildanalytisch bestimmt werden, ohne im Bild zuvor eine aufwändige Segmentierung durchzuführen, die möglicherweise nicht robust ist bezüglich geringer Variationen der Parameter der Bildgebung oder der Segmentierung.

Als Beispiel sei die Bestimmung des sogenannten PPI-Werts (Anzahl der Poren pro Längeneinheit, *pores per inch*) eines offenporigen Schaums genannt. Es ist zweifellos nur mit großem Aufwand möglich, die Poren in Bild 4.1a zu segmentieren und auf dieser Grundlage den PPI-Wert direkt zu messen. Jedoch wird in der Spektraldichte einer Dunkelfeldaufnahme des Schaums ein Interferenzring beobachtet, dessen Radius weitgehend unabhängig von den Aufnahmebedingungen ist, siehe Bild 4.1. Gleichzeitig ist der Radius proportional zum PPI-Wert [94]. Die Messung des Radius des Interferenzrings ist relativ einfach. ∎

Außerdem spielt die Fourier-Transformation bei der Interpretation einer Reihe optischer Phänomene eine große Rolle (Fourier-Optik).

Beispiel 4.2 So kann durch Fourier-Optik bei der Verwendung kohärenten Lichts die Autokorrelation einer Struktur als Bild erhalten werden, also die inverse Fourier-Transformierte der Spektraldichte. Als Zwischenbild wird in der Ebene des 4F-Plättchens die Spektraldichte des Objekts erzeugt, siehe Bild 4.2. ∎

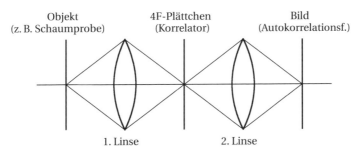

Bild 4.2 Optischer Aufbau zur Abbildung der Autokorrelationsfunktion bestehend aus zwei identischen Linsen, die im Abstand von zwei Fokuslängen angeordnet sind: Die Abstände des Objekts von der ersten Linse und des Bildes von der zweiten Linse betragen jeweils eine Fokuslänge.

Natürlich wird in der digitalen Bildverarbeitung im Allgemeinen die diskrete Fourier-Transformation verwendet. Jedoch gibt es einen engen Zusammenhang zwischen der diskreten und der kontinuierten Fourier-Transformation, wobei Letztere nicht als eine simple Diskretisierung der kontinuierlichen Fassung verstanden werden kann. Viele Eigenschaften und Phänomene der Fourier-Transformation lassen sich jedoch besser im kontinuierlichen Fall erklären. Wir werden daher zunächst die kontinuierliche Fourier-Transformation einführen, bevor die diskrete Fourier-Transformation und ein Algorithmus für die schnelle Fourier-Transformation behandelt werden.

4.1 Kontinuierliche Fourier-Transformation

Im Folgenden ist f eine n-dimensionale komplexwertige Funktion, $f : \mathbb{R}^n \mapsto \mathbb{C}$. Wir setzen außerdem meist Integrierbarkeit voraus, d. h. $\int_{\mathbb{R}^n} |f(x)| \, dx < \infty$, wobei das Integral über den $\mathbb{R}^n$ wie folgt zu verstehen ist:

$$\int_{\mathbb{R}^n} f(x) \, dx = \int_{-\infty}^{\infty} \cdots \int_{-\infty}^{\infty} f(x_1, \ldots, x_n) \, dx_1 \cdots dx_n.$$

Definition 4.1 Die n-dimensionale Fourier-Transformation $\hat{f} = \mathscr{F} f : \mathbb{R}^n \mapsto \mathbb{C}$ einer Funktion $f : \mathbb{R}^n \mapsto \mathbb{C}$ ist definiert durch

$$\mathscr{F} f(\xi) = \frac{1}{(2\pi)^{n/2}} \int_{\mathbb{R}^n} f(x) e^{-ix\xi} \, dx. \tag{4.1}$$

Analog ist die n-dimensionale inverse Fourier-Transformation oder n-dimensionale Fourier-Co-Transformation $\bar{\mathscr{F}} f$ von f durch

$$\bar{\mathscr{F}} f(x) = \frac{1}{(2\pi)^{n/2}} \int_{\mathbb{R}^n} f(\xi) e^{ix\xi} \, d\xi \tag{4.2}$$

definiert. ∎

Die Definition der Fourier-Transformation ist in der Literatur nicht einheitlich. Manchmal werden i und $-i$ vertauscht. Oft wird auch bei der Fourier-Transformation (4.1) auf den Vorfaktor $1/(2\pi)^{n/2}$ verzichtet und stattdessen bei der Co-Transformation (4.2) der Vorfaktor $1/(2\pi)^n$ verwendet.

Der Vektor ξ ist die vektorielle Kreisfrequenz, und mit $\omega = \frac{1}{2\pi} \xi$ werden wir im Folgenden die Frequenz bezeichnen. Für $n = 1$ sind x und ξ skalare Größen, und $x\xi$ ist ihr Produkt. Für $n > 1$ ist $x\xi = x \cdot \xi$ dagegen das Skalarprodukt zweier Vektoren $x, \xi \in \mathbb{R}^n$.

Die Fourier-Transformation und ihre Co-Transformation sind invers zueinander; unter gewissen Integrabilitätsbedingungen gilt $\bar{\mathscr{F}} \mathscr{F} f = f$ und $\mathscr{F} \bar{\mathscr{F}} f = f$. Für zwei Funktionen $f, g : \mathbb{R}^n \mapsto \mathbb{C}$ gelten darüber hinaus die *Parseval-Gleichung* und die *Plancherel-Gleichung*

$$\int_{\mathbb{R}^n} f(x) \overline{g(x)} \, dx = \int_{\mathbb{R}^n} \hat{f}(\xi) \overline{\hat{g}(\xi)} \, d\xi, \quad \int_{\mathbb{R}^n} |f(x)|^2 \, dx = \int_{\mathbb{R}^n} |\hat{f}(\xi)|^2 \, d\xi. \tag{4.3}$$

Die Plancherel-Gleichung besagt also, dass die Fourier-Transformation normerhaltend ist, $\|f\| = \|\hat{f}\|$. Außerdem gilt analog zum 1-dimensionalen Fall

$$f(0) = \frac{1}{(2\pi)^{n/2}} \int_{\mathbb{R}^n} \hat{f}(\xi) \, d\xi, \quad \hat{f}(0) = \frac{1}{(2\pi)^{n/2}} \int_{\mathbb{R}^n} f(x) \, dx. \tag{4.4}$$

Gebräuchlich sind auch Polarkoordinaten der Fourier-Transformierten:

- das Amplitudenspektrum $|\hat{f}(\xi)|$ und dessen Quadrat,

- die Spektraldichte $|\hat{f}(\xi)|^2$ (auch als Energiedichte-, Power- oder Bartlett-Spektrum bezeichnet) sowie
- das Phasenspektrum $\varphi = \arg\hat{f}(\xi)$ (Phasengang), wobei arg durch Gl. (2.22) definiert ist.

Das Integral $E = \int_{\mathbb{R}^n} |\hat{f}(\xi)|^2 d\xi$ wird Gesamtenergie von f genannt. Der Anteil hoher Frequenzen $(E - \int_{B_\varrho} |\hat{f}(\xi)|^2 d\xi)/E$ an der Gesamtenergie ist ein Maß für die globale Bildschärfe, wobei B_ϱ eine Kugel mit dem Radius $\varrho > 0$ ist und ϱ die Bedeutung einer Grenzfrequenz hat.

Zu beachten ist ferner die Dimension der Fourier-Transformierten: Ist f dimensionslos und hat x die Dimension m, dann ist $\hat{f}$ in m^n und ξ in m^{-1} gegeben.

Die n-dimensionale Fourier-Transformation hat folgende Eigenschaften:

- *Linearität.* Die n-dimensionale Fourier-Transformation ist linear, d. h.

$$\mathscr{F}(af + bg) = a\mathscr{F}f + b\mathscr{F}g = a\hat{f} + b\hat{g}$$

  für beliebige Funktionen $f, g : \mathbb{R}^n \mapsto \mathbb{C}$ und $a, b \in \mathbb{C}$.

- *Lineare Transformation.* Sei $f : \mathbb{R}^n \mapsto \mathbb{C}$ eine integrierbare Funktion und $g(x) = Ax$, wobei A eine reguläre (n, n)-Matrix ist. Dann gilt

$$\mathscr{F}(f(g))(\xi) = \frac{1}{|\det A|}\hat{f}\bigl((A^{-1})'\xi\bigr), \quad \xi \in \mathbb{R}^n. \tag{4.5}$$

  Für den Spezialfall $g(x) = ax$ mit $a \in \mathbb{R}$ und $a \neq 0$ schreibt sich diese Formel in der Form

$$\mathscr{F}(f(g))(\xi) = \frac{1}{|a|}\hat{f}\left(\frac{\xi}{a}\right), \quad \xi \in \mathbb{R}^n, \tag{4.6}$$

  was dem *Gesetz der inversen Skalierung* der 1-dimensionalen Fourier-Transformation entspricht.

- *Translation.* Ist f eine integrierbare Funktion und g eine einfache Verschiebung, $g(x) = x - a$, $a \in \mathbb{R}^n$, dann gilt

$$\mathscr{F}(f(g))(\xi) = \hat{f}(\xi)\,e^{-ia\xi}, \quad \xi \in \mathbb{R}^n. \tag{4.7}$$

  Umgekehrt erhält man mit $g(x) = e^{-iax}$

$$\mathscr{F}(f \cdot g)(\xi) = \hat{f}(\xi - a), \quad \xi \in \mathbb{R}^n.$$

- *Erste Ableitung.* Für jede differenzierbare und integrierbare Funktion f gilt

$$\mathscr{F}(\nabla f)(\xi) = i\xi\,\hat{f}(\xi), \tag{4.8}$$

  mit dem *Nabla-Operator* $\nabla = \text{grad} = \left(\frac{\partial}{\partial x_1}, \ldots, \frac{\partial}{\partial x_n}\right)'$. Wir können also formal $\hat{\nabla} = i\xi$ schreiben.

- *Zweite Ableitung.* Ist die Funktion f integrierbar und existieren ihre zweiten partiellen Ableitungen, dann folgt unmittelbar aus der vorhergehenden Formel

$$\mathscr{F}(\Delta f)(\xi) = -\|\xi\|^2\,\hat{f}(\xi), \tag{4.9}$$

  mit dem *Laplace-Operator* $\Delta = \nabla \cdot \nabla = \text{div}\,\text{grad} = \left(\frac{\partial^2}{\partial x_1^2} + \ldots + \frac{\partial^2}{\partial x_n^2}\right)$. Damit kann $\hat{\Delta} = -\|\xi\|^2$ als Fourier-Transformierte des Laplace-Operators aufgefasst werden.

- *Faltung.* Für zwei quadratisch integrierbare Funktionen f, g ist die Faltung $f * g$ ähnlich wie im 1-dimensionalen Fall definiert,

$$(f * g)(x) = \int_{\mathbb{R}^n} f(y) g(x - y) \, dy, \quad x \in \mathbb{R}^n,$$

und für reellwertige Funktionen gilt

$$\mathscr{F}(f * g) = (2\pi)^{n/2} \hat{f} \cdot \hat{g}, \qquad \mathscr{F}(f \cdot g) = (2\pi)^{n/2} (\hat{f} * \hat{g}) \tag{4.10}$$

(Faltungstheorem der Fourier-Transformation), d. h., eine Faltung im Ortstaum (OR) entspricht einer Multiplikation im Ortsfrequenzraum (OFR) und umgekehrt. Die Korrelation

$$(f \star g)(x) = (f * g^*)(x) = \int_{\mathbb{R}^n} f(y) g(y - x) \, dy, \quad x \in \mathbb{R}^n \tag{4.11}$$

der reellwertigen Funktionen f und g erhält man aus $\mathscr{F}(f \star g) = (2\pi)^{n/2} \hat{f} \cdot \bar{\hat{g}}$.

- *Separabilität.* Falls f in der Form

$$f(x) = f_1(x_1) \cdot \ldots \cdot f_n(x_n) = \prod_{k=1}^{n} f_k(x_k)$$

mit $f_k : \mathbb{R} \mapsto \mathbb{C}$ und $x = (x_1, \ldots, x_n)'$ geschrieben werden kann (Faktorisierbarkeit von f), dann ist die n-dimensionale Fourier-Transformation separabel im Sinne von

$$\mathscr{F} f(\xi) = \hat{f}_1(\xi_1) \cdot \ldots \cdot \hat{f}_n(\xi_n) = \prod_{k=1}^{n} \hat{f}_k(\xi_k), \quad \xi = (\xi_1, \ldots, \xi_n)' \in \mathbb{R}^n,$$

wobei

$$\hat{f}_k(\xi_k) = \frac{1}{\sqrt{2\pi}} \int_{-\infty}^{\infty} f_k(x_k) e^{-i x_k \xi_k} \, dx_k, \quad \xi_k \in \mathbb{R}$$

die 1-dimensionale Fourier-Transformation der Funktion $f_k(x_k)$ bezeichnet, $k = 1, \ldots, n$. Ist die Funktion f dimensionslos und hat x die Dimension m (d. h. hat jede Komponente von x die Dimension m), dann hat die n-dimensionale Fourier-Transformierte $\hat{f}$ die Dimension m^n, und ξ wird in der Maßeinheit m^{-1} angegeben. Außerdem können Symmetrieeigenschaften von f bzw. $\hat{f}$ ausgenutzt werden. Ist beispielsweise f reellwertig, dann ist $\hat{f}$ hermitesch, d. h., $\hat{f}(\xi)$ ist äquivalent zur konjugiert-komplexen Funktion der Spiegelung von $\hat{f}$,

$$\hat{f}(\xi) = \hat{f}^*(\xi) = \overline{\hat{f}(-\xi)},$$

wobei mit f^* die zu f hermitesche Funktion bezeichnet wird. Ist dagegen f imaginär, dann ist $\hat{f}$ antihermitesch, d. h. $\hat{f}(\xi) = -\hat{f}^*(\xi)$. Das Schema in Tabelle 4.1 gibt eine Übersicht.

Wir bestimmen zunächst die Fourier-Transformierten einiger 1-dimensionaler Funktionen.

Tabelle 4.1 Übersicht über die Beziehungen der Eigenschaften von f und ihrer Fourier-Transformierten $\hat{f}$

Falls f ...,	dann ist $\hat{f}$ ...
reellwertig	hermitesch
imaginär	antihermitesch
gerade	gerade
ungerade	ungerade
reellwertig und gerade	reellwertig und gerade
reellwertig und ungerade	imaginär und ungerade
imaginär und gerade	imaginär und gerade
imaginär und ungerade	reellwertig und ungerade

Beispiel 4.3 Für die Indikatorfunktion $\mathbf{1}_{[-a,a]}(x)$ des Intervalls $[-a,a]$ erhält man durch elementare Integration

$$\hat{f}(\xi) = \frac{1}{\sqrt{2\pi}} \int_{-\infty}^{\infty} \mathbf{1}_{[-a,a]}(x) e^{-ix\xi} dx = \frac{1}{\sqrt{2\pi}} \int_{-a}^{a} e^{-ix\xi} dx$$

$$= \frac{1}{\sqrt{2\pi}} \frac{1}{-i\xi} e^{-ix\xi} \Big|_{x=-a}^{x=a} = \frac{1}{\sqrt{2\pi}} \frac{1}{i\xi} \left(e^{ia\xi} - e^{-ia\xi} \right).$$

Mit der Euler-Formel $e^{ix} = \cos x + i \sin x$, $x \in \mathbb{R}$, für die komplexe Exponentialfunktion lässt sich der letzte Ausdruck weiter vereinfachen. Es gilt

$$\hat{f}(\xi) = \frac{1}{\sqrt{2\pi}} \frac{1}{i\xi} \Big((\cos a\xi + i \sin a\xi) - (\cos a\xi - i \sin a\xi) \Big)$$

$$= \sqrt{\frac{2}{\pi}} \frac{\sin a\xi}{\xi} = \sqrt{\frac{2}{\pi}} a \frac{\sin \pi \frac{a\xi}{\pi}}{\pi \frac{a\xi}{\pi}}$$

$$= \sqrt{\frac{2}{\pi}} a \operatorname{sinc} \frac{a\xi}{\pi}, \tag{4.12}$$

wobei $\operatorname{sinc} x = \frac{\sin \pi x}{\pi x}$ die normierte Sinc-Funktion bezeichnet (*sinus cardinalus*). ∎

Beispiel 4.4 Die Fourier-Transformierte der Funktion $f(x) = e^{-|x|}$ ist

$$\hat{f}(\xi) = \frac{1}{\sqrt{2\pi}} \int_{-\infty}^{\infty} e^{-|x|} e^{-ix\xi} dx = \frac{1}{\sqrt{2\pi}} \left(\int_{-\infty}^{0} e^{x} e^{-ix\xi} dx + \int_{0}^{\infty} e^{-x} e^{-ix\xi} dx \right)$$

$$= \frac{1}{\sqrt{2\pi}} \left(\int_{-\infty}^{0} e^{(1-i\xi)x} dx + \int_{0}^{\infty} e^{-(1+i\xi)x} dx \right) = \frac{1}{\sqrt{2\pi}} \left(\frac{1}{1-i\xi} + \frac{1}{1+i\xi} \right)$$

$$= \frac{1}{\sqrt{2\pi}} \frac{(1+i\xi) + (1-i\xi)}{(1-i\xi)(1+i\xi)} = \sqrt{\frac{2}{\pi}} \frac{1}{1+\xi^2}. \tag{4.13}$$

∎

Beispiel 4.5 Auf analoge Weise erhält man die Fourier-Transformierte der (zentrierten) 1-dimensionalen Gauß-Funktion

$$f(x) = \frac{1}{\sqrt{2\pi}} e^{-\frac{x^2}{2}}$$

mit $\sigma^2 = 1$. Es gilt

$$\begin{aligned}
\hat{f}(\xi) &= \frac{1}{2\pi} \int_{-\infty}^{\infty} e^{-\frac{x^2}{2}} e^{-ix\xi} dx = \frac{1}{2\pi} \int_{-\infty}^{\infty} e^{-\frac{x^2+2ix\xi}{2}} dx \\
&= \frac{1}{2\pi} \int_{-\infty}^{\infty} e^{-\frac{(x+i\xi)^2-(i\xi)^2}{2}} dx = \frac{1}{\sqrt{2\pi}} e^{-\frac{\xi^2}{2}} \underbrace{\frac{1}{\sqrt{2\pi}} \int_{-\infty}^{\infty} e^{-\frac{(x+i\xi)^2}{2}} dx}_{=1} \\
&= \frac{1}{\sqrt{2\pi}} e^{-\frac{\xi^2}{2}}.
\end{aligned} \qquad (4.14)$$

Die Gauß-Funktion mit $\sigma^2 = 1$ ist also invariant bezüglich Fourier-Transformation. ∎

Aufgabe 4.1 Bestimmen Sie die Fourier-Transformierte der Funktion

$$f(x) = \begin{cases} e^{-x}, & \text{für } x \geq 0 \\ 0, & \text{sonst} \end{cases}.$$

∎

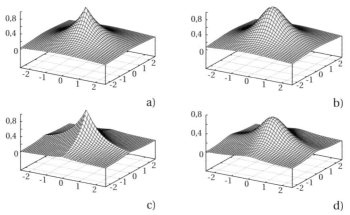

Bild 4.3 Beispiele für 2-dimensionale Transformationspaare: Funktionen $f(x_1, x_2)$ (links) und ihre jeweiligen Fourier-Transformierten (rechts)

Die Fourier-Transformierten einiger n-dimensionaler Funktionen können unmittelbar aus den Eigenschaften der Fourier-Transformation erhalten werden.

Beispiel 4.6 Die Funktion

$$f(x) = e^{-\lambda \sum_{k=1}^{n} |x_k|}, \qquad x \in \mathbb{R}^n, \lambda > 0,$$

ist faktorisierbar (separabel),

$$f(x) = f_1(x_1) \cdot \ldots \cdot f_n(x_n), \qquad \text{mit} \quad f_k(x_k) = e^{-\lambda |x_k|}, \quad k = 1, \ldots, n.$$

Aus Gl. (4.13) und der Separabilität der Fourier-Transformation folgt unmittelbar

$$\mathscr{F} f(\xi) = \left(\frac{2}{\pi}\right)^{\frac{n}{2}} \prod_{k=1}^{n} \frac{\lambda}{\lambda^2 + \xi_k^2}, \qquad \xi \in \mathbb{R}^n.$$

Die Funktion $f(x)$ ist im Allgemeinen nicht rotationsinvariant (anisotrop). Gleiches gilt folglich für ihre Fourier-Transformierte $\hat{f}(\xi)$, siehe Bilder 4.3c und 4.3d. ∎

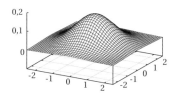

Bild 4.4 Die 2-dimensionale (zentrierte) Gauß-Funktion $f(x_1, x_2) = \frac{1}{2\pi} \exp\left(-\frac{x_1^2 + x_2^2}{2}\right)$ mit der Kovarianzmatrix $\Sigma = I$ ist isotrop. Ebene Schnitte durch den Graphen parallel zur (x_1, x_2)-Ebene bilden Kreise. Sie ist identisch mit ihrer Fourier-Transformierten, $f(x) = \hat{f}(x)$.

Beispiel 4.7 Die n-dimensionale zentrierte Gauß-Funktion

$$f(x) = \frac{1}{(2\pi)^{n/2} \sigma^n} e^{-\frac{\|x\|^2}{2\sigma^2}}, \qquad x \in \mathbb{R}^n \tag{4.15}$$

ist sowohl isotrop als auch faktorisierbar, siehe Bild 4.4. Aus Gl. (4.14) und dem Gesetz der inversen Skalierung (4.6) folgt

$$\hat{f}(\xi) = \frac{1}{(2\pi)^{n/2}} e^{-\frac{\sigma^2 \|\xi\|^2}{2}}, \qquad \xi \in \mathbb{R}^n. \tag{4.16}$$

∎

Beispiel 4.8 Allgemeiner: Sei Σ eine positiv definite hermitesche (n, n)-Matrix, d.h. die Eigenwerte von Σ sind positiv, und es gilt $\Sigma = \overline{\Sigma'} = \Sigma^*$. Dann ist die Funktion

$$f(x) = \frac{1}{(2\pi)^{n/2} \sqrt{\det \Sigma}} \exp\left(-\frac{1}{2} x' \Sigma^{-1} x\right), \qquad x \in \mathbb{R}^n,$$

Tabelle 4.2 Die Fourier-Transformierte einiger wichtiger n-dimensionaler Funktionen: Die Funktion J_1 ist die Bessel-Funktion J_1 erster Art und 1. Ordnung.

$f(x)$	$\mathscr{F}f(\xi) = \dfrac{1}{(2\pi)^{\frac{n}{2}}} \displaystyle\int_{\mathbb{R}^n} f(x) e^{-ix\xi} dx$	
$e^{-\lambda\|x\|}$	$\sqrt{\dfrac{2^n}{\pi}}\,\Gamma\!\left(\dfrac{n+1}{2}\right)\dfrac{\lambda}{(\lambda^2+\|\xi\|^2)^{\frac{n+1}{2}}}$	$\lambda > 0$
	$\dfrac{\lambda}{(\lambda^2+\|\xi\|^2)^{3/2}}$	$n=2,\ \lambda > 0$
	$\sqrt{\dfrac{2}{\pi}}\,\dfrac{2\lambda}{(\lambda^2+\|\xi\|^2)^2}$	$n=3,\ \lambda > 0$
$e^{-\lambda\sum_{k=1}^n |x_k|}$	$\left(\dfrac{2}{\pi}\right)^{\frac{n}{2}} \displaystyle\prod_{k=1}^n \dfrac{\lambda}{\lambda^2+\xi_k^2}$	$\lambda > 0$
$\delta(x)$	$\dfrac{1}{(2\pi)^{\frac{n}{2}}}$	
$\dfrac{1}{(2\pi)^{\frac{n}{2}}\sigma^n} e^{-\frac{\|x\|^2}{2\sigma^2}}$	$\dfrac{1}{(2\pi)^{\frac{n}{2}}} e^{-\frac{\sigma^2\|\xi\|^2}{2}}$	$\sigma > 0$
$\dfrac{1}{(2\pi)^{\frac{n}{2}}\sqrt{\det\Sigma}} \exp\!\left(-\dfrac{1}{2}x'\Sigma^{-1}x\right)$	$\dfrac{1}{(2\pi)^{\frac{n}{2}}} \exp\!\left(-\dfrac{1}{2}\xi'\Sigma\xi\right),$	Σ positiv definit
$\mathbf{1}_{W_n}(x)$	$\dfrac{1}{(2\pi)^{\frac{n}{2}}} \displaystyle\prod_{k=1}^n \operatorname{sinc}\dfrac{\xi_k}{2\pi}$	(Einheitswürfel)
$\mathbf{1}_{B_\alpha}(x)$	$\dfrac{\alpha J_1(\alpha\|\xi\|)}{\|\xi\|}$	$n=2$ (Kreisscheibe mit Radius $\alpha > 0$)
	$\sqrt{\dfrac{2}{\pi}}\left(\dfrac{\sin\alpha\|\xi\|}{\|\xi\|^3} - \dfrac{\alpha\cos\alpha\|\xi\|}{\|\xi\|^2}\right)$	$n=3$ (Kugel mit Radius $\alpha > 0$)

die Dichte der (zentrierten) n-dimensionalen Gauß-Verteilung mit der Kovarianzmatrix Σ. Erwartungsgemäß hat ihre Fourier-Transformierte eine ähnliche Form,

$$\mathscr{F}f(\xi) = \frac{1}{(2\pi)^{n/2}} \exp\!\left(-\frac{1}{2}\xi'\Sigma\xi\right), \qquad \xi \in \mathbb{R}^n.$$

Die letzte Formel folgt mit $\Sigma = A'A$ aus Gl. (4.16) und dem Gesetz der linearen Transformation (4.5). Im Allgemeinen sind die Dichten von Gauß-Verteilungen und folglich auch ihre Fourier-Transformierten nicht isotrop, siehe Abbildung 4.5a bis 4.5d. Für den Spezialfall $\Sigma = \sigma^2 I$ erhält man wegen $\Sigma^{-1} = \frac{1}{\sigma^2}I$ und $x'\Sigma^{-1}x = \frac{x'x}{\sigma^2} = \frac{\|x\|^2}{\sigma^2}$ die isotrope Gauß-Funktion (4.15). ∎

Beispiel 4.9 Die n-dimensionale Dirac-Funktion $\delta(x)$ kann als Grenzfall einer Gauß-Funktion eingeführt werden,

$$\delta(x) = \lim_{\sigma \to 0} \frac{1}{(2\pi)^{n/2}\sigma^n} e^{-\frac{\|x\|^2}{2\sigma^2}}, \qquad x \in \mathbb{R}^n,$$

und aus Gl. (4.16) erhält man

$$\mathscr{F}\delta(\xi) = \lim_{\sigma \to 0} \frac{1}{(2\pi)^{n/2}} e^{-\frac{\sigma^2\|\xi\|^2}{2}} = \frac{1}{(2\pi)^{n/2}}, \qquad \xi \in \mathbb{R}^n.$$

∎

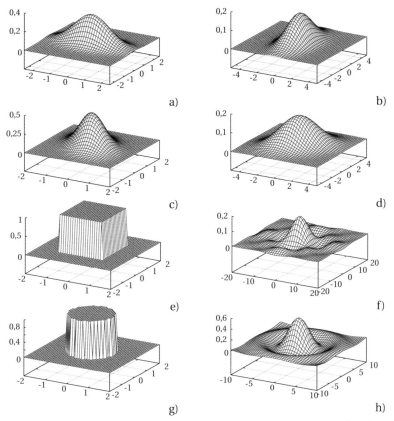

Bild 4.5 Beispiele für 2-dimensionale Transformationspaare: Funktionen $f(x_1, x_2)$ (links) und ihre jeweiligen Fourier-Transformierten $\hat{f}(\xi_1, \xi_2)$ (rechts)

Beispiel 4.10 Die Indikatorfunktion $\mathbf{1}_{W_n}$ des zentrierten n-dimensionalen Einheitswürfels $W_n = \left[-\frac{1}{2}, \frac{1}{2}\right]^n$ ist faktorisierbar. Es gilt

$$\mathbf{1}_{W_n}(x) = \prod_{k=1}^{n} \mathbf{1}_{\left[-\frac{1}{2}, \frac{1}{2}\right]}(x_k), \qquad x = (x_1, \ldots, x_n)' \in \mathbb{R}^n,$$

siehe Bild 4.5e, in dem der 2-dimensionale Fall für $2W_2$ dargestellt ist. Aus der Faktorisierbarkeit erhält man mit Gl. (4.12) für die Fourier-Transformierte

$$\mathscr{F}\mathbf{1}_{W_n}(\xi) = \frac{1}{(2\pi)^{n/2}} \prod_{k=1}^{n} \operatorname{sinc} \frac{\xi_k}{2\pi}, \qquad \xi = (\xi_1, \ldots, \xi_n)' \in \mathbb{R}^n.$$

Die entsprechende 2-dimensionale sinc-Funktion ist in Bild 4.5f dargestellt. ∎

Wir rechnen noch ein paar Beispiele mit der für die Anwendung sehr wichtigen Gauß-Funktion.

Beispiel 4.11 Für die Darstellung der Gauß-Funktion in Bild 4.5a wurde die Kovarianzmatrix

$$\Sigma = \begin{pmatrix} 1 & 0 \\ 0 & \frac{1}{4} \end{pmatrix}$$

gewählt. Ihre Inverse ist

$$\Sigma^{-1} = \begin{pmatrix} 1 & 0 \\ 0 & 4 \end{pmatrix}.$$

Die Eigenwerte von Σ^{-1} sind $\lambda_1 = 1$ und $\lambda_2 = 4$, und die zugehörigen Eigenvektoren bilden die Einheitsvektoren des $\mathbb{R}^2$. Ebene Schnitte durch den Graphen der Gauß-Funktion, die parallel zur (x_1, x_2)-Ebene sind, bilden folglich Ellipsen mit Halbachsen, deren Längen proportional zu $a = 1$ bzw. $b = \frac{1}{2}$ und deren Richtungen die Einheitsvektoren sind.

Zur (ξ_1, ξ_2)-Ebene parallele Schnitte durch den Graphen der Fourier-Transformierten, siehe Bild 4.5b, bilden ebenfalls Ellipsen, deren Halbachsenrichtungen den Koordinatenrichtungen entsprechen. Die Halbachsenlängen errechnen sich aus den Eigenwerten von Σ. Es gilt $a : b = 1 : 2$. ∎

Beispiel 4.12 Für die Gauß-Funktionen in den Bildern 4.5c und 4.5d ist

$$\Sigma = \frac{1}{8}\begin{pmatrix} 3 & -1 \\ -1 & 3 \end{pmatrix} \quad \text{und} \quad \Sigma^{-1} = \begin{pmatrix} 3 & 1 \\ 1 & 3 \end{pmatrix}.$$

Die Eigenwerte von Σ^{-1} sind $\lambda_1 = 4$ und $\lambda_2 = 2$ mit den zugehörigen Eigenvektoren

$$\begin{pmatrix} 1 \\ 1 \end{pmatrix} \quad \text{bzw.} \quad \begin{pmatrix} 1 \\ -1 \end{pmatrix}.$$

Daraus ergeben sich die Richtungen der Halbachsen der elliptischen Schnitte des Graphen in Bild 4.5c. Für die Halbachsenlängen gilt $a : b = \frac{1}{2} : \frac{1}{\sqrt{2}}$.

Die Form des Graphen in Bild 4.5d ist durch die Matrix Σ, d. h. durch ihre Eigenwerte und Eigenvektoren, bestimmt. ∎

Beispiel 4.13 Zu berechnen ist die Fourier-Transformierte der Gauß-Funktion

$$f(x_1, x_2) = \frac{1}{2\pi} \exp\left(-\frac{x_1^2 - 4x_1 x_2 + 5x_2^2}{2}\right).$$

Zunächst stellen wir fest, dass

$$x_1^2 - 4x_1 x_2 + 5x_2^2 = \begin{pmatrix} x_1 \\ x_2 \end{pmatrix}' \begin{pmatrix} 1 & -2 \\ -2 & 5 \end{pmatrix} \begin{pmatrix} x_1 \\ x_2 \end{pmatrix} = x' \Sigma^{-1} x$$

gilt. Damit ist

$$\Sigma^{-1} = \begin{pmatrix} 1 & -2 \\ -2 & 5 \end{pmatrix} \quad \text{und} \quad \Sigma = \begin{pmatrix} 5 & 2 \\ 2 & 1 \end{pmatrix}.$$

Aus

$$\xi'\Sigma\xi = \begin{pmatrix} \xi_1 \\ \xi_2 \end{pmatrix}' \begin{pmatrix} 5 & 2 \\ 2 & 1 \end{pmatrix} \begin{pmatrix} \xi_1 \\ \xi_2 \end{pmatrix} = 5\xi_1^2 + 4\xi_1\xi_2 + \xi_2^2$$

erhält man die Fourier-Transformierte

$$\hat{f}(\xi_1, \xi_2) = \frac{1}{2\pi} \exp\left(-\frac{5\xi_1^2 + 4\xi_1\xi_2 + \xi_2^2}{2}\right).$$

■

Aufgabe 4.2 Es sei $\|x\|_1 = |x_1| + |x_2|$ für $x \in \mathbb{R}^2$. Stellen Sie die Funktion

$$f(x) = \begin{cases} 1, & \text{für } \|x\|_1 \leq \frac{1}{\sqrt{2}} \\ 0, & \text{sonst} \end{cases}$$

graphisch dar. Bestimmen Sie die Fourier-Transformierte von f. ■

Aufgabe 4.3 Bestimmen Sie die Fourier-Transformierte der Indikatorfunktion einer Menge, die aus vier Kreisen mit dem Radius $r = 1/2$ besteht, die in den Punkten $(1, 1)$, $(-1, 1)$, $(1, -1)$ bzw. $(-1, -1)$ zentriert sind. ■

■ 4.2 Fourier-Bessel-Transformation

Wir betrachten noch den rotationsinvarianten (d. h. isotropen) Fall. Ist f nur von der radialen Koordinate $r = \|x\|$ abhängig, dann gibt es eine Funktion $f_1 : \mathbb{R} \mapsto \mathbb{C}$ mit $f(x) = f_1(r)$, und auch $\hat{f} = \mathscr{F}f$ hängt nur von $\varrho = \|\xi\|$ ab, $\hat{f}(\xi) = \hat{f}_1(\varrho)$, und es gilt

$$\mathscr{F}f(\xi) = \hat{f}_1(\varrho) = \frac{1}{\varrho^{\frac{n-2}{2}}} \int_0^\infty f_1(r) \, r^{n/2} J_{\frac{n-2}{2}}(r\varrho) \, dr, \qquad \varrho \in \mathbb{R}, \tag{4.17}$$

wobei J_k die *Bessel-Funktion* 1. Art und k-ter Ordnung bezeichnet. Daher wird diese Transformation als *Fourier-Bessel-Transformation* im $\mathbb{R}^n$ bezeichnet. Die Fourier-Bessel-Transformation wird auch *Hankel-Transformation* genannt. Wir wählen das Symbol $\mathscr{J}_n$ für die Fourier-Bessel-Transformation n-ter Ordnung und schreiben analog zur Fourier-Transformation abkürzend $\hat{f}_1 = \mathscr{J}_n f_1$. Die Definition (4.17) passt zu Gl. (4.1). Ferner wird angemerkt, dass die Fourier-Bessel-Transformation invers zu sich selbst ist, d. h., $\mathscr{J}_n$ ist eine *involutive Abbildung*, $f_1 = \mathscr{J}_n \mathscr{J}_n f_1$.

Die Fourier-Bessel-Transformation hat den Vorteil gegenüber der n-dimensionalen Fourier-Transformation, dass sie 1-dimensional ist. Implementierungen diskreter Versionen sind erwartungsgemäß schneller.

Wichtig für die Bildverarbeitung sind die folgenden Spezialfälle:

- *1-dimensionaler Fall (n = 1)*. Im 1-dimensionalen Fall entspricht die Rotationsinvarianz von f der Symmetrie $f(-x) = f(x)$, d. h., f ist in diesem Fall gerade. Es gilt

$$J_{-\frac{1}{2}}(r) = \sqrt{\frac{2}{\pi r}} \cos r, \quad r \in \mathbb{R},$$

und folglich entspricht die Fourier-Bessel-Transformation (4.17) im 1-dimensionalen Fall der *Fourier-Kosinustransformation*. Im 1-dimensionalen Fall ist $x = r$ und $\xi = \varrho$ und es gilt

$$\mathscr{F}f(\xi) = \sqrt{\xi} \int_0^\infty f(x) \sqrt{x} \sqrt{\frac{2}{\pi}} \frac{1}{\sqrt{x\xi}} \cos x\xi\, dx = \sqrt{\frac{2}{\pi}} \int_0^\infty f(x) \cos x\xi\, dx, \quad \xi \in \mathbb{R}.$$

- *2-dimensionaler Fall (n = 2)*. In diesem wichtigen Spezialfall vereinfacht sich Gl. (4.17) zu

$$\hat{f}_1(\varrho) = \int_0^\infty f_1(r)\, r J_0(r\varrho)\, dr, \quad \varrho \in \mathbb{R}. \tag{4.18}$$

Diese Transformation wird *Bessel-Transformation* genannt.

- *3-dimensionaler Fall (n = 3)*. Es gilt

$$J_{\frac{1}{2}}(r) = \sqrt{\frac{2}{\pi r}} \sin r, \quad r \in \mathbb{R},$$

und daraus folgt unmittelbar

$$\begin{aligned}
\mathscr{F}f(\xi) &= \frac{1}{\sqrt{\varrho}} \int_0^\infty f_1(r)\, r^{3/2} \sqrt{\frac{2}{\pi r \varrho}} \sin r\varrho\, dr \\
&= \sqrt{\frac{2}{\pi}} \frac{1}{\varrho} \int_0^\infty f_1(r)\, r \sin r\varrho\, dr, \quad \varrho \geq 0.
\end{aligned}$$

Die 3-dimensionale Fourier-Transformation von f kann folglich auf eine 1-dimensionale *Fourier-Sinustransformation* von $f_1(r)$ zurückgeführt werden, die auch abkürzend *Sinustransformation* genannt wird.

Beispiel 4.14 Die Exponentialfunktion $f(x) = e^{-\lambda \|x\|}$ mit dem Parameter $\lambda > 0$ ist rotationsinvariant (isotrop). Ihre Fourier-Transformierte erhält man folglich aus der Fourier-Bessel-Transformation (4.17). Es gilt

$$\mathscr{F}f(\xi) = \sqrt{\frac{2^n}{\pi}} \Gamma\left(\frac{n+1}{2}\right) \frac{\lambda}{\left(\lambda^2 + \|\xi\|^2\right)^{\frac{n+1}{2}}}, \quad \xi \in \mathbb{R}^n,$$

wobei Γ die Eulersche Gammafunktion bezeichnet. Es ist $\Gamma\left(\frac{3}{2}\right) = \frac{\sqrt{\pi}}{2}$ und $\Gamma(2) = 1$, und daraus folgt für die praktisch wichtigen Fälle $n = 2$ bzw. $n = 3$

$$\mathscr{F}f(\xi) = \frac{\lambda}{\left(\lambda^2 + \|\xi\|^2\right)^{\frac{3}{2}}} \quad \text{bzw.} \quad \mathscr{F}f(\xi) = \sqrt{\frac{2}{\pi}} \frac{2\lambda}{\left(\lambda^2 + \|\xi\|^2\right)^2}.$$

In den Bildern 4.3a und 4.3b ist das Transformationspaar für $n = 2$ und $\lambda = 1$ dargestellt. ∎

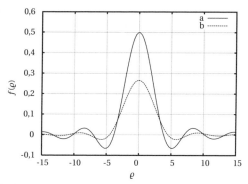

Bild 4.6 Die radialen Funktionen der Fourier-Transformierten der Indikatorfunktionen: a) der Kreisscheibe bzw. b) der Kugel; Radius = 1

Beispiel 4.15 Wir betrachten zunächst ein 2-dimensionales Beispiel. Die im Koordinatenursprung zentrierte Kreisscheibe $B_\alpha = \{x \in \mathbb{R}^2 : \|x\| \leq \alpha\}$ mit dem Radius $\alpha > 0$ ist isotrop. Das gilt auch für die Indikatorfunktion der Kreisscheibe

$$\mathbf{1}_{B_\alpha}(x) = \begin{cases} 1, & \|x\| \leq \alpha \\ 0, & \|x\| > \alpha \end{cases}, \quad x \in \mathbb{R}^2,$$

siehe Bild 4.5g. Die Fourier-Bessel-Transformation (4.17) liefert

$$\mathscr{F}\mathbf{1}_{B_\alpha}(\xi) = \int_0^\alpha r J_0(r\varrho)\, dr = \frac{\alpha J_1(\alpha\varrho)}{\varrho}, \quad \xi \in \mathbb{R}^2,$$

mit $\varrho = \|\xi\|$, siehe auch Bilder 4.6a und 4.5h. ∎

Beispiel 4.16 Analoges gilt im 3-dimensionalen Fall. Für eine Kugel $B_a = \{x \in \mathbb{R}^3 : \|x\| \leq a\}$ mit dem Radius $a > 0$ kann die Fourier-Transformierte der Indikatorfunktion $\mathbf{1}_{B_a}(x)$ durch partielle Integration berechnet werden,

$$\mathscr{F}\mathbf{1}_{B_\alpha}(\xi) = \sqrt{\frac{2}{\pi}} \frac{1}{\varrho} \int_0^\alpha r \sin r\varrho\, dr = \sqrt{\frac{2}{\pi}} \left(\frac{\sin \alpha\varrho}{\varrho^3} - \frac{\alpha \cos \alpha\varrho}{\varrho^2} \right), \quad \xi \in \mathbb{R}^3,$$

mit $\varrho = \|\xi\|$, siehe auch Bild 4.6. ∎

Eine Zusammenfassung der Beispiele findet sich in Tabelle 4.2. Beispiele für Fourier-Bessel-Transformationen sind in Tabelle 4.3 zusammengefasst, wobei auch die rotationsinvarianten Fälle aus Tabelle 4.2 übernommen wurden.

■ 4.3 Anwendungen

Wie zu Beginn des Kapitels bereits erwähnt, ist das Spektrum der Anwendungen der Fourier-Transformation in der Bildverarbeitung sehr breit, wobei vor allem die diskrete Version der

Tabelle 4.3 Die Fourier-Bessel-Transformierten einiger wichtiger Funktionen für $n = 2$ (Bessel-Transformation) und $n = 3$ (Sinustransformation): Dabei ist D die Dawson-Funktion, H_ν die Struve-Funktion ν-ter Ordnung, K_ν die modifizierte Bessel-Funktion 1. Art und ν-ter Ordnung, ϕ das Gaußsche Fehlerintegral, $\phi(x) = \frac{1}{\sqrt{2\pi}} \int_{-\infty}^{x} e^{-\frac{t^2}{2}} dt$ und $\operatorname{sech} x = 1/\cosh x$.

$f_1(r)$	Bessel-Transformation	Sinustransformation	
$e^{-\lambda r}$	$\dfrac{\lambda}{(\lambda^2 + \varrho^2)^{3/2}}$	$\sqrt{\dfrac{2}{\pi}} \dfrac{2\lambda}{(\lambda^2 + \varrho^2)^2}$	$\lambda > 0$
$e^{-\frac{r^2}{2\sigma^2}}$	$\sigma^2 e^{-\frac{\sigma^2 \varrho^2}{2}}$	$\sigma^3 e^{-\frac{\sigma^2 \varrho^2}{2}}$	$\sigma > 0$
$\dfrac{D(r)}{r}$	$\dfrac{1}{4} e^{-\frac{\varrho^2}{8}} K_0\!\left(\dfrac{\varrho^2}{8}\right)$	$\dfrac{\sqrt{\pi}}{2\sqrt{2\varrho}} e^{-\frac{\varrho^2}{4}}$	
$\sqrt{2\pi} \dfrac{\phi(r) - \frac{1}{2}}{r}$	$\sqrt{2\pi} \dfrac{1 - \phi(\varrho)}{\varrho}$	–	
$\begin{cases} 1, & r \le \alpha \\ 0, & \text{sonst} \end{cases}$	$\dfrac{\alpha J_1(\alpha\varrho)}{\varrho}$	$\sqrt{\dfrac{2}{\pi}} \left(\dfrac{\sin\alpha\varrho}{\varrho^3} - \dfrac{\alpha\cos\alpha\varrho}{\varrho^2} \right)$	$\alpha > 0$
$\dfrac{1}{r\sqrt{4 - r^2}},\ r < 2$	$\dfrac{\pi}{2} J_0^2(\varrho)$	$\sqrt{\dfrac{\pi}{2}} \dfrac{H_0(\varrho)}{2\varrho}$	
$\dfrac{1}{r^2\sqrt{4 - r^2}},\ r < 2$	–	$\pi J_1(2\varrho) H_0(2\varrho)$ $+ J_0(2\varrho)\bigl(2 - \pi H_1(2\varrho)\bigr)$	
$\dfrac{1}{r^2}$	–	$\sqrt{\dfrac{\pi}{2}} \dfrac{1}{\varrho}$	
$\dfrac{1}{r} e^{-\lambda r}$	$\dfrac{1}{\sqrt{\lambda^2 + \varrho^2}}$	$\sqrt{\dfrac{2}{\pi}} \dfrac{1}{\lambda^2 + \varrho^2}$	$\lambda > 0$
$\dfrac{1}{r^2} e^{-\lambda r}$	–	$\sqrt{\dfrac{2}{\pi}} \dfrac{\arctan\frac{\varrho}{\lambda}}{\varrho}$	$\lambda > 0$
$\dfrac{1}{r^2}(1 - e^{-\lambda r})$	$\arcsin \dfrac{\lambda}{\varrho}$	$\sqrt{\dfrac{2}{\pi}} \left(\dfrac{\pi}{2\varrho} - \dfrac{\arctan\frac{\varrho}{\lambda}}{\varrho} \right)$	$\lambda > 0$
$\dfrac{\cos r}{r}$	$\dfrac{1}{\sqrt{\varrho^2 - 1}},\ \varrho > 1$	–	
$\dfrac{\sin r}{r^2}$	$\arcsin \dfrac{1}{\varrho},\ \varrho > 1$	$\dfrac{\ln|\varrho + 1| - \ln|\varrho - 1|}{\sqrt{2\pi}\varrho}$	
$(\lambda r)^\nu K_\nu(\lambda r)$	$\Gamma(\nu + 1) \dfrac{2^\nu \lambda^{2\nu}}{(\lambda^2 + \varrho^2)^{\nu+1}}$	$\Gamma\!\left(\nu + \dfrac{1}{2}\right) \dfrac{2^{\nu+\frac{1}{2}} \lambda^{2\nu}}{(\lambda^2 + \varrho^2)^{\nu+\frac{3}{2}}}$	$\lambda > 0,$ $\nu > -1$
$\operatorname{sech} r$	$\sqrt{\dfrac{\pi}{2}} \operatorname{sech} \dfrac{\pi\varrho}{2}$	$\left(\dfrac{\pi}{2}\right)^{\!\frac{3}{2}} \dfrac{\sinh\frac{\pi}{2}\varrho}{\varrho \cosh^2 \frac{\pi}{2}\varrho}$	

Fourier-Transformation angewandt wird. Im Folgenden werden zwei Anwendungen behandelt, die sich besser mithilfe der kontinuierlichen Fourier-Transformation darstellen lassen.

4.3.1 Ortssensitive Diffusionsfilter

Die Fourier-Transformation kann auch hilfreich bei der Lösung von Differentialgleichungen sein. Dazu rechnen wir ein instruktives Beispiel, in dem die Anwendung in der ortssensitiven (d. h. lokal adaptiven) Filterung von Bildern im Vordergrund steht.

Sei $f(x,t)$ eine reellwertige Funktion, die vom Ort $x \in \mathbb{R}^n$ und der Zeit $t \in [0,\infty)$ abhängig ist. Diese Funktion modelliert die zeitliche Änderung der (reellwertigen) Pixelwerte in einem n-dimensionalen Bild während einer Filterung, die von der Zeit t abhängig ist. Mit $f(x,0) = f_0(x)$ wird unser Ausgangsbild zum Zeitpunkt $t=0$ bezeichnet.

Die glättende Filterung soll hier einen Diffusionsprozess modellieren. In diesem Kontext entsprechen die Funktionswerte von f einer Konzentration. Wir setzen also voraus, dass die Funktion f eine Lösung der homogenen Diffusionsgleichung

$$\frac{\partial}{\partial t} f = D \Delta f \tag{4.19}$$

ist, wobei D den Diffusionskoeffizienten und Δ den Laplace-Operator bezeichnet. Die homogene Diffusionsgleichung ist eine partielle Differentialgleichung 2. Ordnung.

Durch die Fourier-Transformation beider Seiten der Gleichung bezüglich der Variablen x erhalten wir mithilfe von Gl. (4.9)

$$\frac{\partial}{\partial t} f(x,t) = D\Delta f(x,t)$$

$$\mathscr{F}\left(\frac{\partial}{\partial t} f\right)(\xi, t) = \mathscr{F}(D\Delta f)(\xi, t)$$

$$\frac{\partial}{\partial t} \hat{f}(\xi, t) = -D\|\xi\|^2 \hat{f}(\xi, t).$$

In der letzten Gleichung betrachten wir zunächst den Vektor ξ als eine Konstante. Dann ist diese Gleichung für t eine einfache Differentialgleichung 1. Ordnung mit konstantem Koeffizienten. Die allgemeine Lösung dieser Gleichung ist

$$\hat{f}(\xi, t) = \hat{c}(\xi) e^{-Dt\|\xi\|^2} = \hat{c}(\xi) \cdot \left((2\pi)^{n/2} \hat{g}_\Sigma(\xi)\right),$$

wobei die Integrationskonstante unabhängig von t, aber abhängig von ξ ist, $\hat{c} = \hat{c}(\xi)$. Die rechte Seite ist bis auf den Faktor $(2\pi)^{n/2}$ ein Produkt aus der Funktion $\hat{c}$ und der Fourier-Transformierten $\hat{g}_\Sigma(\xi)$ einer n-dimensionalen Gauß-Funktion mit der Kovarianzmatrix $\Sigma = 2DtI$. Die Anwendung der inversen Fourier-Transformation auf dieses Produkt ergibt die Faltungsgleichung

$$f(x,t) = (c * g_\Sigma)(x) = \frac{1}{(4\pi Dt)^{n/2}} \int_{\mathbb{R}^n} c(y) e^{-\frac{\|x-y\|^2}{4Dt}} dy, \tag{4.20}$$

wobei c und g_Σ die zu $\hat{c}$ bzw. $\hat{g}_\Sigma$ gehörigen Funktionen im Ortsraum bezeichnen, $c = \bar{\mathscr{F}} \hat{c}$ bzw. $g_\Sigma = \bar{\mathscr{F}} \hat{g}_\Sigma$. Die rechte Seite von Gl. (4.20) ist die allgemeine Lösung von Gl. (4.19).

Aus Gl. (4.20) bestimmen wir schließlich noch die unbekannte Funktion $c(x)$, indem wir fordern, dass f die Anfangsbedingung $f(x,0) = f_0(x)$ erfüllt. Wegen

$$\lim_{t \to 0} \frac{1}{(4\pi Dt)^{n/2}} e^{-\frac{\|x\|^2}{4Dt}} = \delta(x)$$

ist

$$f(x,0) = \lim_{t \to 0} f(x,t) = \lim_{t \to 0} \frac{1}{(4\pi Dt)^{n/2}} \int_{\mathbb{R}^n} c(y) e^{-\frac{\|x-y\|^2}{4Dt}} dy$$

$$= \int_{\mathbb{R}^n} c(y) \delta(x-y) dy = c(x),$$

und damit erhalten wir

$$f(x,t) = \frac{1}{(4\pi Dt)^{n/2}} \int_{\mathbb{R}^n} f(y,0)\,e^{-\frac{\|x-y\|^2}{4Dt}}\,dy, \tag{4.21}$$

als Lösung der Anfangswertaufgabe

$$\left. \begin{array}{rcl} \frac{\partial}{\partial t} f & = & D\Delta f \\ f(x,0) & = & f_0(x) \end{array} \right\}. \tag{4.22}$$

Daraus folgt, dass die Gauß-Funktion g_Σ mit der Kovarianzmatrix $\Sigma = 2DtI = \sigma^2 I$ mit der Einheitsmatrix I und der Varianz $\sigma^2 = Dt$ den Filterkern eines isotropen *Diffusionsfilters* bildet. Wird nun der Parameter t ortsabhängig gewählt, d. h. abhängig von der Bildinformation $f_0(x)$, erhält man daraus einen isotropen, ortssensitiven Diffusionsfilter, siehe [167].

Solche Diffusionsfilter können als kantenerhaltende Glättungsfilter verwendet werden, wobei der Parameter σ^2 abhängig von der Bildinformation gewählt wird:

- In Kantennähe wird ein kleines σ (d. h. eine geringe Glättung) gewählt.
- Bei größerem Abstand von den Bildkanten wird ein großer Wert für σ (d. h. eine starke Glättung) gewählt.

Folgt man der Idee von [126], dann wird σ als Funktion der Norm des Gradienten des Ausgangsbildes f_0 gewählt, $\sigma = \sigma(\|f_0\|)$. Meist wird der Ansatz

$$\sigma^2(\|f_0\|) = \frac{\sigma_0^2 a^2}{\|f_0\|^2 + a^2} \tag{4.23}$$

verwendet, bei dem σ_0 und a Filterparameter sind; mit σ_0 wird die Stärke der Glättung gesteuert und a beeinflusst die Kantenerhaltung. Ein kleines a sorgt für eine gute Kantenerhaltung, ein großes a bewirkt eine schlechte Kantenerhaltung, $\sigma \to \sigma_0$ für $a \to \infty$. Außerdem kann man leicht sehen, dass $\sigma = \sigma_0$ wird, falls $\|f_0\| = 0$ ist.

Bei der numerischen Implementierung des isotropen Diffusionsfilters kann prinzipiell wie folgt vorgegangen werden:

- Erzeugung einer Sequenz (F_k) von Bildern $F_k = (f_{ij}^k)$ durch eine Filterung des Ausgangsbildes F_0 mit Masken B_{2k} von Binomialfiltern der Ordnung $m = 2k$,

$$F_k = F_0 * B_{2k} = F_{k-1} * B_2, \quad k = 1, 2, \ldots$$

- Erzeugung eines Bildes $G = (g_{ij})$ mit den Indizes $g_{ij} = k$, die für gegebene Werte σ_0 und a mithilfe von Gl. (4.23) und der Beziehung $m = 4\sigma^2$ lokal aus der Norm des Gradienten von F_0 berechnet werden.
- Die Pixelwerte h_{ij} des Ergebnisbildes $H = (h_{ij})$ erhält man aus $h_{ij} = f_{ij}^k$ mit $k = g_{ij}$.

Das Bild in Bild 4.7b wurde auf diese Weise erhalten. Ein weiteres Beispiel mit einer noch stärkeren ortssensitiven Glättung wird in Bild 4.8b gezeigt. Das Problem einer solchen Vorgehensweise besteht in der enormen Rechenzeit und dem großen Platzbedarf für die Erzeugung bzw. Speicherung der F_k.

Im anisotropen Fall ist $D = D(x)$ ein ortsabhängiger Diffusionstensor, und statt des Anfangswertproblems (4.22) wird nun

$$\left. \begin{array}{rcl} \frac{\partial}{\partial t} f & = & \nabla(D\nabla f) \\ f(x,0) & = & f_0(x) \end{array} \right\} \tag{4.24}$$

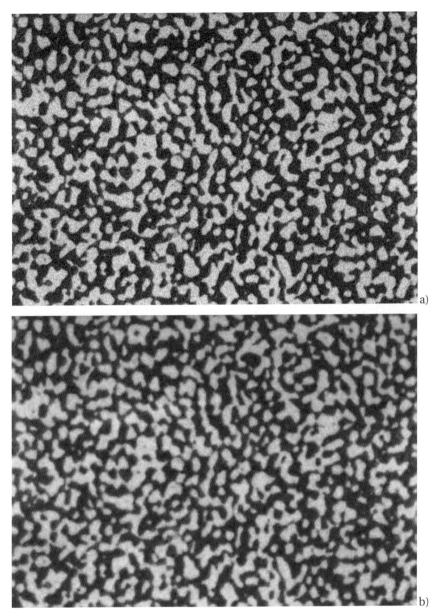

Bild 4.7 Austenitisch-ferritische Mikrostruktur eines Edelstahls, lichtoptische Aufnahme eines ebenen Anschliffs im Auflicht, Pixelgröße 0,26 μm, Glättung des Bildes mit einem isotropen Diffusionsfilter: a) Originalbild, b) geglättetes Bild ($\sigma_0 = 1,04\,\mu$m, $\alpha = 1,5$)

Bild 4.8 Glättung eines Bildes mit einem isotropen Diffusionsfilter: a) Originalbild, b) geglättetes Bild ($\sigma_0 = 3\,\mu$m, $\alpha = 5$)

gelöst. Das Ergebnis ist, dass $f(x,t)$ als eine Filterung des Ausgangsbildes $f(x,0)$ mit einer anisotropen Gauß-Funktion dargestellt werden kann. Der Ansatz von [126] wird dabei dahingehend erweitert, dass die positiv definite Kovarianzmatrix Σ durch eine Singulärwertzerlegung dargestellt wird,

$$\Sigma = V\Lambda V'.$$

Dabei ist Λ eine Diagonalmatrix,

$$\Lambda = \begin{pmatrix} \sigma_1^2 & & 0 \\ & \ddots & \\ 0 & & \sigma_n^2 \end{pmatrix}$$

mit den Varianzen $\sigma_1^n, \ldots, \sigma_n^2$ in der Hauptdiagonalen. Wir setzen $\sigma_1^2 = \sigma^2$ und $\sigma_2^2 = \ldots = \sigma_n^2 = \sigma_0^2$, wobei σ wie in Gl. (4.23) als Funktion der Norm des Gradienten betrachtet wird. Die Matrix $V = (v_1, \ldots, v_n)$ besteht aus den paarweise orthogonalen und normierten Eigenvektoren $v_1, \ldots, v_n$ der Kovarianzfunktion Σ, wobei wir lediglich $v_1 = \nabla f_0 / \|\nabla f_0\|$ setzen. Die Wirkung ist, dass in Abhängigkeit von der Wahl der beiden Parameter σ_0 und α nun auch in Kantennähe geglättet werden kann, allerdings orthogonal zum Gradienten und damit parallel zur Kantenrichtung. Die Bildkanten bleiben dabei weitgegend erhalten. Zu weiteren Details der anisotropen Diffusionsfilterung sei auf [167] verwiesen, siehe auch [11], [6] und [7].

Beispiel 4.17 Im 2-dimensionalen Fall ($n = 2$) sei lokal der Gradient $\nabla f_0 = (1,2)'$ erhalten worden. Zu berechnen ist die Transferfunktion des (lokal anzuwendenden) Gauß-Filters mit der Maske $g_\Sigma(x)$ für die Filterparameter $\sigma_0 = 2$ und $a = 1$. Wegen $\|\nabla f_0\| = \sqrt{5}$ erhalten wir zunächst die beiden Eigenvektoren

$$v_1 = \frac{1}{\sqrt{5}}\begin{pmatrix} 1 \\ 2 \end{pmatrix}, \quad v_2 = \frac{1}{\sqrt{5}}\begin{pmatrix} -2 \\ 1 \end{pmatrix}$$

der Kovarianzmatrix Σ. Außerdem setzen wir $\sigma_1^2 = \sigma_0^2 = 4$, und aus Gl. (4.23) folgt unmittelbar $\sigma_2 = 2/3$. Daraus ergibt sich

$$\Sigma = \frac{1}{\sqrt{5}}\begin{pmatrix} 1 & -2 \\ 2 & 1 \end{pmatrix}\begin{pmatrix} 4 & 0 \\ 0 & \frac{2}{3} \end{pmatrix}\frac{1}{\sqrt{5}}\begin{pmatrix} 1 & 2 \\ -2 & 1 \end{pmatrix} = \frac{1}{3}\begin{pmatrix} 4 & 4 \\ 4 & 10 \end{pmatrix}.$$

Die Transferfunktion ist also

$$\hat{g}_\Sigma(\xi) = \frac{1}{2\pi}e^{-\frac{1}{3}\left(2\xi_1^2 + 4\xi_1\xi_2 + 5\xi_2^2\right)}, \quad \xi \in \mathbb{R}^2,$$

siehe Tabelle 4.2. ■

Eine effektive Implementierung anisotroper Diffusionsfilter basiert auf der numerischen Lösung des Anfangswertproblems in Gl. (4.24), siehe z. B. [76] oder [159].

4.3.2 Abtasttheorem und Moiré-Effekt

Wir betrachten zunächst eine 1-dimensionale reelle Funktion $f : \mathbb{R} \mapsto \mathbb{R}$. Ihre Abtastung (d. h. ihr Sampling) auf dem Gitter $a\mathbb{Z}$ mit einem Gitterabstand $a > 0$ ist gegeben durch die Werte $f_k = f(ak), k \in \mathbb{Z}$. Der Wert $\xi_a = \frac{2\pi}{a}$ ist die Abtastkreisfrequenz und

$$\omega_a = \frac{\xi_a}{2\pi} = \frac{1}{a}$$

ist die Abtastfrequenz. Dabei stellt sich die Frage, ob die Funktion $f(x)$ aus ihrem Sampling rekonstruiert werden kann. Eine mögliche Rekonstruktion ist die Whittaker-Shannon-Interpolation

$$f(x) \approx f_S(x) = \sum_{k=-\infty}^{\infty} f(ak)\,\text{sinc}\left(\frac{x}{a} - k\right),$$

[68], [169], [170]. Da sinc $0 = 1$ und sinc $k = 0$ für $k \neq 0$ ist, stimmen $f(x)$ und $f_S(x)$ zumindest an den Abtastpunkten überein, $f(ak) = f_S(ak)$ für $k \in \mathbb{Z}$. Die Fourier-Transformierte von f_S ist

$$\begin{aligned}
\hat{f}_S(\xi) &= \frac{1}{\sqrt{2\pi}}\int_{-\infty}^{\infty}\sum_{k=-\infty}^{\infty} f(ak)\,\text{sinc}\left(\frac{x}{a} - k\right)e^{-ix\xi}\,dx \\
&= \sum_{k=-\infty}^{\infty} f(ka)\frac{1}{\sqrt{2\pi}}\int_{-\infty}^{\infty}\text{sinc}\left(\frac{x}{a} - k\right)e^{-ix\xi}\,dx \\
&= \sum_{k=-\infty}^{\infty} f(ka)\,e^{-ika\xi}\frac{1}{\sqrt{2\pi}}\int_{-\infty}^{\infty}\text{sinc}\frac{x}{a}\,e^{-ix\xi}\,dx,
\end{aligned}$$

wobei der letzte Ausdruck mithilfe von Gl. (4.7) erhalten wurde. Außerdem folgt aus dem Gesetz der inversen Skalierung (4.6) und der Gl. (4.12) unmittelbar

$$\frac{1}{\sqrt{2\pi}} \int_{-\infty}^{\infty} \operatorname{sinc}\frac{x}{a} e^{-ix\xi} dx = \frac{\pi}{2a} \mathbf{1}_{[-\frac{\pi}{a}, \frac{\pi}{a}]}(\xi).$$

Das ergibt

$$\hat{f}_S(\xi) = \frac{\pi}{2a} \mathbf{1}_{[-\frac{\pi}{a}, \frac{\pi}{a}]}(\xi) \sum_{k=-\infty}^{\infty} f(ka) e^{-ika\xi},$$

d. h., das Spektrum von $f_S(x)$ ist begrenzt, $\hat{f}_S(\xi) = 0$ für $|\xi| > \frac{\pi}{a}$. Die Grenzfrequenz $\omega_N = \frac{1}{2a}$ wird kritische Nyquist-Frequenz genannt. Die zugehörige Kreisfrequenz ist also $\xi_N = \frac{\pi}{a}$. Die Abtastfrequenz ω_a muss folglich mindestens doppelt so groß sein wie die Grenzfrequenz ω_N, damit die Whittaker-Shannon-Interpolation bandbegrenzt mit ξ_N ist,

$$\omega_a \geq 2\omega_N. \tag{4.25}$$

Damit lässt sich das Abtasttheorem formulieren.

Satz 4.1 (*Abtasttheorem von Shannon*) Es sei $f : \mathbb{R} \mapsto \mathbb{R}$ eine integrierbare Funktion und existiert die Reihe $\sum_{k=-\infty}^{\infty} |f(ka)|$ der Beträge der Abtastwerte $f_k = f(ka)$ in Gitterpunkten mit dem Abstand $a > 0$ und $k \in \mathbb{Z}$. Hat f eine durch $\xi_N = \frac{\pi}{a}$ begrenzte Bandbreite, dann ist f aus den Abtastpunkten rekonstruierbar,

$$f(x) = \sum_{k=-\infty}^{\infty} f(ak) \operatorname{sinc}\left(\frac{x}{a} - k\right)$$

für alle $x \in \mathbb{R}$. ∎

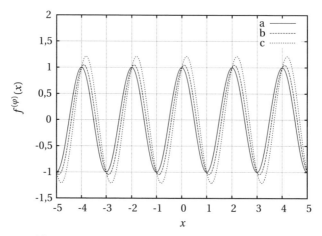

Bild 4.9 Funktionen $f^{(\varphi)}(x) = \cos(\pi x - \varphi)/\cos\varphi$ für a) $\varphi = 0$, b) $\varphi = 0,3$ und c) $\varphi = 0,6$. Die Funktionswerte stimmen an den Abtaststellen $x = k$ für $k \in \mathbb{Z}$ überein.

Zur Erläuterung betrachten wir ein einfaches Beispiel, bei dem die Bedingung (4.25) verletzt ist:

Beispiel 4.18 Gegeben sei eine Familie von Funktionen

$$f^{(\varphi)}(x) = \frac{\cos(\pi x - \varphi)}{\cos \varphi}, \quad x \in \mathbb{R}$$

mit der Phase $\varphi \in \left[-\frac{\pi}{2}, \frac{\pi}{2}\right]$, der Amplitude $1/\cos\varphi$, der Periodenlänge 2 und der einheitlichen (Kreis-)Frequenz $\xi = \pi$. Für die Grenzfrequenz muss also also $\xi_N > \pi$ gelten. Werden diese Funktionen auf dem Einheitsgitter $\mathbb{Z}$ gesampelt, dann erhalten wir die von φ unabhängigen Abtastpunkte $f_k^{(\varphi)} = f^{(\varphi)}(ka) = (-1)^k$ für $k \in \mathbb{Z}$. Die Abtastfrequenz $\xi_a = 2\pi$ ist in diesem Fall kleiner als das Doppelte der Grenzfrequenz, $\xi_a < 2\xi_N$, was zur Folge hat, dass aus den Werten der Abtastpunkte weder auf die Phase noch auf die Amplitude von $f^{(\varphi)}(x)$ geschlossen werden kann. ∎

Im 2-dimensionalen Fall der Abtastung einer Funktion $f : \mathbb{R}^2 \mapsto \mathbb{R}$ auf einem homogenen Gitter $\mathbb{L}$ mit den Basisvektoren u_1 und u_2 wird die Bandbegrenzung durch die Bedingung

$$\mathscr{F}f(\xi) = 0 \quad \text{für} \quad \xi \notin (U^{-1})'[-\pi, \pi]$$

mit $U = (u_1, u_2)$ beschrieben [118, S. 67], was im Falle eines quadratischen Gitters $\mathbb{L} = a\mathbb{Z}^2$ mit dem Abstand $a > 0$ der Bedingung

$$\mathscr{F}f(\xi) = 0 \quad \text{für} \quad \|\xi\|_\infty > \frac{\pi}{a}$$

entspricht, wobei $\|x\|_\infty = \max\{|x_1|, |x_2|\}$ ist. Das bedeutet aber nichts anderes als dass die Relation (4.25) sowohl für die Abtastung in x- als auch in y-Richtung gelten muss.

Bemerkung 4.1 Da die Indikatorfunktion $f(x) = \mathbf{1}_X(x)$ einer kompakten Menge $X \subset \mathbb{R}^2$ nicht bandbegrenzt ist, kann X auch nicht aus einem Sampling $X \cap \mathbb{L}$ rekonsturiert werden. Durch die Gauß-Digitalisierung oder das Rendering können also im Allgemeinen nur Näherungen von X bzw. $f(x)$ erhalten werden, siehe Abschnitt 1.3. ∎

Auch wenn in der Bildverarbeitung Überlegungen zur Wahl des Gitterabstandes und damit einer geeigneten Pixelgröße eine Rolle spielen, so stehen doch eher die Folgen der Verletzung der Relation (4.25) im Vordergrund. Ist also die Abtastfrequenz ξ_a größer als $2\xi_N$ (Unterabtastung), dann wird der Teil der Fourier-Transformierten von f, der nicht im Frequenzbereich (Band) $-\xi_N < \xi < \xi_N$ liegt, in diesen Bereich verlagert, d. h., dieser Teil wird fehlerhaft wiedergegeben (*aliased*). Die Verlagerung, die einer Spiegelung an den Bandgrenzen entspricht, wird daher Aliasing genannt.

Beispiel 4.19 Zur Erläuterung betrachten wir die Abtastung der Indikatorfunktion $f(x) = \mathbf{1}_{[-\frac{1}{2}, \frac{1}{2}]}(x)$ mit einem Abstand $a = 0,03$, siehe Bild 4.10a. Die Fourier-Transformierte $\hat{f}_A(\xi)$ des Aliasings ist bandbegrenzt. Innerhalb des Bandes setzt sie sich zusammen aus der Fourier-Transformierten des Signals $f(x)$ und ihren Spiegelungen an den Bandgrenzen $-\xi_N$ bzw. ξ_N,

$$\hat{f}_A(\xi) = \hat{f}(\xi) + \underbrace{\hat{f}(-2\xi_N - \xi) + \hat{f}(2\xi_N - \xi)}_{\text{Spiegelungen 1. Ordnung}} + \underbrace{\hat{f}(-4\xi_N - \xi) + \hat{f}(4\xi_N - \xi)}_{\text{Spiegelungen 2. Ordnung}} + \ldots,$$

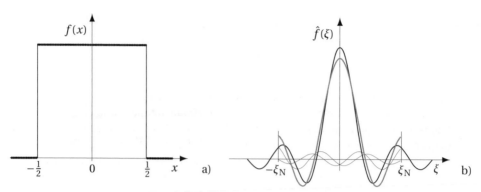

Bild 4.10 a) Abtastung der Indikatorfunktion $f(x) = \mathbf{1}_{[-\frac{1}{2},\frac{1}{2}]}(x)$ mit einem Abstand von $a = 0,03$; b) die Fourier-Transformierte $\hat{f}(\xi)$ von $f(x)$, die Spiegelungen 1. Ordnung (dünn) der außerhalb des Bandes $[-\xi_N, \xi_N]$ liegenden Teile von $\hat{f}(\xi)$ an den Bandgrenzen und die Fourier-Transformierte des Aliasings (grau)

für $-\xi_N \leq \xi \leq \xi_N$ und $\hat{f}_A(\xi) = 0$ sonst, siehe Bild 4.10b (in dem jedoch nur die Spiegelungen 1. Ordnung berücksichtigt wurden). ∎

Aufgabe 4.4 Bestimmen Sie das Aliasing der Sinusfunktion $f(x) = \sin x$ bei einer Abtastung auf einem Gitter mit dem Abstand $a = 4$. ∎

Die Konsequenz des Aliasings ist ein sogenannter Moiré-Effekt bei der Betrachtung des Bildes, der bewirkt, dass im Bild anscheinend nicht vorhandene Inhalte angezeigt werden können. Das ist insbesondere dann der Fall, wenn die Gesamtenergie von $f(x)$ für Frequenzen außerhalb des Bandes $[-\xi_N, \xi_N]$ besonders hoch ist. Durch eine Bildglättung kann dieser Effekt reduziert oder sogar vollständig unterdrückt werden. Bereits die Anwendung von Binomialfiltern geeigneter Ordnung kann zu einer erheblichen Bildverbesserung beitragen. Effektiver für die Bildwiedergabe ist jedoch ein Tiefpassfilter mit der Abtastkreisfrequenz f_a, siehe Abschnitt 5.4. Im Folgenden wird ein drastisches Beispiel behandelt, bei dem der Anteil hoher Frequenzen an der Gesamtenergie besonders groß ist:

Beispiel 4.20 Betrachtet wird ein quadratisches Bild F mit $n^2 = 1024^2$ Pixeln und der Pixelgröße $a = 1$, in dem die Frequenz mit zunehmendem Abstand vom Bildzentrum zunimmt. Genauer: F ist ein Sampling der Funktion $f(x) = \cos(2\|x\|^2/n)$ auf dem Gitter $\mathbb{L} = \mathbb{Z}^2$. Bei der Darstellung des Bildes sind zusätzliche Kreise zu sehen, die nichts mit dem Bildinhalt zu tun haben, siehe Bild 4.11a. Durch eine Bildglättung kann dieser Moiré-Effekt reduziert oder sogar vollständig unterdrückt werden. Bild 4.11b zeigt das Ausgangsbild nach Anwendung eines Binomialfilters der Ordnung $m = 16$. Der Moiré-Effekt ist erheblich reduziert, jedoch nicht vollständig unterdrückt. ∎

Zu weiteren Implikationen des Abtasttheorems für die Bildverarbeitung sei auf [139] und [174] verwiesen.

 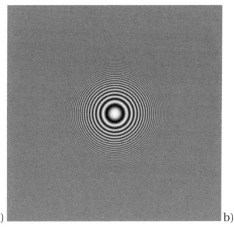

Bild 4.11 a) Fehlerhafte Wiedergabe eines Bildes mit konzentrischen Ringen um das Bildzentrum, wobei die Frequenz proportional zum quadratischen Abstand vom Zentrum ist; b) Wiedergabe des gleichen Bildes nach einer Bildglättung

■ 4.4 Diskrete Fourier-Transformation

Zunächst soll erst einmal die 1-dimensionale Version der Fourier-Transformation (4.1) einer integrierbaren Funktion $f : \mathbb{R} \mapsto \mathbb{C}$ betrachtet werden,

$$(\mathscr{F}f)(\xi) = \hat{f}(\xi) = \frac{1}{\sqrt{2\pi}} \int_{-\infty}^{\infty} f(x)\,e^{-ix\xi}\,dx, \qquad \xi \in \mathbb{R}.$$

Ist auch die Fourier-Transformierte $\hat{f} : \mathbb{R} \mapsto \mathbb{C}$ integrierbar, dann existiert die Co-Transformierte, und analog zu Gl. (4.2) gilt

$$(\bar{\mathscr{F}}\hat{f})(x) = f(x) = \frac{1}{\sqrt{2\pi}} \int_{-\infty}^{\infty} \hat{f}(\xi)\,e^{ix\xi}\,d\xi, \qquad x \in \mathbb{R}.$$

Mit der Substitution $\xi = -2\pi\omega$ erhält man

$$\hat{f}(-2\pi\omega) = \frac{1}{\sqrt{2\pi}} \int_{-\infty}^{\infty} f(x)\,e^{2\pi ix\omega}\,dx$$

$$\sqrt{2\pi}\hat{f}(-2\pi\omega) = \int_{-\infty}^{\infty} f(x)\,e^{2\pi ix\omega}\,dx.$$

Hierbei bezeichnet ξ die Kreisfrequenz und ω die Frequenz. Nun setzen wir $\tilde{f}(\omega) = \sqrt{2\pi}\hat{f}(-2\pi\omega)$ und nennen $\tilde{f}$ die Fourier-Transformierte von f bezüglich der Integraltransformation

$$\tilde{f}(\omega) = \int_{-\infty}^{\infty} f(x)\,e^{2\pi ix\omega}\,dx, \qquad \omega \in \mathbb{R}. \qquad (4.26)$$

Analog erhält man für die zugehörige Co-Transformation

$$f(x) = \frac{1}{2\pi} \int_{-\infty}^{\infty} \tilde{f}(\omega) e^{-2\pi i x \omega} d\omega, \quad x \in \mathbb{R}. \tag{4.27}$$

Die durch Gl. (4.26) bzw. Gl. (4.27) gegebenen Modifikationen der Fourier-Transformation bzw. ihrer Co-Transformation sind meist die Grundlage für die Einführung diskreter Fassungen. Ist nun f periodisch mit der Periodenlänge a, dann sind

$$c_\ell = \frac{1}{a} \int_0^a f(x) e^{-\frac{2\pi i \ell x}{a}} dx, \quad \ell \in \mathbb{Z} \tag{4.28}$$

die komplexwertigen Fourier-Koeffizienten von f. Falls die Fourier-Reihe konvergent ist, erhalten wir daraus die Funktion

$$f(x) = \sum_{\ell=-\infty}^{\infty} c_\ell e^{-\frac{2\pi i \ell x}{a}}, \quad x \in \mathbb{R}.$$

Die Periodizität von f führt also dazu, dass statt einer kontinuierlichen Fourier-Transformierten $\hat{f}(\xi)$ diskrete Werte c_ℓ erhalten werden. Hier wird angemerkt, dass die Fourier-Koeffizienten c_ℓ im Allgemeinen nicht periodisch sind.

Wird nun noch das Integral auf der rechten Seite von Gl. (4.28) numerisch mithilfe der Rechteckregel berechnet, erhält man die Approximation

$$c_\ell \approx \frac{1}{a} \sum_{k=0}^{n-1} f\left(k\frac{a}{n}\right) e^{-2\pi i \ell \frac{ka}{a n}} \cdot \frac{a}{n} = \frac{1}{n} \sum_{k=0}^{n-1} f\left(\frac{ka}{n}\right) e^{-\frac{2\pi i k \ell}{n}} = \frac{1}{n} \tilde{\tilde{f}}_\ell,$$

wobei a/n die Schrittweite bezeichnet und $f_k = f\left(\frac{ka}{n}\right)$ die Stützstellen der numerischen Integration sind, $k = 0, \ldots, n-1$. Mit den Näherungen $\tilde{f}_\ell \approx n\bar{c}_\ell$ sollen im Folgenden Komponenten der diskreten Fourier-Transformation $(\tilde{f}_0, \ldots, \tilde{f}_{n-1})$ des Vektors $(f_0, \ldots, f_{n-1})$ bezeichnet werden. Wegen der Periodizität der komplexen e-Funktion sind die Werte $\tilde{f}_\ell$ ebenfalls periodisch, $\tilde{f}_{\ell+n} = \tilde{f}_\ell$. Wird also die periodische Funktion $f(x)$ an den diskreten Stellen f_k abgetastet, dann sind auch die zugehörigen $\tilde{f}_k$ periodisch.

4.4.1 Die 1-dimensionale diskrete Fourier-Transformation

Es seien f und $\tilde{f}$ komplexwertige Vektoren der Länge n,

$$f = \begin{pmatrix} f_0 \\ \vdots \\ f_{n-1} \end{pmatrix}, \quad \tilde{f} = \begin{pmatrix} \tilde{f}_0 \\ \vdots \\ \tilde{f}_{n-1} \end{pmatrix}.$$

Damit können die diskrete Fourier-Transformation (dFT) und ihre Co-Transformation in der Standardversion auf die folgende Weise eingeführt werden:

4.4 Diskrete Fourier-Transformation

Definition 4.2 Es seien f und $\tilde{f}$ komplexe Vektoren, $f, \tilde{f} \in \mathbb{C}^n$. Die diskrete Fourier-Transformation und ihre Co-Transformation sind definiert durch

$$\tilde{f}_\ell = \sum_{k=0}^{n-1} f_k e^{\frac{2\pi i k \ell}{n}}, \qquad \ell = 0, \ldots, n-1 \tag{4.29}$$

bzw.

$$f_k = \frac{1}{n} \sum_{\ell=0}^{n-1} \tilde{f}_\ell e^{-\frac{2\pi i k \ell}{n}}, \qquad k = 0, \ldots, n-1. \tag{4.30}$$

∎

Diese Form der diskreten Fourier-Transformation ist sehr verbreitet und wird beispielsweise in *Numerical Recipes in* C++ [130] verwendet. Softwareprodukte wie Mathematica [101], MatLab [104], IDL [61] und die fftw (*fastest Fourier transform in the west*) [46] benutzen jeweils eigene Definitionen, was häufig zu Konflikten führt.

Bemerkung 4.2 Der Vektor f kann als Sampling einer an-periodischen Funktion auf dem 1-dimensionalen Gitter $a\mathbb{Z}$ verstanden werden, wobei a der Gitterabstand ist. (Achtung: Natürlich kann die Periodenlänge der Funktion auch kleiner als an sein, also beispielsweise $an/2$.) ∎

Bemerkung 4.3 Die Fourier-Transformierte $\tilde{f}$ von f ist das Sampling einer $\frac{1}{a}$-periodischen Funktion auf dem Gitter $\frac{1}{an}\mathbb{Z}$ mit dem Gitterabstand $\frac{1}{an}$. ∎

Bemerkung 4.4 Falls der Gitterabstand a im Ortsraum (OR) die Maßeinheit m hat, dann hat der Gitterabstand im Ortsfrequenzraum (OFR) die Maßeinheit m^{-1}. ∎

Bemerkung 4.5 Sind die f_k reellwertig, dann ist die Funktion

$$f_I(x) = \frac{1}{n} \sum_{\ell=0}^{n-1} \tilde{f}_\ell e^{-\frac{2\pi i \ell x}{n}}$$

die Fourier-Interpolation der f_k. ∎

Offensichtlich gilt

$$\tilde{f}_0 = \sum_{k=0}^{n-1} f_k, \qquad f_0 = \frac{1}{n} \sum_{\ell=0}^{n-1} \tilde{f}_\ell, \tag{4.31}$$

d. h., $\tilde{f}_0$ ist die Summe der f_k, und f_0 ist der Mittelwert der $\tilde{f}_\ell$, vgl. Gl. (4.4). Die Plancherel-Gleichung (4.3) schreibt sich in der Form

$$\sum_{k=0}^{n-1} |f_k|^2 = \frac{1}{n} \sum_{\ell=0}^{n-1} |\tilde{f}_\ell|^2 \tag{4.32}$$

oder kurz $\|f\|^2 = \frac{1}{n} \|\tilde{f}\|^2$. Das bedeutet, die Vektornormen $\|f\|$ und $\|\tilde{f}\|$ sind bis auf den Faktor $1/n$ identisch.

Offensichtlich stellen Gln. (4.29) und (4.30) lineare Gleichungssysteme dar, die mit der Koeffizientenmatrix

$$W = \begin{pmatrix} w_{0,0} & \cdots & w_{0,n-1} \\ \vdots & \ddots & \vdots \\ w_{n-1,0} & \cdots & w_{n-1,n-1} \end{pmatrix} \quad \text{mit} \quad w_{k\ell} = e^{\frac{2\pi i k\ell}{n}}$$

für $k, \ell = 0, \ldots, n-1$ in Form

$$\tilde{f} = W f \quad \text{bzw.} \quad f = W^{-1} \tilde{f}$$

geschrieben werden können. Für die inverse Matrix W^{-1} gilt

$$W^{-1} = \frac{1}{n} \bar{W}' = \frac{1}{n} W^*, \tag{4.33}$$

wobei $\bar{W}$ die Matrix mit den Koeffizienten $\bar{w}_{k\ell}$ ist, die zu $w_{k\ell}$ konjugiert komplex sind,

$$\bar{w}_{k\ell} = e^{-\frac{2\pi i k\ell}{n}}, \quad k, \ell = 0, \ldots, n-1,$$

und W^* ist die zu W hermitesche Matrix.

Bemerkung 4.6 Die Matrixmultiplikationen Wf und $W\tilde{f}$ können effizient z. B. auf einer Graphikkarte (*graphics processing unit*, GPU) ausgeführt werden, was die dFT erheblich beschleunigt [109]. ∎

Anschaulich klar wird die obige Matrixschreibweise, wenn die dFT (4.29) in eine Kosinus- und eine Sinustransformation aufgespalten wird,

$$\begin{aligned} \tilde{f}_\ell &= \sum_{k=0}^{n-1} f_k \left(\cos \frac{2\pi k\ell}{n} + i \sin \frac{2\pi k\ell}{n} \right) \\ &= \sum_{k=0}^{n-1} f_k \cos \frac{2\pi k\ell}{n} + i \sum_{k=0}^{n-1} f_k \sin \frac{2\pi k\ell}{n}, \quad \ell = 0, \ldots, n-1. \end{aligned}$$

Damit ist $W = C + iS$, und der Vektor $\tilde{f}$ kann in der Form

$$\tilde{f} = (C + iS) f = C f + i S f$$

mit den reellwertigen Matrizen

$$C = \begin{pmatrix} c_{0,0} & \cdots & c_{0,n-1} \\ \vdots & \ddots & \vdots \\ c_{n-1,0} & \cdots & c_{n-1,n-1} \end{pmatrix} \quad \text{mit} \quad c_{k\ell} = \cos \frac{2\pi k\ell}{n}$$

und

$$S = \begin{pmatrix} s_{0,0} & \cdots & s_{0,n-1} \\ \vdots & \ddots & \vdots \\ s_{n-1,0} & \cdots & s_{n-1,n-1} \end{pmatrix} \quad \text{mit} \quad s_{k\ell} = \sin \frac{2\pi k\ell}{n}$$

für $k, \ell = 0, \ldots, n-1$ geschrieben werden. Wir zerlegen das Signal f noch in seine Real- bzw. Imaginärteile,

$$f = \operatorname{Re} f + i \operatorname{Im} f,$$

dann schreiben sich der Real- bzw. Imaginärteil von $\tilde{f}$ in der Form

$$\operatorname{Re} \tilde{f} = C \operatorname{Re} f - S \operatorname{Im} f, \qquad \operatorname{Im} \tilde{f} = C \operatorname{Im} f + S \operatorname{Re} f.$$

Die Matrizen C und S sind symmetrisch, $C' = C$ und $S' = S$. Folglich ist wegen Gl. (4.33)

$$W^{-1} = \frac{1}{n}(C - iS).$$

Wir fassen die Formeln für die Matrixschreibweise der dFT zur besseren Übersicht in einem Satz zusammen.

Satz 4.2 Seien C und S reellwertige Matrizen mit den Koeffizienten $c_{k\ell} = \cos 2\pi k\ell/n$ bzw. $s_{k\ell} = \sin 2\pi k\ell/n$, dann gilt

$$\tilde{f} = (C + iS)f \qquad \text{und} \qquad f = \frac{1}{n}(C - iS)\tilde{f}.$$

■

Für symmetrische Signale f lässt sich die Fourier-Transformation vereinfachen.
- Ist das Signal f gerade, d. h. $f_k = f_{-k}$ für $k \in \mathbb{Z}$, dann ist $\tilde{f}$ reellwertig und kann durch eine diskrete Kosinustransformation berechnet werden, $\tilde{f} = Cf$.
- Ist f ungerade, d. h. $f_k = -f_{-k}$ für $k \in \mathbb{Z}$, dann ist $\tilde{f}$ imaginär, und es gilt $\tilde{f} = iSf$ (diskrete Sinustransformation).

Ein Algorithmus zur Berechnung der Koeffizienten $w_{k\ell}$ der komplexwertigen Matrix W ist durch die Funktion dFT_matrix() gegeben. In diesem Algorithmus werden die Kosinus- und Sinusterme nur für die Zeile von W mit dem Index 1 explizit berechnet. Für höhere Indizes müssen diese Werte lediglich kopiert werden (trigonometrische Rekurrenz).

```
/** Computation of the complex (n,n)-matrix for the discrete Fourier transform.
    @param w [INOUT] the complex (n,n)-matrix
    @param n [IN] size of the matrix
    @return error code (e.g. is x equal to NULL?)
**/
static int dFT_matrix(CPX **w, unsigned long n) {

  unsigned long k, ell, ellk;
  double v;

  for(ell=0; ell<n; ell++) {    // rows with indices 0 and 1
    w[0][ell].re = 1.0;
    w[0][ell].im = 0.0;
    v = 2. * M_PI * (double)ell / (double)n;
    w[1][ell].re = cos(v);
    w[1][ell].im = sin(v);
```

```
  }
  for(k=2; k<n; k++) {           // rows with higher indices
    for(ell=0; ell<n; ell++) {
      ellk = (k * ell) % n;      // triconometric recurrence
      w[k][ell].re = w[1][ellk].re;
      w[k][ell].im = w[1][ellk].im;
    }
  }

  return 0;
}
```

Mit der Funktion dFT() können für ifb=0 die 1-dimensionale Fourier-Transformation und für ifb=1 die zugehörige Co-Transformation ausgeführt werden, wobei die Koeffizienten von W zuvor mit dFT_matrix() zu berechnen sind. Wenn nacheinander für die gleiche Länge n mehrere Fourier-Transformationen ausgeführt werden sollen, ist es also sinnvoll, W nur einmal zu berechnen. Für 1-dimensionale (komplexwertige) Daten der Länge n, die auf str gespeichert sind, ist die Schrittweite natürlich gleich 1 zu setzen (step=1). Wegen der Separabilität der mehrdimensionalen Fourier-Transformation ist dFT() gleichzeitig die Grundlage für 2- und höherdimensionale Fälle, wobei das Offset in str und die Schrittweite step geeignet anzupassen sind.

```
/** Discrete Fourier transform of a data stream.
    @param str [INOUT] the data stream of length m*istep and of type CPX
    @param n [IN] number of values to be transformed
    @param step [IN] step width of scanning the stream
    @param w [IN] the complex matrix for the discrete FT
    @param ifb [IN] selecting foreward (0) or backward (1) transform
    @return error code
**/
static int dFT(CPX *str, unsigned long n,
       unsigned long step, CPX **w, unsigned char ifb) {

  unsigned long k, k0, ell;
  CPX *tmp;

  tmp = Malloc(n, CPX);

  for(k=0, k0=0; k<n; k++, k0+=step) {
    tmp[k].re = str[k0].re;
    str[k0].re = 0.0;
    tmp[k].im = str[k0].im;
    str[k0].im = 0.0;
  }

  for(k=0, k0=0; k<n; k++, k0+=step) {
    for(ell=0; ell<n; ell++) {
      str[k0].re += w[k][ell].re * tmp[ell].re;
      str[k0].im += w[k][ell].re * tmp[ell].im;
    }
    if(!ifb)  // foreward transform
```

```
        for(ell=0; ell<n; ell++) {
          str[k0].re -= w[k][ell].im * tmp[ell].im;
          str[k0].im += w[k][ell].im * tmp[ell].re;
        }
      else {      // backward transform
        for(ell=0; ell<n; ell++) {
          str[k0].re += w[k][ell].im * tmp[ell].im;
          str[k0].im -= w[k][ell].im * tmp[ell].re;
        }
        str[k0].re /= (float)n;
        str[k0].im /= (float)n;
      }
    }
  }

  Free(tmp);
  return 0;
}
```

Der komplexwertige Vektor tmp dient der temporären Kopie der Eingangsdaten, die durch ihre Fourier-Transformierte überschrieben werden.

Beispiel 4.21 Klar, für $n = 1$ ist $C = c_{00} = 1$ und $S = s_{00} = 0$. Für $n = 2$ erhält man

$$C = \begin{pmatrix} 1 & 1 \\ 1 & -1 \end{pmatrix} \quad \text{und} \quad S = \begin{pmatrix} 0 & 0 \\ 0 & 0 \end{pmatrix}.$$

■

Beispiel 4.22 Für $n = 4$ ist

$$C = \begin{pmatrix} 1 & 1 & 1 & 1 \\ 1 & 0 & -1 & 0 \\ 1 & -1 & 1 & -1 \\ 1 & 0 & -1 & 0 \end{pmatrix} \quad \text{und} \quad S = \begin{pmatrix} 0 & 0 & 0 & 0 \\ 0 & 1 & 0 & -1 \\ 0 & 0 & 0 & 0 \\ 0 & -1 & 0 & 1 \end{pmatrix}.$$

Wegen $CS = 0$ ist

$$\begin{aligned}
W \cdot W^{-1} &= (C + iS) \cdot \frac{1}{4}(C - iS) = \frac{1}{4}(C^2 + S^2) \\
&= \frac{1}{4}\left(\begin{pmatrix} 1 & 1 & 1 & 1 \\ 1 & 0 & -1 & 0 \\ 1 & -1 & 1 & -1 \\ 1 & 0 & -1 & 0 \end{pmatrix}^2 + \begin{pmatrix} 0 & 0 & 0 & 0 \\ 0 & 1 & 0 & -1 \\ 0 & 0 & 0 & 0 \\ 0 & -1 & 0 & 1 \end{pmatrix}^2 \right) \\
&= \frac{1}{4}\left(\begin{pmatrix} 4 & 0 & 0 & 0 \\ 0 & 2 & 0 & 0 \\ 0 & 0 & 4 & 0 \\ 0 & 0 & 0 & 2 \end{pmatrix} + \begin{pmatrix} 0 & 0 & 0 & 0 \\ 0 & 2 & 0 & 0 \\ 0 & 0 & 0 & 0 \\ 0 & 0 & 0 & 2 \end{pmatrix} \right) \\
&= \begin{pmatrix} 1 & 0 & 0 & 0 \\ 0 & 1 & 0 & 0 \\ 0 & 0 & 1 & 0 \\ 0 & 0 & 0 & 1 \end{pmatrix} \\
&= I.
\end{aligned}$$

Die beiden komplexwertigen Matrizen W und W^{-1} sind also tatsächlich invers zueinander. ∎

Beispiel 4.23 Die Maske

$$f = \frac{1}{4}\begin{pmatrix} 2 \\ 1 \\ 0 \\ 1 \end{pmatrix}$$

des Binomialfilters der 2. Ordnung ist gerade. Bitte beachten Sie, dass die Maske im Kontext der diskreten Fourier-Transformation als periodischer Vektor der Länge $n = 4$ zu betrachten ist. Da f gerade ist, gilt wegen $Sf = 0$

$$\hat{f} = Wf = Cf = \begin{pmatrix} 1 & 1 & 1 & 1 \\ 1 & 0 & -1 & 0 \\ 1 & -1 & 1 & -1 \\ 1 & 0 & -1 & 0 \end{pmatrix} \cdot \frac{1}{4}\begin{pmatrix} 2 \\ 1 \\ 0 \\ 1 \end{pmatrix} = \frac{1}{2}\begin{pmatrix} 2 \\ 1 \\ 0 \\ 1 \end{pmatrix} = \frac{1}{2}\begin{pmatrix} 2 \\ 1 \\ 0 \\ 1 \end{pmatrix}.$$

Die Gln. (4.31) und (4.32) sind erfüllt, was eine notwendige Bedingung für die Richtigkeit unserer Rechnung ist. Weiterhin sei angemerkt, dass die Fourier-Transformierte der Maske eines Binomialfilters 2. Ordnung (bis auf einen konstanten Faktor) ebenfalls die Maske eines Binomialfilters 2. Ordnung ist. Das entspricht der Tatsache, dass im kontinuierlichen Fall die Fourier-Transformierte einer Gauß-Funktion (bis auf einen konstanten Faktor) wieder eine Gauß-Funktion ist. ∎

Beispiel 4.24 Die Maske

$$f = \frac{1}{2}\begin{pmatrix} 0 \\ -1 \\ 0 \\ 1 \end{pmatrix}$$

des Ableitungsfilters 1. Ordnung ist dagegen ungerade, $Cf = 0$, und es gilt

$$\hat{f} = Wf = iSf = i\begin{pmatrix} 0 & 0 & 0 & 0 \\ 0 & 1 & 0 & -1 \\ 0 & 0 & 0 & 0 \\ 0 & -1 & 0 & 1 \end{pmatrix} \cdot \frac{1}{2}\begin{pmatrix} 0 \\ -1 \\ 0 \\ 1 \end{pmatrix} = i\begin{pmatrix} 0 \\ -1 \\ 0 \\ 1 \end{pmatrix},$$

was im kontinuierlichen Fall dem Faktor ik auf der rechten Seite der Gl. (4.8) entspricht. ∎

Beispiel 4.25 Für $n = 8$ erhält man

$$C = \begin{pmatrix} 1 & 1 & 1 & 1 & 1 & 1 & 1 & 1 \\ 1 & \frac{1}{\sqrt{2}} & 0 & -\frac{1}{\sqrt{2}} & -1 & -\frac{1}{\sqrt{2}} & 0 & \frac{1}{\sqrt{2}} \\ 1 & 0 & -1 & 0 & 1 & 0 & -1 & 0 \\ 1 & -\frac{1}{\sqrt{2}} & 0 & \frac{1}{\sqrt{2}} & -1 & \frac{1}{\sqrt{2}} & 0 & -\frac{1}{\sqrt{2}} \\ 1 & -1 & 1 & -1 & 1 & -1 & 1 & -1 \\ 1 & -\frac{1}{\sqrt{2}} & 0 & \frac{1}{\sqrt{2}} & -1 & \frac{1}{\sqrt{2}} & 0 & -\frac{1}{\sqrt{2}} \\ 1 & 0 & -1 & 0 & 1 & 0 & -1 & 0 \\ 1 & \frac{1}{\sqrt{2}} & 0 & -\frac{1}{\sqrt{2}} & -1 & -\frac{1}{\sqrt{2}} & 0 & \frac{1}{\sqrt{2}} \end{pmatrix}.$$

4.4 Diskrete Fourier-Transformation

Es wird noch einmal darauf hingewiesen, dass nur die Koeffizienten der zweiten Zeile (also der Zeile mit dem Index 1) berechnet werden müssen. Die Koeffizienten der Zeilen mit höherem Index können abgeschrieben werden, so wie das in der Funktion dFT_Matrix() realisiert ist. ∎

Beispiel 4.26 Für $n = 8$ sind die Maske f des Binomialfilters 2. Ordnung und ihre Fourier-Transformierte $\tilde{f}$ gegeben durch

$$f = \frac{1}{4}\begin{pmatrix} 2 \\ 1 \\ 0 \\ 0 \\ 0 \\ 0 \\ 0 \\ 1 \end{pmatrix} \quad \text{bzw.} \quad \tilde{f} = Cf = \frac{1}{4}\begin{pmatrix} 4 \\ 2+\sqrt{2} \\ 2 \\ 2-\sqrt{2} \\ 0 \\ 2-\sqrt{2} \\ 2 \\ 2+\sqrt{2} \end{pmatrix}.$$

Man kann leicht nachprüfen, dass $\tilde{f}$ einem Sampling der Funktion $\cos^2 \frac{\pi\omega}{n}$ auf dem Gitter $\mathbb{Z}$ entspricht. ∎

Beispiel 4.27 Auf analoge Weise erhält man für Mittelwertfilter

$$f = \frac{1}{3}\begin{pmatrix} 1 \\ 1 \\ 0 \\ 1 \end{pmatrix}, \quad \tilde{f} = \frac{1}{3}\begin{pmatrix} 3 \\ 1 \\ -1 \\ 1 \end{pmatrix}, \quad f = \frac{1}{3}\begin{pmatrix} 1 \\ 1 \\ 0 \\ 0 \\ 0 \\ 1 \end{pmatrix}, \quad \tilde{f} = \frac{1}{3}\begin{pmatrix} 3 \\ 2 \\ 0 \\ -1 \\ 0 \\ 2 \end{pmatrix},$$

$$f = \frac{1}{3}\begin{pmatrix} 1 \\ 1 \\ 0 \\ 0 \\ 0 \\ 0 \\ 0 \\ 1 \end{pmatrix}, \quad \tilde{f} = \frac{1}{5}\begin{pmatrix} 3 \\ 1+\sqrt{2} \\ 1 \\ 1-\sqrt{2} \\ -1 \\ 1-\sqrt{2} \\ 1 \\ 1+\sqrt{2} \end{pmatrix}, \quad f = \frac{1}{5}\begin{pmatrix} 1 \\ 1 \\ 1 \\ 0 \\ 0 \\ 0 \\ 1 \\ 1 \end{pmatrix}, \quad \tilde{f} = \frac{1}{5}\begin{pmatrix} 5 \\ 1+\sqrt{2} \\ -1 \\ 1-\sqrt{2} \\ 1 \\ 1-\sqrt{2} \\ -1 \\ 1+\sqrt{2} \end{pmatrix},$$

etc. ∎

Beispiel 4.28 Die Maske g des Ableitungsfilters 2. Ordnung kann für $n = 8$ mit dem Einheitsvektor e in der Form

$$g = 4(f - e) = 4\left(\frac{1}{4}\begin{pmatrix} 2 \\ 1 \\ 0 \\ 0 \\ 0 \\ 0 \\ 0 \\ 1 \end{pmatrix} - \begin{pmatrix} 1 \\ 0 \\ 0 \\ 0 \\ 0 \\ 0 \\ 0 \\ 0 \end{pmatrix}\right) = \begin{pmatrix} -2 \\ 1 \\ 0 \\ 0 \\ 0 \\ 0 \\ 0 \\ 1 \end{pmatrix}$$

geschrieben werden. Damit ist wegen der Linearität der dFT

$$\tilde{g} = 4(\tilde{f} - \tilde{e}) = \begin{pmatrix} 0 \\ \sqrt{2} - 2 \\ -2 \\ -2 - \sqrt{2} \\ -4 \\ -2 - \sqrt{2} \\ -2 \\ \sqrt{2} - 2 \end{pmatrix} \quad \text{mit} \quad \tilde{e} = \begin{pmatrix} 1 \\ 1 \\ 1 \\ 1 \\ 1 \\ 1 \\ 1 \\ 1 \end{pmatrix}.$$

Die dFT von g ist also ein Sampling der Funktion $-4\sin^2\frac{\pi\omega}{n}$ auf $\mathbb{Z}$. ∎

Aufgabe 4.5 Berechnen Sie die Fourier-Transformierte der Maske

$$f = \frac{1}{5}\begin{pmatrix} 1 \\ 1 \\ 1 \\ 0 \\ 1 \\ 1 \end{pmatrix}$$

des Mittelwertfilters der Länge 5 für $n = 6$. ∎

4.4.2 Schnelle Fourier-Transformation

Wir stellen fest, dass die dFT in der Form (4.29) – sofern sie nicht auf einer GPU ausgeführt wird – von der Ordnung $\mathcal{O}(n^2)$ ist, d. h., die Rechenzeit steigt quadratisch mit der Länge n des Vektors f. Damit wäre die dFT nur beschränkt anwendbar, vor allem in der Bildverarbeitung. Seit etwa der Mitte der 1960er Jahre sind jedoch schnelle Algorithmen bekannt, die entscheidend zur Popularität der Fourier-Transformation beigetragen haben.

Für eine schnelle Fourier-Transformation (*fast Fourier transform*, fFT) gibt es mehrere Ansätze, siehe z. B. [25], wovon der folgende besonders anschaulich ist (Radix-2 fFT, *rediscovery algorithm* von Danielson und Lanczos [37]). Wir nehmen an, dass n geradzahlig ist. Dann kann Gl. (4.29) in der Form

$$\begin{aligned}
\tilde{f}_\ell &= \sum_{k=0}^{n-1} f_k \, e^{\frac{2\pi i k \ell}{n}} \\
&= \sum_{k=0}^{n/2-1} f_{2k} \, e^{\frac{2\pi i (2k)\ell}{n}} + \sum_{k=0}^{n/2-1} f_{2k+1} \, e^{\frac{2\pi i (2k+1)\ell}{n}} \\
&= \underbrace{\sum_{k=0}^{n/2-1} f_{2k} \, e^{\frac{2\pi i k \ell}{n/2}}}_{\text{dFT der Länge } n/2} + e^{\frac{2\pi i \ell}{n}} \underbrace{\sum_{k=0}^{n/2-1} f_{2k+1} \, e^{\frac{2\pi i k \ell}{n/2}}}_{\text{dFT der Länge } n/2}, \quad \ell = 0, \ldots, n-1
\end{aligned} \quad (4.34)$$

geschrieben werden. Damit erhalten wir aus einer Transformation der Länge n zwei Transformationen der Länge $n/2$, eine für die Koeffizienten von f mit geradzahligen Indizes, die andere für ungeradzahlige Indizes.

4.4 Diskrete Fourier-Transformation

Was haben wir damit eigentlich gewonnen? Der Index ℓ läuft nach wie vor von 0 bis $n-1$ und nicht von 0 bis $n/2-1$. Bei genauem Hinsehen stellt man jedoch fest, dass die komplexwertige Funktion

$$e^{\frac{2\pi i k \ell}{n/2}}$$

auch für den Index ℓ periodisch bezüglich $n/2$ ist. Das bedeutet, jede der beiden Summen in Gl. (4.34) würde in identischer Weise zweimal berechnet werden, wenn ℓ von 0 bis $n-1$ läuft. Das kann vermieden werden. Dazu betrachten wir ein Beispiel.

Beispiel 4.29 Für $n=4$ schreibt sich Gl. (4.34) in der Form

$$\tilde{f} = (C+iS)f$$

$$= \left(\begin{pmatrix} 1 & 1 & 1 & 1 \\ 1 & 0 & -1 & 0 \\ 1 & -1 & 1 & -1 \\ 1 & 0 & -1 & 0 \end{pmatrix} + i \begin{pmatrix} 0 & 0 & 0 & 0 \\ 0 & 1 & 0 & -1 \\ 0 & 0 & 0 & 0 \\ 0 & -1 & 0 & 1 \end{pmatrix}\right) \begin{pmatrix} f_0 \\ f_1 \\ f_2 \\ f_3 \end{pmatrix}.$$

Wird f als Summe zweier Vektoren geschrieben, von denen der erste aus den Koeffizienten mit geradzahligem Index und der zweite aus den Koeffizienten mit ungeradzahligem Index besteht, dann erhält man

$$\tilde{f} = \begin{pmatrix} 1 & 1 & 1 & 1 \\ 1 & 0 & -1 & 0 \\ 1 & -1 & 1 & -1 \\ 1 & 0 & -1 & 0 \end{pmatrix} \begin{pmatrix} f_0 \\ 0 \\ f_2 \\ 0 \end{pmatrix}$$

$$+ \left(\begin{pmatrix} 1 & 1 & 1 & 1 \\ 1 & 0 & -1 & 0 \\ 1 & -1 & 1 & -1 \\ 1 & 0 & -1 & 0 \end{pmatrix} + i \begin{pmatrix} 0 & 0 & 0 & 0 \\ 0 & 1 & 0 & -1 \\ 0 & 0 & 0 & 0 \\ 0 & -1 & 0 & 1 \end{pmatrix}\right) \begin{pmatrix} 0 \\ f_1 \\ 0 \\ f_3 \end{pmatrix}$$

$$= \begin{pmatrix} 1 & 1 \\ 1 & -1 \\ 1 & 1 \\ 1 & -1 \end{pmatrix} \begin{pmatrix} f_0 \\ f_2 \end{pmatrix} + \left(\begin{pmatrix} 1 & 1 \\ 0 & 0 \\ -1 & -1 \\ 0 & 0 \end{pmatrix} + i \begin{pmatrix} 0 & 0 \\ 1 & -1 \\ 0 & 0 \\ -1 & 1 \end{pmatrix}\right) \begin{pmatrix} f_1 \\ f_3 \end{pmatrix}.$$

Damit ist

$$\begin{pmatrix} \tilde{f}_0 \\ \tilde{f}_1 \end{pmatrix} = \begin{pmatrix} 1 & 1 \\ 1 & -1 \end{pmatrix} \begin{pmatrix} f_0 \\ f_2 \end{pmatrix} + \left(\begin{pmatrix} 1 & 1 \\ 0 & 0 \end{pmatrix} + i \begin{pmatrix} 0 & 0 \\ 1 & -1 \end{pmatrix}\right) \begin{pmatrix} f_1 \\ f_3 \end{pmatrix}.$$

und

$$\begin{pmatrix} \tilde{f}_2 \\ \tilde{f}_3 \end{pmatrix} = \begin{pmatrix} 1 & 1 \\ 1 & -1 \end{pmatrix} \begin{pmatrix} f_0 \\ f_2 \end{pmatrix} - \left(\begin{pmatrix} 1 & 1 \\ 0 & 0 \end{pmatrix} + i \begin{pmatrix} 0 & 0 \\ 1 & -1 \end{pmatrix}\right) \begin{pmatrix} f_1 \\ f_3 \end{pmatrix}.$$

Es ist offensichtlich, dass da einiges an Rechenzeit eingespart werden kann. ∎

Tatsächlich reduziert sich im allgemeinen Fall die Anzahl der komplexen Multiplikationen von n^2 in Gl. (4.29) auf nur noch

$$2\left(\frac{n}{2}\right)^2 + n = \frac{n^2}{2} + n$$

Tabelle 4.4 Zuordnung der Indizes k zu den Indizes k' für $n = 16$: Neben der Dezimaldarstellung ist jeweils die entsprechende Dualzahl angegeben.

k	binär	k'	binär	k	binär	k'	binär
0	0000	0	0000	8	1000	1	0001
1	0001	8	1000	9	1001	9	1001
2	0010	4	0100	10	1010	5	0101
3	0011	12	1100	11	1011	13	1101
4	0100	2	0010	12	1100	3	0011
5	0101	10	1010	13	1101	11	1011
6	0110	6	0110	14	1110	7	0111
7	0111	14	1110	15	1111	15	1111

in Gl. (4.34).

Für die weiteren Betrachtungen ist es hilfreich, Gl. (4.34) in der Form

$$\tilde{f}_\ell = \tilde{f}_\ell^{(0)} + v_n^\ell \tilde{f}_\ell^{(1)}, \qquad \ell = 0, \ldots, n-1 \tag{4.35}$$

mit

$$\tilde{f}_\ell^{(0)} = \sum_{k=0}^{n/2-1} f_{2k}\, e^{\frac{2\pi i k \ell}{n/2}}, \qquad \tilde{f}_\ell^{(1)} = \sum_{k=0}^{n/2-1} f_{2k+1}\, e^{\frac{2\pi i k \ell}{n/2}}, \qquad v_n^\ell = e^{\frac{2\pi i \ell}{n}}$$

zu schreiben. Dabei steht die 0 im oberen Index für den aus den Komponenten von f mit geradzahligen Indizes berechneten Wert, und 1 steht für die ungeradzahligen Indizes. Setzen wir nun voraus, dass n eine Zweierpotenz ist, dann kann Gl. (4.35) als Rekursionsvorschrift aufgefasst werden: Aus zwei Transformationen (4.35) der Länge $n/2$ werden vier Transformationen der Länge $n/4$,

$$\left.\begin{array}{l} \tilde{f}_\ell^{(0)} = \tilde{f}_\ell^{(00)} + v_{n/2}^\ell \tilde{f}_\ell^{(01)} \\ \tilde{f}_\ell^{(1)} = \tilde{f}_\ell^{(10)} + v_{n/2}^\ell \tilde{f}_\ell^{(11)} \end{array}\right\}, \qquad \ell = 0, \ldots, n/2-1,$$

daraus acht Transformationen der Länge $n/8$,

$$\left.\begin{array}{l} \tilde{f}_\ell^{(00)} = \tilde{f}_\ell^{(000)} + v_{n/4}^\ell \tilde{f}_\ell^{(001)} \\ \tilde{f}_\ell^{(01)} = \tilde{f}_\ell^{(010)} + v_{n/4}^\ell \tilde{f}_\ell^{(011)} \\ \tilde{f}_\ell^{(10)} = \tilde{f}_\ell^{(100)} + v_{n/4}^\ell \tilde{f}_\ell^{(101)} \\ \tilde{f}_\ell^{(11)} = \tilde{f}_\ell^{(110)} + v_{n/4}^\ell \tilde{f}_\ell^{(111)} \end{array}\right\}, \qquad \ell = 0, \ldots, n/4-1$$

usw., bis schließlich n Transformationen der Länge 1 auszuführen sind. Die durch die Rekursion im oberen Index generierten Ziffernfolgen sind dabei als Binärzahlen k' zu interpretieren. Nach Abschluss der Rekursion werden also n Zahlen $\tilde{f}_0^{(k')}$ erhalten, $k' = 0, \ldots, n-1$.

Aber was ist eine Transformation der Länge 1? Man kann sich überlegen, dass $\tilde{f}_0^{(k')} = f_k$ ist, wobei die Folge der Binärziffern von k gerade der Umkehrung der Folge der Binärziffern von k' entspricht (*bit reversal*), siehe Tabelle 4.4 für ein Beispiel. Ein Algorithmus für die Umkehrung der Folge von Binärziffern könnte so aussehen (*butterfly algorithm*):

```
/** Returns the bit reversal of an unsigned inter i with respect to
    its upper bound m.
    @param i [IN] the unsigned interger (0 <= i < m)
    @param m [IN] the upper bound of i (must be a power of 2)
**/
static unsigned long bit_reversal(unsigned long m, unsigned long i) {

  unsigned long j, k;

  j = i % 2;
  for(k=2; k<m; k<<=1) {
    j <<= 1;
    i >>= 1;
    j += i%2;
  }

  return j;
}
```

Wir schreiben $\tilde{f}_0^{(k')}$ vereinfachend als $\tilde{f}_{k'}$. Damit können wir jetzt einen Algorithmus für die fFT formulieren:

1. *Initialisierung.* Es werden die Transformationen der Länge 1 ausgeführt,
$$\tilde{f}_{k'} = f_k, \qquad \text{für } k < k'.$$

   Wenn im Algorithmus zweckmäßigerweise die Eingangsdaten f durch ihre Fourier-Transformierte $\tilde{f}$ überschrieben werden, dann bedeutet diese Initialisierung lediglich eine Vertauschung der Reihenfolge der Komponenten von f. Außerdem werden die Variablen m_0, m_1 und m_2 eingeführt und durch $m_0 = m/2$, $m_1 = 2$ bzw. $m_2 = 1$ initialisiert.

2. *Rekursion (rediscovery part).* Wir schreiben die Rekursionsvorschrift (4.35) in umgekehrter Reihenfolge. Die folgenden Zuweisungen werden ausgeführt, so lange $n_2 < n$ ist:

$$v = e^{\frac{\pi i j}{n_2}},$$

$$\left. \begin{array}{l} \ell = j + k n_1, \\ k_0 = \ell \ \& \ (\sim n_2), \\ k_1 = k_0 + n_2, \\ \tilde{f}_\ell = \tilde{f}_{k_0} + v \tilde{f}_{k_1} \end{array} \right\} k = 0, \ldots, n_0 - 1 \right\} j = 0, \ldots, n_1 - 1,$$

$$n_0 := n_0/2, \ n_1 := 2n_1, \ n_2 := 2n_2.$$

   Bei der Berechnung des Index k_0 wird durch $\ell \ \& \ (\sim n_2)$ das in n_2 gesetzte Bit im Index ℓ gelöscht. Hierbei bedeutet & das bitweise „und", und $\sim$ bewirkt eine bitweise Invertierung. Wichtig für eine effiziente Implementierung ist, dass die relativ aufwändige Berechnung der komplexen Exponentialfunktion in der äußeren Schleife erfolgt.

Man kann leicht nachzählen, dass die Anzahl der Rekursionsschritte, d.h. die Anzahl der Durchläufe der äußeren Schleife, gleich $\log_2 n$ ist. Folglich hat die fFT eine Komplexität von $\mathcal{O}(n \log n)$, was einen bedeutenden Zeitgewinn im Vergleich zur dFT bedeutet.
In der folgende Implementierung wird zuerst die Fourier-Transformationen der Länge 1 gemacht (*bit reversal*) und dann die Rekursion in umgekehrter Reihenfolge ausgeführt.

4 Fourier-Transformation

```c
/** Fast Fourier transform of a data stream.
    @param str [INOUT] the data stream of minimum length m*step and of type CPX
    @param n [IN] number of values to be transformed
    @param step [IN] step width of scanning the stream
    @param ifb [IN] index indicating foreward (0) or backward (1) transform
    @return error code
**/
#define SWAP(a,b) { tmp = (a); (a) = (b); (b) = tmp; }
int fFT(CPX *str, unsigned long n, unsigned long step, unsigned char ifb) {

  unsigned long j, j1, k, k0, k1, ell, n0, n1, n2, ns;
  double dphi, phi, sgn;
  CPX tmp, v, *y;

  // 1st step based on bitwise reversal
  for(j=1, j1=step; j<n-1; j++, j1+=step) {
    k = bit_reversal(n, j);
    k1 = k * step;
    if(j < k) SWAP(str[j1],str[k1]);
  }

  y = Calloc(n, CPX);

  if(ifb) sgn = -1.0; else sgn = 1.0;
  n0 = n/2; n1 = 2; n2 = 1;

  // rediscovery part
  while(n2 < n) {
    dphi = M_PI / (double)n2;
    ns = n2 * step;
    for(j=0; j<n1; j++) {
      phi = (double)j * dphi;
      v.re = cos(phi);
      v.im = sgn * sin(phi);
      for(k=0; k<n0; k++) {
        ell = j + k*n1;
        k0 = (ell & (~n2)) * step;
        k1 = k0 + ns;
        y[ell].re = str[k0].re + v.re * str[k1].re - v.im * str[k1].im;
        y[ell].im = str[k0].im + v.re * str[k1].im + v.im * str[k1].re;
      }
    }
    for(k=0, k1=0; k<n; k++, k1+=step) {
      str[k1].re = y[k].re;
      str[k1].im = y[k].im;
    }
    n0 /= 2; n1 *= 2; n2 *= 2;
  }

  if(ifb)
    for(k=0, k1=0; k<n; k++, k1+=step) {
      str[k1].re /= (float)n;
```

```
        str[k1].im /= (float)n;
    }

    Free(y);
    return 0;
}
#undef SWAP
```

Bemerkung 4.7 Die Rechenzeit für die fFT lässt sich weiter reduzieren, wenn die komplexen Zahlen $v_{n_0}^\ell$ ähnlich wie in der Funktion dFT_matrix() durch trigonometrische Rekurrenz berechnet werden. ∎

Bemerkung 4.8 Weitere substantielle Beschleunigungen der fFT können erreicht werden, wenn vorausgesetzt wird, dass f reellwertig, reellwertig und gerade oder reellwertig und ungerade ist. Ist f reellwertig und gerade, dann kann $\tilde{f}$ durch eine schnelle Kosinustransformation berechnet werden; ist f reellwertig und ungerade, kann eine schnelle Sinustransformation die Berechnung von $\tilde{f}$ weiter beschleunigen. ∎

Bemerkung 4.9 Bei der *sparse* fFT wird ausgenutzt, dass nur ein Teil der Koeffizienten f_k verschieden von null bzw. signifikant verschieden von null ist. Ist dieser Teil sehr klein, dann bietet die *sparse* fFT wesentliche Vorteile im Vergleich zum klassischen Radix-2-fFT-Algorithmus. ∎

Bemerkung 4.10 Die exklusive Anwendbarkeit der fFT auf Signale, deren Längen Zweierpotenzen sind, stellt eine substantielle Einschränkung dar. Ihre Überwindung ist mit erheblichem Aufwand verbunden. Dazu wird auf die fftw (*fastest Fourier transform in the west*) verwiesen [46]. ∎

4.4.3 Die 2-dimensionale diskrete Fourier-Transformation

Es sei $F = (f_{k_1 k_2})$ die Matrix der Pixelwerte $f_{k_1 k_2}$ eines komplexwertigen 2-dimensionalen Bildes, und mit $\tilde{F} = (\tilde{f}_{\ell_1 \ell_2})$ soll im Folgenden die Fourier-Transformierte von F bezeichnet werden. Beide Bilder haben die Größe $n_1 \cdot n_2$. Der Zusammenhang zwischen den $\tilde{f}_{\ell_1 \ell_2}$ und den $f_{k_1 k_2}$ wird durch die 2-dimensionale dFT beschrieben,

$$\tilde{f}_{\ell_1 \ell_2} = \sum_{k_1=0}^{n_1-1} \sum_{k_2=0}^{n_2-1} f_{k_1 k_2} e^{2\pi i \left(\frac{k_1 \ell_1}{n_1} + \frac{k_2 \ell_2}{n_2}\right)} = \sum_{k_1=0}^{n_1-1} \sum_{k_2=0}^{n_2-1} f_{k_1 k_2} e^{\frac{2\pi i k_1 \ell_1}{n_1}} e^{\frac{2\pi i k_2 \ell_2}{n_2}}$$

$$= \sum_{k_1=0}^{n_1-1} e^{\frac{2\pi i k_1 \ell_1}{n_1}} \underbrace{\sum_{k_2=0}^{n_2-1} f_{k_1 k_2} e^{\frac{2\pi i k_2 \ell_2}{n_2}}}_{\text{1-dimensionale dFT}}.$$

für $\ell_1 = 0, \ldots, n_1 - 1$ und $\ell_2 = 0, \ldots, n_2 - 1$. Die letzte Gleichung zeigt, dass die 2-dimensionale dFT durch 1-dimensionale Transformationen dargestellt werden kann (Separabilität der dFT in Koordinatenrichtung). Tatsächlich stellt für jeden festen Index k_1 die Summe

$$\tilde{f}^{(r)}_{k_1 \ell_2} = \sum_{k_2=0}^{n_2-1} f_{k_1 k_2} \, e^{\frac{2\pi i k_2 \ell_2}{n_2}}, \qquad \ell_2 = 0, \ldots, n_2$$

eine 1-dimensionale dFT in Zeilenrichtung der Pixelmatrix dar. Der obere Index r in $\tilde{f}^{(r)}_{k_1 \ell_2}$ kennzeichnet die Spaltenrichtung (wobei r für *row* steht). Mit dieser Notation kann $\tilde{f}_{\ell_1 \ell_2}$ wie folgt geschrieben werden:

$$\tilde{f}_{\ell_1 \ell_2} = \underbrace{\sum_{k_1=0}^{n_1-1} \tilde{f}^{(r)}_{k_1 \ell_2} \, e^{\frac{2\pi i k_1 \ell_1}{n_1}}}_{\text{1-dimensionale dFT}}, \qquad \ell_1 = 0, \ldots, n_1 - 1,$$

was für einen festen Index ℓ_2 nichts anderes als eine 1-dimensionale dFT in Zeilenrichtung ist. Analog zu Abschnitt 4.4.1 gehen wir wieder zur Matrixnotation über und fassen die Koeffizienten der 2-dimensionalen dFT mit den Matrizen

$$W_{n_1} = \left(e^{\frac{2\pi i k_1 \ell_1}{n_1}} \right), \qquad W_{n_2} = \left(e^{\frac{2\pi i k_2 \ell_2}{n_2}} \right)$$

zusammen. Damit schreibt sich die 1-dimensionale dFT für die Zeilenrichtung in der Form

$$\tilde{F}^{(r)} = \left(\tilde{f}^{(r)}_{\ell_1 k_2} \right) = W_{n_2} F',$$

wobei F' die transponierte Pixelmatrix ist. Analog schreibt sich die 1-dimensionale dFT in Spaltenrichtung in der Form

$$\tilde{F} = W_{n_1} (\tilde{F}^{(r)})' = W_{n_1} (W_{n_2} F')',$$

und daraus erhält man wegen der Symmetrie der Koeffizientenmatrix W_{n_2} die Matrixschreibweise

$$\tilde{F} = W_{n_1} F W_{n_2}$$
$$= (C_{n_1} + i S_{n_1}) F (C_{n_2} + i S_{n_2})$$

für die 2-dimensionale dFT. Die Rücktransformation ist durch

$$f_{k_1 k_2} = \frac{1}{n_1 n_2} \sum_{\ell_1=0}^{n_1-1} \sum_{\ell_2=0}^{n_2-1} \tilde{f}_{\ell_1 \ell_2} \, e^{-2\pi i \left(\frac{k_1 \ell_1}{n_1} + \frac{k_2 \ell_2}{n_2} \right)}$$

für $k_1 = 0, \ldots, n_1 - 1$ und $k_2 = 0, \ldots, n_2 - 1$ definiert, was äquivalent zur Matrixschreibweise

$$F = \frac{1}{n_1 n_2} (C_{n_1} - i S_{n_1}) \tilde{F} (C_{n_2} - i S_{n_2})$$

ist. Zusammenfassend können wir den folgenden Satz formulieren:

Satz 4.3 Seien C_n und S_n reellwertige Matrizen mit den Koeffizienten $c_{k\ell} = \cos 2\pi k\ell / n$ bzw. $s_{k\ell} = \sin 2\pi k\ell / n$ für $k = 0, \ldots, n-1$, dann gilt

$$\tilde{F} = (C_{n_1} + i S_{n_1}) F (C_{n_2} + i S_{n_2})$$

und

$$F = \frac{1}{n_1 n_2} (C_{n_1} - i S_{n_1}) \tilde{F} (C_{n_2} - i S_{n_2}).$$

∎

Wir möchten wieder auf Vereinfachungen aufmerksam machen, die sich im Falle der Symmetrie von F ergeben:

- Ist F gerade, d. h. $f_{k\ell} = f_{-k,-\ell}$ für $k, \ell \in \mathbb{Z}$, dann ist $\tilde{F}$ reellwertig, und es gilt

$$\tilde{F} = C_{n_1} F C_{n_2} - S_{n_1} F S_{n_2}. \tag{4.36}$$

Falls F außerdem quadratisch ($n_1 = n_2 = n$) und symmetrisch ($F' = F$) ist, dann wird $S_n F S_n = 0$, und $\tilde{F}$ kann mit der Kosinustransformation

$$\tilde{F} = C_n F C_n. \tag{4.37}$$

berechnet werden.

- Ist F dagegen ungerade, d. h. $f_{k\ell} = -f_{-k,-\ell}$ für $k, \ell \in \mathbb{Z}$, dann ist $\tilde{F}$ imaginär, und es gilt

$$\tilde{F} = i(C_{n_1} F S_{n_2} + S_{n_1} F C_{n_2}). \tag{4.38}$$

Ist F außerdem quadratisch und symmetrisch, dann vereinfacht sich wegen $C'_n = C_n$ und $S'_n = S_n$ die obige Formel. Es gilt also $S_n F C_n = (C_n F S_n)'$, und damit erhält man

$$\tilde{F} = i\bigl(C_n F S_n + (C_n F S_n)'\bigr), \tag{4.39}$$

was den Aufwand zur Berechnung von $\tilde{F}$ weiter reduziert.

Bemerkung 4.11 Eine quadratische Matrix $F = (f_{k\ell})$ wird symmetrisch genannt, wenn sie invariant bezüglich Spiegelung an ihrer Hauptdiagonalen und damit gleich ihrer Transponierten ist, $f_{k\ell} = f_{\ell k}$. Diese Art der Symmetrie quadratischer Matrizen unterscheidet sich grundlegend von den Symmetrieeigenschaften eines periodischen Bildes F. Gerade Bilder F sind invariant bezüglich Spiegelung am Koordinatenursprung; es gilt $f_{k,\ell} = f_{-k,-\ell}$. Für ungerade Bilder gilt dagegen $f_{k,\ell} = -f_{-k,-\ell}$. Eine symmetrische Pixelmatrix F kann also außerdem gerade sein. ■

Bemerkung 4.12 Wegen

$$\tilde{f}_{0,0} = \sum_{k_1=0}^{n_1-1} \sum_{k_2=0}^{n_2-1} f_{k_1 k_2}$$

entspricht der Unterdrückung des zentralen Reflexes im OFR (d. h. dem Überschreiben von $\tilde{f}_{0,0}$ durch null) einer Normalisierung des Bildes im OR, so dass der mittlere Grauwert von F gleich null ist. Setzt man die Pixelwerte der unmittelbaren Nachbarn des zentralen Pixels im OFR auf null, dann wird im OR eine Form der Shadingkorrektur ausgeführt. ■

Beispiel 4.30 Für $n_1 = n_2 = 4$ ist die Maske des 2-dimensionalen Binomialfilters 2. Ordnung durch die (periodische) Matrix

$$F = \frac{1}{16} \begin{pmatrix} 4 & 2 & 0 & 2 \\ 2 & 1 & 0 & 1 \\ 0 & 0 & 0 & 0 \\ 2 & 1 & 0 & 1 \end{pmatrix}$$

gegeben. Da die Maske F gerade und symmetrisch ist, erhält man mithilfe von Gl. (4.37) die Fourier-Transformierte

$$\tilde{F} = \frac{1}{16} \begin{pmatrix} 1 & 1 & 1 & 1 \\ 1 & 0 & -1 & 0 \\ 1 & -1 & 1 & -1 \\ 1 & 0 & -1 & 0 \end{pmatrix} \begin{pmatrix} 4 & 2 & 0 & 2 \\ 2 & 1 & 0 & 1 \\ 0 & 0 & 0 & 0 \\ 2 & 1 & 0 & 1 \end{pmatrix} \begin{pmatrix} 1 & 1 & 1 & 1 \\ 1 & 0 & -1 & 0 \\ 1 & -1 & 1 & -1 \\ 1 & 0 & -1 & 0 \end{pmatrix}$$

$$= \frac{1}{16} \begin{pmatrix} 1 & 1 & 1 & 1 \\ 1 & 0 & -1 & 0 \\ 1 & -1 & 1 & -1 \\ 1 & 0 & -1 & 0 \end{pmatrix} \begin{pmatrix} 8 & 4 & 0 & 4 \\ 4 & 2 & 0 & 2 \\ 0 & 0 & 0 & 0 \\ 4 & 2 & 0 & 2 \end{pmatrix}$$

$$= \frac{1}{16} \begin{pmatrix} 16 & 8 & 0 & 8 \\ 8 & 4 & 0 & 4 \\ 0 & 0 & 0 & 0 \\ 8 & 4 & 0 & 4 \end{pmatrix},$$

d. h. $\tilde{F} = 4F$. ∎

Beispiel 4.31 Die Filterung eines Bildes mit der Maske

$$G = \frac{1}{\sqrt{2}} \begin{pmatrix} 0 & -1 & 0 & 1 \\ -1 & 0 & 0 & 0 \\ 0 & 0 & 0 & 0 \\ 1 & 0 & 0 & 0 \end{pmatrix}$$

bewirkt eine Ableitung in Richtung $(1,1)'$. Da G ungerade ist, können wir Gl. (4.39) anwenden und berechnen zuerst

$$C_4 G S_4 = \frac{1}{\sqrt{2}} \begin{pmatrix} 1 & 1 & 1 & 1 \\ 1 & 0 & -1 & 0 \\ 1 & -1 & 1 & -1 \\ 1 & 0 & -1 & 0 \end{pmatrix} \begin{pmatrix} 0 & -1 & 0 & 1 \\ -1 & 0 & 0 & 0 \\ 0 & 0 & 0 & 0 \\ 1 & 0 & 0 & 0 \end{pmatrix} \begin{pmatrix} 0 & 0 & 0 & 0 \\ 0 & 1 & 0 & -1 \\ 0 & 0 & 0 & 0 \\ 0 & -1 & 0 & 1 \end{pmatrix}$$

$$= \frac{1}{\sqrt{2}} \begin{pmatrix} 1 & 1 & 1 & 1 \\ 1 & 0 & -1 & 0 \\ 1 & -1 & 1 & -1 \\ 1 & 0 & -1 & 0 \end{pmatrix} \begin{pmatrix} 0 & -2 & 0 & 2 \\ 0 & 0 & 0 & 0 \\ 0 & 0 & 0 & 0 \\ 0 & 0 & 0 & 0 \end{pmatrix}$$

$$= \sqrt{2} \begin{pmatrix} 0 & -1 & 0 & 1 \\ 0 & -1 & 0 & 1 \\ 0 & -1 & 0 & 1 \\ 0 & -1 & 0 & 1 \end{pmatrix},$$

und daraus ergibt sich

$$\tilde{G} = i\sqrt{2}\left(\begin{pmatrix} 0 & -1 & 0 & 1 \\ 0 & -1 & 0 & 1 \\ 0 & -1 & 0 & 1 \\ 0 & -1 & 0 & 1 \end{pmatrix} + \begin{pmatrix} 0 & 0 & 0 & 0 \\ -1 & -1 & -1 & -1 \\ 0 & 0 & 0 & 0 \\ 1 & 1 & 1 & 1 \end{pmatrix}\right)$$

$$= i\sqrt{2}\begin{pmatrix} 0 & -1 & 0 & 1 \\ -1 & -2 & -1 & 0 \\ 0 & -1 & 0 & 1 \\ 1 & 0 & 1 & 2 \end{pmatrix}.$$

∎

Bemerkung 4.13 Die Komplexität der diskreten Fourier-Transformation ist für ein quadratisches Bild mit n^2 Pixeln von der Ordnung $\mathcal{O}(n^3)$ und damit $\mathcal{O}(n)$ pro Pixel. ∎

Bemerkung 4.14 Ist F ein (n_1, n_2)-Bild mit rechteckigen Pixeln der Seitenlängen a_1 und a_2 (d. h., F ist ein Sampling auf einem homogenen Gitter $\mathbb{L}$ mit orthogonaler Basis, wobei a_1 und a_2 die Gitterabstände sind), dann ist die Fourier-Transformierte $\tilde{F}$ ein (n_1, n_2)-Bild mit rechteckigen Pixeln der Seitenlängen $1/n_1 a_1$ und $1/n_2 a_2$. ∎

Bemerkung 4.15 Allgemeiner: Sei F die (n_1, n_2)-Matrix der Pixelwerte auf einem Gitter $\mathbb{L}$ mit den Basisvektoren u_1 und u_2, dann ist $\tilde{F}$ eine (n_1, n_2)-Matrix auf dem Gitter $\tilde{\mathbb{L}}^2$ mit den Basisvektoren $\tilde{u}_1$ und $\tilde{u}_2$. Zwischen den Basisvektoren von $\mathbb{L}$ und $\tilde{\mathbb{L}}^2$ besteht der Zusammenhang

$$(U')^{-1} = \begin{pmatrix} n_1 & 0 \\ 0 & n_2 \end{pmatrix}\tilde{U}, \quad \text{d. h.} \quad \tilde{U} = \begin{pmatrix} 1/n_1 & 0 \\ 0 & 1/n_2 \end{pmatrix}(U')^{-1}$$

mit $U = (u_1, u_1)$ und $\tilde{U} = (\tilde{u}_1, \tilde{u}_2)$. ∎

Beispiel 4.32 Wir betrachten ein hexagonales Gitter mit den Basisvektoren

$$u_1 = \begin{pmatrix} 1 \\ 0 \end{pmatrix}, \quad u_2 = \frac{1}{2}\begin{pmatrix} 1 \\ \sqrt{3} \end{pmatrix}$$

und den Pixelgrößen $\|u_1\| = \|u_2\| = 1$. Dann ist

$$U = \frac{1}{2}\begin{pmatrix} 2 & 1 \\ 0 & \sqrt{3} \end{pmatrix}, \quad (U')^{-1} = \frac{1}{\sqrt{3}}\begin{pmatrix} \sqrt{3} & 0 \\ -1 & 2 \end{pmatrix}$$

und

$$\tilde{U} = \frac{1}{\sqrt{3}}\begin{pmatrix} \sqrt{3}/n_1 & 0 \\ -1/n_1 & 2/n_2 \end{pmatrix}.$$

Das inverse Gitter hat also die Basisvektoren

$$\tilde{u}_1 = \frac{1}{\sqrt{3}}\begin{pmatrix} \sqrt{3}/n_1 \\ -1/n_2 \end{pmatrix}, \quad \tilde{u}_2 = \frac{1}{\sqrt{3}}\begin{pmatrix} 0 \\ 2/n_2 \end{pmatrix}.$$

Für $n_1 = n_2 = n$ sind die Pixelgrößen $\|\tilde{u}_1\| = \|\tilde{u}_2\| = 2/\sqrt{3}n$. ∎

Algorithmische Implementierung

In der Funktion DFT() wird gezeigt, wie im 2-dimensionalen Fall die Separabilität der Fourier-Transformation in Verbindung mit dFT() angewendet werden kann. Das Eingangsbild ist komplexwertig, und seine Fourier-Transformierte wird auf den Daten img->pix zurückgegeben. Um dFT() effektiv verwenden zu können, empfiehlt es sich, auf dem Datenstream zu arbeiten, wobei als Adresse des Datenstreams die Adresse des ersten Pixels gewählt wird (str=&pix[0][0]). In einem Bild mit n_1=img->n[0] mal n_2=img->n[1] Pixeln wird beim Durchlaufen in x-Richtung das Offset von str gleich $i \cdot n_1$ und die Schrittweite step gleich 1 gesetzt. In y-Richtung ist dagegen das Offset von str gleich j und die Schrittweite step gleich n_1.

```
/** Discrete Fourier transform of an image.
    @param img [INOUT] an image with complex valued pixels (i.e. of type CPX)
    @param ifb [IN] index indicating foreward (0) or backward (1) transform
    @return error code
**/
extern int DFT(IMG *img, unsigned char ifb) {

  unsigned long i, j, n[2];
  CPX **w, **pix, *str;

  pix = (CPX **)img->pix;
  str = &pix[0][0];

  // row direction
  n[0] = n[1] = img->n[1];
  w = Malloc2D(n, CPX);
  dFT_matrix(w, img->n[1]);
  for(i=0; i<img->n[0]; i++)
    dFT(str + i*img->n[1], img->n[1], 1, w, ifb);
  Free2D(w);

  // column direction
  n[0] = n[1] = img->n[0];
  w = Malloc2D(n, CPX);
  dFT_matrix(w, img->n[0]);
  for(j=0; j<img->n[1]; j++)
    dFT(str + j, img->n[0], img->n[1], w, ifb);
  free2D(w);

  return 0;
}
```

Bemerkung 4.16 Ist in einem quadratischen Bild mit n^2 Pixeln die Zahl n eine Zweierpotenz, dann kann in DFT() die 1-dimensionale dFT durch eine fFT ersetzt werden, wodurch sich die Komplexität des Algorithmus auf $\mathcal{O}(\log n)$ pro Pixel reduziert. Dadurch würde der Algorithmus beachtlich beschleunigt werden. ∎

Bemerkung 4.17 Allgemeiner: Für ein rechteckiges Bild mit $n_1 \cdot n_2$ Pixeln, wobei n_1 und n_2 Zweierpotenzen sind, führt die Anwendung der fFT zu einem Algorithmus von der Komplexität $\mathcal{O}(\log n_1 n_2)$ pro Pixel. ∎

Bemerkung 4.18 Im isotropen Fall, d. h. wenn das abgebildete Objekt oder die abgebildete Struktur rotationsinvariant und damit nur von der radialen Koordinate abhängig ist, kann statt der 2-dimensionalen dFT auch eine diskrete Variante der 1-dimensionalen Bessel-Transformation verwendet werden, was ebenfalls zu einer erheblichen Einsparung von Rechenzeit beiträgt. ∎

Die Implementierung der 2-dimensionalen fFT ist analog zur 2-dimensionalen dFT. Da die komplexe Exponentialfunktion jedoch innerhalb der 1-dimensionalen fFT berechnet wird, erscheint der folgende Quellcode noch einfacher.

```
/** Fast Fourier transform of an image.
    @param img [INOUT] an image with complex valued pixels (i.e. of type CPX)
    @param ifb [IN] selecting foreward (0) or backward (1) transform
    @return error code
**/
extern int FFT(IMG *img, unsigned char ifb) {

  unsigned long i, j;
  CPX **pix, *str;

  pix = (CPX **)img->pix;
  str = &pix[0][0];

  for(i=0; i<img->n[0]; i++)    // row direction
    fFT1D(str + i*img->n[1], img->n[1], 1, ifb);

  for(j=0; j<img->n[1]; j++)    // column direction
    fFT1D(str + j, img->n[0], img->n[1], ifb);

  return 0;
}
```

5 Faltung und Korrelation im Ortsfrequenzraum

In diesem Kapitel verfolgen wir das Konzept der Manipulation des Bildinhalts im Ortsfrequenzraum (OFR). Dazu betrachten wir zunächst einfache Beispiele:

Beispiel 5.1 Die pixelweise Bildung der komplex-konjugierten Pixelwerte im OFR entspricht einer Spiegelung am Koordinatenursprung im Ortsraum (OR), siehe Bild 5.1b. ∎

Beispiel 5.2 Wird im OFR der Imaginärteil gleich null gesetzt, dann löschen wir im OR den ungeraden Anteil, d. h., das Bild wird gerade, siehe Bild 5.1c. ∎

Beispiel 5.3 Wird dagegen im OFR der Realteil gleich null gesetzt, dann löschen wir im OR den geraden Anteil. Das Bild wird ungerade, siehe Bild 5.1d. ∎

Mit den letzten beiden Manipulationen kann ein Bild also in seine gerade und ungerade Komponente zerlegt werden, was für die Anwendung in der Bildverarbeitung nicht nützlich ist. Von der Spiegelung des Bildes via ORF werden wir später allerdings Gebrauch machen.

Da die Pixelwerte eines Fourier-transformierten Bildes sich oft um Größenordnungen unterscheiden, ist seine Betrachtung meist wenig erquicklich. Auch eine logarithmische Skalierung der Pixelwerte bei der Umwandlung des Real- oder Imaginärteils in ein 8-Bit-Grautonbild ist nur wenig hilfreich.

■ 5.1 Faltung im Ortsfrequenzraum

Wir erinnern noch einmal an Gl. (2.17) für die diskrete Faltung (Filterung), nehmen nun aber an, dass sowohl das Bild als auch die Filtermaske periodisch sind und gleiche Periodenlangen haben. Für 1-dimensionale diskrete Signale $f = (f_k)$ und $g = (g_k)$ der Länge n gilt

$$(f * g)_\ell = \sum_{k=0}^{n-1} f_k g_{\ell-k}, \quad \ell = 0,\ldots,m-1, \tag{5.1}$$

wobei zur Realisierung periodischer Randbedingungen die Differenzen $\ell - k$ im Index modulo n zu verstehen sind. Außerdem vermeiden wir mit Blick auf die Rechnung mit komplexen Zahlen die Verwendung des Symbols i als Index. Analog zu Gl. (5.1) gilt für Bilder $F = (f_{k_1 k_2})$ und $G = (g_{k_1 k_2})$ mit $n_1 \cdot n_2$ Pixeln

$$(F * G)_{\ell_1 \ell_2} = \sum_{k_1=0}^{n_1-1} \sum_{k_2=0}^{n_2-1} f_{k_1 k_2} g_{\ell_1-k_1, \ell_2-k_2} \tag{5.2}$$

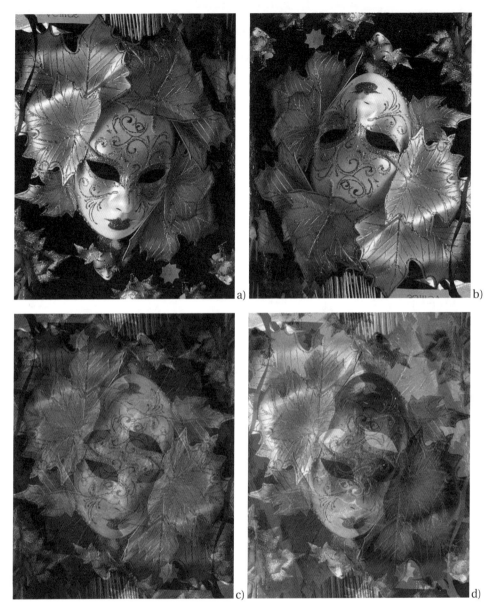

Bild 5.1 Modifikationen eines Bildes im OFR: a) Originalbild, b) Bildung der komplex-konjugierten Pixelwerte, c) Löschung des Imaginärteils, d) Löschung des Realteils

für $\ell_1 = 0,\ldots,n_1 - 1$, $\ell_2 = 0,\ldots n_2 - 1$. Hierbei sind die beiden Differenzen im Index modulo n_1 bzw. n_2 zu verstehen.

Beispiel 5.4 Wir betrachten zunächst ein 1-dimensionales Beispiel und wenden Gl. (5.1) an. Gegeben seien die zwei Signale

$$f = \begin{pmatrix} 1 \\ 1 \\ 0 \\ 0 \end{pmatrix}, \quad g = \begin{pmatrix} 1 \\ -1 \\ 0 \\ 0 \end{pmatrix}$$

mit der Periodenlänge $n = 4$. Da die Korrelation anschaulicher ist als die Faltung, setzen wir $f * g = f \star g^*$ mit der Spiegelung

$$g^* = \begin{pmatrix} 1 \\ 0 \\ 0 \\ -1 \end{pmatrix}.$$

Nun schreiben wir f, g^* sowie 3 Verschiebungen von g^* in ein Schema, wobei die Hauptperiode (also die Werte mit Indizes 0,…,3) durch zwei horizontale Linien und die gespiegelte Maske g^* sowie deren Verschiebungen grau markiert sind:

k	f_k	g^*_k	g^*_{k-1}	g^*_{k-2}	g^*_{k-3}	$(f*g)_k$
⋮	⋮	⋮	⋮	⋮	⋮	⋮
−4	1	1	−1	0	0	1
−3	1	0	1	−1	0	0
−2	0	0	0	1	−1	−1
−1	0	−1	0	0	1	0
0	1	1	−1	0	0	1
1	1	0	1	−1	0	0
2	0	0	0	1	−1	−1
3	0	−1	0	0	1	0
4	1	1	−1	0	0	1
5	1	0	1	−1	0	0
6	0	0	0	1	−1	−1
7	0	−1	0	0	1	0
⋮	⋮	⋮	⋮	⋮	⋮	⋮

Nun wird jeweils die Summe der Produkte der Komponenten zweier Spalten gebildet (wie beim Skalarprodukt von Vektoren), wobei nur die Hauptperiode berücksichtigt wird. Für die 1. und 2. Spalte erhält man den Wert 1, für die 1. und 3. Spalte erhält man 0, für die 1. und 4. Spalte erhält man −1, und für die 1. und 5. Spalte erhält man 0. Diese Werte fassen wir schließlich in einem Vektor zusammen,

$$f * g = \begin{pmatrix} 1 \\ 0 \\ -1 \\ 0 \end{pmatrix}.$$

■

Beispiel 5.5 Die Faltung der Matrizen

$$F = \frac{1}{16} \begin{pmatrix} 4 & 2 & 0 & 2 \\ 2 & 1 & 0 & 1 \\ 0 & 0 & 0 & 0 \\ 2 & 1 & 0 & 1 \end{pmatrix}, \quad G = \frac{1}{\sqrt{2}} \begin{pmatrix} 0 & -1 & 0 & 1 \\ -1 & 0 & 0 & 0 \\ 0 & 0 & 0 & 0 \\ 1 & 0 & 0 & 0 \end{pmatrix}$$

wird wieder auf eine Korrelation zurückgeführt, $F * G = F \star G^*$, wobei F periodisch fortzusetzen ist,

$$F = \frac{1}{16} \begin{pmatrix} 1 & 2 & 1 & 0 & 1 & 2 \\ 2 & 4 & 2 & 0 & 2 & 4 \\ 1 & 2 & 1 & 0 & 1 & 2 \\ 0 & 0 & 0 & 0 & 0 & 0 \\ 1 & 2 & 1 & 0 & 1 & 2 \\ 2 & 4 & 2 & 0 & 2 & 4 \end{pmatrix}.$$

Die Pixelwerte der Hauptperiode wurden hier wie in Beispiel 5.4 grau markiert. Die gespiegelte Matrix (d. h. die gespiegelte Filtermaske) G^* wird in der Form

$$G^* = \frac{1}{\sqrt{2}} \begin{pmatrix} 0 & 1 & 0 & -1 \\ 1 & 0 & 0 & 0 \\ 0 & 0 & 0 & 0 \\ -1 & 0 & 0 & 0 \end{pmatrix} \quad \text{bzw.} \quad G^* = \frac{1}{\sqrt{2}} \begin{pmatrix} 0 & -1 & 0 \\ -1 & 0 & 1 \\ 0 & 1 & 0 \end{pmatrix}$$

geschrieben, wobei der Pixelwert im Offset, d. h. der sich im Koordinatenursprung befindliche Pixelwert, blau markiert ist. „Legt" man nun Translationen von G^* auf F, so dass das „Offset" von G^* auf einem (rot markierten) Pixelwert der Hauptperiode von F „liegt", und summiert man für jede Translation die Produkte der „übereinander liegenden" Pixelwerte, erhält man die Pixelwerte der Faltung

$$F * G = \frac{\sqrt{2}}{32} \begin{pmatrix} 0 & -4 & 0 & 4 \\ -4 & -4 & 0 & 0 \\ 0 & 0 & 0 & 0 \\ 4 & 0 & 0 & 4 \end{pmatrix} = \frac{\sqrt{2}}{8} \begin{pmatrix} 0 & -1 & 0 & 1 \\ -1 & -1 & 0 & 0 \\ 0 & 0 & 0 & 0 \\ 1 & 0 & 0 & 1 \end{pmatrix}.$$

∎

Der Faltungssatz (4.10) für die kontinuierliche Fourier-Transformation besagt, dass die Faltung zweier kontinuierlicher Funktionen im OR einer Multiplikation im OFR entspricht (bis auf einen konstanten Faktor). Natürlich gilt Ähnliches auch im diskreten Fall, was an 1-dimensionalen Beispielen leicht demonstriert werden kann:

Beispiel 5.6 Die Faltung der beiden Signale

$$f = \frac{1}{2} \begin{pmatrix} 1 \\ 1 \\ 0 \\ 0 \end{pmatrix}, \quad g = \frac{1}{4} \begin{pmatrix} 2 \\ 1 \\ 0 \\ 1 \end{pmatrix}$$

errechnet sich mithilfe von Gl. (5.1),

$$f * g = \frac{1}{8} \begin{pmatrix} 3 \\ 3 \\ 1 \\ 1 \end{pmatrix}. \tag{5.3}$$

Nun berechnen wir die diskrete Faltung via OFR. Die diskreten Fourier-Transformierten von f und g sind

$$\tilde{f} = \left(\begin{pmatrix} 1 & 1 & 1 & 1 \\ 1 & 0 & -1 & 0 \\ 1 & -1 & 1 & -1 \\ 1 & 0 & -1 & 0 \end{pmatrix} + i \begin{pmatrix} 0 & 0 & 0 & 0 \\ 0 & 1 & 0 & -1 \\ 0 & 0 & 0 & 0 \\ 0 & -1 & 0 & 1 \end{pmatrix}\right) \cdot \frac{1}{2} \begin{pmatrix} 1 \\ 1 \\ 0 \\ 0 \end{pmatrix}$$

$$= \frac{1}{2}\left(\begin{pmatrix} 2 \\ 1 \\ 0 \\ 1 \end{pmatrix} + i \begin{pmatrix} 0 \\ 1 \\ 0 \\ -1 \end{pmatrix}\right),$$

$$\tilde{g} = \frac{1}{2} \begin{pmatrix} 2 \\ 1 \\ 0 \\ 1 \end{pmatrix}.$$

(Die Fourier-Transformierte $\tilde{g}$ wurde bereits in Beispiel 4.23 berechnet.) Die pixelweise (komponentenweise) Multiplikation liefert

$$\tilde{f} \cdot \tilde{g} = \frac{1}{2}\left(\begin{pmatrix} 2 \\ 1 \\ 0 \\ 1 \end{pmatrix} + i \begin{pmatrix} 0 \\ 1 \\ 0 \\ -1 \end{pmatrix}\right) \cdot \frac{1}{2}\begin{pmatrix} 2 \\ 1 \\ 0 \\ 1 \end{pmatrix} = \frac{1}{4}\left(\begin{pmatrix} 4 \\ 1 \\ 0 \\ 1 \end{pmatrix} + i \begin{pmatrix} 0 \\ 1 \\ 0 \\ -1 \end{pmatrix}\right),$$

und die inverse dFT ergibt

$$f * g = \frac{1}{4}(C - iS) \cdot (\tilde{f} \cdot \tilde{g})$$

$$= \frac{1}{16}\left(\begin{pmatrix} 6 \\ 4 \\ 2 \\ 4 \end{pmatrix} + i \begin{pmatrix} 0 \\ 0 \\ 0 \\ 0 \end{pmatrix} - i \begin{pmatrix} 0 \\ 0 \\ 0 \\ 0 \end{pmatrix} + \begin{pmatrix} 0 \\ 2 \\ 0 \\ -2 \end{pmatrix}\right)$$

$$= \frac{1}{16}\begin{pmatrix} 6 \\ 6 \\ 2 \\ 2 \end{pmatrix} = \frac{1}{8}\begin{pmatrix} 3 \\ 3 \\ 1 \\ 1 \end{pmatrix},$$

was mit Gl. (5.3) übereinstimmt. Wenn man „mit Zettel und Bleistift arbeitet", ist die Berechnung einer diskreten Faltung via OFR also sehr aufwändig. Die algorithmische Umsetzung auf der Grundlage einer fFT bietet aber im Vergleich zur Berechnung der Faltung via OR erhebliche Vorteile. ∎

Beispiel 5.7 Für

$$f = \frac{1}{2}\begin{pmatrix} 1 \\ 1 \\ 0 \\ 0 \end{pmatrix}, \quad g = \frac{1}{4}\begin{pmatrix} 0 \\ -1 \\ 0 \\ 1 \end{pmatrix}$$

ist die diskrete Faltung

$$f * g = \frac{1}{4}\begin{pmatrix} 1 \\ -1 \\ -1 \\ 1 \end{pmatrix}.$$

Man kommt zum gleichen Ergebnis, wenn die Fourier-Transformierten

$$\tilde{f} = \frac{1}{2}\left(\begin{pmatrix} 2 \\ 1 \\ 0 \\ 1 \end{pmatrix} + i\begin{pmatrix} 0 \\ 1 \\ 0 \\ -1 \end{pmatrix}\right), \quad \tilde{g} = i\begin{pmatrix} 0 \\ -1 \\ 0 \\ 1 \end{pmatrix}$$

miteinander pixelweise multipliziert werden,

$$\begin{aligned}
\tilde{f} \cdot \tilde{g} &= \frac{1}{2}\left(\begin{pmatrix} 2 \\ 1 \\ 0 \\ 1 \end{pmatrix} + i\begin{pmatrix} 0 \\ 1 \\ 0 \\ -1 \end{pmatrix}\right) \cdot i\begin{pmatrix} 0 \\ -1 \\ 0 \\ 1 \end{pmatrix} \\
&= \frac{1}{2}\left(i\begin{pmatrix} 0 \\ -1 \\ 0 \\ 1 \end{pmatrix} - \begin{pmatrix} 0 \\ -1 \\ 0 \\ -1 \end{pmatrix}\right) = \frac{1}{2}\left(\begin{pmatrix} 0 \\ 1 \\ 0 \\ 1 \end{pmatrix} + i\begin{pmatrix} 0 \\ -1 \\ 0 \\ 1 \end{pmatrix}\right),
\end{aligned}$$

und schließlich das Ergebnis rücktransformiert wird,

$$\begin{aligned}
f * g &= \frac{1}{4}(C - iS) \cdot (\tilde{f} \cdot \tilde{g}) \\
&= \frac{1}{2}\left(\begin{pmatrix} 2 \\ 0 \\ -2 \\ 0 \end{pmatrix} - i\begin{pmatrix} 0 \\ 0 \\ 0 \\ 0 \end{pmatrix} + i\begin{pmatrix} 0 \\ 0 \\ 0 \\ 0 \end{pmatrix} + \begin{pmatrix} 0 \\ -2 \\ 0 \\ 2 \end{pmatrix}\right) \\
&= \frac{1}{8}\begin{pmatrix} 2 \\ -2 \\ -2 \\ 2 \end{pmatrix} = \frac{1}{4}\begin{pmatrix} 1 \\ -1 \\ -1 \\ 1 \end{pmatrix}.
\end{aligned}$$

■

Nun formulieren wir die Faltungssätze für die 1- und 2-dimensionale dFT.

Satz 5.1 *(Faltungstheorem).* Seien f und g zwei komplexe Signale der Länge n, d.h. $f, g \in \mathbb{C}^m$, und $\tilde{f} = \mathrm{dFT}(f) = Wf$ bzw. $\tilde{g} = \mathrm{dFT}(g) = Wg$ ihre diskreten Fourier-Transformierten, dann ist $f * g'$ ein 2-dimensionales Signal und es gilt

$$\mathrm{dFT}(f * g) = W(f * g) = \tilde{f} \cdot \tilde{g}$$

und

$$\overline{\mathrm{dFT}}(\tilde{f} * \tilde{g}) = W^{-1}(\tilde{f} * \tilde{g}) = f \cdot g.$$

■

Dabei ist zu berücksichtigen, dass mit $\tilde{f} \cdot \tilde{g}$ die pixelweise Multiplikation gemeint ist, d. h., die k-te Komponente $(\tilde{f} \cdot \tilde{g})_k$ von $\tilde{f} \cdot \tilde{g}$ ist das Produkt $f_k g_k$, $k = 0, \ldots, n-1$.

Analoges gilt für Bilder, die in Form von Matrizen ihrer (komplexwertigen) Pixelwerte gegeben sind.

Satz 5.2 *(Faltungstheorem).* Seien F und G zwei komplexe Matizen mit n_1 Zeilen und n_2 Spalten, $F, G \in \mathbb{C}^{n_1} \times \mathbb{C}^{n_2}$, und $\tilde{F} = \mathrm{dFT}(F) = W_{n_1} F W_{n_2}$ bzw. $\tilde{G} = \mathrm{dFT}(G) = W_{n_1} G W_{n_2}$ ihre diskreten Fourier-Transformierten, dann gilt

$$\mathrm{dFT}(F * G) = W_{n_1}(F * G) W_{n_2} = \tilde{F} \cdot \tilde{G} \tag{5.4}$$

und

$$\overline{\mathrm{dFT}}(\tilde{F} * \tilde{G}) = W_{n_1}^{-1}(\tilde{F} * \tilde{G}) W_{n_2}^{-1} = F \cdot G.$$

∎

Wir rechnen noch zwei 2-dimensionale Beispiele mit $n_1 = n_2 = 4$.

Beispiel 5.8 Zu berechnen ist die Faltung $F * G$ der beiden Bilder

$$F = \frac{1}{16} \begin{pmatrix} 4 & 2 & 0 & 2 \\ 2 & 1 & 0 & 1 \\ 0 & 0 & 0 & 0 \\ 2 & 1 & 0 & 1 \end{pmatrix}, \quad G = \frac{1}{\sqrt{2}} \begin{pmatrix} 0 & -1 & 0 & 1 \\ -1 & 0 & 0 & 0 \\ 0 & 0 & 0 & 0 \\ 1 & 0 & 0 & 0 \end{pmatrix}.$$

Die diskreten Fourier-Transformierten $\tilde{F}$ bzw. $\tilde{G}$ hatten wir bereits in den Beispielen 4.30 und 4.31 berechnet. Ihr (pixelweises) Produkt ist

$$\tilde{F} \cdot \tilde{G} = \frac{i}{2\sqrt{2}} \begin{pmatrix} 0 & -2 & 0 & 2 \\ -2 & -2 & 0 & 0 \\ 0 & 0 & 0 & 0 \\ 2 & 0 & 0 & 2 \end{pmatrix} = \frac{i}{\sqrt{2}} \begin{pmatrix} 0 & -1 & 0 & 1 \\ -1 & -1 & 0 & 0 \\ 0 & 0 & 0 & 0 \\ 1 & 0 & 0 & 1 \end{pmatrix},$$

auf das nun noch die inverse dFT angewendet werden muss. Da $\tilde{F} \cdot \tilde{G}$ ungerade und symmetrisch ist, kann Gl. (4.39) angewendet werden. Los geht's:

$C_4(\tilde{F} \cdot \tilde{G}) S_4$

$$= \frac{i}{\sqrt{2}} \begin{pmatrix} 1 & 1 & 1 & 1 \\ 1 & 0 & -1 & 0 \\ 1 & -1 & 1 & -1 \\ 1 & 0 & -1 & 0 \end{pmatrix} \begin{pmatrix} 0 & -1 & 0 & 1 \\ -1 & -1 & 0 & 0 \\ 0 & 0 & 0 & 0 \\ 1 & 0 & 0 & 1 \end{pmatrix} \underbrace{\begin{pmatrix} 0 & 0 & 0 & 0 \\ 0 & 1 & 0 & -1 \\ 0 & 0 & 0 & 0 \\ 0 & -1 & 0 & 1 \end{pmatrix}}$$

$$= \frac{i}{\sqrt{2}} \begin{pmatrix} 1 & 1 & 1 & 1 \\ 1 & 0 & -1 & 0 \\ 1 & -1 & 1 & -1 \\ 1 & 0 & -1 & 0 \end{pmatrix} \begin{pmatrix} 0 & -2 & 0 & 2 \\ 0 & -1 & 0 & 1 \\ 0 & 0 & 0 & 0 \\ 0 & -1 & 0 & 1 \end{pmatrix}$$

$$= i\sqrt{2} \begin{pmatrix} 0 & -2 & 0 & 2 \\ 0 & -1 & 0 & 1 \\ 0 & 0 & 0 & 0 \\ 0 & -1 & 0 & 1 \end{pmatrix}.$$

Damit erhält man

$$F * G = \frac{\sqrt{2}}{16}\left(\begin{pmatrix} 0 & -2 & 0 & 2 \\ 0 & -1 & 0 & 1 \\ 0 & 0 & 0 & 0 \\ 0 & -1 & 0 & 1 \end{pmatrix} + \begin{pmatrix} 0 & 0 & 0 & 0 \\ -2 & -1 & 0 & 1 \\ 0 & 0 & 0 & 0 \\ 2 & 1 & 0 & 1 \end{pmatrix}\right)$$

$$= \frac{\sqrt{2}}{16}\begin{pmatrix} 0 & -2 & 0 & 2 \\ -2 & -2 & 0 & 0 \\ 0 & 0 & 0 & 0 \\ 2 & 0 & 0 & 2 \end{pmatrix} = \frac{\sqrt{2}}{8}\begin{pmatrix} 0 & -1 & 0 & 1 \\ -1 & -1 & 0 & 0 \\ 0 & 0 & 0 & 0 \\ 1 & 0 & 0 & 1 \end{pmatrix},$$

was natürlich mit dem Ergebnis der Faltung via OR übereinstimmen muss, siehe Beispiel 5.5. ∎

Beispiel 5.9 Das folgende Beispiel ist instruktiv und wird auf zwei verschiedenen Wegen gerechnet. Klar, die Anwendung des 1-dimensionalen Laplace-Filters in x-Richtung auf ein Bild und die anschließende Glättung mit einem Binomialfilter 2. Ordnung in y-Richtung entspricht der Anwendung eines Filters mit der 2-dimensionalen Maske

$$f' * g = g * f' = \frac{1}{4}\begin{pmatrix} 2 \\ 1 \\ 0 \\ 1 \end{pmatrix} * (-2, 1, 0, 1) = \frac{1}{4}\begin{pmatrix} -4 & 2 & 0 & 2 \\ -2 & 1 & 0 & 1 \\ 0 & 0 & 0 & 0 \\ -2 & 1 & 0 & 1 \end{pmatrix} \quad (5.5)$$

(geglättete Richtungsableitung 2. Ordnung).

Um die Faltung mithilfe des Faltungssatzes via OFR ausführen zu können, ergänzen wir zunächst die 1-dimensionalen Masken f und g durch viele Nullen zu den 2-dimensionalen Masken

$$F = \begin{pmatrix} -2 & 1 & 0 & 1 \\ 0 & 0 & 0 & 0 \\ 0 & 0 & 0 & 0 \\ 0 & 0 & 0 & 0 \end{pmatrix}, \quad G = \frac{1}{4}\begin{pmatrix} 2 & 0 & 0 & 0 \\ 1 & 0 & 0 & 0 \\ 0 & 0 & 0 & 0 \\ 1 & 0 & 0 & 0 \end{pmatrix}.$$

Man kann sich leicht davon überzeugen, dass $F * G = f * g$ ist. Sowohl F als auch G sind gerade, d. h., wir können ihre Fourier-Transformierten mithilfe von Gl. (4.36) berechnen. Außerdem ist $S_4 F S_4 = S_4 G S_4 = 0$, und daraus folgt

$$\tilde{F} = \begin{pmatrix} 0 & -2 & -4 & -2 \\ 0 & -2 & -4 & -2 \\ 0 & -2 & -4 & -2 \\ 0 & -2 & -4 & -2 \end{pmatrix}, \quad \tilde{G} = \frac{1}{2}\begin{pmatrix} 2 & 2 & 2 & 2 \\ 1 & 1 & 1 & 1 \\ 0 & 0 & 0 & 0 \\ 1 & 1 & 1 & 1 \end{pmatrix},$$

vgl. auch mit Beispiel 4.23. Die (pixelweise) Multiplikation liefert

$$\tilde{F} \cdot \tilde{G} = \begin{pmatrix} 0 & -2 & -4 & -2 \\ 0 & -1 & -2 & -1 \\ 0 & 0 & 0 & 0 \\ 0 & -1 & -2 & -1 \end{pmatrix}.$$

Da auch das Produkt $\tilde{F} \cdot \tilde{G}$ gerade ist, gilt analog zu Gl. (4.36)

$$F * G = \overline{\text{dFT}}(\tilde{F} \cdot \tilde{G}) = \frac{1}{16}\left(C_4(\tilde{F} \cdot \tilde{G})C_4 - S_4(\tilde{F} \cdot \tilde{G})S_4\right)$$

mit

$$C_4(\tilde{F} \cdot \tilde{G})C_4$$

$$= \begin{pmatrix} 1 & 1 & 1 & 1 \\ 1 & 0 & -1 & 0 \\ 1 & -1 & 1 & -1 \\ 1 & 0 & -1 & 0 \end{pmatrix} \underbrace{\begin{pmatrix} 0 & -2 & -4 & -2 \\ 0 & -1 & -2 & -1 \\ 0 & 0 & 0 & 0 \\ 0 & -1 & -2 & -1 \end{pmatrix} \begin{pmatrix} 1 & 1 & 1 & 1 \\ 1 & 0 & -1 & 0 \\ 1 & -1 & 1 & -1 \\ 1 & 0 & -1 & 0 \end{pmatrix}}$$

$$= \begin{pmatrix} 1 & 1 & 1 & 1 \\ 1 & 0 & -1 & 0 \\ 1 & -1 & 1 & -1 \\ 1 & 0 & -1 & 0 \end{pmatrix} \begin{pmatrix} -8 & 4 & 0 & 4 \\ -4 & 2 & 0 & 2 \\ 0 & 0 & 0 & 0 \\ -4 & 2 & 0 & 2 \end{pmatrix}$$

$$= \begin{pmatrix} -16 & 8 & 0 & 8 \\ -8 & 4 & 0 & 4 \\ 0 & 0 & 0 & 0 \\ -8 & 4 & 0 & 4 \end{pmatrix}$$

und $S_4(\tilde{F} \cdot \tilde{G})S_4 = 0$. Damit erhält man

$$F * G = \frac{1}{16}\begin{pmatrix} -16 & 8 & 0 & 8 \\ -8 & 4 & 0 & 4 \\ 0 & 0 & 0 & 0 \\ -8 & 4 & 0 & 4 \end{pmatrix} = \frac{1}{4}\begin{pmatrix} -4 & 2 & 0 & 2 \\ -2 & 1 & 0 & 1 \\ 0 & 0 & 0 & 0 \\ -2 & 1 & 0 & 1 \end{pmatrix},$$

was identisch mit Gl. (5.5) ist. ∎

Die Rechnung im letzten Beispiel scheint sehr umständlich zu sein. Tatsächlich kann der Aufwand bei der Berechnung des Produkts $\tilde{F} \cdot \tilde{G}$ etwas reduziert werden. Die Grundlage dafür ist die Separabilität der dFT. Wir formulieren daher eine Modifikation des Faltungstheorems (5.4), die in vielen Fällen zu einer wesentlichen Vereinfachung der Rechnung führt.

Satz 5.3 (*Faltungstheorem.*) Seien $f \in \mathbb{C}^{n_1}$ und $g \in \mathbb{C}^{n_2}$ komplexe Signale der Längen n_1 bzw. n_2 und $\tilde{f} = W_{n_1}f$ bzw. $\tilde{g} = W_{n_2}g$ ihre 1-dimensionalen Fourier-Transformierten, dann ist $f * g'$ ein 2-dimensionales Signal, und es gilt

$$\text{dFT}(f * g') = W_{n_1}(f * g')W_{n_2} = \tilde{f} \cdot \tilde{g}',$$

wobei g' und $\tilde{g}'$ die zu g bzw. $\tilde{g}$ gehörigen Zeilenvektoren bezeichnen. ∎

Die Multiplikation im Produkt $\tilde{f} \cdot \tilde{g}'$ entspricht hier der Matrixmultiplikation. Offensichtlich ist $f * g' = f \cdot g'$, und daraus folgt wegen der Symmetrie von W_{n_2} unmittelbar

$$W_{n_1}(f * g')W_{n_2} = (W_{n_1}f) \cdot (g'W'_{n_2}) = (W_{n_1}f) \cdot (W_{n_2}g)' = \tilde{f} \cdot \tilde{g}.$$

Beispiel 5.10 Wir beziehen uns auf Beispiel 5.9. Wegen der Kommutativität der Faltung ist

$$\text{dFT}(f' * g) = \text{dFT}(g * f') = \tilde{g} \cdot \tilde{f}' \text{ mit}$$

$$\tilde{g} = C_4 g = \frac{1}{2}\begin{pmatrix} 2 \\ 1 \\ 0 \\ 1 \end{pmatrix} \quad \text{und} \quad \tilde{f}' = (C_4 f)' = f'C_4 = (0, -2, -4, -2),$$

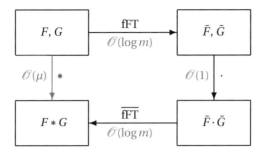

Bild 5.2 Schema zur Darstellung der Filterung via OR (grau) bzw. OFR: Die angegebenen Komplexitäten beziehen sich jeweils auf ein Pixel.

und damit erhält man

$$\tilde{g} \cdot \tilde{f}' = \frac{1}{2} \begin{pmatrix} 2 \\ 1 \\ 0 \\ 1 \end{pmatrix} \cdot (0, -2, -4, -2) = \begin{pmatrix} 0 & -2 & -4 & -2 \\ 0 & -1 & -2 & -1 \\ 0 & 0 & 0 & 0 \\ 0 & -1 & -2 & -1 \end{pmatrix},$$

was dem Produkt $\tilde{F} \cdot \tilde{G}$ entspricht, d. h. der pixelweisen Multiplikation. ∎

Wenn man mit „Zettel und Bleistift" rechnet, dann erscheint die Filterung (Faltung) via OFR wesentlich aufwändiger zu sein als die Filterung im OR. Tatsächlich hat, wie bereits oben bemerkt, die Filterung via OFR viele Vorteile, die in den folgenden Bemerkungen zusammengefasst sind:

Bemerkung 5.1 Wird statt der dFT eine fFT verwendet und ist die Filtermaske groß, dann ist eine Filterung via OFR wesentlich schneller als eine Filterung im OR. Das Schema in Bild 5.2 gibt eine Übersicht. Für ein Bild F mit $n = n_1 \cdot n_2$ Pixeln und eine Filtermaske der Größe $m = m_1 \cdot m_2$ ist die Filterung im OR (hellgrauer Pfeil) von der Komplexität $\mathcal{O}(m)$ pro Pixel. Die Filterung via OFR ist dagegen von der Komplexität $\mathcal{O}(\log m)$ pro Pixel. Ist also $m \gg \log n$, dann ist eine Filterung via OFR deutlich schneller als via OR.

Gerechterweise sollte in Betracht gezogen werden, dass bei einer Filterung via OR gegebenenfalls die Separabilität der Maske G ausgenutzt werden kann. Ist G quadratisch, dann würde sich die Filterung via OFR rentieren, falls $\sqrt{m} \gg \log n$ ist.

Besteht beispielsweise das Bild F aus $n = 1\,024^2$ Pixeln und ist die Maske G nicht separabel, dann sollte eine Filterung via OFR bereits dann erwogen werden, wenn G aus mehr als 20 Pixeln (mit von null verschiedenen Pixelwerten) besteht. Ist die Maske G quadratisch und separabel, dann sollte F via OFR gefiltert werden, falls G deutlich mehr als 400 Pixel hat. ∎

Bemerkung 5.2 Eine Filterung via OFR ist unabhängig von der Maskengröße. Das erlaubt die Konstruktion spezieller LSE-Filter, für die eine Filterung via OR nur mit extrem großem Aufwand möglich wäre. Das ist z. B. dann der Fall, wenn die Fourier-Transformierte $\tilde{G}$

designed würde, ohne darauf Rücksicht zu nehmen, wie viele Pixel von G verschieden von null sind. Allgemeiner: Das Bild F könnte im OFR manipuliert werden, ohne dass es für diese Manipulation eine entsprechende Transformation im OR gibt. ∎

Bemerkung 5.3 Beschränkt man sich auf den OR, dann ist eine inverse Filterung, also eine Invertierung der Faltungsoperation, mit erheblichen Schwierigkeiten verbunden. Offenbar entspricht aber eine inverse Filterung via OFR einer pixelweisen Division von $\tilde{F}$ durch $\tilde{G}$. Wir werden später darauf zurückkommen, siehe Abschnitt 5.5. ∎

Bemerkung 5.4 Eine Reduzierung der Bildschärfe kann häufig als eine lineare Glättungsfilterung modelliert werden. Da das einer Unterdrückung hoher Frequenzen in der Fourier-Transformierten entspricht, ist umgekehrt der Anteil hoher Frequenzen ein Maß für die relative Bildschärfe. ∎

■ 5.2 Transferfunktionen linearer Filter

Die Punktantwort eines LSE-Filters ist das Ergebnis der Anwendung des Filters auf ein Binärbild, in dem nur das Offset-Pixel, d. h. das Pixel in (0,0), den Pixelwert 1 hat und alle anderen Pixelwerte gleich null sind. Eine andere Bezeichnung für die Punktantwort ist der aus der Optik stammende Begriff „Impulsantwort" (*point spread function*, PSF). Auf den ersten Blick wird man sich über diese Begriffsbildung wundern, denn damit wäre die PSF in der Bildverarbeitung nichts anderes als die Filtermaske selbst. Allerdings ist die Sache komplizierter, denn wie die Bezeichnung „Funktion" suggeriert, ist die PSF eine kontinuierliche Funktion. Tatsächlich wird die Bezeichnung PSF sowohl im stetigen als auch im diskreten Fall verwendet, was natürlich zu Konflikten führt. Man könnte den Konflikt lösen, indem man die PSF als diejenige Funktion $f : \mathbb{R}^2 \to \mathbb{R}$ bezeichnet, deren Sampling auf einem homogenen Gitter $\mathbb{L}$ die Filtermaske F ergibt. Aber gerade das ist in den meisten Fällen nicht praktikabel. So dürfte es z. B. schwerfallen, eine kontinuierliche Funktion f zu finden, deren Sampling auf $\mathbb{L}$ die Maske des Binomialfilters 2. Ordnung liefert.

Analog verhält es sich mit dem Begriff „Transferfunktion". Wir orientieren uns an der Anwendung – in diesem Fall an der Faltung (Filterung) via OFR – und definieren die Transferfunktion wie folgt:

Definition 5.1 Sei F eine Filtermaske auf einem homogenen Gitter $\mathbb{L}$. Eine Funktion $\tilde{f} : \mathbb{R}^2 \mapsto \mathbb{C}$, deren Sampling auf dem zu $\mathbb{L}$ inversen Gitter $\tilde{\mathbb{L}}$ die diskrete Fourier-Tansformierte $\tilde{F}$ von F ergibt, heißt Transferfunktion der Maske F. ∎

Wegen der Periodizität der Filtermaske $\tilde{F}$ ist auch ihre Transferfunktion $\tilde{f}$ periodisch. Außerdem sei angemerkt, dass es bei einer Filterung via OFR nicht erforderlich ist, die Maske F selbst zu kennen, sondern lediglich ihre Transferfunktion $\tilde{f}$.

Lineare Filter werden unter anderem auf der Grundlage ihrer Transferfunktion beurteilt. So werden beispielsweise für glättende LSE-Filter die folgenden Eigenschaften angestrebt:

- *Monotonie.* Sei $\tilde{W}$ der Bildausschnitt des Fourier-transformierten Bildes (d. h. die Periodizitätszelle der Transferfunktion) und $\check{\tilde{W}}$ dessen Spiegelung von $\tilde{W}$ am Koordinatenursprung. Dann ist $\frac{1}{2}(\tilde{W} \oplus \check{\tilde{W}})$ der zentrierte Ausschnitt. Eine Transferfunktion $\tilde{f}$ heißt monoton fallend, wenn

$$\tilde{f}(c_1\omega) \geq \tilde{f}(c_2\omega)$$

  für alle $c_1 < c_2$ und alle $\omega \in \mathbb{R}^2$ mit $c_2\omega \in \frac{1}{2}(\tilde{W} \oplus \check{\tilde{W}})$.

- *Nichtnegativität.* Eine Transferfunktion $\tilde{f}$ heißt nichtnegativ, wenn

$$\tilde{f}(\omega) \geq 0, \qquad \omega \in \mathbb{R}^2.$$

- *Isotropie.* Eine Transferfunktion $\tilde{f}$ heißt isotrop, wenn sie nur von der radialen Koordinate $\varrho = \|\omega\|$ abhängig ist, d. h., es gibt eine Funktion $\tilde{f}_1 : [0,\infty) \mapsto \mathbb{R}$, so dass

$$\tilde{f}(\omega) = \tilde{f}_1(\|\omega\|), \qquad \omega \in \mathbb{R}^2.$$

Wir geben zunächst die allgemeine Form der Transferfunktion einer 1-dimensionalen Filtermaske F mit $2m+1$ Koeffizienten an.

Satz 5.4 Sei $F = (f_k)$ die Maske eines linearen 1-dimensionalen Filters mit den Koeffizienten f_k für $k = -m,\ldots,m$. Dann hat F die Transferfunktion

$$\tilde{f}(\omega) = \sum_{k=-m}^{m} f_k e^{2\pi i k a \omega}, \qquad \omega \in \mathbb{R}, \tag{5.6}$$

wobei a die Pixelgröße ist. ∎

Analoges gilt für den 2-dimensionalen Fall:

Satz 5.5 Sei $F = (f_{k_1 k_2})$ die Maske eines linearen 2-dimensionalen Filters mit den Koeffizienten $f_{k_1 k_2}$ für $k_1 = -m_1,\ldots,m_1$ und $k_2 = -m_2,\ldots,m_2$. Dann ist

$$\tilde{f}(\omega) = \sum_{k_1=-m_1}^{m_1} \sum_{k_2=-m_2}^{m_2} f_{k_1 k_2} e^{2\pi i (k_1 a_1 \omega_1 + k_2 a_2 \omega_2)}, \qquad \omega \in \mathbb{R}^2 \tag{5.7}$$

die Transferfunktion von F, wobei a_1 und a_2 die Pixelgrößen eines Bildes auf einem rechteckigen Gitter sind. ∎

Im Folgenden werden die Transferfunktionen einiger wichtiger linearer Filter angegeben.

5.2.1 Transferfunktionen von Binomialfiltern

Zunächst betrachten wir ein paar einführende Beispiele.

Beispiel 5.11 Aus Gl. (5.6) folgt unmittelbar für den 1-dimensionalen Filter $F = \frac{1}{4}(1,2,1)$

$$\begin{aligned}\tilde{f}(\omega) &= \frac{1}{4}\left(e^{-2\pi i a\omega} + 2 + e^{2\pi i a\omega}\right) \\ &= \frac{1}{4}\left(\cos(-2\pi a\omega) + i\sin(-2\pi a\omega) + 2 + \cos(2\pi a\omega) + i\sin(2\pi a\omega)\right) \\ &= \frac{1}{2}\left(1 + \cos(2\pi a\omega)\right) \\ &= \cos^2(\pi a\omega).\end{aligned}$$

■

Beispiel 5.12 Die Maske $F = \frac{1}{16}\begin{pmatrix} 1 & 2 & 1 \\ 2 & 4 & 2 \\ 1 & 2 & 1 \end{pmatrix}$ des Binomialfilters der Ordnung $m = 2$ hat die Transferfunktion

$$\tilde{f}(\omega) = \cos^2 \pi a_1 \omega_1 \cos^2 \pi a_2 \omega_2, \quad \omega \in \mathbb{R}^2.$$

Gegeben sei ein (n_1, n_2)-Bild auf einem rechteckigen Gitter $\mathbb{L}$ mit den Pixelgrößen a_1 und a_2. Bei einem Sampling der Transferfunktion auf dem zu $\mathbb{L}$ inversen Gitter $\tilde{\mathbb{L}}$ substituieren wir ω_1 durch $\frac{\ell_1}{n_1 a_1}$ und ω_2 durch $\frac{\ell_2}{n_2 a_2}$. Für $n_1 = n_2 = 4$ ist die Fourier-Transformierte

$$\tilde{F} = \frac{1}{4}\begin{pmatrix} 4 & 2 & 0 & 2 \\ 2 & 1 & 0 & 1 \\ 0 & 0 & 0 & 0 \\ 2 & 1 & 0 & 1 \end{pmatrix},$$

der Maske F des Binomialfilters der Ordnung $m = 4$ das Sampling von $\tilde{f}$ auf dem inversen Gitter $\tilde{\mathbb{L}}$, vgl. Beispiel 4.30. Die Pixelwerte von $\tilde{F}$ sind

$$\tilde{f}_{\ell_1 \ell_2} = \cos^2 \frac{\pi \ell_1}{4} \cos^2 \frac{\pi \ell_2}{4}, \quad \ell_1, \ell_2 = 0, \ldots, 3.$$

■

Beispiel 5.13 Wir wählen bewusst noch einmal die Notation, bei der das Offset im Zentrum der Filtermasken liegt. Für ein Binomialfilter der Ordnung $m = 4$ gilt

$$F = \frac{1}{256}\begin{pmatrix} 1 & 4 & 6 & 4 & 1 \\ 4 & 16 & 24 & 16 & 4 \\ 6 & 24 & 36 & 24 & 6 \\ 4 & 16 & 24 & 16 & 4 \\ 1 & 4 & 6 & 4 & 1 \end{pmatrix} = \frac{1}{16}\begin{pmatrix} 1 & 2 & 1 \\ 2 & 4 & 2 \\ 1 & 2 & 1 \end{pmatrix} * \frac{1}{16}\begin{pmatrix} 1 & 2 & 1 \\ 2 & 4 & 2 \\ 1 & 2 & 1 \end{pmatrix}.$$

Aus dem Faltungssatz für die dFT folgt für die Transferfunktion unmittelbar

$$\tilde{f}(\omega) = \cos^4(\pi a_1 \omega_1) \cos^4(\pi a_2 \omega_2), \quad \omega \in \mathbb{R}^2.$$

■

Das lässt sich leicht verallgemeinern:

Satz 5.6 Die Maske F eines Binomialfilters gerader Ordnung m hat die Transferfunktion

$$\tilde{f}(\omega) = \cos^m \pi a_1 \omega_1 \cos^m \pi a_2 \omega_2, \quad \omega \in \mathbb{R}^2. \tag{5.8}$$

Die Fourier-Transformierte $\tilde{F}$ der Maske F hat die Koeffizienten

$$\tilde{f}_{\ell_1 \ell_2} = \cos^m \frac{\pi \ell_1}{n_1} \cos^m \frac{\pi \ell_2}{n_2}, \quad \ell_1 = 0, \ldots, n_1 - 1, \ell_2 = 0, \ldots, n_2 - 1. \tag{5.9}$$

■

Es sei angemerkt, dass Transferfunktionen nach der Substitution, also in der Form (5.9), in der Regel nicht mehr von der Pixelgröße abhängig sind. Das ist nicht überraschend, denn auch die Maske F ist unabhängig von der Pixelgröße.

In Bild 5.3a bis 5.3d sind die Transferfunktionen einiger Binomialfilter graphisch dargestellt. Charakteristisch für Binomialfilter ist, dass ihre Transferfunktionen streng monoton fallend und nicht negativ sind. Außerdem ist an den Transferfunktionen erkennbar, dass die Binomialfilter nahezu isotrop sind. Ihre geringfügige Anisotropie wird erst beim Vergleich mit dem (isotropen) Gauß-Filter offensichtlich, siehe Bild 5.3f.

Für gerade Ordnungen m ist die in Gl. (5.8) angegebene Form der Transferfunktion des Binomialfilters identisch mit

$$\tilde{f}(\omega) = \frac{1}{m} \sum_{k=0}^{m} \binom{m}{k} \cos\big((m-2k)\pi a_1 \omega_1\big) \cdot \frac{1}{m} \sum_{k=0}^{m} \binom{m}{k} \cos\big((m-2k)\pi a_2 \omega_2\big).$$

Diese Formel folgt unmittelbar aus Gl. (5.7).

Wie die folgenden Beispiele zeigen, erlaubt die Kenntnis der Transferfunktion der Filtermaske F eine effektive Berechnung ihrer Fourier-Transformierten:

Beispiel 5.14 Für $m = 2$, $a_1 = a_2 = 1$ und $n_1 = n_2 = 6$ hat Gl. (5.9) die Form

$$\tilde{f}_{\ell_1 \ell_2} = \cos^2 \frac{\pi \ell_1}{6} \cos^2 \frac{\pi \ell_2}{6}, \quad \ell_1, \ell_2 = 0, \ldots, 5,$$

und daraus erhält man unmittelbar die Fourier-Transformierte $\tilde{F}$ der Filtermaske F,

$$\tilde{F} = \frac{1}{4} \begin{pmatrix} 4 \\ 3 \\ 1 \\ 0 \\ 1 \\ 3 \end{pmatrix} \cdot \frac{1}{4} (4, 3, 1, 0, 1, 3) = \frac{1}{16} \begin{pmatrix} 16 & 12 & 4 & 0 & 4 & 12 \\ 12 & 9 & 3 & 0 & 3 & 9 \\ 4 & 3 & 1 & 0 & 1 & 3 \\ 0 & 0 & 0 & 0 & 0 & 0 \\ 4 & 3 & 1 & 0 & 1 & 3 \\ 12 & 9 & 3 & 0 & 3 & 9 \end{pmatrix}.$$

■

Beispiel 5.15 Analog ergibt sich für $m = 4$, $a_1 = a_2 = 1$, $n_1 = 5$ und $n_2 = 6$ die Fourier-Transformierte

$$\tilde{f}_{\ell_1 \ell_2} = \cos^4 \frac{\pi \ell_1}{6} \cos^4 \frac{\pi \ell_2}{6}, \quad \ell_1 = 0, \ldots, 5, \ell_2 = 0, \ldots, 11,$$

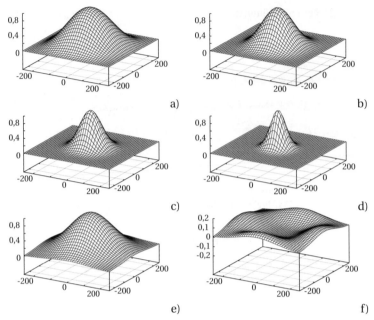

Bild 5.3 Transferfunktionen von Binomialfiltern: a) der Ordnung $m = 2$, b) der Ordnung $m = 4$, c) der Ordnung $m = 8$ und d) der Ordnung $m = 16$ (für quadratische Bilder der Größe 512^2). Die Bilder e) und f) zeigen die Transferfunktion der zu $m = 2$ gehörigen Gauß-Funktion bzw. die Differenz zwischen der Gauß-Funktion und der Transferfunktion.

d. h.

$$\tilde{F} = \frac{1}{32} \begin{pmatrix} 32 \\ 7+3\sqrt{5} \\ 7-3\sqrt{5} \\ 7-3\sqrt{5} \\ 7+3\sqrt{5} \end{pmatrix} \cdot \frac{1}{16} \begin{pmatrix} 16, & 9, & 1, & 0, & 1, & 9 \end{pmatrix}$$

$$= \frac{1}{512} \begin{pmatrix} 512 & 288 & 32 & 0 & 32 & 288 \\ 112+48\sqrt{5} & 63+27\sqrt{5} & 7+3\sqrt{5} & 0 & 7+3\sqrt{5} & 63+27\sqrt{5} \\ 112-48\sqrt{5} & 63-27\sqrt{5} & 7-3\sqrt{5} & 0 & 7-3\sqrt{5} & 63-27\sqrt{5} \\ 112-48\sqrt{5} & 63-27\sqrt{5} & 7-3\sqrt{5} & 0 & 7-3\sqrt{5} & 63-27\sqrt{5} \\ 112+48\sqrt{5} & 63+27\sqrt{5} & 7+3\sqrt{5} & 0 & 7+3\sqrt{5} & 63+27\sqrt{5} \end{pmatrix},$$

was in Dezimalschreibweise sicherlich übersichtlicher ist,

$$\tilde{F} \approx \begin{pmatrix} 1,000 & 0,563 & 0,063 & 0,000 & 0,063 & 0,563 \\ 0,428 & 0,241 & 0,027 & 0,000 & 0,027 & 0,241 \\ 0,009 & 0,005 & 0,001 & 0,000 & 0,001 & 0,009 \\ 0,009 & 0,005 & 0,001 & 0,000 & 0,001 & 0,009 \\ 0,428 & 0,241 & 0,027 & 0,000 & 0,027 & 0,241 \end{pmatrix}.$$

■

Aufgabe 5.1 Bestimmen Sie die Forier-Transformierte $\tilde{F}$ der Maske des Binmialfilters 2. Ordnung mit $n_1 = 4$ und $n_2 = 6$. ∎

Die Implementierung der Filterung via OFR basiert auf Gl. (5.9), wobei n_1 = image.nSize[0] und n_2 = image.nSize[1] die Pixelzahlen des Bildes bezeichnen.

```
/** Multiplies an image of complex pixel values with the
 * transfer function of the binomial filter of oder m
 * (for binomial filtering via the inverse space, using separability).
   @param img [INOUT] the image to be multiplied with the transfer function
   @param m [IN] the oder of the binomial filter (even)
**/
extern int BinomialFilter0(IMG *image, unsigned long m) {

  long i, j;
  double g0;
  float g;
  CPX **pix;

  pix = (CPX **)img->pix;

  // row direction
  g0 = M_PI / (double)img->n0[0];
  for(i=0; i<img->n0[0]; i++) {
    g = (float)pow(cos((double)i*g0), (double)m);
    for(j=0; j<img->n0[1]; j++) {
      pix[i][j].re *= g;
      pix[i][j].im *= g;
    }
  }

  // column direction
  g0 = M_PI / (double)img->n0[1];
  for(j=0; j<img->n0[1]; j++) {
    g = (float)pow(cos((double)j*g0), (double)m);
    for(i=0; i<img->n0[0]; i++) {
      pix[i][j].re *= g;
      pix[i][j].im *= g;
    }
  }

  return 0;
}
```

5.2.2 Transferfunktionen von Mittelwertfiltern

Der (v, v)-Mittelwertfilter mit ungeradzahliger Maskengröße v (d. h. $v = 2m + 1$, $m \in \mathbb{N}$) hat die Transferfunktion

$$\tilde{f}(\omega) = \frac{1}{v}\left(1 + 2\sum_{k=1}^{m} \cos(2\pi k a_1 \omega_1)\right) \cdot \frac{1}{v}\left(1 + 2\sum_{k=1}^{m} \cos(2\pi k a_2 \omega_2)\right) \tag{5.10}$$

für $\omega \in \mathbb{R}^2$. An der Produktform ist erkennbar, dass Mittelwertfilter ähnlich wie Binomialfilter in die Richtungen der Koordinatenachsen separabel sind. Transferfunktionen quadratischer Mittelwertfilter haben jedoch deutlich schlechtere Monotonie- und Isotropieeigenschaften als Binomialfilter, was den bereits in Beispiel 2.11 beschriebenen Effekt erklärbar macht. Außerdem gibt es Frequenzbereiche, für die $\tilde{f}(\omega) < 0$ ist. Die Nichtnegativitätsforderung ist also verletzt, was die Invertierung der Grauwerte des Bildes in entsprechenden Spektralbereichen einschließt. Diese Eigenschaften von Mittelwertfiltern sind im 1-dimensionalen Fall sehr gut an der Transferfunktion ablesbar, siehe Bild 5.4. Transferfunktionen von für die Anwendung relevanten 2-dimensionalen Mittelwertfiltern sind in Bild 5.5 dargestellt.

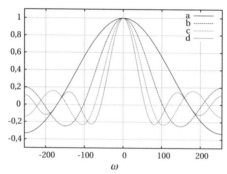

Bild 5.4 Transferfunktion $\tilde{f}(\omega)$ für 1-dimensionale Mittelwertfilter der Längen a) $v = 3$, b) $v = 5$, c) $v = 7$, d) $v = 9$ (für Bildzeilen mit 512 Pixeln)

Beispiel 5.16 Für $m = 1$, $v = 3$ und $n_1 = n_2 = 4$ erhält man aus der Transferfunktion (5.10) die Pixelwerte

$$\tilde{f}_{\ell_1 \ell_2} = \frac{1}{3}\left(1 + 2\cos\frac{\pi \ell_1}{2}\right) \cdot \frac{1}{3}\left(1 + 2\cos\frac{\pi \ell_2}{2}\right), \qquad \ell_1, \ell_2 = 0, \ldots, 3.$$

Die Fourier-Transformierte $\tilde{F}$ der Filtermaske F des 3×3-Mittelwertfilters ist damit

$$\tilde{F} = \frac{1}{9}\begin{pmatrix} 3 \\ 1 \\ -1 \\ 1 \end{pmatrix} \cdot (3, 1, -1, 1) = \frac{1}{9}\begin{pmatrix} 9 & 3 & -3 & 3 \\ 3 & 1 & -1 & 1 \\ -3 & -1 & 1 & -1 \\ 3 & 1 & -1 & 1 \end{pmatrix}.$$

∎

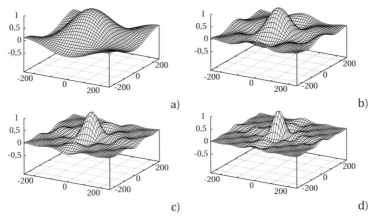

Bild 5.5 Transferfunktion für 2-dimensionale Mittelwertfilter a) 3 × 3-Mittelwertfilter, b) 5 × 5-Mittelwertfilter, c) 7 × 7-Mittelwertfilter, d) 9 × 9-Mittelwertfilter (für quadratische Bilder der Größe 512^2)

5.2.3 Transferfunktion von Gauß-Filtern

Schließlich soll noch die Transferfunktion $\tilde{g}_\Sigma$ anisotroper Gauß-Filter angegeben werden, die unter anderem für die Implementierung von anisotropen Diffusionsfiltern von Bedeutung sind.

Wir betrachten zunächst den isotropen Fall. Die Funktion $\tilde{g}_\sigma$ ist die Fourier-Transformierte der 2-dimensionalen isotropen Gauß-Funktion (2.19) mit dem Filterparameter $\sigma > 0$, wobei die Gl. (4.26) für die kontinuierliche Fourier-Transformation zugrunde gelegt wird. Es gilt

$$\tilde{g}_\sigma(\omega) = e^{-2\pi^2 \sigma^2 (\omega_1^2 + \omega_2^2)}, \tag{5.11}$$

siehe Bild 5.3e für ein Beispiel. Dabei ist ω aus dem zentrierten Fenster $\frac{1}{2}(\tilde{W} \oplus \check{W})$. Die Transferfunktion wird periodisch fortgesetzt. Sie ist isotrop, positiv und im Fenster (streng) monoton fallend.

Auf analoge Weise kann ein Bild mit einem anisotropen Gauß-Filter via OFR gefiltert werden. Für die 2-dimensionale, anisotrope Gauß-Funktion

$$g_\Sigma(x) = \frac{1}{2\pi\sqrt{\det\Sigma}} e^{-\frac{1}{2}x'\Sigma^{-1}x}, \quad x \in \mathbb{R}^2$$

muss die Matrix Σ positiv definit sein, siehe auch Beispiel 4.8. Für ihre Fourier-Transformierte

$$\tilde{g}_\Sigma(\omega) = e^{-2\pi^2 \omega' \Sigma \omega},$$

die unmittelbar aus Tabelle 4.2 mit der Substitution $\xi = -2\pi\omega$ erhalten wird, ist es jedoch ausreichend zu fordern, dass Σ positiv semidefinit ist. Die Koeffizienten der Matrix Σ fungieren als Filterparameter. Die Singulärwertzerlegung von Σ ergibt

$$\Sigma = \begin{pmatrix} \cos\varphi & -\sin\varphi \\ \sin\varphi & \cos\varphi \end{pmatrix} \begin{pmatrix} \sigma_1^2 & 0 \\ 0 & \sigma_2^2 \end{pmatrix} \begin{pmatrix} \cos\varphi & -\sin\varphi \\ \sin\varphi & \cos\varphi \end{pmatrix}'.$$

Dabei ist φ die Hauptrichtung der anisotropen Filterung, mit σ_1 wird die Stärke der Filterung in diese Richtung parametrisiert, und σ_2 ist die Stärke der Filterung in der dazu orthogonalen Richtung, $0 \leq \sigma_2 \leq \sigma_1$. Klar, für $\sigma_1 = \sigma_2$ erhalten wir die Transferfunktion des isotropen Gauß-Filters. Für $\sigma_2 = 0$ und $\sigma_1 > 0$ ist Σ nicht positiv definit, und die daraus resultierende strikt anisotrope Gauß-Filterung ist daher für beliebige Richtungen φ ausschließlich via OFR realisierbar. In Bild 5.6c und Bild 5.6d werden Beispiele für streng anisotrope Gauß-Filterungen gezeigt, die mit Filterung im OR nicht realisierbar sind, da in beiden Fällen die Kovarianzmatrix Σ singulär ist.

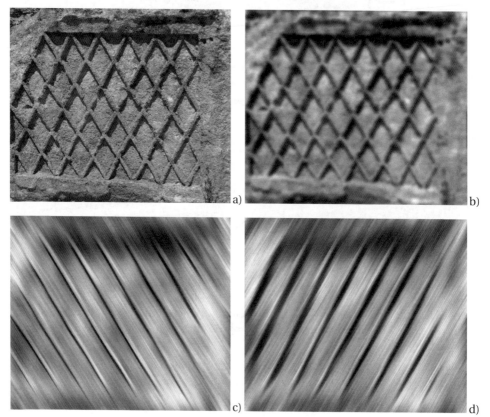

Bild 5.6 Filterung eines Bildes mit Gauß-Filtern via OFR: a) Originalbild, b) $\sigma_1 = \sigma_2 = 4$, was weitgehend der Anwendung eines Binomialfilters der Ordnung 64 entspricht, c) $\sigma_1 = 32$, $\sigma_2 = 0$, $\varphi = 1{,}0$ und d) $\sigma_1 = 32$, $\sigma_2 = 0$, $\varphi = 2{,}1$

Mit der obigen Notation schreibt sich die quadratische Form $\omega' \Sigma \omega$ als

$$\omega_1^2 \left(\sigma_1^2 \cos^2 \varphi + \sigma_2^2 \sin^2 \varphi \right) + 2\omega_1 \omega_2 \left(\sigma_1^2 - \sigma_2^2 \right) \cos\varphi \sin\varphi + \omega_2^2 \left(\sigma_1^2 \sin^2 \varphi + \sigma_2^2 \cos^2 \varphi \right),$$

worauf die folgende Implementierung basiert:

```
/** Multiplies an image of complex pixel values with an anisotropic
 * Gaussian kernel of direction phi and widths sigma1 and sigma2
 * (for Gaussian filtering via the inverse space).
 * @param img [INOUT] the image to be multiplied with the Gaussian kernel
```

@param sigma1 [IN] kernel width with respect to the direction phi
   @param sigma2 [IN] kernel width with respect to the direction perpendicular to phi
   @param phi [IN] kernel direction
**/
extern int Gaussian(IMG *img, double sigma1, double sigma2, double phi) {

  long i, i0, i1, j, j0, j1;
  double a0, a1, a2, c, dx, dy, g, p, omega0, omega1, s;
  CPX **pix;

  pix = (CPX **)img->pix;
  dx = (double)img->n[0] * img->a[0];
  dy = (double)img->n[1] * img->a[1];
  p = 2.0 * M_PI * M_PI;
  c = sin(phi);   // = cos(phi-M_PI2)
  s = cos(phi);   // = sin(phi+M_PI2);
  a0 = p * (sigma1 * sigma1 * c * c + sigma2 * sigma2 * s * s);
  a1 = 2.0 * p * (sigma1 * sigma1 - sigma2 * sigma2) * c * s;
  a2 = p * (sigma1 * sigma1 * s * s + sigma2 * sigma2 * c * c);
  i0 = img->n[0] / 2;
  j0 = img->n[1] / 2;

  for(i=0; i<img->n[0]; i++) {
    if(i < i0) i1 = i;
    else i1 = i - img->n[0];
    omega0 = (double)i1 / dx;
    for(j=0; j<img->n[1]; j++) {
      if(j < j0) j1 = j;
      else j1 = j - img->n[1];
      omega1 = (double)j1 / dy;
      g = omega0*omega0*a0 + omega0*omega1*a1 + omega1*omega1*a2;
      if(g < 6.907755) g = exp(-g);   // 6.907755 = -log(0.001)
      else g = 0.0;
      pix[i][j].re *= (float)g;
      pix[i][j].im *= (float)g;
    }
  }

  return 0;
}
```
```

Beispiel 5.17 Für $\varphi = \frac{\pi}{4}$, $\sigma_1 = 2$ und $\sigma_2 = 1$ erhält man

$$\begin{aligned}
\Sigma &= \begin{pmatrix} \frac{1}{\sqrt{2}} & -\frac{1}{\sqrt{2}} \\ \frac{1}{\sqrt{2}} & \frac{1}{\sqrt{2}} \end{pmatrix} \begin{pmatrix} 4 & 0 \\ 0 & 1 \end{pmatrix} \begin{pmatrix} \frac{1}{\sqrt{2}} & -\frac{1}{\sqrt{2}} \\ \frac{1}{\sqrt{2}} & \frac{1}{\sqrt{2}} \end{pmatrix}' \\
&= \frac{1}{2} \underbrace{\begin{pmatrix} 1 & -1 \\ 1 & 1 \end{pmatrix} \begin{pmatrix} 4 & 0 \\ 0 & 1 \end{pmatrix}} \begin{pmatrix} 1 & -1 \\ 1 & 1 \end{pmatrix}' \\
&= \frac{1}{2} \begin{pmatrix} 4 & -1 \\ 4 & 1 \end{pmatrix} \begin{pmatrix} 1 & -1 \\ 1 & 1 \end{pmatrix}' \\
&= \frac{1}{2} \begin{pmatrix} 5 & 3 \\ 3 & 5 \end{pmatrix}.
\end{aligned}$$

Damit ist $\omega' \Sigma \omega = \frac{1}{2}\left(5\omega_1^2 + 6\omega_1\omega_2 + 5\omega_2^2\right)$ und

$$\tilde{f}(\omega) = e^{-\pi^2\left(5\omega_1^2 + 6\omega_1\omega_2 + 5\omega_2^2\right)}.$$

∎

Bemerkung 5.5 Die Transferfunktionen von Gauß-Filtern spielen insofern eine Sonderrolle, dass es für Gauß-Filter keine (beschränkte) Filtermaske F gibt. Gauß-Funktionen haben keinen beschränkten Träger. Gauß-Filter können also ausschließlich via OFR angewendet werden. ∎

Bemerkung 5.6 Die Filterparameter σ_1 und σ_2 sind beliebige nichtnegative reelle Zahlen, d. h., Gauß-Filter lassen sich besser an das bildanalytische Problem adaptieren als Binomialfilter, für die die Ordnung lediglich eine natürliche Zahl ist. ∎

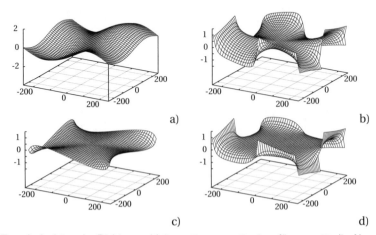

Bild 5.7 a) Transferfunktion der Richtungsableitung $D_1 \cos\varphi + D_2 \sin\varphi$ für $\varphi = \pi/6$; die Abweichungen $\varphi - \varphi_0$ der Richtungen φ des Gradienten: b) für den Gradientenfilter D, c) für den Sobel-Filter S und d) für den Scharr-Filter G

5.2.4 Transferfunktion des Gradientenfilters

Die Transferfunktion der Maske $D_1 = \frac{1}{2}(1, 0, -1)$ des zentrierten Ableitungsfilters 1. Ordnung errechnet sich mithilfe von Gl. (5.6). Wir erhalten

$$\begin{aligned}
\tilde{f}(\omega) &= \frac{1}{2}\left(e^{-2\pi i a\omega} - e^{2\pi i a\omega}\right) \\
&= \frac{1}{2}\left(\cos(-2\pi a_1\omega) + i\sin(-2\pi a\omega) - \cos(2\pi a\omega) - i\sin(2\pi a\omega)\right) \\
&= -i\sin(2\pi a\omega), \quad \omega \in \mathbb{R}.
\end{aligned}$$

Daraus folgt unmittelbar, dass die durch Gl. (2.25) gegebene Maske $D = (D_1, D_2)'$ des Gradientenfilters die vektorielle Transferfunktion

$$\tilde{d}(\omega) = -i\begin{pmatrix} \sin 2\pi a_1\omega_1 \\ \sin 2\pi a_2\omega_2 \end{pmatrix}, \quad \omega \in \mathbb{R}^2$$

besitzt. Tatsächlich stimmt diese Transferfunktion in der Umgebung des Ursprungs für den Vektor $a = (a_1, a_2)$ der Pixelgröße mit der Transferfunktion $\tilde{\nabla}(\omega) = -2\pi i a\omega$ des Nabla-Operators ∇ überein, vgl. mit Gl. (4.8).

Bild 5.7a zeigt die Transferfunktion der Richtungsableitung $D_1\cos\varphi + D_2\sin\varphi$ für $\varphi = \pi/6$.

Aufgabe 5.2 Berechnen Sie die Transferfunktionen der durch Gln. (2.23) und (2.24) gegebenen Masken $D_1^{(f)}$ bzw. $D_1^{(f)}$ der nichtzentrierten Ableitungsfilter 1. Ordnung für die Pixelgröße $a_1 = a_2 = 1$. ∎

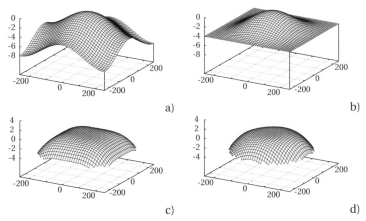

a) b)

c) d)

Bild 5.8 Transferfunktion für den Laplace-Filter: a) Originalversion, b) verbesserte Form (für quadratische Bilder der Größe 512^2). Die Bilder c) bzw. d) zeigen die Differenzen zwischen der idealen Form der Transferfunktion und a) bzw. b).

5.2.5 Transferfunktion des Laplace-Filters

Analog zu oben betrachten wir zunächst den 1-dimensionalen Fall und berechnen die Transferfunktion der Maske $L_1 = (1, -2, 1)$ des Ableitungsfilters 2. Ordnung. Es gilt

$$\begin{aligned}\tilde{f}(\omega) &= e^{-2\pi i a\omega} - 2 + e^{2\pi i a\omega} \\ &= \cos(-2\pi a_1\omega) + i\sin(-2\pi a\omega) - 2 + \cos(2\pi a\omega) + i\sin(2\pi a\omega) \\ &= -2 + 2\cos(2\pi a_1\omega) = -4\sin^2 \pi a\omega, \qquad \omega \in \mathbb{R}.\end{aligned}$$

Die Transferfunktion der durch Gl. (2.29) gegebenen Maske $L = L_1 + L_2$ des Laplace-Filters ist daher durch

$$\tilde{f}(\omega) = -4\bigl(\sin^2 \pi a_1\omega_1 + \sin^2 \pi a_2\omega_2\bigr), \qquad \omega \in \mathbb{R}^2, \tag{5.12}$$

gegeben. In einer Umgebung des Ursprungs entspricht sie der Transferfunktion $\tilde{\Delta}(\omega) = -4\pi^2(a_1^2\omega^2 + a_2^2\omega_2^2)$ des Laplace-Operators Δ, vgl. mit Gl. (4.9). Auch der Laplace-Filter ist nicht isotrop, wie man an seiner Transferfunktion leicht sehen kann, siehe Bild 5.8a.

Beispiel 5.18 Für $n_1 = n_2 = 4$ ergibt sich

$$\tilde{f}_{\ell_1\ell_2} = -4\Bigl(\sin^2 \frac{\pi\ell_1}{4} + \sin^2 \frac{\pi\ell_2}{4}\Bigr), \qquad \ell_1, \ell_2 = 0,\ldots,3,$$

und die diskrete Fourier-Transformierte der Maske L des Laplace-Filters ist

$$\tilde{L} = -4 \begin{pmatrix} 0 & \frac{1}{2} & 1 & \frac{1}{2} \\ \frac{1}{2} & 1 & \frac{3}{2} & 1 \\ 1 & \frac{3}{2} & 2 & \frac{3}{2} \\ \frac{1}{2} & 1 & \frac{3}{2} & 1 \end{pmatrix} = -2 \begin{pmatrix} 0 & 1 & 2 & 1 \\ 1 & 2 & 3 & 2 \\ 2 & 3 & 4 & 3 \\ 1 & 2 & 3 & 2 \end{pmatrix}.$$

■

Aufgabe 5.3 Beurteilen Sie, ob der Faktor $1 - p\Delta$ in Gl. (2.30) tatsächlich zu einer Schärfung von Bildkanten führen kann. ■

■ 5.3 Filterdesign

Das Ziel eines Designs von Filtern ist die Entwicklung linearer Filter mit verbesserten Eigenschaften im Hinblick auf spezifische Anwendungen. Ein prominentes Beispiel für Filterdesign ist die Entwicklung von linearen Filtern für die gefilterte Rückprojektion bei der tomographischen Rekonstruktion, siehe Abschnitt 6.2. Im Folgenden sollen zwei weitere Beispiele betrachtet werden.

5.3.1 Design von Gradientenfiltern zur Messung von Richtungen

Richtungen in Bildern können unter anderem mithilfe der Richtung φ des Gradienten gemessen werden. Bezeichnen wir mit F ein Grautonbild und mit D den in Gl. (2.25) eingeführten

Gradientenfilter, dann ist

$$\tan\varphi = \frac{F * D_2}{F * D_1}.$$

Die Richtung φ ist nach [38] invariant bezüglich Fourier-Transformation,

$$\tan\varphi = \frac{\tilde{F}\cdot\tilde{D}_2}{\tilde{F}\cdot\tilde{D}_1} = \frac{\tilde{D}_2}{\tilde{D}_1},$$

wobei der Quotient pixelweise gebildet wird, siehe auch [146]. Damit erhält man die von der Ortsfrequenz ω abhängige Richtung φ aus dem Verhältnis der Transferfunktionen $\tilde{d}_2(\omega)$ und $\tilde{d}_1(\omega)$ der diskreten Richtungsableitungen D_2 bzw. D_1. Es gilt

$$\tan\varphi(\omega) = \frac{\tilde{d}_2(\omega)}{\tilde{d}_1(\omega)} = \frac{\sin 2\pi a_2\omega_2}{\sin 2\pi a_1\omega_1}, \qquad \omega \in \mathbb{R}^2.$$

Als Referenz dient die exakte Richtung φ, die sich aus der Fourier-Transformierten $\widehat{\mathrm{grad}} = i\xi$, siehe Gl. (4.8), bzw. $\widetilde{\mathrm{grad}}(\omega) = -2\pi i\omega$ des Gradientenoperators grad ergibt,

$$\tan\varphi_0(\omega) = \frac{\omega_2}{\omega_1}, \qquad \omega \in \mathbb{R}^2.$$

Bild 5.9b zeigt den Winkelfehler $\varphi - \varphi_0$ bei der Berechnung von φ mithilfe der Filtermaske D. Für hohe Frequenzen ist der Winkelfehler beachtlich, vgl. auch Bild 5.9b mit Bild 5.9a.

Verwendet man statt D die durch Gl. (2.26) gegebene Maske S des Sobel-Filters, dann erhält man mithilfe der Transferfunktion (5.8) des Binomialfilters die Richtung φ aus

$$\tan\varphi(\omega) = \frac{\sin 2\pi a_2\omega_2(1+\cos 2\pi a_1\omega_1)}{\sin 2\pi a_1\omega_1(1+\cos 2\pi a_2\omega_2)}, \qquad \omega \in \mathbb{R}^2.$$

Das führt zwar zu einer im Vergleich zu D erheblichen Reduzierung des Winkelfehlers für hohe Ortsfrequenzen, im mittleren Frequenzbereich ist der Winkelfehler jedoch nach wie vor relativ groß, siehe Bild 5.9c.

Eine Alternative stellt die Verwendung der von [146] vorgeschlagenen Maske $R = (R_1, R_2)$ mit

$$R_1 = \frac{1}{32}\begin{pmatrix} 3 & 0 & -3 \\ 10 & 0 & -10 \\ 3 & 0 & -3 \end{pmatrix}, \qquad R_2 = \frac{1}{32}\begin{pmatrix} 3 & 10 & 3 \\ 0 & 0 & 0 \\ -3 & -10 & -3 \end{pmatrix}$$

dar, der sogenannte Scharr-Filter. Für die abgebildete Richtung ergibt sich

$$\tan\varphi(\omega) = \frac{\sin 2\pi a_2\omega_2(5+3\cos 2\pi a_1\omega_1)}{\sin 2\pi a_1\omega_1(5+3\cos 2\pi a_2\omega_2)}, \qquad \omega \in \mathbb{R}^2.$$

Der Winkelfehler für R im für die Anwendung wichtigen mittleren Ortsfrequenzbereich ist erheblich kleiner als der für D oder S, siehe Bild 5.9d. Lediglich im Bereich der Nyquist-Frequenz hat R Nachteile gegenüber S. Bild 5.9d stimmt besser mit den exakten Richtungen in Bild 5.9a überein als Bild 5.9b bzw. Bild 5.9c.

228   5 Faltung und Korrelation im Ortsfrequenzraum

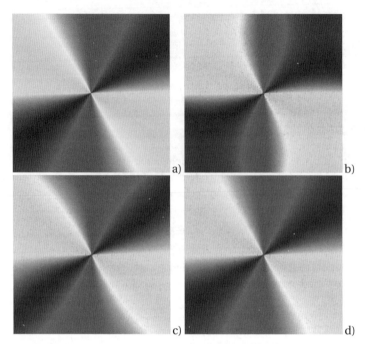

Bild 5.9 Verdeutlichung des Fehlers bei der Messung der Richtung in einem 1024 × 1024-Grautonbild $G = (g_{ij})$ mit den Grauwerten $g_{ij} = \lfloor 255\cos^2((i-512)^2 + (j-512)^2)\rfloor$: Mit zunehmendem Abstand vom Bildzentrum werden die Frequenzen größer, siehe Bild 4.11. Abgebildet ist jeweils die Richtung φ des Gradienten, wobei φ für $0 \leq \varphi < \pi$ bzw. $\varphi - \pi$ für $\pi \leq \varphi < 2\pi$ im H-Kanal des HSV-Farbmodells für volle Sättigung (S = 255) und maximale Helligkeit (V = 255) dargestellt ist: a) exakte Richtungen, b) mit D berechnete Richtungen, c) mit S berechnete Richtungen und d) mit R berechnete Richtungen.

5.3.2 Verbesserung der Isotropieeigenschaften von Laplace-Filtern

Wir hatten bereits darauf hingewiesen, dass der Laplace-Filter (2.29) stark anisotrop ist, siehe Bild 5.8. Nutzt man die sehr guten Isotropieeigenschaften des Binomialfilters der Ordnung $m = 2$, dann erhält man eine zu L alternative Version L_{mod}, siehe Bemerkung 2.18. Die Filtermaske

$$L_{\text{mod}} = 4(B_2 - 1) = 4 \cdot \frac{1}{16}\begin{pmatrix} 1 & 2 & 1 \\ 2 & 4 & 2 \\ 1 & 2 & 1 \end{pmatrix} - 4\begin{pmatrix} 0 & 0 & 0 \\ 0 & 1 & 0 \\ 0 & 0 & 0 \end{pmatrix} = \frac{1}{4}\begin{pmatrix} 1 & 2 & 1 \\ 2 & -12 & 2 \\ 1 & 2 & 1 \end{pmatrix} \quad (5.13)$$

hat die Transferfunktion

$$\tilde{g}(\omega) = -4\bigl(1 - \cos^2(\pi a_1 \omega_1)\cos^2(\pi a_2 \omega_2)\bigr), \quad \omega \in \mathbb{R}^2. \quad (5.14)$$

Folglich hat L_{mod} bessere Isotropieeigenschaften als L, d. h., mit L_{mod} können Kanten in einem Grautonbild weitgehend unabhängig von ihrer Richtung detektiert werden. In Bild 5.8 werden neben den Transferfunktionen von L und L_{mod} auch ihre Abweichungen zur Fourier-Transformierten

$$-\|\xi\|^2 = -4\pi^2\bigl((a_1\omega_1)^2 + (a_2\omega_2)^2\bigr)$$

des Laplace-Operators Δ dargestellt, siehe auch Gl. (4.9).

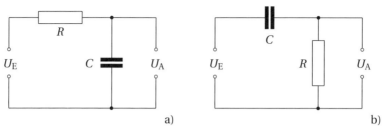

Bild 5.10 Elektronische Schaltkreise von Passfiltern 1. Ordnung mit einem Ohmschen Widerstand R und einer Kapazität C: a) Tief- und b) Hochpassfilter

■ 5.4 Tief-, Hoch- und Bandpassfilter

Die Begriffe Tief-, Hoch- und Bandpassfilter stammen aus der Ton- bzw. Niederfrequenztechnik, wobei z. B. für Hochpassfilter häufig Begriffe wie „Trittschallfilter", „Bassfilter" (*bass-cut filter*) oder „Tiefensperre" (*low-cut filter*) synonym verwendet werden. Hoch-, Tief- und Bandpassfilter werden in der Elektrotechnik durch elektrische Filterschaltungen realisiert, um z. B. Hochfrequenzsignale ein- oder auszukoppeln. Beispiele von RC-Gliedern sind in Bild 5.10 dargestellt. In beiden Fällen handelt es sich um zwei gekoppelte Kreise, wobei sich die Ladung Q des Kondensators und ihre zeitliche Änderung jeweils durch ein System von zwei einfachen Differentialgleichungen 1. Ordnung beschreiben lässt. Für eine von der Kreisfrequenz ξ abhängige Eingangsspannung $U_E(\xi)$ erhält man durch Lösung der Differentialgleichungssysteme die Ausgangsspannungen

$$U_A(\xi) = \frac{U_E(\xi)}{\sqrt{1+(\xi RC)^2}} \quad \text{und} \quad U_A(\xi) = \frac{U_E(\xi) \cdot \xi RC}{\sqrt{1+(\xi RC)^2}},$$

für Bild 5.10a bzw. 5.10b, wobei die Spannungen den Signalamplituden entsprechen. Die zugehörigen Phasenverschiebungen sind $\varphi(\xi) = -\arctan \xi RC$ bzw. $\varphi(\xi) = \arctan \frac{1}{\xi RC}$. In Bild 5.11 sind die Betragsquadrate

$$|\hat{f}(\xi)|^2 = \frac{1}{1+(\xi RC)^2} \quad \text{und} \quad |\hat{f}(\xi)|^2 = \frac{(\xi RC)^2}{1+(\xi RC)^2}$$

der Transferfunktionen $\hat{f}(\xi)$ der beiden als Filter wirkenden Schaltkreise dargestellt.

Aufgabe 5.4 Geben Sie die Transferfunktionen $\hat{f}(\xi)$ der beiden in Bild 5.10 gezeigten Schaltkreise an. ■

Diese Techniken der Manipulation von Spektren lassen sich leicht auf Bilder übertragen, wobei die Bildinhalte mit Methoden der Bildverarbeitung im OFR manipuliert werden.

5.4.1 Tiefpassfilter

Die klassischen Glättungsfilter (Mittelwert- und Binomialfilter) sind grundsätzlich auch Tiefpassfilter, für die in Abhängigkeit von der Größe der Filtermaske die Faltung im OR oder mithilfe der fFT im OFR ausgeführt wird. Ein typischer Tiefpassfilter ist jedoch der Gauß-Filter,

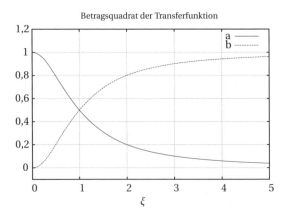

Bild 5.11 Betragsquadrate der Transferfunktionen $\hat{f}(\xi)$ der in Bild 5.10 gezeigten RC-Schaltkreise: a) Tief- und b) Hochpassfilter

der wegen des unbegrenzten Trägers seiner Maske nur via OFR ausgeführt werden kann, siehe Abschnitt 5.2.3. Für Gauß-Filter ist damit die Manipulation des Bildspektrums via OFR evident.

Eine scharfe Sperre für hohe Frequenzen wird durch die Multiplikation der Fourier-Transformierten $\hat{f}(\xi)$ eines kontinuierlichen Bildes $f(x)$ mit der Indikatorfunktion $\hat{g}(\xi) = \mathbf{1}_{B_\varrho}(\xi)$ des Kreises B_ϱ erreicht, wobei der Kreisradius ϱ die Grenzfrequenz ist, d. h., alle Anteile des Bildes f für Frequenzen ξ mit $\|\xi\| \leq \varrho$ können „passieren", während die Anteile mit hohen Frequenzen ($\|\xi\| > \varrho$) blockiert werden. Ein Blick auf Tabelle 4.2 zeigt, dass die zugehörige Filtermaske

$$g(x) = \frac{\varrho J_1(\varrho \|x\|)}{\|x\|}, \quad x \in \mathbb{R}^2$$

mit der Bessel-Funktion J_1 1. Art und 1. Ordnung einen unbegrenzten Träger hat. Das bedeutet, dass eine scharfe Frequenzsperre wiederum nur via OFR möglich ist. Die diskrete Variante $\tilde{G} = (\tilde{g}_{\ell_1 \ell_2})$ von $\hat{g}(\xi)$ ist durch die Pixelwerte

$$\tilde{g}_{\ell_1 \ell_2} = \begin{cases} 1, & \text{für } \left(\frac{2\pi \ell_1}{n_1 a_1}\right)^2 + \left(\frac{2\pi \ell_2}{n_2 a_2}\right)^2 \leq \varrho^2 \\ 0, & \text{sonst} \end{cases}$$

gegeben, wobei n_1 und n_2 die Pixelzahlen und a_1 und a_2 die Pixelgrößen des Bildes F sind. Diese Form eines Tiefpassfilters wird unter anderem zur Unterdrückung des Moiré-Effekts verwendet, siehe Abschnitt 4.3.2. Der Grund für die in Beispiel 4.20 unzureichende Unterdrückung des Moiré-Effekts ist darin zu sehen, dass die Transferfunktion des Binomialfilters für (fast) alle Frequenzen positiv ist und dadurch eine Frequenzsperre oberhalb der Abtastfrequenz nicht erreicht werden kann. Effektiver ist in diesem Fall also eine Tiefpassfilterung mit harter Frequenzsperre.

5.4.2 Hochpassfilter

Zu den Hochpassfiltern gehören vor allem lineare Kantendetektionsfilter, also z. B. der Laplace-Filter mit der Maske L, wobei wir in Abschnitt 5.3.2 schon gesehen hatten, dass sich die Transferfunktion des modifizierten Laplace-Filters auch als Differenz der Transferfunktion eines Glättungsfilters und einer konstanten Funktion schreiben lässt. Das ist für Hochpassfilter ein allgemeiner Ansatz. Ist also $g(x)$ die Maske eines Tiefpassfilters mit nichtnegativer Transferfunktion $\hat{g}(\xi)$ mit dem Maximum $\hat{g}_{max}$, d. h. $0 \leq \hat{g}(\xi) \leq \hat{g}_{max}$ für alle $\xi \in \mathbb{R}^2$, dann ist

$$\hat{h}(\xi) = \hat{g}_{max} - \hat{g}(\xi), \quad \xi \in \mathbb{R}^2$$

die Transferfunktion eines Hochpassfilters.

Beispiel 5.19 Für ein hinreichend großes σ kann das Ergebnis der Filterung $(f * g_\sigma)(x)$ eines Bildes f mit der Maske $g_\sigma(x)$ eines isotropen Gauß-Filters als additives Shading von $f(x)$ aufgefasst werden. Die Differenz $f(x) - (f * g_\sigma)(x)$ ist also eine Shadingkorrektur von $f(x)$. Da die Dirac-Funktion $\delta(x)$ das neutrale Element der Faltung ist, d. h. $(f * \delta)(x) = f(x)$, kann man schreiben

$$f(x) - (f * g_\sigma)(x) = (f * (\delta - g_\sigma))(x),$$

und damit ist $h_\sigma(x) = \delta(x) - g_\sigma(x)$ die Maske der Shadingkorrektur. Ihre Transferfunktion erhält man unmittelbar aus den Fourier-Transformierten der Dirac- und Gauß-Funktion, siehe Tabelle 4.2. Es gilt

$$\hat{h}_\sigma(\xi) = \frac{1}{2\pi} - \hat{g}_\sigma(\xi) = \frac{1}{2\pi}\left(1 - e^{-\frac{\sigma^2 \|\xi\|^2}{2}}\right), \quad \xi \in \mathbb{R}^2.$$

■

5.4.3 Bandpassfilter

Ein Bandpassfilter, mit dem sowohl niedrig- als auch hochfrequente Anteile eines Bildes unterdrückt, mittlere Frequenzen dagegen (weitgehend) erhalten werden, kann als Kombination einer Tief- und einer Hochpassfilterung verstanden werden. Die Maske eines gebräuchlichen Bandpassfilter erhält man beispielsweise als Differenz zweier isotroper Gauß-Funktionen $g_{\sigma_1}(x)$ und $g_{\sigma_2}(x)$ mit den Varianzen $\sigma_1^2 < \sigma_2^2$, genauer:

$$h(x) = \sigma_2 g_{\sigma_2}(x) - \sigma_1 g_{\sigma_1}(x), \quad x \in \mathbb{R}^2$$

(*difference of Gaussian*, DoG), siehe Bild 5.12a.

Da die Filtermasken von LoG-Filtern, siehe Abschnitt 2.2.3, denen von DoG-Filtern ähneln, sind auch LoG-Filter Bandpassfilter. Die Filtermasken der DoG- und LoG-Filter werden in Bild 5.12 miteinander verglichen. Legt man beispielsweise die Maske B_2 des Binomialfilters 2. Ordnung und die Maske L_{mod} des modifizierten Laplace-Filters zugrunde, siehe Gl. (5.13), dann ist

$$-L_{mod} * B_2 = 4(1 - B_2) * B_2 = 4(B_2 - B_2 * B_2) = 4(B_2 - B_4)$$

sowohl ein LoG- als auch ein DoG-Filter. (Der diskrete DoG-Filter müsste konsistenterweise als DoB-Filter bezeichnet werden, *difference of binomial*, aber das ist nicht gebräuchlich.)

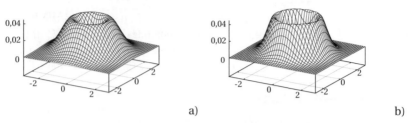

a) b)

Bild 5.12 Filtermasken von Bandpassfiltern: a) eines DoG-Filters mit $\sigma_1^2 = \frac{1}{2}$ und $\sigma_2^2 = 1$ und b) eines LoG-Filters mit $\sigma^2 = \frac{1}{2}$

Aufgabe 5.5 Bestimmen Sie die Transferfunktionen der Maske $4(B_2 - B_4)$ des diskreten DoG-Filters und der Maske $-L * B_2$ des diskreten LoG-Filters. ∎

Bemerkung 5.7 Gabor-Filter, dessen Kerne im Wesentlichen ein Produkt aus Gauß-Funktion und komplexwertigem Sinusoid sind, bilden eine weitere Klasse äußerst sensitiver linearer Bandpassfilter. Sie finden vor allem in der Signalverarbeitung breite Anwendung [43], [53]. Ihre 2-dimensionalen Varianten werden zur Muster- und Texterkennung sowie zur Bestimmung von Richtungsverteilungen in Bildern angewendet [133]. ∎

■ 5.5 Inverse Filterung

Kann eine Faltung $F * G$, d. h. die Filterung eines Bildes F mit der Maske G eines linearen Filters, umgekehrt werden? Eine Beantwortung dieser Frage wäre für folgende Anwendungen interessant:

- Fehler in physikalischen Bildern (z. B. Defokussierung oder Linsenaberration) können als Faltung eines Bildes mit einer Maske (Punktantwort, *point spread function*) beschrieben werden. Eine nachträgliche Fehlerkorrektur entspräche einer Umkehrung der Faltungsoperation.
- Unschärfe bei der Aufnahme sich bewegender Objekte kann durch eine Filterung des Bildes mit einem anisotropen Glättungsfilter modelliert werden, wobei die Bewegungsrichtung identisch mit der Glättungsrichtung ist. Im Idealfall kann die Öffnung des Shutters der Kamera als ein Rechtecksignal aufgefasst werden, was eine richtungsabhängige Bildglättung mit einem 1-dimensionalen Mittelwertfilter bewirkt. Die Korrektur der Unschärfe kann also als inverse Filterung formuliert werden.
- Analog können Vibrationen eines optischen Aufbaus während der Bildaufnahme zu Unschärfen führen. In einigen Fällen (unabhängige, identisch verteilte und isotrope Vibration mit hoher Frequenz) ist die Punktantwort eine isotrope Gauß-Funktion. Eine Korrektur der Unschärfe entspricht also der Anwendung einer inversen Gauß-Filterung.
- Wenn der Schwächungskontrast von Röntgenstrahlung an einer Probe gering ist, können alternativ durch Anwendung von Inline-Phasenkontrast die Phasenübergänge der inneren

Struktur abgebildet werden, Bild 5.13a. In Phasenkontrastbildern sind oft kleinste Details erkennbar, jedoch eignen sich diese Bilder meist nicht für eine Segmentierung. Die Abbildung der Phasenübergänge ist eng verwandt mit der Anwendung des Laplace-Filters auf ein hypothetisches Schwächungskontrastbild, wobei ebenfalls Übergänge (zwischen Bildsegmenten) hervorgehoben werden. Durch eine inverse Laplace-Filterung soll daher das hypothetische Schwächungskontrastbild rekonstruiert werden, in dem sich die Bestandteile leichter segmentieren lassen.

- Schließlich wird angemerkt, dass die Korrektur von Bildrandfehlern bei der bildanalytischen Bestimmung der Spektraldichte eine Form der inversen Filterung (Dekonvolution) ist, siehe Bemerkung 5.8.

Zur inversen Filterung gibt es umfangreiche Literatur. Naheliegend ist zunächst der folgende Ansatz: Wenn eine Filterung $h = f * g$ eines (kontinuierlichen) Grautonbildes f mit einer (symmetrischen) Filtermaske g im OR einer (pixelweisen) Multiplikation $\hat{h} = 2\pi \hat{f} \cdot \hat{g}$ im OFR entspricht, siehe Faltungstheorem (4.10), dann ist eine inverse Filterung eine (pixelweise) Division im OFR, d. h. $\hat{f} = \hat{h}/2\pi\hat{g}$. Die Rekonstruktion von f aus h ist also die inverse Fourier-Transformation von $\hat{h}/2\pi\hat{g}$. Ist $|\hat{g}(\xi)| > \varepsilon$ für alle $\xi \in \mathbb{R}^2$ und ein gegebenes $\varepsilon > 0$, dann gilt

$$f = \bar{\mathscr{F}}(\hat{h}/2\pi\hat{g}).$$

Das Problem eines solchen Ansatzes besteht darin, dass die Fourier-Transformierte $\tilde{g}$ für einen Teil der Ortsfrequenzen ξ gleich null sein kann. Diese Frequenzen von f sind in h ausgelöscht und lassen sich daher nicht rekonstruieren. Ähnliches gilt für Frequenzen ξ, für die der Betrag von $\tilde{g}(\xi)$ sehr klein ist. Betragsmäßig kleine Werte von $\tilde{g}(\xi)$ würden zu starken Fehlern in der Rekonstruktion führen. Zur Unterdrückung dieser Fehler werden in der Literatur verschiedene Regularisierungsmethoden vorgeschlagen. Im einfachsten Fall wird die Fourier-Transformierte des rekonstruierten Bildes durch

$$\hat{f}(\xi) \approx \begin{cases} \hat{h}(\xi)/2\pi\hat{g}(\xi), & \text{für alle } \xi \text{ mit } |\hat{g}(\xi)| \geq \varepsilon \\ \hat{h}(\xi)/2\pi, & \text{sonst} \end{cases}$$

approximiert, wobei $\varepsilon > 0$ ein Regularisierungsparameter ist. Eine Rekonstruktion von f wird dann durch die inverse Fourier-Transformation der rechten Seite erhalten. Eine Alternative für eine nichtnegative Fourier-Transformierte $\hat{g}$ der Maske g stellt eine Regularisierung der inversen Filterung durch

$$f \approx \bar{\mathscr{F}} \frac{\hat{h}}{2\pi\big((1-\varepsilon)\hat{g} + \varepsilon\big)}$$

mit $\varepsilon > 0$ dar.

Beispiel 5.20 Eine inverse Gauß-Filterung mit der Transferfunktion (5.11) wird häufig zur Erhöhung der Bildschärfe verwendet. ∎

Beispiel 5.21 Wir verwenden Gl. (5.14) und konstruieren daraus die Transferfunktion für eine inverse Laplace-Filterung,

$$\tilde{g}(\omega) = -4(1-\varepsilon)\big(1 - \cos^2(\pi a_1 \omega_1)\cos^2(\pi a_2 \omega_2)\big) + \varepsilon \qquad (5.15)$$

mit $\varepsilon < 0$. ∎

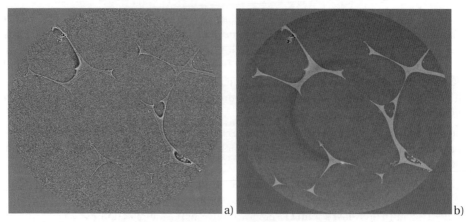

Bild 5.13 Polyurethanschaum, mikrotomographische Aufnahme mit Synchrotronstrahlung, Anwendung der inversen Filterung: a) ein Slice der tomographischen Rekonstruktion, b) das gleiche Slice nach der Rekonstruktion des hypothetischen Schwächungskontrastbildes mit Paganin-Filterung

Beispiel 5.22 Die Erzeugung eines hypothetischen Schwächungskontrastbildes $f(x)$ aus einem Interferenzkontrastbild, das mit kohärenter Synchrotronstrahlung erhalten werden kann, ist im Kern eine inverse Laplace-Filterung. Bezeichnet $I(x)$ die bei einem Detektorabstand d zur Probe gemessene Strahlintensität, dann kann $f(x)$ mithilfe von

$$f(x) = -\frac{1}{\mu} \ln \bar{\mathscr{F}}\left(\mu \frac{\mathscr{F} I(\cdot)}{I_0 d \delta \|\cdot\|^2 + \mu}\right)(x) \tag{5.16}$$

rekonstruiert werden [124], [168]. Dabei ist I_0 die Anfangsintensität und $I(x)/I_0$ das Interferenzkontrastbild. Die Konstanten δ und μ können als Regularisierungsparameter aufgefasst werden, denen in diesem Zusammenhang jedoch eine inhaltliche Bedeutung zugeschrieben werden kann. Die Konstante δ hängt vom komplexen Brechungsindex $n = 1 - \delta - i\beta$ des Probenmaterials für Röntgenstrahlung ab; δ ist der Realteil der Abweichung des Brechungsindexes von 1 [171]. Die Konstante $\mu = 4\beta/\lambda$ ist durch die Wellenlänge λ der Strahlung und den Imaginärteil β des Brechungsindexes gegeben.

Die Anwendung eines Paganin-Filters auf das in Bild 5.13a gezeigte Motiv ist in Bild 5.13b dargestellt [20]. ∎

Der wesentliche Unterschied zwischen Gl. (5.15) und dem Nenner der rechten Seite von Gl. (5.16) besteht darin, dass in Gl. (5.15) die Transferfunktion der Maske des diskreten Laplace-Filters verwendet wird, während $-\|\xi\|^2$ in Gl. (5.15) die Fourier-Transformierte des Laplace-Operators Δ ist.

Die inverse Filterung wird oft erheblich dadurch erschwert, dass das Bild f zusätzlich durch Rauschen gestört ist. Diese Situation soll durch

$$h_r(x) = h(x) + r(x) = (f * g)(x) + r(x), \quad x \in \mathbb{R}^2$$

modelliert werden, wobei r das Rauschen bezeichnet, das im Folgenden unabhängig von der „Verschmierung" g durch das optisch abbildende System und damit auch von h sein soll. Die

5.5 Inverse Filterung

letzte Annahme ist in den meisten Fällen gerechtfertigt. Wir suchen also nach einem Filter w, dessen Anwendung auf h_r ein Bild f_0 ergibt, das möglichst nahe an f ist. Diese Fragestellung führt auf das Problem der optimalen Wiener-Filterung [132], [112], [41].

Im OFR wird

$$\hat{f}_0(\xi) = \frac{\hat{h}_r(\xi)\,\hat{w}(\xi)}{\hat{g}(\xi)}$$

als Ansatz für den optimalen Wiener-Filter gewählt, wobei gefordert wird, dass die Gesamtenergie der Abweichung zwischen dem Bild f und seiner Näherung f_0 so klein wie möglich ist, d. h.,

$$\int_{\mathbb{R}^2} |f_0(x) - f(x)|^2 dx = \int_{\mathbb{R}^2} |\hat{f}_0(\xi) - \hat{f}(\xi)|^2 d\xi$$

ist zu minimieren, vgl. auch mit der Plancherel-Gleichung (4.3). Substituiert man im letzten Ausdruck $\hat{f}_0$ durch $\hat{h}_r\hat{w}/\hat{g}$ und dann $\hat{h}_r$ durch $\hat{h} + \hat{r}$, erhält man wegen der Unabhängigkeit von r und g die Zielfunktion

$$\int_{\mathbb{R}^2} |f_0(x) - f(x)|^2 dx = \int_{\mathbb{R}^2} \left| \frac{(\hat{h}(\xi) + \hat{r}(\xi))\hat{w}(\xi)}{\hat{g}(\xi)} - \frac{\hat{h}(\xi)}{\hat{g}(\xi)} \right|^2 d\xi$$

$$= \int_{\mathbb{R}^2} \frac{|\hat{h}(\xi)|^2 |1 - \hat{w}(\xi)|^2 + |\hat{r}(\xi)|^2 |\hat{w}(\xi)|^2}{|\hat{g}(\xi)|^2} d\xi,$$

die minimal wird, wenn der Integrand für jedes ξ ein Minimum annimmt. Setzt man die Ableitung des Integranden nach w gleich null, erhält man für die Fourier-Transformierte des optimalen Wiener-Filters den Ausdruck

$$\hat{w}(\xi) = \frac{|\hat{h}(\xi)|^2}{|\hat{h}(\xi)|^2 + |\hat{r}(\xi)|^2}.$$

Diese Formel birgt ein gute und eine schlechte Nachricht. Zuerst die gute: Der optimale Filter w ist nur von h und r, nicht aber vom zu rekonstruierenden Bild f abhängig. Das erspart uns die implizite Dekonvolution des unbekannten Bildes h mit g. Die schlechte Nachricht ist, dass h und r separat bestimmt werden müssen. Dazu gibt es aber in der Literatur verschiedene Ansätze, siehe z. B. [41], [125] und [130], in denen Zusatzinformationen geschickt ausgenutzt werden.

Abschließend soll noch eine Methode zur separaten Schätzung der „Verschmierung" g und des Bildrauschens r skizziert werden, auch wenn dazu größtmögliche experimentelle Sorgfalt erforderlich ist. Prinzipiell kann die „Verschmierung" g an der scharfen Kante eines Objekts ermittelt werden, die durch das optische System abgebildet wird, also z. B. im Durchlichtmodus an einer Ringblende oder *pin hole*. Zur Unterdrückung des Bildrauschens r sollte dabei über mehrere Bilder dieser Kante gemittelt werden. Dann kann r kann aus der Differenz zweier Bilder des gleichen Objekts geschätzt werden.

5.6 Auto- und Kreuzkorrelationsfunktionen zufälliger Strukturen

Anstelle deterministischer Funktionen $f(x)$ sollen in diesem Abschnitt zufällige Funktionen $\Phi(x)$ als Modelle für zufällige Strukturen betrachtet werden. Wir möchten im vorliegenden Buch darauf verzichten, zufällige Funktionen formal einzuführen, appellieren an die Anschauung und verweisen hinsichtlich einer mathematischen Definition zufälliger Funktionen auf einschlägige Literatur [77], [24]. Dabei sei angemerkt, dass zufällige Funktionen auch als zufällige Prozesse oder zufällige Felder bezeichnet werden. Die Bilder 1.3, 1.5a, 4.1a, 5.14a, 5.17a, 5.19 und 5.20 zeigen Ausschnitte aus zufälligen Strukturen. Die ersten drei Ausschnitte sind durch das Gesichtsfeld das abbildenden Systems begrenzt, der vierte durch die Einschränkung der Untersuchung auf ein spezielles Gebiet. Wir stellen uns die zufälligen Strukturen unendlich ausgedehnt vor und fassen einen Ausschnitt einer Realisierung als eine Stichprobe der zufälligen Struktur auf, aus der wir Kenngrößen der zufälligen Struktur schätzen.

In den oben genannten Beispielen kann angenommen werden, dass die zufälligen Strukturen räumlich stationär, d. h. makroskopisch homogen sind. Das bedeutet, dass alle Verschiebungen $\Phi(x+y)$ von $\Phi(x)$ für $y \in \mathbb{R}^2$ die gleiche Verteilung haben. Diese Annahme erleichtert es, aus der Information, die in einem Ausschnitt enthalten ist, auf Kenngrößen der Struktur zu schließen. So ist z. B. für die in Bild 5.19 gezeigten zufälligen Strukturen der Erwartungswert $\mu = \mathbb{E}\Phi(x)$ die Bildhelligkeit. Als Folge der makroskopischen Homogenität ist der Erwartungswert unabhängig von x. Wir können also durchaus schreiben $\mu = \mathbb{E}\Phi(0)$. Aus den gleichen Gründen ergibt sich für die Varianz

$$\sigma^2 = \mathbb{E}\big(\Phi(x)-\mu\big)^2 = \mathbb{E}\big(\Phi(0)-\mu\big)^2 = \mathbb{E}\Phi^2(0) - \mu^2. \tag{5.17}$$

Die Annahme der makroskopischen Homogenität wird aber vor allem für eine sinnvolle Definition und Interpretation der Auto- und Kreuzkorrelation gebraucht.

5.6.1 Korrelation und Spektraldichte

Die Kovarianzfunktion $\mathrm{cov}\, x$ einer makroskopisch homogenen zufälligen Struktur $\Phi(x)$ ist definiert durch den Erwartungswert des Produkts der Abweichungen $\Phi(0) - \mu$ und $\Phi(x) - \mu$ vom Mittelwert μ an den Stellen y bzw. $y + x$,

$$\begin{aligned}\mathrm{cov}\, x &= \mathbb{E}\big(\Phi(y)-\mu\big)\big(\Phi(y+x)-\mu\big) \\ &= \mathbb{E}\big(\Phi(0)-\mu\big)\big(\Phi(x)-\mu\big), \quad x \in \mathbb{R}^2.\end{aligned} \tag{5.18}$$

Offensichtlich ist die Kovarianzfunktion symmetrisch, d. h. $\mathrm{cov}\, x = \mathrm{cov}\,(-x)$ für alle $x \in \mathbb{R}^2$, und positiv definit. Außerdem folgt aus Gl. (5.17) unmittelbar $\mathrm{cov}\,(0) = \sigma^2$. Die normierte Funktion

$$\mathrm{corr}\, x = \frac{\mathrm{cov}\, x}{\sigma^2}, \quad x \in \mathbb{R} \tag{5.19}$$

heißt Korrelationsfuntion. Um den Unterschied zur Kreuzkorrelationsfunktion hervorzuheben, wird die Korrelationsfunktion manchmal auch Autokorrelationsfunktion genannt. Es gilt $\mathrm{corr}\,(0) = 1$.

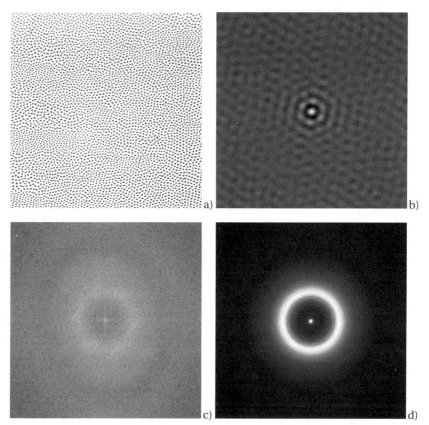

Bild 5.14 Eutektische Al-Ni-Legierung: Unterhalb der charakteristischen Temperatur 1385 °C entmischt sich die Schmelze. Es bildet sich AlNi$_3$ (dunkel) und α-Ni (hell). Die dunkle Phase bildet lang gestreckte zylindrische Teilchen (Fasern), die in Kolonien angeordnet sind. a) Senkrechter Schnitt durch eine Kolonie in einer lichtmikroskopischen Aufnahme (Auflicht). Der charakteristische Abstand der Fasern ist in der Autokorrelation des Bildes zu sehen (b). Die Spektraldichte enthält die gleiche Information (c). Bild d) zeigt das Rotationsmittel der Spektraldichte in einer logarithmischen Skala.

Im isotropen Fall ist die Verteilung der zufälligen Funktion $\Phi(x)$ nicht nur unabhängig von Verschiebungen, sondern auch unabhängig von Drehungen von $\Phi(x)$. Die oben bereits erwähnten Beispiele sind isotrop. Ein Beispiel für eine makroskopisch homogene, aber anisotrope Struktur ist in Bild 1.5b zu sehen. Als Folge der Isotropie ist die Korrelationsfunktion corr (x) nur von der radialen Koordinate $r = \|x\|$ abhängig, d. h., es gibt für isotrope Strukturen eine Funktion corr$_1(r)$ mit der Eigenschaft

$$\text{corr}_1(\|x\|) = \text{corr}(x), \quad x \in \mathbb{R}^2.$$

Wir wollen im Folgenden die radiale Funktion corr$_1(r)$ ebenfalls als Korrelationsfunktion bezeichnen.

Beispiel 5.23 Scheinbar ist die in Bild 5.14a gezeigte Struktur isotrop. Die in Bild 5.14b dargestellte Korrelationsfunktion mit dem Koordinatenursprung im Bildzentrum ist aber offensichtlich nicht nur von r, sondern auch vom Winkel φ abhängig. Das ist ein Beleg dafür, dass die Struktur tatsächlich anisotrop ist. ∎

Da auch die Korrelationsfunktion symmetrisch ist, hat sie (sofern sie integrierbar ist) eine reellwertige und symmetrische Fourier-Transformierte, die Spektraldichte oder Dichte des Bartlett-Spektrums genannt wird. Im anisotropen Fall ist die Spektraldichte also durch

$$\widehat{\mathrm{corr}}\,(\xi) = \frac{1}{2\pi} \int_{\mathbb{R}^2} \mathrm{corr}\,(x)\,\mathrm{e}^{-ix\xi}\,dx, \quad \xi \in \mathbb{R}^2$$

gegeben. Die Spektraldichte ist verwandt mit dem auf optischem Wege erhaltenen Diffraktionsbild einer Struktur. Insofern kann die Bestimmung der Spektraldichte als Diffraktion mit bildanalytischen Mitteln verstanden werden [119].

Im isotropen Fall ist die Spektraldichte – ähnlich wie die Korrelationsfunktion – nur von der radialen Koordinate $\varrho = \|\xi\|$ abhängig, und damit gibt es eine Funktion $\widehat{\mathrm{corr}}_1(\varrho)$ mit $\widehat{\mathrm{corr}}_1(\|\xi\|) = \widehat{\mathrm{corr}}\,(\xi)$. Die Funktion $\widehat{\mathrm{corr}}_1(\varrho)$ erhält man durch die Bessel-Transformation (4.18) von $\mathrm{corr}_1(r)$,

$$\widehat{\mathrm{corr}}_1(\varrho) = \int_0^\infty \mathrm{corr}_1(r)\,r\,J_0(r\varrho)\,dr, \quad r \geq 0,$$

die ebenfalls als Spektraldichte bezeichnet wird.

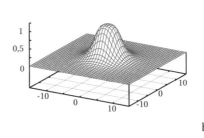

Bild 5.15 a) Aufnahme des Kiesbetts einer Bank am Unterlauf des Mackenzie Rivers, Kanada, Farbaufnahme, 3456^2 Pixel, Pixelgröße $a_1 = a_2 = 61\,\mu\mathrm{m}$; b) Autokorrelationsfunktion des V-Kanals im HSV-Modell. Die x- und y-Achse der Autokorrelationsfunktion haben die Maßeinheit mm.

Beispiel 5.24 Ein Ausschnitt aus dem Kiesbett eines Flusses mit globularen Körnern ist in Bild 5.15a dargestellt. Eine Segmentierung der Körner erscheint in diesem Bild wenig aussichtsreich zu sein. Die Messung der typischen Korngröße ist ohne vorherige Segmentierung durch eine Korrelationsanalyse möglich. Die Struktur des Kornsystems und damit auch die Autokorrelationsfunktion (Bild 5.15b) sind isotrop. Aus der Autokorrelationsfunktion kann auf die typische Korngröße geschlossen werden. Die Halbwertsbreite des zentralen Reflexes (d. h. die halbe Breite eines zur xy-Ebene parallelen Schnittes bei $z = 0{,}5$) der Autokorrelationsfunktion ist ein guter Schätzwert für den Median der flächengewichteten Durchmesserverteilung der orthogonalen Projektion der Körner auf die xy-Ebene. Diese Methode basiert auf einem ähnlichen Prinzip wie die Fluoreszenzkorrelationsspektroskopie [135]. ∎

Schätzung der Autokorrelationsfunktion via OFR

Schätzwerte für den Erwartungswert μ und die Varianz σ^2 des Samplings einer im Bildausschnitt W beobachteten zufälligen Funktion $\Phi(x)$ (d. h. eines Bildes von Φ) sind der Mittelwert und das Quadrat der Standardabweichung der Pixelwerte, die sich mithilfe von Gl. (1.13) bzw. Gl. (1.14) direkt aus dem Grauwerthistogramm des Bildes bestimmen lassen. Zur Berechnung der Korrelationsfunktion $\mathrm{corr}(x)$ kann im Prinzip die diskrete Faltungsgleichung (3.10) mit $F = G$ verwendet werden, was einerseits mit erheblicher Rechenzeit verbunden wäre und wobei andererseits beachtliche Bildrandfehler auftreten könnten. Um die Rechnung zu beschleunigen und die Bildrandfehler angemessen zu behandeln, wird das Faltungstheorem (4.10) in Verbindung mit der fFT angewendet, siehe Abschnitt 4.4.2.

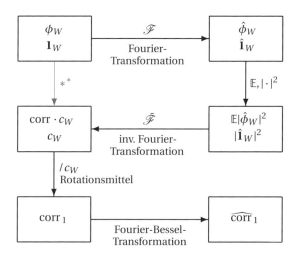

Bild 5.16 Schematische Darstellung zur Schätzung der Spektraldichte $\widehat{\mathrm{corr}}_1(\varrho)$ via OFR aus den Daten von ϕ_W: Das Symbol $*^*$ steht für die Faltung mit der gespiegelten Funktion, d. h. die Berechnung von $\mathrm{corr} \cdot c_W$ via OR.

Wir führen die normierte und gefensterte zufällige Funktion

$$\phi_W(x) = \frac{\Phi(x) - \mu}{\sigma} \mathbf{1}_W(x), \qquad x \in \mathbb{R}^2$$

und die Fensterfunktion $c_W(x) = \left(\mathbf{1}_W * \mathbf{1}_W^*\right)(x)$ ein, also die Autokorrelationsfunktion der Indikatorfunktion des Bildausschnitts W. Die Funktion $\phi_W(x)$ ist also das Bild von $(\Phi - \mu)/\sigma$ in W. Da die Fensterfunktion $c_W(x)$ beschränkt ist und einen beschränkten Träger hat, existieren die Fourier-Transformierten $\hat{\phi}_W(\xi)$ und $\hat{c}_W(\xi)$. Aus dem Wiener-Khintchine-Theorem folgt, dass $\mathscr{F}(c_W \cdot k) = 2\pi \mathbb{E}|\hat{\phi}_W|^2$. Da die Spektraldichte $\mathbb{E}|\hat{\phi}_W|^2$ integrierbar ist, existiert ihre inverse Fourier-Transformierte $\bar{\mathscr{F}} \mathbb{E}|\hat{\phi}_W|^2$, und es gilt

$$c_W \cdot \mathrm{corr} = 2\pi \bar{\mathscr{F}}\left(\mathbb{E}|\hat{\phi}_W|^2\right).$$

Liegt der Koordinatenursprung im Inneren des Bildausschnitts W, dann ist die rechte Seite von

$$\text{corr}(x) \approx \frac{2\pi \bar{\mathscr{F}}(|\hat{\phi}_W|^2)(x)}{c_W(x)}$$

ein erwartungstreuer Schätzer für die Korrelationsfunktion corr (x) für alle x aus dem Inneren von W, siehe [87] und [119].

Im isotropen Fall, wenn corr (x) nur von der radialen Koordinate $r = \|x\|$ abhängig ist, kann nach der Division durch die Fensterfunktion das Rotationsmittel $\text{corr}_1(r)$ gebildet werden. Um daraus anschließend die Spektraldichte $\widehat{\text{corr}}_1(\varrho)$ zu bestimmen, wird auf $\text{corr}_1(r)$ noch die (1-dimensionale) Bessel-Transformation angewandt. Die Schätzung der Spektraldichte basiert also auf einem mehrfachen Wechsel zwischen OR und OFR. Das Schema in Bild 5.16 gibt eine Übersicht über die Schätzung der Korrelationsfunktion sowie der zugehörigen Spektraldichte.

Die Induzierung der Periodizität bei der Anwendung einer diskreten Fourier-Transformation verursacht einen zusätzlichen Randeffekt, denn die Struktur Φ ist eben nicht periodisch, sondern makroskopisch homogen. Die Folge dieses Randeffekts ist eine fehlerhafte Schätzung der Spektraldichte. Dieser Fehler kann vermieden werden durch ein Padding des Bildes ϕ_W mit Nullen. Der Bildausschitt W wird dabei verdoppelt, und wir setzen $\phi_{2W}(x) = \phi_W(x)$ für alle $x \in W$ und $\phi_{2W}(x) = 0$ für alle $x \in 2W \setminus W$, d.h. für alle Pixel x, die in $2W$, nicht aber in W liegen. Wird also im Schema von Bild 5.16 die Fourier-Transformation durch eine dFT und das Fenster W durch das doppelte Fenster ersetzt, erhält man wieder einen erwartungstreuen Schätzer für die Korrelationsfunktion $\text{corr}_1(r)$ bzw. die zugehörige Spektraldichte $\widehat{\text{corr}}_1(\varrho)$. Die Verdopplung des Fensters bedeutet eine Vervierfachung der Pixelzahl. Bei Anwendung einer fFT ist die Komplexität der Schätzung dennoch von der Ordnung $\mathcal{O}(n \log n)$, wobei n die Anzahl der Pixel des Bildes ist.

Bild 5.17 Vergleich der Papierformation mit einem Gauß-Prozess: a) Bild mit der Formation eines Filterpapiers, b) Realisierung eines makroskopisch homogenen und isotropen Gaußschen Prozesses mit der Korrelationsfunktion corr$(x) = e^{-\lambda\|x\|}$ and $\lambda = 0{,}6 \text{ mm}^{-1}$. Die Kantenlänge beider Bilder beträgt jeweils 102,4 mm. Die Bilder bestehen aus 1024^2 Pixeln.

Bemerkung 5.8 Die Division durch die Fensterfunktion $c_W(x)$ zur bildrandfehlerfreien Bestimmung der Spektraldichte entspricht weitgehend einer inversen Filterung (Dekonvolution). Der wesentliche Unterschied zu den in Abschnitt 5.5 präsentierten Methoden besteht darin, dass die Rollen des OR und des OFR vertauscht sind. ∎

5.6.2 Wolkigkeit von Papier

Die Wolkigkeit von Papier ist eine wichtige Kenngröße für Papierhersteller und -verbraucher. Das trifft insbesondere auf Filterpapiere zu, für die eine spezifische Filterwirkung erwartet wird. Der Fachbegriff für die Wolkigkeit in der Papierindustrie ist „Formation". In der Industrienorm [71] wird allerdings nur wenig präzise formuliert, was unter der Formation zu verstehen ist. Demnach ist die Formation „die Art der Verteilung der Fasern im Papier" und „die Erscheinung der Struktur eines Blatt Papiers bei der Betrachtung im Durchlicht". Man sollte selbst mal ein leeres Blatt Papier gegen das Licht halten, um einen subjektiven Eindruck von der Formation zu erhalten, siehe Bild 5.17a. Dabei kann man den interessanten Effekt beobachten, dass sich an der Formation nichts ändert, wenn man zwei Blätter der gleichen Charge übereinander legt und im Durchlicht betrachtet.

Die letzte Beobachtung legt nahe, dass die Formation von Papieren durch spezielle zufällige Funktionen modelliert werden können – durch sogenannte Gaußsche Prozesse (*Gaussian random fields*, GRFs), siehe [2], [1] und [3] für eine mathematische Einführung. Tatsächlich bestehen nur geringe Unterschiede zwischen der in Bild 5.17a gezeigten Formation und der in Bild 5.17b dargestellten Realisierung eines GRFs. Das hat weitreichende Folgen. Weitere Realisierungen von GRFs sind in Bild 5.18 gezeigt. Da makroskopisch homogene und isotrope GRFs in eindeutiger Weise durch den Erwartungswert μ, die Varianz σ^2 und die Korrelationsfunktion $\mathrm{corr}_1(r)$ charakterisiert sind, kann die Papierformation durch diese vollständig beschrieben werden [94].

Mehr noch: Aus empirischen Untersuchungen einer Vielzahl von Papieren und Vliesen geht hervor, dass die Korrelationsfunktion die Form

$$\mathrm{corr}_1(r) = \frac{(\lambda r)^\nu}{2^{\nu-1}\Gamma(\nu)} K_\nu(\lambda r), \qquad r \geq 0 \tag{5.20}$$

hat, wobei λ und ν die Kennzahlen der Formation sind, $\nu \geq 0$, $\lambda > 0$, [94]. Dabei ist Γ die Eulersche Gammafunktion und K_ν ist die modifizierte Bessel-Funktion 2. Art der Ordnung ν. Aus Tabelle 4.3 erhält man für die zugehörige Spektraldichte

$$\widehat{\mathrm{corr}}_1(\varrho) = \frac{2\nu \lambda^{2\nu}}{(\lambda^2 + \varrho^2)^{\nu+1}}, \qquad \varrho \geq 0, \tag{5.21}$$

siehe auch [173, S. 368].

Bemerkung 5.9 Falls fotodensitometrisch gemessen werden kann, und der Pixelwert an der Stelle x gleich dem Verhältnis $I(x)/I_0$ der Intensität $I(x)$ des am Papier geschwächten Lichts und der Anfangsintensität I_0 ist, dann ist der Erwartungswert μ proportional zu $\mathrm{e}^{-\alpha w}$, wobei α der Schwächungskoeffizient und w das Papiergewicht (*grammage*) bezeichnet. Die Varianz σ^2 ist unter den oben genannten Bedingungen gleich dem Quadrat des Erwartungswerts, $\sigma^2 = \mu^2$. ∎

In vielen Fällen ist $\nu = \frac{1}{2}$, siehe z. B. Bild 5.19. Dann wird die Formation exklusiv durch die (skalierte) Kennzahl λ beschrieben und die Gln. (5.20) und (5.21) vereinfachen sich zu

$$\mathrm{corr}_1(r) = \mathrm{e}^{-\lambda r}, \quad r \geq 0 \qquad \text{bzw.} \qquad \widehat{\mathrm{corr}}_1(\varrho) = \sqrt{\frac{2}{\pi}} \frac{\lambda}{(\lambda^2 + \varrho^2)^{3/2}}, \quad \varrho \geq 0.$$

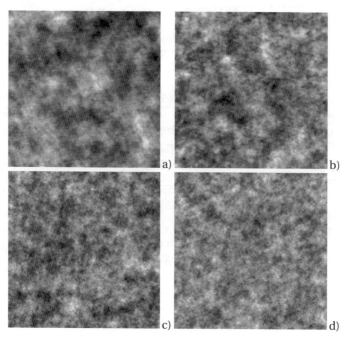

Bild 5.18 Realisierungen makroskopisch homogener und isotroper GRFs mit der exponentiellen Korrelationsfunktion $\text{corr}(x) = e^{-\lambda\|x\|}$: a) $\lambda = 0{,}1\,\text{mm}^{-1}$, b) $\lambda = 0{,}4\,\text{mm}^{-1}$, c) $\lambda = 0{,}3\,\text{mm}^{-1}$ und d) $\lambda = 0{,}4\,\text{mm}^{-1}$. Die Kantenlänge der Bilder ist jeweils 102,4 mm. Zur Simulation der GRFs wurde die sogenannte Spektralmethode verwendet [156], [93].

Mit größer werdendem λ nimmt die Wolkigkeit ab, d. h., das Papier wird feiner, siehe Bilder 5.18 und 5.19.

Schließlich stellt sich die Frage, von welchen technologischen Parametern die Papierformation abhängig ist. Dazu betrachten wir das Modell eines Papiers aus Fasern konstanter Länge $L = 1/\alpha$ mit der inversen Faserlänge $\alpha > 0$, wobei die Faserdicke klein im Vergleich zur Faserlänge ist. Werden alle Fasern bei der Papierherstellung unabhängig voneinander gelegt, d. h. bilden die Faserzentren einen Poissonschen Punktprozess, und ist die Faserrichtung gleichverteilt auf $[0, \pi)$, dann ist

$$h_1(r) = \frac{\alpha}{\pi \mathbb{N}_A r} e^{-\alpha r}, \quad r > 0,$$

siehe [33, S. 319], wobei N_A die mittlere Anzahl der Fasern pro Flächeneinheit ist. Das ist natürlich keine Korrelationsfunktion eines GRFs, denn $h_1(r)$ divergiert für $r \to 0$. Außerdem ist $h_1(r)$ nicht integrierbar. Dennoch existiert eine Spektraldichte $\hat{h}_1(\varrho)$ von $h_1(r)$, siehe [118, Abschnitt 6.4], die durch Bessel-Transformation erhalten werden kann. Aus der entsprechenden Zeile von Tabelle 4.3 erhält man unmittelbar.

$$\hat{h}_1(\varrho) = \frac{1}{\pi N_A} \frac{\alpha}{\sqrt{\alpha^2 + \varrho^2}}, \quad \varrho > 0.$$

Bemerkenswert ist dabei, dass $\widehat{\text{corr}}_1(\varrho)$ in Gl. (5.21) für $\nu = -\frac{1}{2}$ bis auf einen konstanten Faktor identisch mit $\hat{h}(\varrho)$ ist. Dabei spielt der Parameter λ die gleiche Rolle wie die inverse Faserlänge

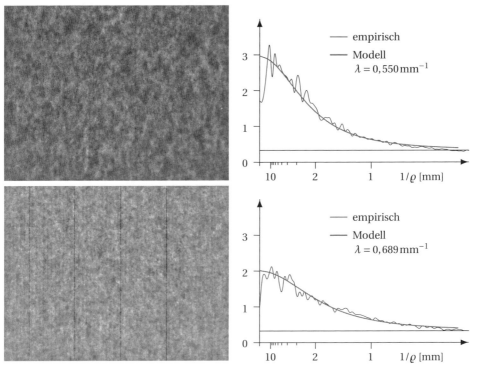

Bild 5.19 Bilder der Formation von Filterpapieren der Firma MANN+HUMMEL GMBH (Ludwigsburg) und deren Spektraldichten $\overline{\mathrm{corr}}_1(\varrho)$: Die Bildgröße beträgt $1\,580 \times 1\,200$ Pixel bei einer Pixelgröße von $a = 0{,}177$ mm, d. h., die effektive Bildgröße ist $279{,}66 \times 212{,}40$ mm². Das Offset in den Spektraldichten markiert das Bildrauschen.

α. Das bedeutet, die Formation von Papier ist eine inhärente Eigenschaft von Papier, die aus der Verwendung von Fasern mit einer gegebenen Längenverteilung resultiert und sich folglich nicht durch technnologische Mittel vermeiden lässt. Der Parameter $\nu = -\frac{1}{2}$ stellt für Papier eine Grenze dar, die nicht unterschritten werden kann.

5.6.3 Kreuzkorrelationsfunktion und ihre Schätzung

Wir erinnern zunächst an die Berechnung der Kreuzkorrelation von Bildern mithilfe von Gl. (3.10) bzw. von Funktionen mit Gl. (3.11). Die letzte Formel soll nun auf zwei makroskopisch homogene zufällige Funktionen $\Phi(x)$ und $\Psi(x)$ übertragen werden, wobei die Schätzung der Kreuzkorrelationsfunktion via OFR so wie in Abschnitt 5.6.1 beschleunigt werden kann. Analog zu Gln. (5.18) und (5.19) ist ihre Kreuzkorrelationsfunktion corr(x) definiert durch

$$\mathrm{corr}\,(x) = \frac{\mathbb{E}\big(\Phi(0) - \mu_\Phi\big)\big(\Psi(0) - \mu_\Psi\big)}{\sigma_\Phi \sigma_\Psi}, \qquad x \in \mathbb{R}^2.$$

Zu den theoretischen Voraussetzungen der Existenz einer nur von x abhängigen Kreuzkorrelationsfunktion verweisen wir auf [96]. Schließlich soll für den isotropen Fall, in dem corr(x) nur von $r = \|x\|$ abhängig ist, die rotationsinvariante Version $\mathrm{corr}_1(r)$ dieser Funktion eingeführt werden.

Wie in Abschnitt 5.6.1 führen wir zur Abkürzung die normierten und gefensterten Funktionen

$$\phi_W(x) = \frac{\Phi(x) - \mu_\Phi}{\sigma_\Phi} \cdot \mathbf{1}_W(x), \qquad \psi_W(x) = \frac{\Psi(x) - \mu_\Psi}{\sigma_\Psi} \cdot \mathbf{1}_W(x)$$

ein. Dabei sind μ_Φ und μ_Ψ die Erwartungswerte von $\Phi(x)$ bzw. $\Psi(x)$, und mit σ_Φ^2 und σ_Ψ^2 werden die zugehörigen Varianzen bezeichnet. Seien nun $\hat\phi_W$ und $\hat\psi_W$ die Fourier-Transformierten von ϕ_W bzw. ψ_W und $\hat\psi_W^*$ die zu $\hat\psi_W$ komplex konjugierte Funktion, dann ist der Quotient

$$\frac{2\pi \bar{\mathscr{F}}\bigl(\hat\phi_W \cdot \hat\psi_W^*\bigr)(x)}{c_W(x)}$$

für alle x aus dem Inneren des Fensters W ein erwartungstreuer Schätzer der Kreuzkorrelationsfunktion $\mathrm{corr}(x)$ der zufälligen Funktionen $\Phi(x)$ und $\Psi(x)$. Die Schätzung von $\mathrm{corr}(x)$ erfolgt ähnlich wie im Schema von Bild 5.16, wobei bei Anwendung der fFT zur Korrektur des Fehlers aus der dabei induzierten Periodizität anlog zu Abschnitt 5.6.1 ein passendes Padding mit Nullen gemacht werden muss. Der wesentliche Unterschied zur Schätzung der Autokorrelationsfunktion ist, dass im OFR statt des Betragsquadrats $|\hat\phi_W|^2$ nun das Produkt aus $\hat\phi_W$ und der zu $\hat\psi_W$ konjugiert komplexen Funktion $\hat\psi_W^*$ gebildet wird, siehe Gl. (4.11).

5.6.4 Über die Ausbreitung des Borkenkäfers

Am Beispiel der Untersuchung der Ausbreitung des Borkenkäfers im Nationalpark Bayerischer Wald sollen noch einige Aspekte der Anwendung der Kreuzkorrelation behandelt werden. Grundlage für diese Untersuchung sind multispektrale Luftbildaufnahmen, anhand derer die Gebiete mit Fichtenbestand und mit dem Befall duch Borkenkäfer detektiert werden können. Die Bilder 5.20 und 5.21 zeigen Daten von Luftbildaufnahmen zweier aufeinander folgender Jahre (2007 und 2008). Dazu gehören das im Jahr 2007 vom Borkenkäfer befallene Gebiet S (*source of infestation*), das 2008 befallene Gebiet T (*target of infestation*) sowie das Gebiet W des zu Beginn des Jahres 2007 noch unbefallenen Fichtenbestandes. Die Fichten des im Vorjahr (2007) bereits befallenen Gebiets S gelten als abgestorben und sind daher unmittelbar danach (2008) nicht wieder befallbar, d.h., die Gebiete S und T sind durchschnittsfremd, $S \cap T = \emptyset$. Das zu Beginn des Jahres 2008 noch unbefallene Gebiet $W \setminus S$ ist im Verlauf von 2008 befallbar. Das Ziel der Untersuchung bestand darin herauszufinden, welchen Zusammenhang es zwischen dem Befall des Vorjahrs und im darauf folgenden Jahr gibt. Dazu lagen Daten aus Luftaufnahmen von 2000 bis 2009 vor [78].

Die Gebiete S und T bilden zufällige Mengen, und folglich sind ihre Indikatorfunktionen $\Phi(x) = \mathbf{1}_S(x)$ und $\Psi(x) = \mathbf{1}_T(x)$ zufällige Funktionen, von denen wir annehmen, dass sie makroskopisch homogen und isotrop sind. Die Erwartungswerte μ_Φ und μ_Ψ von $\Phi(x)$ bzw. $\Psi(x)$ entsprechen den Flächenanteilen der im Fenster W in den Jahren 2007 bzw. 2008 befallenen Gebiete. Für die Varianzen σ_Φ^2 und σ_Ψ^2 gilt

$$\sigma_\Phi^2 = \mu_\Phi(1 - \mu_\Phi), \qquad \sigma_\Psi^2 = \mu_\Psi(1 - \mu_\Psi),$$

wobei μ_Φ und μ_Ψ als Anteile von 1 verstanden werden.

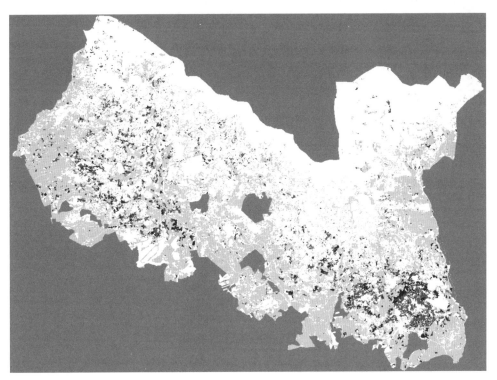

Bild 5.20 Ausbreitung des Borkenkäfers im Bayerischen Nationalpark, bearbeitete Luftaufnahme mit 6620×4803 Pixeln und einer Pixelgröße von $a = 2,87$ m (physikalische Bildgröße $19,0 \times 13,785$ km^2): ■ Der Befall von 2007, ■ der Befall von 2008, ■∪■ die 2008 befallbare Fläche (d. h. der Fichtenbestand 2008) sowie ■ die Begrenzung des Nationalparks sind in dem Bild durch Graustufen/Farben markiert.

Man könnte jetzt auf die Idee kommen, einfach die Kreuzkorrelationsfunktion von $\Phi(x)$ und $\Psi(x)$ wie in Abschitt 5.6.3 zu berechnen, jedoch wird dabei die Bedingung $S \cap T = \emptyset$ nicht berücksichtigt. Daher wird noch die zufällige Funktion $\Theta = \mathbf{1}_{W \setminus S}(x)$ eingeführt. Man kann sich leicht überlegen, dass $\mu_\Theta = 1 - \mu_\Phi$ ihr Erwartungswert ist, und für die Varianz gilt folglich $\sigma_\Theta^2 = \sigma_\Phi^2$.

Bezeichnen corr$_{\Phi,\Psi}(x)$ und corr$_{\Phi,\Theta}(x)$ die beiden Kreuzkorrelationsfunktionen von $\Phi(x)$ und $\Psi(x)$ bzw. von $\Phi(x)$ und $\Theta(x)$ und setzt man voraus, dass der Befall im Folgejahr (2008) innerhalb des befallbaren Gebiets $W \setminus S$ unabhängig vom Befall im Vorjahr (2007) ist, dann sind beide Kreuzkorrelationsfunktionen gleich,

$$\text{corr}_{\Phi,\Psi}(x) = \text{corr}_{\Phi,\Theta}(x), \quad x \in \mathbb{R}^2,$$

[78]. Das ist jedoch nicht der Fall; die Borkenkäfer befallen bevorzugt Gebiete in $W \setminus S$, die in der Nähe von S liegen. Die Differenz

$$s(x) = \text{corr}_{\Phi,\Psi}(x) - \text{corr}_{\Phi,\Theta}(x), \quad x \in \mathbb{R}^2$$

wird also von null abweichen. Wir verzichten auf Aussagen zur Richtungsabhängigkeit des Befalls, bilden das Rotationsmittel von $s(x)$ und setzen $s_1(\|x\|) = s(x)$. Die radiale Funktion $s_1(r)$

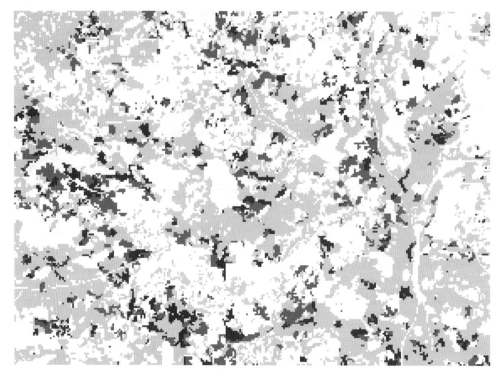

Bild 5.21 Ausbreitung des Borkenkäfers im Bayerischen Nationalpark, vergrößerter Ausschnitt des Bildes von Bild 5.20: ■ Der Befall von 2007, ■ der Befall von 2008 sowie ■∪■ die 2008 befallbare Fläche sind in dem Bild durch Graustufen/Farben markiert.

gibt an, in welcher Weise der künftige Befall gesunder Fichten von ihrem Abstand von bereits befallenen Beständen abhängig ist. Aus Bild 5.22 geht hervor, dass sich der überwiegende Anteil der Borkenkäfer jährlich weniger als 50 m ausbreitet. Weitere Analysen der Bilddaten, z. B. zum richtungsabhängigen Befall und zum Einfluss der Dauer und Richtung der Sonneneinstrahlung sind in [79] enthalten.

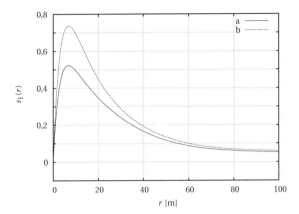

Bild 5.22 a) Funktion $s_1(r)$ für das Befallsjahr 2008, b) Mittelwert der Funktionen $s_1(r)$ für die Jahre von 2001 bis 2009

6 Radon-Transformation und tomographische Rekonstruktion

Im folgenden Kapitel wird auf die Möglichkeit der Beschleunigung der algorithmischen Bestimmung einer Radon-Transformierten mithilfe der schnellen Fourier-Transformation eingegangen. Die Herleitung dieser Methode führt auf das Projektions-Schnitt-Theorem der Fourier-Transformation, das wiederum der Schlüssel der tomographischen Rekonstruktion ist. Im Rahmen des Buchs kann allerdings nur auf den einfachsten Fall der tomographischen Rekonstruktion für die Parallelprojektion eingegangen werden.

■ 6.1 Radon-Transformation via Ortsfrequenzraum

Sofern die Radon-Transformation auf elementare Weise mit der in Abschnitt 3.4 beschriebenen Methode algorithmisch durchgeführt wird, ist sie extrem zeitaufwändig. Mit physikalischen Mitteln – und nur diese sind bei CT-Verfahren relevant – ist sie sehr schnell. Wir wollen uns dennoch mit der algorithmischen Radon-Transformation befassen, um daraus etwas für die inverse Radon-Transformation und damit für die tomographische Rekonstruktion zu lernen. Es zeigt sich nämlich, dass die Radon-Transformation durch die Fourier-Transformation dargestellt werden kann. Als Konsequenz kann ein Algorithmus für die Radon-Transformation durch die Anwendung der schnellen diskreten Fourier-Transformation (fFT) signifikant beschleunigt werden.

Es bezeichne $f : \mathbb{R}^2 \mapsto \mathbb{R}$ ein kontinuierliches Grautonbild. Mit der zur Projektionsrichtung ϑ orthogonalen Richtung $\varphi = \vartheta - \frac{\pi}{2}$, siehe Bild 3.15, wird die Radon-Transformation (3.3) von f zunächst in der Form

$$\mathcal{R}f(s,\vartheta) = \int_{-\infty}^{\infty} f(s\cos\varphi - t\sin\varphi, s\sin\varphi + t\cos\varphi)\, dt, \qquad s \in \mathbb{R},\ \vartheta \in [0,\pi)$$

geschrieben. Die Anwendung der 1-dimensionalen Fourier-Transformation $\mathscr{F}_s$ bezüglich der Variablen s liefert

$$\begin{aligned}\mathscr{F}_s\mathscr{R}f(\sigma,\vartheta) &= \int_{-\infty}^{\infty} \mathscr{R}f(s,\vartheta)\,e^{2\pi i s\sigma}\,ds \\ &= \int_{-\infty}^{\infty}\int_{-\infty}^{\infty} f(s\cos\varphi - t\sin\varphi, s\sin\varphi + t\cos\varphi)\,dt\,e^{2\pi i s\sigma}\,ds.\end{aligned}$$

Mit der Rücksubstitution

$$\begin{pmatrix} s \\ t \end{pmatrix} = \begin{pmatrix} \cos\varphi & \sin\varphi \\ -\sin\varphi & \cos\varphi \end{pmatrix}\begin{pmatrix} x_1 \\ x_2 \end{pmatrix}$$

und der Determinante $\det J = 1$ der zugehörigen Jacobi-Matrix erhält man daraus unmittelbar

$$\begin{aligned}\mathscr{F}_s\mathscr{R}f(\sigma,\vartheta) &= \int_{-\infty}^{\infty} \mathscr{R}f(s,\vartheta)\,e^{2\pi i s\sigma}\,ds \\ &= \int_{-\infty}^{\infty}\int_{-\infty}^{\infty} f(x_1,x_2)\,e^{2\pi i(x_1\cos\varphi + x_2\sin\varphi)\sigma}\,dx_2\,dx_1 \\ &= \int_{-\infty}^{\infty}\int_{-\infty}^{\infty} f(x_1,x_2)\,e^{2\pi i \begin{pmatrix} \sigma\cos\varphi \\ \sigma\sin\varphi \end{pmatrix}\begin{pmatrix} x_1 \\ x_2 \end{pmatrix}}\,dx_2\,dx_1 \\ &= \tilde{f}(\sigma\cos\varphi, \sigma\sin\varphi), \end{aligned} \qquad (6.1)$$

wobei $\tilde{f}$ die 2-dimensionale Fourier-Transformierte von f bezeichnet. Für eine feste Richtung φ ist $\tilde{f}(\sigma\cos\varphi, \sigma\sin\varphi)$ der Schnitt von f mit der Geraden $g^\perp$, die orthogonal zu g ist und durch den Koordinatenursprung verläuft. Die Anwendung der inversen 1-dimensionalen Fourier-Transformation $\bar{\mathscr{F}}_\sigma$ bezüglich der Variablen σ auf die letzte Gleichung liefert

$$\mathscr{R}f(s,\vartheta) = \frac{1}{2\pi}\int_{-\infty}^{\infty} \tilde{f}(\sigma\cos\varphi, \sigma\sin\varphi)\,e^{-2\pi i s\sigma}\,d\sigma.$$

Für eine feste Projektionsrichtung entspricht die 1-dimensionale Fourier-Transformation der Parallelprojektion von f einem 1-dimensionalen Schnitt durch die 2-dimensionale Fourier-Transformierte $\tilde{f}$, wobei die Richtung der Projektion und die Richtung der Schnittgeraden orthogonal zueinander sind. Hierbei wird mit φ die Projektionsrichtung assoziiert, und ϑ ist die Schnittrichtung.

Wir fassen die wichtige Aussage in einem Satz zusammen:

Satz 6.1 *(Projektions-Schnitt-Theorem der Fourier-Transformation).* Sei $\tilde{f}$ die 2-dimensionale Fourier-Transformierte einer integrierbaren Funktion $f: \mathbb{R}^2 \mapsto \mathbb{R}$ und $\mathscr{R}$ die 2-dimensionale Radon-Transformation. Dann gilt

$$\mathscr{R}f(s,\vartheta) = \frac{1}{2\pi}\int_{-\infty}^{\infty} \tilde{f}(-\sigma\sin\vartheta, \sigma\cos\vartheta)\,e^{-2\pi i s\sigma}\,d\sigma, \qquad s\in\mathbb{R},\ \vartheta\in[0,\pi). \qquad (6.2)$$

∎

Die Vorgehensweise bei der Radon-Transformation ist in dem Schema in Bild 6.1 dargestellt. Die Radon-Transformation via OFR ist die Grundlage für eine Implementierung eines Algorithmus, der letztendlich wesentlich effizienter als die direkte Radon-Transformation (d. h. die Radon-Transformation im OR) ist (grauer Pfeil in Bild 6.1).

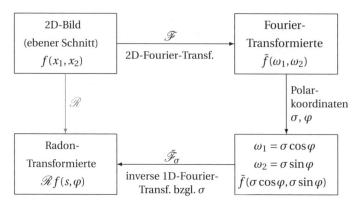

Bild 6.1 Schema zur Erläuterung der Radon-Transformation via OFR

Aus dem Projektions-Schnitt-Theorem ergibt sich eine Vorgehensweise für eine algorithmische Implementierung der Radon-Transformation via OFR, die alternativ zur elementaren Implementierung mit Gl. (3.6) ist. Sei $F = (f_{k_1,k_2})$ ein 2-dimensionales Grautonbild mit $n_1 n_2$ Pixeln.

1. Mit einer schnellen 2-dimensionalen Fourier-Transformation (fFT) wird aus dem Bild F die Fourier-Transformierte $\tilde{F}$ berechnet.

2. Die Fourier-Transformierte $\tilde{F}$ wird in den Polarkoordinaten σ und φ dargestellt (Transformation in Polarkoordinaten). Die Pixelwerte auf dem polaren Gitter (Bild 6.2b) werden durch bilineare Interpolation aus den Pixelwerten von $\tilde{F}$ berechnet, die auf einem quadratischen (Bild 6.2a) oder rechteckigen Gitter gegeben sind. Klar, das Bild $\tilde{F}$ ist zu zentrieren, d. h., der Koordinatenursprung muss in der Bildmitte von $\tilde{F}$ liegen.

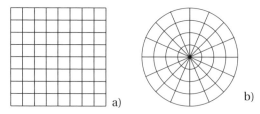

Bild 6.2 a) Ein quadratisches Gitter und b) ein zugehöriges polares Gitter

3. Schließlich wird eine schnelle, inverse 1-dimensionale Fourier-Transformation der auf dem polaren Gitter gegebenen Daten in radialer Richtung vorgenommen [9].

Der Vorteil eines Algorithmus für die Radon-Transformation via OFR im Vergleich zur Verwendung von Gl. (3.6) besteht in der erheblich geringeren Rechenzeit. Für $n_1 = n_2 = n$ reduziert sich die Komplexität von $\mathcal{O}(n)$ pro Pixel auf $\mathcal{O}(\log n)$. Weitere Details zur algorithmischen Implementierung können in [176] nachgelesen werden.

6.2 Tomographische Rekonstruktion

Bei der Darstellung der tomographischen Rekonstruktion beschränken wir uns auf den einfachsten Fall, indem wir voraussetzen, dass wie bei der Tomographie mit Synchrotronstrahlung die Sequenz der Topogramme durch Parallelprojektion erhalten wurde, siehe Bild 6.3. Die tomographische Rekonstruktion, d. h. die Erzeugung eines 3-dimensionalen Bildes aus den Topogrammen, ist ein 2-dimensionales Problem. Aus einer Radon-Transformierten (d. h. aus einem Sinogramm) ist das Bild des entsprechenden ebenen Schnitts der Probe durch Anwendung einer inversen Radon-Transformation zu rekonstruieren. Es stellt sich z. B. die Frage, wie aus dem Sinogramm in Bild 6.4b das in Bild 6.4a gezeigte Ausgangsbild zurückerhalten werden kann.

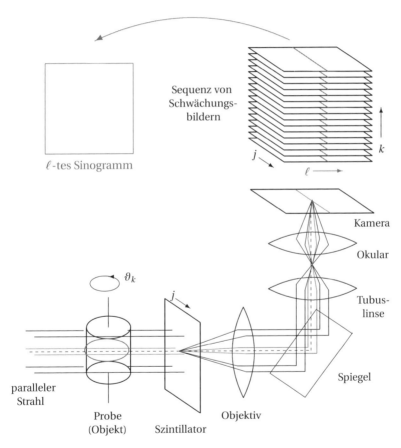

Bild 6.3 Schematische Darstellung des Mikro-CT-Verfahrens (μCT) mit Synchrotronstrahlung: Das Verfahren basiert auf Parallelprojektion. Um μCT zu ermöglichen wird das Röntgenlicht mit einem Szintillaor in sichtbares Licht umgewandelt und dann Lichtoptik zur Vergrößerung verwendet.

Wir gehen vom kontinuierlichen Fall aus und bezeichnen mit $f : \mathbb{R}^2 \mapsto \mathbb{R}$ das Bild des ebenen Schnitts. Die Radon-Transformation wird abkürzend wie in Abschnitt 3.4 mit $\mathscr{R}$ bezeichnet, und die Radon-Transformierte $\mathscr{R}f$ von f ist das Sinogramm. Gesucht ist die inverse Radon-

Bild 6.4 Radon-Transformation eines Farbbildes: a) Originalbild, b) Sinogramm. Das Sinogramm wurde für jeden Farbkanal separat berechnet.

Transformation $\tilde{\mathscr{R}}$, mit der wir aus dem Sinogramm $\mathscr{R}f$ die Funktion f zurückerhalten,

$$\tilde{\mathscr{R}}\mathscr{R}f = f.$$

Anders als die Fourier-Transformation $\mathscr{F}$ und ihre Inverse $\tilde{\mathscr{F}}$, die formal betrachtet nahezu identische Integraltransformationen darstellen, unterscheiden sich $\mathscr{R}$ und $\tilde{\mathscr{R}}$ fundamental. Es ist daher nicht offensichtlich, wie aus der Radon-Transformation $\mathscr{R}$ die Inverse $\tilde{\mathscr{R}}$ erhalten werden kann.

Zunächst führen wir eine Rückprojektion $\mathscr{B}$ ein (*back-projection*),

$$\mathscr{B}f(x) = \int_0^\pi f(x_1 \cos\varphi + x_2 \sin\varphi, \varphi)\, d\varphi, \qquad x = \begin{pmatrix} x_1 \\ x_2 \end{pmatrix} \in \mathbb{R}^2, \tag{6.3}$$

und registrieren, dass $\mathscr{B}$ nicht die gesuchte inverse Radon-Transformation sein kann, $\mathscr{B} \neq \tilde{\mathscr{R}}$; im Allgemeinen ist

$$\mathscr{B}\mathscr{R}f \neq f.$$

Bild 6.5 zeigt verschiedene Schritte der Rückprojektion mit steigender Anzahl m der Projektionsrichtungen. Tatsächlich wird für große m ein Bild erhalten, das gewisse Ähnlichkeiten mit dem in Bild 6.4a gezeigten Ausgangsbild hat. Das Ergebnis der Rückprojektion ist dennoch unbefriedigend.

Wir wenden auf die Radon-Transformierte $\mathscr{R}f$ wie in Gl. (6.2) zunächst die 1-dimensionale Fourier-Transformation $\mathscr{F}_s$ bezüglich der Variablen s an,

$$\begin{aligned}
\mathscr{F}_s \mathscr{R}f(\sigma,\varphi) &= \int_{-\infty}^{\infty} \mathscr{R}f(s,\varphi)\, e^{2\pi i s \sigma}\, ds \\
&= \tilde{f}(\sigma\cos\varphi, \sigma\sin\varphi), \qquad \sigma \in \mathbb{R},\ \varphi \in [0,\pi).
\end{aligned}$$

Nun wird auf die Funktion $\tilde{f}$ die inverse 2-dimensionale Fourier-Transformation $\tilde{\mathscr{F}}$ angewendet, $f = \tilde{\mathscr{F}}\tilde{f}$, wobei die Polarkoordinaten $\omega_1 = \sigma\cos\varphi$ und $\omega_2 = \sigma\sin\varphi$ eingeführt werden. Die

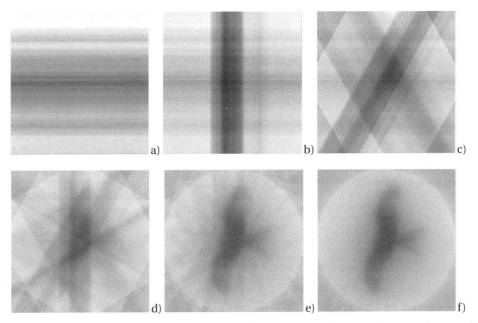

Bild 6.5 Rückprojektion des in Bild 6.4b gezeigten Sinogramms mit a) $m = 1$, b) $m = 2$, c) $m = 3$, d) $m = 6$, e) $m = 12$ und f) $m = 30$ äquidistanten Richtungen der Rückprojektion

Determinante der Jacobi-Matrix J dieser Substitution ist $\det J = \sigma$. Es gilt

$$\begin{aligned}
f(x) &= \frac{1}{(2\pi)^2} \int_{\mathbb{R}^2} \tilde{f}(\omega) \, e^{-2\pi i x \omega} \, d\omega \\
&= \frac{1}{(2\pi)^2} \int_{-\infty}^{\infty} \int_{-\infty}^{\infty} \tilde{f}(\omega_1, \omega_2) \, e^{-2\pi i \begin{pmatrix} x_1 \\ x_2 \end{pmatrix} \begin{pmatrix} \omega_1 \\ \omega_2 \end{pmatrix}} \, d\omega_2 \, d\omega_1 \\
&= \frac{1}{(2\pi)^2} \int_{0}^{2\pi} \int_{0}^{\infty} \tilde{f}(\sigma \cos\varphi, \sigma \sin\varphi) \, e^{-2\pi i \begin{pmatrix} x_1 \\ x_2 \end{pmatrix} \begin{pmatrix} \sigma \cos\varphi \\ \sigma \sin\varphi \end{pmatrix}} \sigma \, d\sigma \, d\varphi \\
&= \frac{1}{2\pi} \int_{0}^{\pi} \underbrace{\frac{1}{2\pi} \int_{-\infty}^{\infty} \tilde{f}(\sigma \cos\varphi, \sigma \sin\varphi) \, e^{-2\pi i (x_1 \cos\varphi + x_2 \sin\varphi)\sigma} |\sigma| \, d\sigma}_{\text{inneres Integral}} \, d\varphi,
\end{aligned}$$

wobei das innere Integral eine inverse 1-dimensionale Fourier-Transformation $\tilde{\mathcal{F}}_\sigma$ bezüglich der Variablen σ ist. Der Übergang von $\sigma \, d\sigma$ zu $|\sigma| \, d\sigma$ ist eine Folge der Änderung der Integrationsgrenzen. Mithilfe der Substitution

$$s = x_1 \cos\varphi + x_2 \sin\varphi \qquad (6.4)$$

erhalten wir aus Gl. (6.1) unmittelbar

$$\frac{1}{2\pi} \int_{-\infty}^{\infty} \tilde{f}(\sigma\cos\varphi, \sigma\sin\varphi)\, e^{-2\pi i(x_1\cos\varphi + x_2\sin\varphi)\sigma} |\sigma|\, d\sigma$$

$$= \frac{1}{2\pi} \int_{-\infty}^{\infty} |\sigma| \mathscr{F}_s \mathscr{R} f(\sigma, \vartheta)\, e^{-2\pi i(x_1\cos\varphi + x_2\sin\varphi)\sigma}\, d\sigma$$

$$= \tilde{\mathscr{F}}_\sigma\bigl(|\cdot|\mathscr{F}_s\mathscr{R}f\bigr)(x_1\cos\varphi + x_2\sin\varphi, \varphi).$$

Dabei bezeichnet abs$(\sigma) = |\sigma|$ die Betragsfunktion. Wie auch in anderen Fällen wird in der obigen Notation auf das Argument verzichtet, und wir setzen abs $= |\cdot|$. Schließlich verwenden wir noch die zuvor durch Gl. (6.3) eingeführte Rückprojektion $\mathscr{B}$ und erhalten damit die formale Schreibweise

$$f(x) = \frac{1}{2\pi} \int_0^\pi \tilde{\mathscr{F}}_\sigma\bigl(|\cdot|\mathscr{F}_s\mathscr{R}f\bigr)(x_1\cos\varphi + x_2\sin\varphi, \varphi)\, d\varphi$$

$$= \frac{1}{2\pi} \mathscr{B}\tilde{\mathscr{F}}_\sigma\bigl(|\cdot|\mathscr{F}_s\mathscr{R}f\bigr)(x)$$

für die tomographische Rekonstruktion von f aus der Radon-Transformierten $\mathscr{R}f$. Wir fassen dieses Ergebnis als Grundlage für die inverse Radon-Transformation via OFR in einem Satz zusammen.

Satz 6.2 Sei $\mathscr{R}$ die 2-dimensionale Radon-Transformation, $\mathscr{F}_s$ die 1-dimensionale Fourier-Transformation, $\tilde{\mathscr{F}}_\sigma$ ihre Inverse und $\mathscr{B}$ die Rückprojektion nach Gl. (6.3). Dann gilt für jede integrierbare Funktion $f: \mathbb{R}^2 \mapsto \mathbb{R}$ die Gleichung

$$f(x) = \frac{1}{2\pi}\mathscr{B}\tilde{\mathscr{F}}_\sigma\bigl(|\cdot|\mathscr{F}_s\mathscr{R}f\bigr)(x), \qquad x \in \mathbb{R}^2. \tag{6.5}$$

■

6.2.1 Gefilterte Rückprojektion

Die rechte Seite der Gl. (6.5) ließe sich wesentlich vereinfachen, wenn die inverse Fourier-Transformierte der Funktion $|\cdot|$ existieren würde. Das ist jedoch nicht der Fall; die Betragsfunktion $|\cdot|$ ist nicht integrierbar. Wir ignorieren diesen Sachverhalt vorerst und setzen

$$g(s) = \frac{1}{2\pi} \int_{-\infty}^{\infty} |\sigma|\, e^{-2\pi i s\sigma}\, d\sigma, \qquad s \in \mathbb{R}. \tag{6.6}$$

Damit schreibt sich Gl. (6.5) mithilfe des Faltungstheorems (4.10) der Fourier-Transformation in der Form

$$f(x) = \frac{1}{2\pi}\mathscr{B}\bigl((\mathscr{R}f) * g\bigr)(x), \qquad x \in \mathbb{R}^2, \tag{6.7}$$

[90], [65], wobei $*$ hier die 1-dimensionale Faltung bezeichnet,

$$\bigl((\mathscr{R}f) * g\bigr)(s, \varphi) = \int_{-\infty}^{\infty} (\mathscr{R}f)(\sigma, \varphi) g(s - \sigma)\, d\sigma, \qquad s \in \mathbb{R}, \varphi \in [0\pi).$$

Es ist bemerkenswert, dass nach der Behandlung des Problems der inversen Radon-Transformation via OFR in Gl. (6.7) überhaupt keine Fourier-Transformation vorkommt. Das bedeutet, die inverse Radon-Transformation ist eine Transformation im OR.

Da man eine Faltung in der Bildverarbeitung auch als Filterung bezeichnet, wird die Berechnung von f aus ihrer Radon-Transformierten $\mathscr{R}f$ auch als gefilterte Rückprojektion (*filtered back-projection*) bezeichnet.

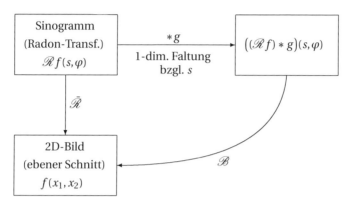

Bild 6.6 Schematische Darstellung zur Erläuterung der Unterteilung der inversen Radon-Transformation $\bar{\mathscr{R}}$ in zwei Teilschritte, die Faltung (Filterung) mit g und die Rückprojektion mit $\mathscr{B}$

Es wäre also nur noch das missliche Problem der nicht existierenden Faltung in Gl. (6.6) zu lösen. Um mit Gl. (6.7) zumindest eine Näherung von f zu erhalten, muss die Funktion g durch eine integrierbare Funktion ersetzt werden, deren Fourier-Transformierte die Betragsfunktion approximiert.

6.2.2 Algorithmische Implementierung

Wir gehen von einer diskreten Radon-Transformierten $\mathscr{R}F = P = (p_{k\ell})$ eines Bildes $F = (f_{ij})$ aus, wobei $s_k = k\Delta s$ für $k = 0, \ldots, n_1 - 1$ die Pixelgröße $\Delta s > 0$ in radialer Richtung ist. Einfachheitshalber rechnen wir hier mit der Pixelgröße $a_1 = a_2 = 1$ von F und setzen daher $\Delta s = a_1 = 1$. Außerdem bezeichnen $\varphi_\ell = \frac{\pi \ell}{n}$ für $\ell = 0, \ldots, n-1$ die diskreten Richtungen, wobei n die Anzahl der Winkelschritte ist. Weiterhin wird angenommen, dass sich das Rotationszentrum in der Bildmitte befindet, d. h. an der Stelle $(n_1/2, 0)$ in P. Nun wird noch eine diskrete Variante (g_k) der Filtermaske g der Länge $m = 4\nu - 1$ mit $\nu = 1, 2, \ldots$ eingeführt,

$$g_k = \frac{1}{\Delta s} \begin{cases} \dfrac{1}{4}, & \text{für } k = 0 \\ 0, & \text{für } k \neq 0 \text{ und gerade} \\ -\dfrac{1}{k^2 \pi^2}, & \text{für ungerade } k \end{cases}$$

für $k = -2\nu + 1, \ldots, 2\nu - 1$ [154]. Die Koeffizienten g_k sind bis auf einen konstanten Faktor die Fourier-Koeffizienten der Betragsfunktion. Die Transferfunktion $\tilde{g}(\sigma)$ der 1-dimensionalen Fil-

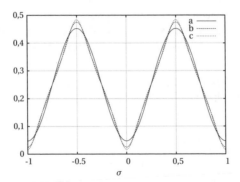

Bild 6.7 Transferfunktion $\tilde{g}(\sigma)$ der 1-dimensionalen Filtermaske (g_k) für die Filterung im Algorithmus der gefilterten Rückprojektion: a) $m = 3$, b) $m = 7$ und c) $m = 11$

termaske G hat die Form

$$\tilde{g}(\sigma) = \frac{1}{4} - \frac{2}{\pi^2} \sum_{k=0}^{\nu} \frac{\cos 2\pi(2k+1)\sigma}{(2k+1)^2}, \qquad \sigma \in \mathbb{R}.$$

Natürlich ist die Transferfunktion $\tilde{g}$ periodisch, jedoch konvergiert $\tilde{g}(\sigma)$ für $-\frac{1}{2} \leq \sigma \leq \frac{1}{2}$ und $\nu \to \infty$ schnell gegen die Betragsfunktion $|\sigma|$. Die Wahl der Filtermaske G für die Filterung der Radon-Transformierten ist also zweckmäßig.

Beispiel 6.1 Für $\nu = 3$ hat die 1-dimensionale Filtermaske die Länge $m = 11$ und die Koeffizienten

$$(g_k) = \left(-\frac{1}{25\pi^2}, 0, -\frac{1}{9\pi^2}, 0, -\frac{1}{\pi^2}, \boxed{\frac{1}{4}}, -\frac{1}{\pi^2}, 0, -\frac{1}{9\pi^2}, 0, -\frac{1}{25\pi^2}\right)'.$$

Die zugehörige Transferfunktion $\tilde{g}(\sigma)$ ist

$$\begin{aligned}\tilde{g}(\sigma) &= \frac{1}{4} - \frac{1}{\pi^2}\left(e^{-2\pi i\sigma} + e^{2\pi i\sigma}\right) - \frac{1}{9\pi^2}\left(e^{-6\pi i\sigma} + e^{6\pi i\sigma}\right) - \frac{1}{25\pi^2}\left(e^{-10\pi i\sigma} + e^{10\pi i\sigma}\right) \\ &= \frac{1}{4} - \frac{2}{\pi^2}\cos 2\pi\sigma - \frac{2}{9\pi^2}\cos 6\pi\sigma - \frac{2}{25\pi^2}\cos 10\pi\sigma.\end{aligned}$$

Bild 6.7 zeigt die Transferfunktion $\tilde{g}(\sigma)$ auch für den Spezialfall $m = 11$. ■

Mit der eingeführten Notation erhält man die Filterantwort

$$q_{k\ell} = \sum_{k_1=-2\nu+1}^{2\nu-1} p_{k_1,\ell}\, g_{k-k_1}, \qquad k = 0,\ldots,n_1-1.$$

Schließlich rekonstruieren wir die Pixelwerte f_{ij} von F aus den $q_{k\ell}$, indem zunächst die von den Indizes i, j und ℓ abhängige relle Zahl

$$\kappa = i\cos\varphi_\ell + j\sin\varphi_\ell + \frac{n_1}{2}$$

6.2 Tomographische Rekonstruktion 257

Bild 6.8 Tomographische Rekonstruktion von Bild 6.4b mithilfe der gefilterten Rückprojektion mit dem Parameter $m = 11$

analog zu der Substitution (6.4) berechnet und daraus mit $k = \lfloor \kappa \rfloor$ auf den Index k geschlossen wird. (Auf diese Weise wird der Index k in $q_{k\ell}$ durch die Indizes i, j und ℓ substituiert!) Lineare Interpolation liefert die Schätzung

$$f_{ij} \approx \frac{\pi}{n} \sum_{\ell=0}^{n-1} \underbrace{\left(q_{k\ell} + (q_{k+1,\ell} - q_{k\ell})(\kappa - k) \right)}_{\text{lineare Interpolation}}$$

für $i = 0, \ldots, n_1$ und $j = 0, \ldots, n_2$. Bild 6.8 zeigt die gefilterte Rückprojektion von Bild 6.4b. Im Folgenden geben wir noch eine einfache Form der Implementierung an:

```
/** Inverse Radon transform (tomographic reconstruction using filtered backprojection)
    @param img1 [OUT] the reconstructed image (of type float)
    @param img [IN] the sinogram (Radon transform of a structure)
    @param nu [IN] filter parameter, nu = 1,2,.. (suggested nu = 4)
    @return error code
**/
int InverseRadonTransform(IMG *img1, IMG *img, unsigned long nu) {

  long i, j, i1, j1, k, k1, ell, m;
  double dk, kappa, phi, *pix2, *c, *s;
  unsigned char **pix;
  float **pix1;

  c = Malloc(img->n[1], double);
  s = Malloc(img->n[1], double);

  for(j=0; j<img->n[1]; j++) {
    phi = M_PI * (double)j / (double)img->n[1];
    c[j] = cos(phi);
    s[j] = sin(phi);
  }

  pix = (unsigned char **)img->pix;
```

```
NewImage(img1, img->n, NULL, float);
pix1 = (float **)img1->pix;

m = 2 * nu - 1;
pix2 = Malloc(img->n[0], double);
for(ell=0; ell<img->n[1]; ell++) {
  for(k=0; k<img->n[0]; k++) {        // filtering
    pix2[k] = (float)pix[k][ell] / 4.0;
    for(k1=-m; k1<=m; k1+=2) {
      i1 = ((long)k - k1) % img->n[0];
      dk = M_PI * (double)k1;
      pix2[k] -= (float)pix[i1][ell] / (dk * dk);
    }
  }
  for(i=0; i<img->n[0]; i++) {        // backprojection
    i1 = i - img->n[0]/2;
    for(j=0; j<img->n[1]; j++) {
      j1 = j - img->n[1]/2;
      kappa = (double)i1 * c[ell] + (double)j1 * s[ell] + (double)(img->n[0]/2);
      k = (long)kappa;
      if(k>=0 && k<img->n[0]-1)
        pix1[i][j] += pix2[k] + (pix2[k+1] - pix2[k]) * (kappa - (double)k);
    }
  }
}

Free(c);
Free(s);
return 0;
}
```

Bemerkung 6.1 *Algebraische Rekonstruktion* (*algebraic reconstruction techniques*, ART). Da die Radon-Transformation eine lineare Transformation ist, kann das Problem der diskreten inversen Radon-Transformation auch als ein Problem der Lösung eines linearen Gleichungssystems

$$\mathscr{R}F = A \cdot F$$

mit einer Koeffizientenmatrix A beschrieben werden [50], [65]. Diese Form der Beschreibung hat den Vorteil, dass sie flexibler als die gefilterte Rückprojektion und daher anpassbar an andere Formen der Projektion (z. B. Zentralprojektion) oder andere Kontrastmodi (z. B. propagationsbasierter Phasenkontrast) ist. Da A nicht regulär ist, kann dieses Gleichungssystem nur iterativ gelöst werden. Der rechentechnische Aufwand ist im Allgemeinen jedoch deutlich größer als bei der gefilterten Rückprojektion. ∎

Bemerkung 6.2 Diskrete Tomographie (DT) ist eng verwandt mit der algebraischen Rekonstruktion, nutzt aber neben den Projektionen zusätzliche Annahmen oder Vorinformationen über die innere Struktur der Probe bzw. des Materials [66], [67]. Besonders erfolgreich ist diskrete Tomographie, wenn angenommen werden kann, dass die Probe aus zwei Bestandteilen (z. B. feste Phase und Porenraum in einem porösen Material) oder Phasen (Kohlenstofffasern in Epoxidharz) besteht. Die Pixelwerte in der Rekonstruktion können in diesem Fall nur zwei Werte (Binärwerte) annehmen. Dadurch verbessert sich die Qualität der Rekonstruktion, oder man kann bei gleicher Qualität der Rekonstruktion die Anzahl der Projektionen reduzieren. Die Segmentierung am 3D-Datensatz wird also in die Rekonstruktion integriert. ∎

Bemerkung 6.3 Die tomographische Rekonstruktion für Zentralprojektion (cone beam projection), siehe Abbildung 6.9, basiert auf der 3-dimensionalen Radon-Transformation und ist damit ein Problem der 3-dimensionalen Bildverarbeitung. Der Wir verweisen daher z. B. auf [10]. Der Standardalgorithmus der tomographische Rekonstruktion für Zentralprojektion ist der Feldkamp-Algorithmus [44]. ∎

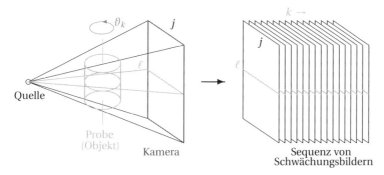

Bild 6.9 Schematische Darstellung eines CT-Systems: Da bei diesem Setting die Zentralprojektion eine Vergrößerung bewirkt, werden mikroskopische Bilder erhalten (Mikro-CT-Verfahren, μCT). Für jeden (diskreten) Drehwinkel ϑ_k entsteht ein Schwächungsbild. Fasst man die ℓ-ten Zeilen aller Schwächungsbilder (markierte Zeilen im rechten Teilbild) zu einem 2-dimensionalen Bild zusammen, erhält man ein Sinogramm.

7 Grundbegriffe der Bildanalyse

In diesem Kapitel werden unter anderem Merkmale (Objektmerkmale, Kennzahlen, Features, Charakteristika) von Objekten (Zusammenhangskomponenten) behandelt. Wir setzen also voraus, dass das Bild bereits segmentiert und alle Vordergrundpixel z. B. durch ein Labeling den im Bild enthaltenen Zusammenhangskomponenten zugeordnet wurden. Den Schritten der Bildverarbeitung folgt jetzt also eine Bildanalyse. Insofern unterscheiden sich die hier behandelten Merkmale von denen in Abschnitt 1.6.4, deren Berechnung im Allgemeinen keine Segmentierung erfordert.

Im einfachsten Fall ist ein Merkmal φ eine Abbildung vom System aller Objekte in $\mathbb{R}$. Dabei ist ein Objekt X im stetigen Fall eine Teilmenge des $\mathbb{R}^2$. Um sicherzustellen, dass das Merkmal $\varphi(X)$ endlich ist, wird vorausgesetzt, dass der Rand von X hinreichend glatt ist. Genauer: X soll eine endliche Vereinigung konvexer Mengen des $\mathbb{R}^2$ sein. Mit $\mathcal{K}$ wird das System aller zusammenhängenden und endlichen Vereinigungen kompakter und konvexer Mengen mit nichtleerem Inneren bezeichnet, d. h., $\mathcal{K}$ ist im Folgenden das System aller zulässigen Objekte. Das Merkmal φ ordnet also jedem Objekt X aus $\mathcal{K}$ eine Zahl $\varphi(X)$ aus $\mathbb{R}$ zu,

$$\varphi : \mathcal{K} \mapsto \mathbb{R}.$$

Später werden wir noch andere Merkmale der konvexen Hülle einführen, die nicht additiv sind.

■ 7.1 Additive, translationsinvariante, isotrope und stetige Merkmale

Wir betrachten zunächst eine Klasse von Merkmalen, deren Charme darin besteht, dass sie sich besonders einfach bestimmen lassen. Eine dieser Kennzahlen, die Euler-Zahl χ, wurde bereits in Abschnitt 1.2 eingeführt. Zwei weitere sind die Fläche F und der Umfang U. Sowohl F, U als auch χ sind additiv, translationsinvariant, isotrop, k-homogen und stetig.

Diese Eigenschaften von Merkmalen sollen im Folgenden etwas näher erklärt werden:

- Ein Merkmal φ heißt *additiv*, wenn für alle $X_1, X_2 \in \mathcal{K}$ gilt

$$\varphi(X_1 \cup X_2) = \varphi(X_1) + \varphi(X_2) - \varphi(X_1 \cap X_2).$$

- Ein Merkmal φ heißt *translationsinvariant*, wenn es invariant bezüglich aller Verschiebungen $X + x$ von X ist,

$$\varphi(X + x) = \varphi(X), \quad x \in \mathbb{R}^2, X \in \mathcal{K}.$$

- Ein Merkmal φ heißt *isotrop*, wenn es invariant bezüglich aller Drehungen AX von X ist,

$$\varphi(AX) = \varphi(X),$$

  wobei A eine beliebige Rotation im $\mathbb{R}^2$ um den Koordinatenursprung bezeichnet.
- Ein Merkmal φ heißt *k-homogen*, wenn es eine Zahl $k = 0, 1, \ldots$ gibt, so dass

$$\varphi(aX) = a^k \varphi(X), \qquad a > 0.$$

- Ein Merkmal φ heißt *stetig*, wenn kleine Änderungen von X lediglich zu kleinen Änderungen von $\varphi(X)$ führen.

Eine Folge der Additivität von φ ist die Inklusions-Exklusions-Formel, die bereits für die Euler-Zahl χ eingeführt wurde, vgl. Gl. (1.2). Ist X eine Vereinigung von m kompakten und konvexen Mengen $K_1, \ldots, K_m$, d. h.

$$X = \bigcup_{i=1}^{m} K_i,$$

dann gilt für jedes additive Merkmal φ

$$\varphi(X) = \sum_{i=1}^{m} \varphi(K_i) - \sum_{i=1}^{m-1} \sum_{j=i+1}^{m} \varphi(K_i \cap K_j) + \ldots - (-1)^{m+1} \varphi\left(\bigcap_{i=1}^{m} K_i\right).$$

Die Fläche ist sicher dasjenige Merkmal, welches sich am einfachsten bildanalytisch bestimmen lässt. Erstaunlich ist, dass sich der Umfang und die Euler-Zahl direkt aus der Fläche ableiten. Dazu betrachten wir ein mit einem Kreis B_r mit dem Radius r dilatiertes Objekt $X \oplus B_r$.

Satz 7.1 *(Satz von Steiner)* Für alle konvexen Objekte X gilt

$$F(X \oplus B_r) = F(X) + rU(X) + \pi r^2.$$

■

Analog gilt für den Umfang

$$U(X \oplus B_r) = U(X) + 2\pi r.$$

Für die Erosion können die Näherungen

$$F(X \ominus B_r) \approx F(X) - rU(X), \qquad U(X \ominus B_r) \approx U(X) - 2\pi r \qquad (7.1)$$

verwendet werden, wenn der Radius r klein ist.

Beispiel 7.1 Für die Fläche eines Rechtecks X mit den Seitenlängen a und b gilt offensichtlich

$$F(X \oplus B_r) = ab + 2r(a+b) + \pi r^2, \qquad (7.2)$$

wobei die Summanden den gleichen Grauwert haben wie in Bild 7.1. ■

Die drei Merkmale F, U und χ spielen in der Bildanalyse eine zentrale Rolle, was durch den folgenden Satz unterstrichen wird.

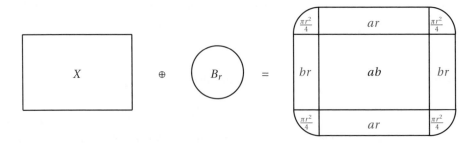

Bild 7.1 Veranschaulichung des Satzes von Steiner anhand eines Rechtecks mit den Seitenlängen a und b: Die entsprechenden Beiträge zur rechten Seite der Steiner-Formel (7.2) sind grau markiert.

Satz 7.2 *(Satz von Hadwiger)* Ist φ ein additives, translationsinvariantes, isotropes und stetiges Merkmal, dann gibt es drei Konstanten $c_1, c_2, c_3 \in \mathbb{R}$, so dass

$$\varphi(X) = c_1 F(X) + c_2 U(X) + c_3 \chi(X), \quad X \in \mathcal{K}.$$

■

Das bedeutet, F, U und χ sind in einem gewissen Sinne vollständig, d. h., diese Merkmale bilden eine Basis in dem entsprechenden linearen Merkmalsraum. Jedes weitere gemessene additive, translationsinvariante, isotrope und stetige Merkmal φ könnte als Linearkombination von F, U und χ dargestellt werden und wäre damit redundant.

Für F und U gilt die isoperimetrische Ungleichung

$$4\pi F(X) \leq U^2(X), \quad X \in \mathcal{K}.$$

Falls X ein Kreis ist, gilt das Gleichheitszeichen, $4\pi F(X) = U^2(X)$. Aus der isoperimetrischen Ungleichung leitet sich unmittelbar der Formfaktor

$$f_1 = \frac{4\pi F(X)}{U^2(X)}$$

ab, der für jedes Objekt $X \in \mathcal{K}$ Werte zwischen 0 und 1 annimmt, $0 < f_1 \leq 1$. Dieser Formfaktor beschreibt die Abweichung der Form des Objekts X von der Kugelform und wird daher in der Bildanalyse „Rundheit" genannt. Für kreisförmige Objekte ist $f_1 = 1$.

7.1.1 Messung der Fläche

Die Fläche des Objekts X ist näherungsweise gleich der Anzahl n der Pixel des Samplings $X \cap \mathbb{L}$ multipliziert mit der Fläche $F(C)$ eines Pixels, $F(X) \approx n F(C)$. Diese Methode der Flächenbestimmung ist im Hinblick auf ihre Genauigkeit nahezu unschlagbar. Aus methodischen Gründen wollen wir diese Abschätzung modifizieren. Analog zur Bestimmung der Euler-Zahl χ, die bereits in Abschnitt 1.2 behandelt wurde, bezeichnen wir mit $Y = X \cap \mathbb{L}$ die Vordergrundpixel des Binärbildes eines Objekts X, und h ist der Vektor der 2 × 2-Pixelkonfigurationen des Binärbildes. Es bezeichne $\square$ die Menge der 2 × 2-Pixelkonfigurationen, für die das linke untere Pixel ein Vordergrundpixel ist und alle anderen Pixel Vorder- oder Hintergrundpixel sein können,

$$\square = \{ \square, \square, \square, \square, \square, \square, \square, \square \},$$

7.1 Additive, translationsinvariante, isotrope und stetige Merkmale

siehe auch Abschnitt 1.4. Dann ist $n = \#(\square)$ die Anzahl der Vordergrundpixel, und es gilt

$$F(X) \approx F(C) \cdot \#(\square) \qquad (7.3)$$
$$= F(C) \cdot h \cdot w,$$

mit den Gewichten $w_k = 1$ für ungeradzahlige Indizes k, $w_k = 0$ für geradzahliges k und der Konvention $0 \cdot \infty = 0$. Die w_k sind in Tabelle 7.1 angegeben.

Beispiel 7.2 Für das Binärbild

$$B = \begin{pmatrix} 0 & 0 & 0 & 0 \\ 0 & 1 & 1 & 0 \\ 0 & 1 & 1 & 0 \\ 0 & 0 & 0 & 0 \end{pmatrix} \qquad (7.4)$$

mit quadratischen Pixeln der Größe $a = 0,015$ mm ist $F(C) = 0,225 \cdot 10^{-3}$ mm^2, und das aus vier Pixeln bestehende Objekt im Vordergrund hat somit einen Flächeninhalt von $0,9 \cdot 10^{-3}$ mm^2.

Den gleichen Wert erhält man, wenn zunächst der Vektor h bestimmt und daraus die Fläche berechnet wird. Setzt man ein Padding mit Nullen voraus, dann erhält man für die Komponenten von h die in Tabelle 7.1 angegebenen Werte. Wegen $hw = 4$ ist $F(X) \approx 0,9 \cdot 10^{-3}$ mm^2.

Tabelle 7.1 Anzahlen h_k der 2×2-Pixelkonfigurationen für das durch Gl. (7.4) gegebene Binärbild B und die Gewichte w_k zur Bestimmung der Fläche

k	Pikt.	h_k	w_k	k	Pikt.	h_k	w_k
0	▫	7	0	8	▫	1	0
1	▫	1	1	9	▫	0	1
2	▫	1	0	10	▫	1	0
3	▫	1	1	11	▫	0	1
4	▫	0	0	12	▫	1	0
5	▫	1	1	13	▫	0	1
6	▫	0	0	14	▫	0	0
7	▫	0	1	15	▫	1	1

Beispiel 7.3 Für Beispiel 1.13 ist $hw = 103$. Unterstellt man quadratische Pixel mit einer Pixelgröße von $0,125$ mm, dann ist $F(X) \approx 1,609$ mm^2.

Die Flächenbestimmung ist multigrid-konvergent. Das bedeutet, für kleiner werdende Pixel (d. h. eine größer werdende laterale Auflösung) konvergiert der Messwert $F(C) \cdot h \cdot w$ gegen die exakte Fläche. Diese Aussage soll im folgenden Satz präzisiert werden:

Satz 7.3 Für ein quadratisches Gitter $\mathbb{L} = a\mathbb{Z}^2$ mit der Pixelgröße $a > 0$ bezeichne h_a den von der Pixelgröße a abhängigen Vektor der Anzahlen der 2×2-Pixelkonfigurationen des

Samplings eines Objekts $X \in \mathcal{K}$ auf $\mathbb{L}$. Dann ist $F(C) = a^2$, und $a^2 h_a w$ konvergiert für eine kleiner werdende Pixelgröße gegen die Fläche von X,

$$\lim_{a \to 0} a^2 h_a w = F(X).$$

∎

Aus den beiden Steiner-Formeln (7.2) und (7.2) folgt unmittelbar eine Abschätzung für die mittlere relative Abweichung $\delta = \bigl(a^2 h w - F(W)\bigr)/F(W)$ der Flächenmessung. Objekte X, die auf einem quadratischen Gitter mit der Pixelgröße a gesampelt wurden, lassen sich aus ihrem Sampling im Mittel nur in den Grenzen $X \ominus B_r \subset X \subset X \oplus B_r$ mit $r = a/12$ rekonstruieren. Für konvexe Objekte gilt daher

$$F(X) - \frac{a}{12} U(X) \le a^2 h w \le F(X) + \frac{a}{12} U(X) + \frac{\pi a^2}{4}$$

bzw.

$$-\frac{a U(X)}{12 F(X)} \le \delta \le \frac{2 a U(X) + \pi a^2}{24 F(X)}.$$

Beispiel 7.4 Für ein Quadrat X mit der Kantenlänge $20\,\mu m$ und die Pixelgröße $a = 1\mu m$ erhält man die mittleren Fehlergrenzen

$$-1{,}667\% \le \delta \le 1{,}7\%.$$

∎

Bemerkung 7.1 Die Approximation (7.3) resultiert aus einer 2-dimensionalen Fassung der Rechteckregel der numerischen Integration. Das Produkt $F(C) \cdot \#(\square)$ ist die Fläche der Gauß-Digitalisierung (1.5) von X auf dem Gitter $\mathbb{L}$, die identisch mit der vom Rendering eingeschlossenen Fläche ist, siehe Bild 1.10. ∎

Bemerkung 7.2 Schließlich wird noch angemerkt, dass statt der Fläche häufig der Durchmesser d_F des flächengleichen Kreises als Kennzahl für die Objektgröße angegeben wird,

$$d_F = 2\sqrt{\frac{F(X)}{\pi}}.$$

∎

7.1.2 Messung des Umfangs

In der Bildverarbeitung wird der Umfang (d. h. die Randlänge) eines Objekts häufig als Länge des Freemanschen Kettencodes bestimmt. Die Problematik dieser Methode wird offensichtlich, wenn man sich überlegt, dass die Länge des Kettencodes der Komplementärmenge davon abweicht. Die Länge des 2-dimensionalen Renderings ist ein Zwischenwert.

Beispiel 7.5 Wir betrachten das Beispiel in Bild 7.2a mit der Pixelgröße a. Die Länge des Freemanschen Kettencodes beträgt $(6+5\sqrt{2})\,a = 13,071\,a$, die Länge des Freemanschen Kettencodes der Komplementärmenge beträgt $(6+9\sqrt{2})\,a = 18,728\,a$, und für die Länge des 2-dimensionalen Renderings erhält man den Wert $(6+7\sqrt{2})\,a = 15,899\,a$. Man mag einwenden, dass sich mit zunehmender lateraler Auflösung die Unterschiede verringern, was allerdings noch einer sorgfältigen Untersuchung bedarf. ∎

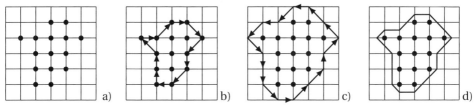

Bild 7.2 Wie lang ist der Umfang eines Segments oder eines Objekts? a) Ein diskretes Objekt auf einem quadratischen Gitter, b) die Kettenlinie nach Freemans Kettencode, c) die Kettenlinie der Komplementärmenge, d) das 2-dimensionale Rendering

Es stellt sich also die Frage nach der Messgenauigkeit des Umfangs und der Möglichkeit der Verbesserung seiner bildanalytischen Bestimmung. Ein Ansatz für die Bestimmung des Umfangs, der sich grundlegend von Freemans Kettencode unterscheidet, basiert auf der Croftonschen Schnittformel für den Umfang. Wir betrachten zunächst den kontinuierlichen Fall eines Objekts $X \subset \mathbb{R}^2$. Sei g eine Gerade mit dem Offset x_0 und dem Richtungsvektor v,

$$x_0 = s\begin{pmatrix} \sin\vartheta \\ -\cos\vartheta \end{pmatrix}, \quad v = \begin{pmatrix} \cos\vartheta \\ \sin\vartheta \end{pmatrix}, \quad s \in \mathbb{R},\ \vartheta \in [0,\pi).$$

Die Variablen s und ϑ sind also Parameter der Geraden, $g = g(s,\vartheta)$. Der Schnitt $X \cap g$ besteht aus Segmenten von X, und die Euler-Zahl $\chi(X \cap g)$ ist nichts anderes als die Anzahl der Segmente, siehe Bild 7.3a.

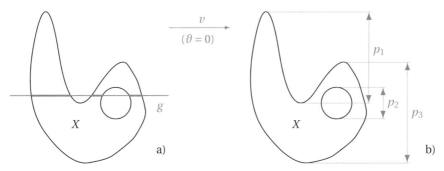

Bild 7.3 a) Der Schnitt des Objekts X mit der Geraden g besteht aus 3 Segmenten (Schnittsehnen). b) Die Länge der Projektion von X in Richtung $\vartheta = 0$ ist die Summe der Abmessungen p_1, p_2 und p_3, d. h. $p_0(X) = p_1 + p_2 + p_3$.

7 Grundbegriffe der Bildanalyse

Weiterhin ist analog zur Radon-Transformation das Integral

$$p_\vartheta(X) = \int_{-\infty}^{\infty} \chi\bigl(X \cap g(s,\vartheta)\bigr)\,ds$$

über alle Translationen s gleich der Länge $p_\vartheta(X)$ der Projektion von X in Richtung ϑ, siehe Bild 7.3b. Integriert man schließlich noch über alle Richtungen ϑ, dann erhält man den Umfang $U(X)$ des Objekts X,

$$U(X) = \int_0^\pi \underbrace{\int_{-\infty}^{\infty} \chi\bigl(X \cap g(s,\vartheta)\bigr)\,ds}_{p\vartheta(X)}\,d\vartheta \tag{7.5}$$

(Crofton-Formel). Durch die Crofton-Formel wird die Messung des Umfangs auf die Zählung von Schnittsehnen reduziert.

Beispiel 7.6 Ist X ein Kreis mit dem Radius r, dann ist $\chi(X \cap g) = 1$, sofern die Gerade g den Kreis schneidet. Die Länge der Projektion ist – unabhängig von der Richtung ϑ – gleich dem Kreisdurchmesser, $p_\vartheta(X) = 2r$. Daraus resultiert das erwartete Ergebnis,

$$U(X) = \int_0^\pi p\vartheta(X)\,d\vartheta = \int_0^\pi 2r\,d\vartheta = 2\pi r.$$

■

Wie kann nun die Crofton-Formel in der Bildanalyse verwendet werden? Offensichtlich impliziert das Sampling des Objekts X auf einem homogenen Gitter $\mathbb{L}$ eine Diskretisierung der Crofton-Formel. Um das zu veranschaulichen, wird der Einfachheit halber angenommen, dass $\mathbb{L}$ ein quadratisches Gitter mit der Pixelgröße a ist, $\mathbb{L} = a\mathbb{Z}^2$. Das Gitter $\mathbb{L}$ wird von der Geraden g so geschnitten, dass ein 1-dimensionales Schnittgitter entsteht. Um zu vermeiden, dass die laterale Auflösung auf dem Schnittgitter zu klein wird, können für g nur die vier Richtungen $\vartheta_0 = 0$, $\vartheta_1 = \frac{\pi}{4}$, $\vartheta_2 = \frac{\pi}{2}$ und $\vartheta_3 = \frac{3\pi}{4}$, gewählt werden, siehe Bild 7.4a. Für ϑ_0 und ϑ_2 beträgt der Gitterabstand auf den Schnittgittern a, für ϑ_1 und ϑ_3 ist der Abstand gleich $\sqrt{2}a$. Wählt man mehr als vier Richtungen, dann ist der maximale Gitterabstand $\sqrt{5}a$ oder größer, siehe Bild 7.4b. Offensichtlich führt eine Erhöhung der Winkelauflösung stets zu einer Verringerung der lateralen Auflösung. Die laterale und die Winkelauflösung müssen also aufeinander abgestimmt sein [120].

Berechnet man das äußere Integral der Crofton-Formel (7.5) für vier Richtungen numerisch mithilfe der Rechteckregel, dann erhält man die Näherung

$$U(X) \approx \frac{\pi}{4} \sum_{k=0}^{3} \underbrace{\int_{-\infty}^{\infty} \chi\bigl(X \cap g(s, \frac{\pi}{4}k)\bigr)\,ds}_{p_{\vartheta_k}(X)}. \tag{7.6}$$

Für eine vorgegebene Richtung ϑ_k werden nun noch alle Verschiebungen $s_{k\ell}$ der Schnittgeraden g betrachtet, die Schnittgitter liefern. Die diskreten Verschiebungen sind $s_{k\ell} = a_k \ell$ mit

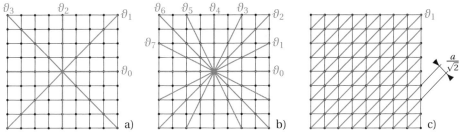

Bild 7.4 a) Schnittgitter mit vier äquidistanten Richtungen, b) Schnittgitter mit acht Richtungen. c) Der Abstand zwischen dem Schnittgitter der Richtung $\vartheta_1 = \frac{\pi}{4}$ beträgt $a_1 = \frac{a}{\sqrt{2}}$; die diskreten Verschiebungen $s_{1,j}$ von g sind alle ganzzahligen Vielfachen des Abstandes, $s_{1,j} = \frac{a}{\sqrt{2}} j$ für $j \in \mathbb{Z}$.

Tabelle 7.2 Projektionslängen p_k der Vordergrundpixel der Binärbilder 7.2 bzw. 7.5

k	ϑ_k	n_k	p_k
0	0	5	$5a$
1	$\frac{\pi}{4}$	6	$6\frac{a}{\sqrt{2}}$
2	$\frac{\pi}{2}$	5	$5a$
3	$\frac{3\pi}{4}$	7	$7\frac{a}{\sqrt{2}}$

k	ϑ_k	n_k	p_k
0	0	3	$3a$
1	$\frac{\pi}{4}$	3	$3\frac{a}{\sqrt{2}}$
2	$\frac{\pi}{2}$	$\frac{5}{2}$	$\frac{5a}{2}$
3	$\frac{3\pi}{4}$	$\frac{7}{2}$	$\frac{7}{2}\frac{a}{\sqrt{2}}$

$a_k = a$ für die Richtungen ϑ_0 und ϑ_2 bzw. $a_k = \frac{a}{\sqrt{2}}$ für ϑ_1 und ϑ_3. In Bild 7.4c sind die parallelen Schnittgitter für die Richtung $\vartheta_1 = \frac{\pi}{4}$ dargestellt. Wendet man die Rechteckregel nun noch auf das innere Integral der Crofton-Formel an, dann wird der Umfang durch

$$U(X) \approx \frac{\pi}{4} \sum_{k=0}^{3} a_k \underbrace{\sum_{\ell=-\infty}^{\infty} \chi\left(X \cap g\left(a_k \ell, \frac{\pi}{4} k\right)\right)}_{p_k} \tag{7.7}$$

approximiert. Die Werte p_k sind Schätzwerte der Projektionslänge $p_{\vartheta_k}(X)$.

Gl. (7.5) sieht komplizierter aus, als sie ist. Tatsächlich muss man nur zählen, wie oft entlang eines Schnittgitters auf ein Vordergrundpixel ein Hintergrundpixel folgt (Anzahl der 1-0-Übergänge).

Beispiel 7.7 Wir betrachten noch einmal das Beispiel aus Bild 7.2. Die Sehnenzahlen n_k (d. h. die Anzahlen der 1-0-Übergänge) sind für die vier Messrichtungen in Tabelle 7.2 (links) zusammengefasst. Daraus ergibt sich

$$U(X) \approx \frac{\pi}{4}\left(5a + 6\frac{a}{\sqrt{2}} + 5a + 7\frac{a}{\sqrt{2}}\right) = 15{,}074\, a.$$

∎

Man kann leicht nachprüfen, dass für Objekte, die den Bildrand nicht schneiden, statt der 1-0-Übergänge auch die 0-1-Übergänge gezählt werden können, also die Übergänge von einem Hintergrund- zu einem Vordergrundpixel. Es ist jedoch sinnvoll, sowohl die 1-0- als auch die 0-1-Übergänge zu zählen und die Anzahl dann durch 2 zu dividieren. Auf diese Weise kann auch die Randlänge von Objekten gemessen werden, die vom Bildrand geschnitten sind. Klar, es wird nur die Länge des Teils des Randes eines geschnittenen Objets bestimmt, der innerhalb des Bildes liegt.

Beispiel 7.8 Für das in Bild 7.5 gezeigte Binärbild sind in Tabelle 7.2 (rechts) die Projektionslängen angegeben, wobei sowohl die 0-1- als auch die 1-0-Übergänge berücksichtigt wurden. Die Länge des Teils des Randes, der innerhalb des Bildes liegt, beträgt folglich

$$U(X) \approx \frac{\pi}{4}\left(3a + 3\frac{a}{\sqrt{2}} + \frac{5a}{2} + \frac{7}{2}\frac{a}{\sqrt{2}}\right) = 7{,}930\,a.$$

∎

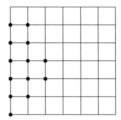

Bild 7.5 Ein vom Bildrand geschnittenes Objekt

Da der Umfang (d. h. die Randlänge) ein additives Merkmal ist, muss er ähnliche wie die Fläche aus den Anzahlen der 2 × 2-Pixelkonfigurationen berechnet werden können. Für quadratische Pixel gilt

$$U(X) \approx a h w,$$

wobei a die Pixelgröße, h der Vektor der Anzahlen der 2×2-Pixelkonfigurationen und w ein geeignet gewählter Vektor von Gewichten ist. Da der Umfang außerdem isotrop ist, reicht es aus, die Kongruenzklassen von Pixelkonfigurationen bzw. deren Repräsentanten zu betrachten. Bei der Berechnung der Gewichte muss berücksichtigt werden, dass

- sowohl die 1-0- als auch die 0-1-Übergänge gezählt werden müssen und folglich die Anzahl durch 2 zu dividieren ist,
- die Übergänge auch in Nachbarzellen (und damit mehrfach) gezählt werden können und
- die Abstände zwischen parallelen Schnittgittern abhängig von der Richtung sind.

Eine einfache Rechnung liefert die Werte

$$w(\square) = 0,$$
$$w(\square) = \frac{\pi}{4} \cdot \frac{1}{2}\left(2 \cdot \frac{1}{2} \cdot 1 + 1 \cdot 1 \cdot \frac{1}{\sqrt{2}}\right) = \frac{\pi}{8}\left(1 + \frac{1}{\sqrt{2}}\right) = 0{,}670\,379,$$
$$w(\square) = \frac{\pi}{4} \cdot \frac{1}{2}\left(2 \cdot \frac{1}{2} \cdot 1 + 2 \cdot 1 \cdot \frac{1}{\sqrt{2}}\right) = \frac{\pi}{8}\left(1 + \sqrt{2}\right) = 0{,}948\,059,$$
$$w(\square) = w(\square) = 0{,}670\,379,$$
$$w(\square) = \frac{\pi}{4} \cdot \frac{1}{2}\left(4 \cdot \frac{1}{2} \cdot 1\right) = \frac{\pi}{4} = 0{,}785\,398,$$
$$w(\square) = 0,$$

wobei die Bedeutung der Summanden in dieser Darstellung durch ihre Grauwerte markiert ist. Für rechteckige Pixel können die Gewichte zur Ermittlung des Umfangs auf analoge Weise bestimmt werden.

Tabelle 7.3 enthält die Gewichte zur Berechnung des Umfangs eines Objekts bzw. der Randlänge einer Struktur aus den Anzahlen der 2 × 2-Pixelkonfigurationen. Die Gewichte beziehen sich auf die Länge des Renderings bzw. wurden mithilfe der Croftonschen Schnittformel berechnet. Es wird darauf hingewiesen, dass sich die Länge des Freeman-Codes nicht aus den Anzahlen der 2 × 2-Pixelkonfigurationen berechnen lässt.

Tabelle 7.3 Gewichte w_k zur Berechnung des Umfangs bzw. der Randlänge für quadratische Pixel auf Basis eines Renderings bzw. der Crofton-Formel

		w_k				w_k	
k	Pikt.	Rendering	Crofton	k	Pikt.	Rendering	Crofton
0		0	0	8		0,707 107	0,670 379
1		0,707 107	0,670 379	9		1,414 214	0,785 398
2		0,707 107	0,670 379	10		1	0,948 059
3		1	0,948 059	11		0,707 107	0,670 379
4		0,707 107	0,670 379	12		1	0,948 059
5		1	0,948 059	13		0,707 107	0,670 379
6		1,414 214	0,785 398	14		0,707 107	0,670 379
7		0,707 107	0,670 379	15		0	0

Beispiel 7.9 Für das Binärbild B in Beispiel 1.13 ist $hw = 152,386$. Unterstellt man quadratische Pixel mit einer Pixelgröße von $a = 0,125$ mm, dann ist $U(X) \approx 19,048$ mm. ∎

Die Umfangsbestimmung ist multigrid-konvergent im folgenden Sinne:

Satz 7.4 Für ein quadratisches Gitter $\mathbb{L} = a\mathbb{Z}^2$ mit der Pixelgröße $a > 0$ bezeichne h_a den von der Pixelgröße a abhängigen Vektor der Anzahlen der 2 × 2-Pixelkonfigurationen des Samplings eines isotropen Objekts X auf $\mathbb{L}$. Dann konvergiert $ah_a w$ für eine kleiner werdende Pixelgröße gegen den Umfang von X,

$$\lim_{a \to 0} ah_a w = U(X).$$

∎

Beispiel 7.10 Das Bild 7.6 zeigt 1 024 Quadrate mit einer Kantenlänge von 20 μm. Genauer: Das Bild stellt Samplings von Quadraten dar, die um einen zufälligen, auf $[0, \pi)$ gleichverteilten Winkel gedreht wurden. Außerdem wurde zu den Offsets der Quadrate ein in der Einheitszelle des Gitters gleichverteilter Vektor addiert (randomisiertes Offset, zufällige „Verwacklung"). Messwerte von Objektmerkmalen sind von der Drehung und dem Offset abhängig.

Der mittlere Umfang ist 78,839 μm und für die Wurzel aus der mittleren quadratischen Abweichung vom exakten Wert erhält man 2,233 μm, d. h., der relative Fehler des gemessenen Umfangs beträgt 2,8 %. ∎

Bild 7.6 Gelabeltes Binärbild mit 1024 Quadraten der Kantenlänge 20 μm, zufälliger Richtung und zufälligem Offset: Das Bild hat 1024×1024 Pixel und die Pixelgröße beträgt 1 μm. Die Pseudocolorierung verdeutlicht die Abweichung des gemessenen Umfangs vom exakten Umfang $U(X) = 80\,\mu m$. Für die mit ■ markierten Quadrate ist der gemessene Umfang kleiner als 79 μm, für ■ zwischen 79 und 81 μm und für ▢ größer als 81 μm.

Zum Abschluss werden zur besseren Übersicht die Gewichte w_k zur Berechnung der Fläche, des Umfangs und der Euler-Zahl in Tabelle 7.4 zusammengefasst. Es ist zu berücksichtigen, dass das Rendering von der Nachbarschaft der Pixel abhängig ist. Die Angaben in Tabelle 7.4 beziehen sich auf das Rendering bezüglich der 8er-Nachbarschaft. Es ist ersichtlich, dass die Länge des Renderings stets größer als der mithilfe der Crofton-Formel berechnete Umfang ist. Schließlich soll noch darauf hingewiesen werden, dass Idee der bildanalytischen Bestimmung von A, U und χ (und weiteren Merkmalen) aus lokalen Pixelkonfigurationen im Wesentlichen auf Arbeiten von Jean Serra zurückgeht [152].

Bemerkung 7.3 Um die Fläche F, die Randlänge U, die Euler-Zahl χ (und weitere additive Merkmale) der Struktur eines Binärbildes bestimmen zu können, muss lediglich der Vektor h aus den Bilddaten bestimmt werden. ■

Bemerkung 7.4 Die Bestimmung von F, U und χ der Objekte eines Binärbildes erfordert in der Regel zunächst ein Labeling. Anschließend kann dann am Labelbild (in einem Bilddurchlauf) für jedes Objekt ein Vektor h berechnet werden, aus dem sich schließlich die Merkmale des jeweiligen Objekts bestimmen lassen. Es ist jedoch auch möglich, die ad-

Tabelle 7.4 Gewichte w_k zur Berechnung der Fläche, des Umfangs bzw. der Euler-Zahl (bezüglich der 4er-, 6er- und 8er-Nachbarschaft) für 2-dimensionale Bilder mit quadratischen Pixeln: Die Gewichte sind hier für Repräsentanten der sechs Kongruenzklassen der 2×2-Pixelkonfigurationen angegeben.

k	Pikt.	Fläche	Umfang		Euler-Zahl		
			Rendering	Crofton	4er	6er	8er
0		0	0	0	0	0	0
1		0,25	0,707 107	0,670 379	0,25	0,25	0,25
3		0,5	1	0,948 059	0	0	0
7		0,75	0,707 107	0,670 379	−0,25	−0,25	−0,25
9		0,5	1,414 214	0,785 398	0,5	0	−0,5
15		1	0	0	0	0	0

ditiven Merkmale aller Objekte direkt aus dem Binärbild zu berechnen, ohne explizit zu labeln. Das spart Speicherplatz und Rechenzeit. ∎

Bemerkung 7.5 Es gibt einen interessanten Ansatz, auf dessen Basis die oben genannten Merkmale direkt aus Grautonbildern bestimmt werden können [160]. Das scheint vorteilhaft zu sein, da hierbei Unsicherheiten bei der Wahl der Binarisierungsschwelle keinen Einfluss auf die Genauigkeit von Ergebnissen der bildanalytischen Bestimmung haben können. Jedoch setzt dieser Ansatz eine genaue Kenntnis der PSF voraus. ∎

Bemerkung 7.6 Die Gewichte zur Berechnung des Umfangs aus den Anzahlen der 2×2-Pixelkonfigurationen sind in Tabelle 7.3 für quadratische Gitter angegeben. Grundsätzlich lässt sich die oben beschriebene Methode zur Berechnung der Gewichte auf beliebige homogene Gitter übertragen. ∎

Aufgabe 7.1 Berechnen Sie die Fläche F, den Umfang U und die Rundheit f_1 eines Objekts, das aus nur einem Pixel der Größe $a = 15\,\mu$m besteht. ∎

■ 7.2 Konvexe Hülle und ihre Merkmale

Es lassen sich einige Merkmale eines Objekts X aus dessen konvexer Hülle ableiten, wobei die konvexe Hülle conv X von X die kleinste abgeschlossene konvexe Menge ist, die X enthält, siehe Bild 7.8. Klar, ist X selbst nicht konvex, dann ist X (echte) Teilmenge seiner konvexen Hülle. Allgemein gilt $X \subseteq \operatorname{conv} X$, und daraus folgt für die Fläche

$$F(X) \leq F(\operatorname{conv} X).$$

Man kann sich leicht überlegen, dass für den Umfang die Relation

$$U(X) \geq U(\operatorname{conv} X)$$

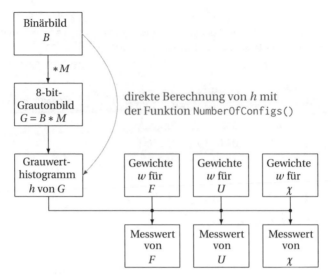

Bild 7.7 Schematische Darstellung zur bildanalytischen Bestimmung der Merkmle F, U und χ von einem Binärbild durch Berechnung von Skalarprodukten

gilt. Ist X darüber hinaus zusammenhängend, gilt außerdem $\chi(X) \leq \chi(\operatorname{conv} X) = 1$. Aus den Relationen für Fläche und Umfang leiten sich unmittelbar die Formfaktoren

$$f_2 = \frac{F(X)}{F(\operatorname{conv} X)}, \quad f_3 = \frac{U(\operatorname{conv} X)}{U(X)}$$

ab, die analog zur Rundheit f_1 Werte zwischen 0 und 1 annehmen. Die Formfaktoren f_2 und f_3 charakterisieren auf verschiedene Weise die Konvexität eines Objekts X, d. h. die Abweichung des Objekts X von seiner konvexen Hülle. Auch die Rundheit

$$f_4 = \frac{4\pi F(\operatorname{conv} X)}{U^2(\operatorname{conv} X)}$$

der konvexen Hülle ist ein brauchbarer Formfaktor von X. Offensichtlich ist $f_1 \leq f_4$ für alle Objekte $X \in \mathcal{K}$.

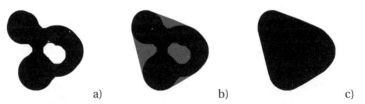

Bild 7.8 a) Ein nichtkonvexes Objekt X, b) seine Ergänzung und c) die konvexe Hülle conv X

Die Breite $b_\vartheta(X)$ eines Objekts X in Richtung ϑ entspricht der Länge $p_\vartheta(\operatorname{conv} X)$ der orthogonalen Projektion der konvexen Hülle,

$$b_\vartheta(X) = p_\vartheta(\operatorname{conv} X)$$

(auch unter dem Namen „Ferretscher Durchmesser" bekannt). Um die Breite von X verständlich zu machen, betrachten wir zwei parallele Geraden der Richtung ϑ, zwischen denen X liegt. Die Breite ist der Abstand des Geradenpaars mit dem kleinsten Abstand. Die mittlere Breite $\bar{b}(X)$ ist der Mittelwert der Breite über alle Richtungen,

$$\bar{b}(X) = \frac{1}{\pi} \int_0^\pi b_\vartheta(X)\, d\vartheta.$$

Aus der Croftonschen Schnittformel (7.5) folgt unmittelbar, dass die mittlere Breite bis auf einen konstanten Faktor dem Umfang der konvexen Hülle entspricht, $\pi \bar{b}(X) = U(\operatorname{conv} X)$. Das Verhältnis von minimaler und maximaler Breite ist ein weiterer Formfaktor, der sogenannte Streckungsgrad

$$f_5 = \frac{b_{\min}(X)}{b_{\max}(X)}$$

mit

$$b_{\min}(X) = \min\{b_\vartheta(X) : 0 \le \vartheta < \pi\}, \qquad b_{\max}(X) = \max\{b_\vartheta(X) : 0 \le \vartheta < \pi\},$$

der ebenfalls Werte zwischen 0 und 1 annehmen kann.

Bild 7.9 a) Ein Reuleaux-Dreieck, b) eine britische Münze als Gleichdick, c) Rückseite

Beispiel 7.11 Gleichdicke sind Objekte mit konstanter Breite. Ihr Streckungsgrad ist also gleich eins, $f_5 = 1$. Zu den Gleichdicken gehören Reuleaux-Dreiecke. Aber auch die Konturen von Münzen bilden manchmal Gleichdicke, siehe Bild 7.9. Der Streckungsgrad ist also nicht dazu geeignet, Gleichdicke zu klassifizieren. Besser geeignet ist die Rundheit. Beispielsweise ist für Reuleaux-Dreiecke

$$F(X) = \frac{1}{2}(\pi - \sqrt{3})a^2, \qquad U(X) = \pi a,$$

wobei a die Seitenlänge bezeichnet. Daraus folgt unmittelbar $f_1 = 0{,}897$. Die Abweichung von der Kreisform ist also signifikant. ∎

Aufgabe 7.2 Bestimmen Sie die Rundheit f_1 und den Streckungsgrad f_5 für gleichseitige n-Ecke mit $n = 3, 4, \ldots$ ∎

In Tabelle 7.5 wird veranschaulicht, in welcher Weise die Formfaktoren $f_1, \ldots, f_5$ zur Klassifikation von Objekten verwendet werden können. In dieser Tabelle ist auch die Euler-Zahl angegeben, die auch als Formfaktor aufgefasst werden kann, da sie ein dimensionsloses (unskaliertes) Merkmal ist.

Algorithmische Bestimmung der konvexen Hülle

Algorithmisch kann die konvexe Hülle der Pixel eines diskretisierten Objekts $X_\square$ z. B. mithilfe des Graham-Scan-Algorithmus berechnet werden[51]. Die konvexe Hülle von $X_\square$ bildet ein konvexes Polygon P, dessen Eckpunkte von P ist eine Teilmenge der Menge aller Konturpixel von $X_\square$ ist. Durch den Algorithmus werden also die Eckpunkte der konvexen Hülle aus den Konturpixeln ausgewählt. Die Bestimmung der Eckpunkte des Polygons P aus den Pixeln von $X_\square$ besteht aus folgenden Schritten:

1. Auswahl der Konturpixel, d. h. aller Pixel aus $X_\square$, die mindestens einen Nachbarn bezüglich der 4er-Nachbarschaft haben, der nicht zu $X_\square$ gehört.

2. Erzeugung einer geordneten Liste $x_0, \ldots, x_{n-1}$ von Konturpixeln: Der erste Punkt x_0 ist dabei ein Eckpunkt von P (der Startpunkt). Wir wählen als Startpunkt den lexikographischen letzten Punkt, d. h. das Pixel von $X_\square$ mit dem größten Index im Datenstream. Alle anderen Pixel der Liste erfüllen die Bedingungen

$$\arg(x_i - x_0) < \arg(x_{i+1} - x_0)$$

oder

$$\|x_i - x_0\| < \|x_{i+1} - x_0\|, \quad \text{falls} \quad \arg(x_i - x_0) = \arg(x_{i+1} - x_0)$$

für $i = 1, \ldots, n-1$. Dabei ist arg die durch Gl. (2.22) gegebene Funktion, die einem Vektor einen Winkel zuordnet.

3. Schließlich werden aus der Liste die Eckpunkte von P ausgewählt, wobei x_{i+1} ein Eckpunkt ist, wenn

$$\det(x_{i+1} - x_i, x_{i+2} - x_i) > 0, \quad i = 1, \ldots, n-1$$

gilt und $x_n = x_0$ gesetzt wird.

Alternativen sind der Jarvis-March-Algorithmus [75] und der Quickhull-Algorithmus, siehe [129], in dem darüber hinaus auch ein Algorithmus zur Bestimmung der konvexen Hülle von Raumpunkten zu finden ist. Etwas umfassender wird das Thema in [39, Abschnitt 1.1 und Kapitel 11] behandelt, wo auch verschiedene Algorithmen verglichen werden. Schließlich verweisen wir auf [130, Abschnitt 21.7.3].

Die Fläche $F(P)$ und der Umfang $U(P)$ können leicht aus den Eckpunkten des konvexen Polygons bestimmt werden. Allerdings wird durch $F(P)$ unf $U(P)$ die Fläche bzw. der Umfang von P unterschätzt, was vor allem für kleine Objekte, d. h. für Objekte mit wenigen Pixeln zu berücksichtigen ist. Es empfiehlt sich daher eine Korrektur mit der Steiner-Formel. Setzt man $r = \frac{a}{2}$, wobei a die Pixelgröße ist, dann erhält man aus conv $X \approx P \oplus B_r$ die Korrekturformeln

$$F(\operatorname{conv} X) \approx F(P) + \frac{a}{2} U(P) + \frac{\pi a^2}{4}, \quad U(\operatorname{conv} X) \approx U(P) + \pi a.$$

Diese Abschätzungen sind insbesondere für die Bestimmung der Konvexitäten f_1 und f_2 hilfreich.

Aufgabe 7.3 Bestimmen Sie die Fläche und den Umfang der konvexen Hülle von X aus der in Abbildung 7.2a gezeigten Diskretisierung. Berechnen Sie daraus die Konvexitäten f_2 und f_3 sowie die Rundheit f_4 der konvexen Hülle. ■

Tabelle 7.5 Tabelle der Formfaktoren einiger konvexer und nichtkonvexer Objekte

X	f_1	f_2	f_3	f_4	f_5	χ
○	1	1	1	1	1	1
△	0,897	1	1	0,897	1	1
⬭	0,841	1	1	0,841	1	1
△	0,605	1	1	0,605	0,866	1
◎	0,333	0,75	0,667	1	1	0
⊘	0,280	0,75	0,667	0,841	1	0
✾	0,02	0,222	0,3	1	1	-6

■ 7.3 Weitere Merkmale

Zu den Objektmerkmalen zählen auch nichtzentrierte und zentrierte Momente (z. B. der Schwerpunkt eines Objekts oder die Halbachsenlängen und -richtungen der angepassten Ellipse), sowie Extinktionsmerkmale (z. B. der mittlere Grauwert eines Objekts oder die Standardabweichung des Grauwerts innerhalb des Objekts). Der Schwerpunkt eines Objekts ist übrigens einer der wenigen Merkmale, die bildanalytisch mit Subpixelgenauigkeit gemessen werden können. Im Folgenden werden Merkmale aufgelistet, deren Angabe im Allgemeinen jedoch nur für makroskopisch homogene zufällige Strukturen sinnvoll ist:

- Aus einer Liste von Merkmalen der Teilchen einer Struktur können Verteilungsdichten dieser Merkmale z. B. in Form von Histogrammen geschätzt werden (Histogramme der Flächen, Umfänge, Formfaktoren, ...).
- Die Angabe des Flächenanteils, der spezifischen Randlänge und der spezifischen Euler-Zahl erfordert keine Segmentierung von Objekten (Teilchen), setzt aber voraus, dass der Vordergrund des Binärbildes ein Bestandteil (z. B. eine Phase) einer makroskopisch homogenen Struktur ist.
- Ähnliches gilt für die sphärische Kontakt- und Granulometrieverteilungsfunktion, die bereits in Abschnitt 2.1.2 bzw. 2.1.3 eingeführt wurden.
- Auch die Autokorrelationsfunktion bzw. die entsprechende Funktion im OFR – die Spektraldichte – und daraus abgeleitete Kennzahlen können als Merkmale zufälliger Strukturen aufgefasst werden, siehe Bilder 4.1 und 5.14 sowie die Abschnitte 5.6.2 und 5.6.4.
- Schließlich wird noch darauf hingewiesen, dass z. B. die längengewichtete Richtungsverteilung von Fasern durch die orthogonale Projektion der Radon-Transformierten auf die Richtungsachse geschätzt werden kann, siehe Bemerkung 3.35.

8 Lösung der Übungsaufgaben

Aufgabe 1.1 Die Vereinigung von vier konvexen Mengen kann die Werte von $-2,\ldots,4$ annehmen.

Aufgabe 1.2 Für

$$U = \frac{1}{\sqrt{2}}\begin{pmatrix} 1 & -1 \\ 1 & 1 \end{pmatrix}$$

ist

$$U^{-1} = \frac{1}{\sqrt{2}}\begin{pmatrix} 1 & 1 \\ -1 & 1 \end{pmatrix} \quad \text{und} \quad (U^{-1})' = \frac{1}{\sqrt{2}}\begin{pmatrix} 1 & -1 \\ 1 & 1 \end{pmatrix},$$

d. h., das inverse Gitter $\hat{\mathbb{L}}$ hat die gleiche Basis wie $\mathbb{L}$.

Aufgabe 1.3 Ist die Basis von $\mathbb{L}$ orthonormal, dann gilt $U = (U^{-1})'$, und $\hat{\mathbb{L}}$ hat die gleiche Basis wie $\mathbb{L}$.

Aufgabe 1.4 Die Werte h_k sind in Tabelle 8.1 angegeben. Der Wert für $\#(\square)$ ist

$$\#(\square) = h_1 + h_3 + h_5 + h_7 + h_9 + h_{11} + h_{13} + h_{15} = 8$$

und damit gleich der Anzahl der Vordergrundpixel des Binärbildes.

Aufgabe 1.5 Es gilt

$$\begin{aligned} v &= \frac{1}{4}\Big(\#(\square) + \#(\square) + \#(\square) + \#(\square)\Big), \\ e &= \#(\square) + \#(\square) + \frac{1}{2}\Big(\#(\square) + \#(\square) + \#(\square) + \#(\square)\Big), \\ f &= \#(\square) + \#(\square) + \#(\square) + \#(\square). \end{aligned}$$

Tabelle 8.1 Die Werte h_k für das Binärbild aus Beispiel 1.12

k	Pikt.	h_k	k	Pikt.	h_k	k	Pikt.	h_k	k	Pikt.	h_k
0	□	0	4	□	1	8	□	1	12	□	2
1	□	1	5	□	2	9	□	0	13	□	1
2	□	1	6	□	0	10	□	2	14	□	1
3	□	2	7	□	1	11	□	1	15	□	0

Damit ist

$$\chi = \frac{1}{4}(h_1 + h_2 + h_4 - 2h_6 - h_7 + h_8 - 2h_9 - h_{11} - h_{13} - h_{14}).$$

Aufgabe 1.6 Die Anzahl der isolierten Vordergrundpixel beträgt

$$h_{16} + h_{17} + h_{20} + h_{21} + h_{80} + h_{81} + h_{84} + h_{85} + h_{262} + h_{263} + h_{266} + h_{267} + h_{320} + h_{321} + h_{324} + h_{325}$$

für die 4er-Nacharschaft, $h_{16} + h_{17} + h_{274} + h_{275}$ für die 6er-Nacharschaft und h_{16} für die 4er-Nachbarschaft.

Aufgabe 1.7

$$B_2 = \frac{1}{16}\begin{pmatrix} 0 & 0 & 0 & 0 & 0 \\ 0 & 1 & 2 & 1 & 0 \\ 0 & 2 & 4 & 2 & 0 \\ 0 & 1 & 2 & 1 & 0 \\ 0 & 0 & 0 & 0 & 0 \end{pmatrix}, \quad B_2^{\pi/4} = \frac{1}{16}\begin{pmatrix} 0 & 0 & 0{,}34 & 0 & 0 \\ 0 & 1{,}17 & 1{,}67 & 1{,}17 & 0 \\ 0{,}34 & 1{,}67 & 4 & 1{,}67 & 0{,}34 \\ 0 & 1{,}17 & 1{,}67 & 1{,}17 & 0 \\ 0 & 0 & 0{,}34 & 0 & 0 \end{pmatrix}.$$

Aufgabe 1.8 Die Pixelpositionen des 1-dimensionalen verzerrten Gitters sind $\sinh 1 = 0$, $\sinh 1 = 1{,}175$, $\sinh 2 = 3{,}625$ und $\sinh 3 = 10{,}018$. Die Pixelwerte auf dem unverzerrten Gitter erhält man durch lineare Interpolation und anschließende Rundung, $f_0 = 0$, $f_1 = 199$, $f_2 = 186$, $f_3 = 155$, $f_4 = 139, \ldots$

Aufgabe 1.9 Die Grauwerttransformation entspricht der Invertierung eines Binärbildes, falls $u(k) = 255 - k$ für $k = 0, \ldots, 255$. In diesem Fall ist die Grauwerttransformation bijektiv.

Aufgabe 1.10 Das Bild hat $2^{15} = 32\,768$ Pixel. Nach dem Histogrammausgleich hat das Bild das Grauwerthistogramm $h = (h_k)$ mit $h_0 = 1\,914$, $h_2 = 3\,003$, $h_4 = 5\,005$, $h_7 = 6\,435$, $h_{10} = 6\,435$, $h_{12} = 5\,005$, $h_{14} = 44943$, $h_{15} = 1$ und $h_k = 0$ sonst. Der Ausgleich ist im Allgemeinen nicht perfekt.

Aufgabe 1.11 Für Binärbilder ist die Entropie

$$H = -\left(\frac{m}{n}\log_2\frac{m}{n} + \frac{n-m}{n}\log_2\frac{n-m}{n}\right)$$

wobei m die Anzahl der Vordergrundpixel und n die (geradzahlige) Gesamtpixelzahl des Bildes ist. Die Entropie H wird maximal für $m = n/2$. Das Maximum ist $H = 1$.

Aufgabe 1.12 Die relativen Häufigkeiten der Grauwerte des Bildes 1.10a sind $p_{126} = p_{127} = p_{128} = p_{129} = \frac{1}{4}$ und $p_k = 0$ sonst. Daraus ergibt sich für die Entropie des Bildes $H = 2$. In diesem Fall ändert sich die Entropie durch einen Histogrammausgleich (Bild 1.10b) nicht.

Aufgabe 2.1 Es ist $X \oplus Y = 2X = \square$, $X \ominus Y = \cdot$, $X \ominus \check{Y} = .$ und $X \circ Y = X \bullet Y = X = \square$.

Aufgabe 2.2 Konsequente Anwendung von Gl. (2.15) liefert

$$\begin{pmatrix} 1 & 1 & 1 \\ 1 & 1 & 1 \\ 1 & 1 & 1 \end{pmatrix} \ominus \begin{pmatrix} 1 & 1 \\ 1 & 1 \end{pmatrix} = \begin{pmatrix} 1 & 1 \\ 1 & 1 \end{pmatrix}, \qquad \begin{pmatrix} 1 & 0 & 0 \\ 0 & 1 & 1 \\ 0 & 1 & 1 \end{pmatrix} \ominus \begin{pmatrix} 1 & 1 \\ 1 & 1 \end{pmatrix} = (1),$$

$$\begin{pmatrix} 1 & 0 & 0 \\ 0 & 1 & 1 \\ 0 & 1 & 1 \end{pmatrix} \circ \begin{pmatrix} 1 & 1 \\ 1 & 1 \end{pmatrix} = \begin{pmatrix} 1 & 1 \\ 1 & 1 \end{pmatrix}, \qquad \begin{pmatrix} 1 & 1 & 1 \\ 1 & 0 & 1 \\ 1 & 1 & 1 \end{pmatrix} \bullet \begin{pmatrix} 1 & 1 \\ 1 & 1 \end{pmatrix} = \begin{pmatrix} 1 & 1 & 1 \\ 1 & 1 & 1 \\ 1 & 1 & 1 \end{pmatrix}.$$

Aufgabe 2.3 Man erhält

$$B * R_1 = \frac{1}{\sqrt{2}} \begin{pmatrix} 0 & 0 & 0 & 0 & 0 \\ 1 & 1 & 1 & 0 & 0 \\ 1 & 0 & 0 & -1 & 0 \\ 1 & 0 & 0 & -1 & 0 \\ 0 & -1 & -1 & -1 & 0 \end{pmatrix}, \qquad B * R_2 = \frac{1}{\sqrt{2}} \begin{pmatrix} 0 & 0 & 0 & 0 & 0 \\ 0 & 1 & 1 & 1 & 0 \\ -1 & 0 & 0 & 1 & 0 \\ -1 & 0 & 0 & 1 & 0 \\ -1 & -1 & -1 & 0 & 0 \end{pmatrix},$$

und damit

$$\|B * R\| = \frac{1}{\sqrt{2}} \begin{pmatrix} 0 & 0 & 0 & 0 & 0 \\ 1 & \sqrt{2} & \sqrt{2} & 1 & 0 \\ \sqrt{2} & 0 & 0 & \sqrt{2} & 0 \\ \sqrt{2} & 0 & 0 & \sqrt{2} & 0 \\ 1 & \sqrt{2} & \sqrt{2} & 1 & 0 \end{pmatrix}.$$

Die Kantenschärfe ist also besser als bei $\|B * D\|$.

Aufgabe 2.4 Die Ergebnisbilder sind

$$\begin{pmatrix} 0 & 0 & 0 & 0 \\ 0 & 73 & 73 & 0 \\ 0 & 27 & 37 & 0 \\ 0 & 0 & 0 & 0 \end{pmatrix}, \quad \begin{pmatrix} 147 & 222 & 222 & 222 \\ 245 & 245 & 245 & 222 \\ 245 & 245 & 245 & 211 \\ 245 & 245 & 245 & 210 \end{pmatrix}, \quad \begin{pmatrix} 0 & 74 & 121 & 0 \\ 74 & 134 & 147 & 121 \\ 74 & 137 & 166 & 75 \\ 0 & 37 & 75 & 0 \end{pmatrix}.$$

Aufgabe 3.1 Für das Labelbild G und die Liste L erhält man

$$G = \begin{pmatrix} 0 & 0 & 0 & 0 & 0 & 0 & 0 \\ 0 & 1 & 0 & 2 & 0 & 3 & 0 & 4 \\ 5 & 0 & 6 & 0 & 7 & 3 & 3 & 0 \\ 0 & 8 & 6 & 0 & 0 & 3 & 0 & 0 \\ 9 & 0 & 6 & 0 & 0 & 3 & 3 & 0 \\ 0 & a & 6 & 6 & 0 & 3 & 0 & b \\ 0 & a & 0 & 0 & 0 & 3 & 3 & 0 \\ 0 & 0 & c & c & c & 3 & 0 & 0 \end{pmatrix}, \qquad L = \begin{pmatrix} 3 & 7 \\ 6 & 8 \\ 6 & a \\ 3 & c \end{pmatrix},$$

wobei die Labels aus Platzgründen als Hexadezimalzahlen angegeben sind. Damit gibt es in B insgesamt 9 Äquivalenzklassen (einschließlich 0 für den Hintergrund) und 8 Zusammenhangskomponenten.

Aufgabe 3.2 Die Kodierung c kann die Werte 0, 15, 60 und 63 nicht annehmen.

Aufgabe 3.3 Es gibt insgesamt 2^4 Konfigurationen dieses Typs, von denen allerdings 2 nicht vorkommen können. Das Auftreten dieses Typs kann durch

```
if((c&8 == 8) && (c&2 == 0)) ...
```

abgefragt werden.

Aufgabe 3.4 Das Distanzbild D und seine Binarisierung D_t bezüglich der Schwelle t ist

$$D = \frac{1}{4}\begin{pmatrix} 1 & 0 & 1 & 1 & 0 \\ \sqrt{2} & 1 & \sqrt{2} & \sqrt{2} & 1 \\ 1 & \sqrt{2} & \sqrt{5} & \sqrt{5} & 2 \\ 0 & 1 & 2 & \sqrt{2} & 1 \\ 1 & \sqrt{2} & 2 & 1 & 0 \end{pmatrix}, \quad D_t = \frac{1}{4}\begin{pmatrix} 1 & 1 & 1 & 1 & 1 \\ 0 & 1 & 0 & 0 & 1 \\ 1 & 0 & 0 & 0 & 0 \\ 1 & 1 & 0 & 0 & 1 \\ 1 & 0 & 0 & 1 & 1 \end{pmatrix},$$

wobei die Pixelwerte von D die Maßeinheit mm haben. Das Binärbild D_t entspricht einer Dilatation von B mit dem digitalen Kreis

$$S = \begin{pmatrix} 0 & 1 & 0 \\ 1 & 1 & 1 \\ 0 & 1 & 0 \end{pmatrix}$$

als strukturierendes Element.

Aufgabe 3.5 Für die 8er-Nachbarschaft erhält man die Matrix

$$D = \begin{pmatrix} \sqrt{2} & \infty & \infty & \infty & 2+5\sqrt{2} & \infty \\ 1 & 0 & 1 & \infty & \infty & 2+4\sqrt{2} \\ \infty & \infty & \sqrt{2} & 1+\sqrt{2} & \infty & 1+4\sqrt{2} \\ 1+2\sqrt{2} & 2\sqrt{2} & 1+\sqrt{2} & 2\sqrt{2} & \infty & 4\sqrt{2} \\ 3\sqrt{2} & \infty & \infty & 1+2\sqrt{2} & 3\sqrt{2} & 1+3\sqrt{2} \\ 1+3\sqrt{2} & \infty & \infty & 2+2\sqrt{2} & 1+3\sqrt{2} & \infty \end{pmatrix}.$$

der geodätischen Abstände vom Pixel x. Das liefert die Näherung $\text{dist}_X(x,y) \approx 6{,}656854$ Der exakte Wert ist $\text{dist}_X(x,y) = \sqrt{3^2+3^2} + \sqrt{1^2+2^2} = 6{,}478709$.

Aufgabe 3.6 Aus einfachen geometrischen Überlegungen folgt unmittelbar $s^2 = b^2/(1+a^2)$.

Aufgabe 4.1 Es gilt

$$\begin{aligned}\hat{f}(\xi) &= \int_0^\infty e^{-x} e^{-ix\xi}\, dx = \int_0^\infty e^{-(1+i\xi)x}\, dx = \frac{1}{-(1+i\xi)} e^{-(1+i\xi)x}\Big|_0^\infty \\ &= \frac{1}{1+i\xi} = \frac{1-i\xi}{(1+i\xi)(1-i\xi)} = \frac{1}{1+\xi^2} - i\frac{\xi}{1+\xi^2}.\end{aligned}$$

Die Fourier-Transformierte von $f(x)$ ist also komplexwertig mit einem geraden Realteil und einem ungeraden Imaginärteil; $\hat{f}(\xi)$ ist also hermitesch.

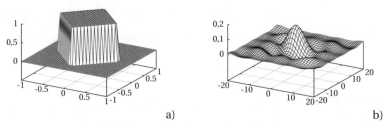

Bild 8.1 a) Funktion $f(x)$ und b) ihre Fourier-Transformierte

Aufgabe 4.2 Die Funktion $f(x)$ entspricht der Drehung der Indikatorfunktion des Einheitsquadrats um $\frac{\pi}{4}$. Wir wenden Gl. (4.5) mit der Rotationsmatrix

$$A_{\frac{\pi}{4}} = \frac{1}{\sqrt{2}}\begin{pmatrix} 1 & 1 \\ -1 & 1 \end{pmatrix} \quad \text{und ihrer Inversen} \quad A_{\frac{\pi}{4}}^{-1} = \frac{1}{\sqrt{2}}\begin{pmatrix} 1 & -1 \\ 1 & 1 \end{pmatrix}$$

an. Damit erhält man unmittelbar aus Tabelle 4.2 die Fourier-Transformierte

$$\hat{f}(\xi_1,\xi_2) = \frac{1}{2\pi}\operatorname{sinc}\frac{\xi_1-\xi_2}{2\sqrt{2}\pi}\operatorname{sinc}\frac{\xi_1+\xi_2}{2\sqrt{2}\pi}, \quad \xi_1,\xi_2 \in \mathbb{R}.$$

Die Funktionen $f(x_1,x_2)$ und $\hat{f}(\xi_1,\xi_2)$ sind in Bild 8.1 graphisch dargestellt.

Aufgabe 4.3 Die Fourier-Transformierte der Indikatorfunktion der in Bild 8.2 gezeigten Kreise ist

$$\hat{f}(\xi) = \frac{J_1(\|\xi\|/2)}{\|\xi\|}\bigl(\cos(\xi_1+\xi_2)+\cos(\xi_1-\xi_2)\bigr), \quad \xi_1,\xi_2 \in \mathbb{R}.$$

Dabei ist J_1 die Bessel-Funktion 1. Art und 1. Ordnung.

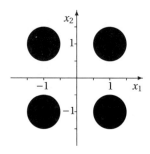

Bild 8.2 Anordnung von vier Kreisen in der Ebene $\mathbb{R}^2$

Aufgabe 4.4 Die Funktion $f(x) = \sin x$ hat die Kreisfrequenz $\xi = 1$. Für $a = 4$ ist die Abtastfrequenz $\omega_a = \frac{1}{4}$, und die zugehörige Kreisfrequenz ist $\xi_a = \frac{\pi}{2}$. Da ξ größer als die Nyquist-Kreisfrequenz $\xi_N = \frac{\pi}{4}$ ist, liegt eine Unterabtastung vor. Die Kreisfrequenz ξ_A des Aliasings erhält man durch Spiegelung von ξ an ξ_N, d. h., $\xi_A = 2\xi_N - \xi = \frac{\pi}{2} - 1$. Das Aliasing

der Sinusfunktion ist
$$f_A(x) = -\sin\left(\left(\frac{\pi}{2} - 1\right)x\right), \quad x \in \mathbb{R},$$
siehe Bild 8.3.

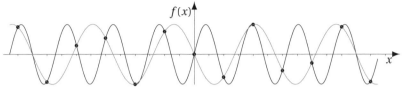

Bild 8.3 Funktion $f(x) = \sin x$ und ihr Aliasing $f_A(x)$ (grau) bei einer Unterabtastung mit $a = 4$

Aufgabe 4.5 Da f gerade ist, gilt $\hat{f} = Cf$, d. h.

$$\hat{f} = \frac{1}{2}\begin{pmatrix} 2 & 2 & 2 & 2 & 2 & 2 \\ 2 & 1 & -1 & -2 & -1 & 1 \\ 2 & -1 & -1 & 2 & -1 & -1 \\ 2 & -2 & 2 & -2 & 2 & -2 \\ 2 & -1 & -1 & 2 & -1 & -1 \\ 2 & 1 & -1 & -2 & -1 & 1 \end{pmatrix} \cdot \frac{1}{5}\begin{pmatrix} 1 \\ 1 \\ 1 \\ 0 \\ 1 \\ 1 \end{pmatrix} = \frac{1}{5}\begin{pmatrix} 5 \\ 1 \\ -1 \\ 1 \\ -1 \\ 1 \end{pmatrix}.$$

Aufgabe 5.1 Gl. (5.9) liefert

$$\tilde{F} = \frac{1}{8}\begin{pmatrix} 8 & 6 & 2 & 0 & 2 & 6 \\ 4 & 3 & 1 & 0 & 1 & 3 \\ 0 & 0 & 0 & 0 & 0 & 0 \\ 4 & 3 & 1 & 0 & 1 & 3 \end{pmatrix}.$$

Aufgabe 5.2 Die Filtermasken $D^{(f)}$ und $D^{(b)}$ sind weder gerade noch ungerade; ihre Transferfunktionen $\tilde{f}(\omega)$ sind komplexwertig. Für $D^{(f)}$ errechnet sich $\tilde{f}(\omega)$ mithilfe von Gl. (5.6). Es gilt

$$\tilde{f}(\omega) = e^{-2\pi i a \omega} - 1 = \cos 2\pi a \omega - i \sin 2\pi a \omega - 1,$$

und analog erhält man für $D^{(b)}$

$$\tilde{f}(\omega) = 1 - e^{2\pi i a \omega)} = 1 - \cos 2\pi a \omega + i \sin 2\pi a \omega - 1.$$

Aufgabe 5.3 Zunächst muss der Faktor $1 - p\Delta$ in Gl. (2.30) erst einmal als Filtermaske $h(x)$ geschrieben werden, so dass $(1 - p\Delta) \cdot f = h * f$. Mithilfe der 2-dimensionalen Gauß-Funktion $g_\sigma(x)$ aus Gl. (2.19) und dem Faltungstheorem (4.10) erhält man

$$\mathscr{F}(h * f)(\xi) = 2\pi \lim_{\sigma \to 0}(1 - p\Delta) \cdot \hat{g}_\sigma(\xi) \cdot \hat{f}(\xi) = 2\pi\left(\frac{1}{2\pi} + p\|\xi\|^2\right) \cdot \hat{f}(\xi), \quad \xi \in \mathbb{R}^2.$$

Das heißt $h(x) = \lim_{\sigma \to 0}(1 - p\Delta)g_\sigma(x)$ ist die gesucht Filtermaske und

$$\hat{h}(\xi) = \frac{1}{2\pi} + p\|\xi\|^2$$

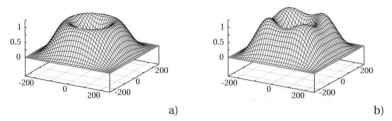

Bild 8.4 Transferfunktionen a) des diskreten DoG- und b) des diskreten LoG-Filters

ist daher als Transferfunktion von $1 - p\Delta$ anzusehen. Die Filterung von f mit h führt zu einer stärkeren Gewichtung hochfrequenter Bildinhalte in einem Bild $f(x)$ und damit auch zu eine Schärfung von Kanten.

Aufgabe 5.4 Für den Tief- bzw. Hochpassfilter aus Bild 5.10 gilt

$$\hat{f}(\xi) = \frac{1 + i\xi RC}{1 + (\xi RC)^2} \quad \text{bzw.} \quad \hat{f}(\xi) = \frac{(1 + i\xi RC)\xi RC}{1 + (\xi RC)^2}.$$

Aufgabe 5.5 Die Transferfunktionen der diskreten DoG- und LoG-Filter sind

$$\tilde{f}(\omega) = 4\left(\cos^4(\pi a_1 \omega_1)\cos^4(\pi a_2 \omega_2) - \cos^2(\pi a_1 \omega_1)\cos^2(\pi a_2 \omega_2)\right)$$

bzw.

$$\tilde{f}(\omega) = -4\left(\sin^2(\pi a_1 \omega_1) + \sin^2(\pi a_2 \omega_2)\right)\cos^2(\pi a_1 \omega_1)\cos^2(\pi a_2 \omega_2),$$

siehe Bild 8.4. Die deutlich stärkere Anisotropie des diskreten LoG-Filters ist auf die Verwendung der Maske L zurückzuführen.

Aufgabe 7.1 Man erhält

$$F = 225\,\mu\text{m}^2, \quad U = 40{,}2\,\mu\text{m}, \quad f_1 = 1{,}75.$$

Diese Werte sind mit großen relativen Fehlern behaftet. Insbesondere die Rundheit f_1 dürfte nicht größer als 1 sein. Die Ursache für die großen Fehler sind in der unzureichenden lateralen Auflösung zu sehen, bei der das Objekt aufgenommen wurde.

Aufgabe 7.2 Für die Fläche F, den Umfang U, die maximale Breite $b_{\max}$ und den Inkreisradius r_i eines regelmäßigen n-Ecks mit dem Umkreisradius r_u gilt

$$F = \frac{n}{2} r_u^2 \sin\frac{\pi}{n}, \quad U = 2nr_u \sin\frac{2\pi}{n}, \quad b_{\max} = 2r_u \sin\frac{m\pi}{n}$$

bzw. $r_i = r_u \cos\frac{\pi}{n}$, wobei $m = \lfloor n/2 \rfloor$ ist. Daraus ergibt sich

$$f_1 = \frac{\pi \sin\frac{2\pi}{n}}{n\left(1 - \cos\frac{2\pi}{n}\right)} \quad \text{für } n = 1, 2, \ldots,$$

Tabelle 8.2 Formfaktoren f_1 und f_5 für einige regelmäßige n-Ecke

n	f_1	f_5	n	f_1	f_5
3	0,605	0,866	7	0,932	0,975
4	0,785	0,707	8	0,948	0,924
5	0,865	0,951	9	0,959	0,985
6	0,907	0,866	10	0,967	0,951

$$f_5 = \frac{1+\cos\frac{\pi}{n}}{2\sin\frac{m\pi}{n}} \quad \text{für } n=1,3,\ldots \quad \text{und} \quad f_5 = \cos\frac{\pi}{n} \quad \text{für } n=2,4,\ldots$$

Tabelle 8.2 enthält ein paar numerische Werte. Offensichtlich konvergieren f_1 und f_5 gegen 1 für $n \to \infty$.

Aufgabe 7.3 Wegen $F(P) = 10a^2$ und $U(P) = \left(2(1+\sqrt{2}+\sqrt{5})+\sqrt{10}\right)a = 12{,}463a$, siehe Bild 8.5b, ist

$$F(\text{conv } X) \approx \left(10 + \frac{12{,}463}{2} + \frac{\pi}{4}\right)a^2 = 17{,}017a^2, \quad U(\text{conv } X) \approx (12{,}463+\pi)a = 15{,}604a,$$

siehe Bild 8.5c. Die Fläche von X kann durch die Fläche der Gauß-Digitalisierung abgeschätzt werden, $F(X) \approx 15a^2$, und für den Umfang von X hatten wir $U(X) \approx 15{,}074a$ erhalten. Daraus errechnen sich die Konvexitäten $f_2 \approx 0{,}881$ und $f_3 \approx 1{,}035$. Der Wert für f_3 ist durch 1 nach oben begrenzt, d. h. f_3 wurde aufgrund von Diskretisierungsfehlern überschätzt. Für die Rundheit der konvexen Hülle von X erhält man den Schätzwert $f_4 \approx 0{,}878$, der erwartungsgemäß größer als die Rundheit $f_1 \approx 0{,}830$ von X ist.

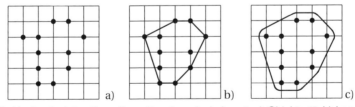

Bild 8.5 a) Die Konturpixel des Samplings $X_\square$ eines (unbekannten) Objekts X, b) konvexe Hülle P der Pixel und c) Rekonstruktion $P \oplus B_r$ der konvexen Hülle conv X des Objekts X mit $r = \frac{a}{2}$

Formelzeichen und Abkürzungen

Im Folgenden werden häufig verwendete Formelzeichen und Abkürzungen aufgelistet. Es wurde versucht, Doppelbezeichnungen zu vermeiden, was jedoch nicht konsequent durchgesetzt werden konnte, um für alle Begriffe auch die üblichen Symbole verwenden zu können. So bezeichnet n sowohl die Dimension des Raumes als auch die Pixelzahl. Das sollte jedoch in diesem Buch nicht zu Missverständnissen führen.

$\mathbf{1}()$	Indikatorfunktion	$\mathbb{E}$	Erwartungswert
$*$	Faltung	EDT	Euklidische Distanztransformation
$\star$	Korrelation	$f()$	2-dimensionale Funktion,
$\setminus$	Mengendifferenz		kontinuierliches Grautonbild
$\cup$	mengentheoretische Vereinigung	$\hat{f}()$	Fourier-Transformierte von f
$\cap$	mengentheoretischer Durchschnitt	$f_\Box()$	Sampling von f auf einem Gitter
$\oplus$	Minkowski-Addition	F	diskretes Grautonbild, Fläche
$\ominus$	Minkowski-Subtraktion	$\mathscr{F}, \bar{\mathscr{F}}$	Fourier-Transformation, inverse
$\circ$	morphologische Öffnung	fFT	schnelle Fourier-Transformation
$\bullet$	morphologische Abschließung	$g_\sigma()$	zentrierte Gauß-Funktion
$\boxplus$	Unterteilung, Tessellation	h	Grauwerthistogramm
$\lfloor \cdot \rfloor$	floor-Funktion	$\mathscr{H}$	Hilbert-Transformation
$\Gamma()$	Eulersche Gamma-Funktion	$H_\nu()$	Struve-Funktion ν-ter Ordnung
$\delta()$	Dirac-Funktion	$J_\nu()$	Bessel-Funktion 1. Art, ν-ter Ordnung
Δ	Laplace-Operator	$\mathscr{J}_\nu$	Bessel-Transformation ν-ter Ordnung
∇	Nabla-Operator		(Hankel-Transformation)
ω, ω_N	Ortsfrequenz, Nyquist-Ortsfrequenz	$K_\nu()$	Bessel-Funktion 2. Art, ν-ter Ordnung
$\Phi()$	Gaußsches Fehlerintegral	$\mathbb{L}$	homogenes Punktegitter
σ^2	Varianz	n	Dimension des Raumes,
Σ	Kovarianzmatrix		Pixelzahl eines Bildes
ξ, ξ_N	Kreisfrequenz, Nyquist-Kreisfrequenz	OFR	Ortsfrequenzraum
χ	Euler-Poincare-Charakteristik	OR	Ortsraum
a	Pixelgröße	$\mathbb{R}^n$	n-dimensionaler Euklidischer Raum
$\mathbb{C}$	Menge der komplexen Zahlen	ROI	Teil eines Bildausschnitts
^{c}	Komplementärmenge		(region of interest)
	(Hintergrund eines Binärbildes)	$\mathscr{R}, \bar{\mathscr{R}}$	Radon-Transformation, inverse
c_W	Fensterfunktion	SDT	signierte Distanztransformation
cov()	Kovarianzfunktion	sinc()	sinc-Funktion (sinus cardinalus)
corr()	Korrelationsfunktion	U	Umfang
D	Diffusionskoeffizient	W	Bildausschnitt, Fenster
$D()$	Dawson-Funktion	WST	Wasserscheidentransformation
dist()	kleinster (Euklidischer) Abstand	X	Menge, Zusammenhangs-
	eines Punktes zu einer Menge		komponente, Bildvordergrund
$\text{dist}_X()$	geodätischer Abstand in X	$X_\Box$	Sampling von X auf einem Gitter
dFT	diskrete Fourier-Transformation	Y	strukturierendes Element
e	Eulersche Zahl	$\mathbb{Z}$	Menge der ganzen Zahlen

Literatur

[1] ABRAHAMSEN, P. (1997). A review of random fields and correlation functions, 2nd Ed. *Technical report*. Norwegian Computing Center Oslo.

[2] ADLER, R. J. (1981). *The Geometry of Random Fields*. John Wiley & Sons, New York.

[3] ADLER, R. J. UND TAYLOR, J. (2007). *Random Fields and Geometry*. Springer, New York.

[4] AHLERS, R. J. (2000). *Das Handbuch der Bildverarbeitung*. Expert-Verlag, Renningen.

[5] ALTENDORF, H. UND DOMINIQUE, J. (2009). 3D directional mathematical morphology for analysis of fiber orientations. *Image Anal. Stereol.* 28, S. 143–153.

[6] AMANN, H. (2005). Quasilinear parabolic problems via maximal regularity. *Adv. Diff. Equ.* 10, S. 15–38.

[7] AMANN, H. (2007). Time-delayed Perona Malik type problems. *Acta Math. Univ. Comenianae* 76, S. 1081–1110.

[8] ASANO, S., MARUYAMA, T. UND YAMAGUCHI, Y. (2009). Performance comparison of FPGA, GPU and CPU in image processing. In *IEEE 2009, 19th International Conference on Field Programmable Logic and Applications, FPL 2009, August 31 – September 2, 2009*. Prague, Czech Republic. S. 126–131.

[9] AVERBUCH, A., COIFMAN, R. R., DONOHO, D. L., ELAD, M. UND ISRAEL, M. (2006). Fast and accurate polar Fourier transform. *Appl. Comput. Harmon. Anal.* 21, S. 145–167.

[10] BANHART, J. (2008). *Advanced Tomographic Methods in Materials Science and Engineering*. Oxford University Press, Oxford.

[11] BARASH, D. (2002). Fundamental relationship between bilateral filtering, adaptive smoothing, and the nonlinear diffusion equation. *IEEE Trans. Pattern Anal. Machine Intelligence* 24, S. 844–847.

[12] BARNER, K. E. UND ARCE, G. R. (2003). *Nonlinear Signal and Image Processing: Theory, Methods, and Applications (Electrical Engineering & Applied Signal Processing Series)*. CRC Press, Taylor & Francis, Boca Raton, Florida.

[13] BARNES, R., LEHMANN, C. UND MULLA, D. (2014). Priority-flood: An optimal depression-filling and watershed-labeling algorithm for digital elevation models. *Computers & Geosciences* 62, S. 117–127.

[14] BÄSSMANN, H. UND KREYSS, J. (2004). *Bildverarbeitung Ad Oculos*. Springer, Berlin.

[15] BAYRO-CORROCHANO, E. (2010). *Geometric Computing: for Wavelet Transforms, Robot Vision, Learning, Control and Action*. Springer, New York.

[16] BERTRAND, G. (2005). On topological watersheds. *J. Math. Imaging and Vision* 22, S. 217–230.

[17] BEUCHER, S. UND LANTUÉJOUL, C. (1979). Use of watersheds in contour detection. In *International Workshop on Image Processing, Real-Time Edge and Motion Detection/Estimation, CCECT/IRISA*. Rennes, France.

[18] BEUCHER, S. UND MEYER, F. (1993). The morphological approach to segmentation: the watershed transform. In *Mathematical Morphology in Image Processing*. Hrsg. E. Dougherty. Marcel Dekker, New York S. 433–481.

[19] BEYERER, J., PUENTE LEÓN, F. UND FRESE, C. (2012). *Automatische Sichtprüfung – Grundlagen, Methoden und Praxis der Bildgewinnung und Bildauswertung*. Springer, New York.

[20] BLANKENBURG, C., RACK, A., DAUL, C. UND OHSER, J. (2017). Torsion estimates of particle paths through porous media observed by in-situ time-resolved microtomography. *J. Microsc.* 266, S. 141–152.

[21] BRACEWELL, R. N. (1986). *The Fourier transform and its Applications*. McGraw-Hill, New York.

[22] BRÄNL, T., FEYRER, S., RAPF, W. UND REINHARDT, M. (1993). *Parallele Bildverarbeitung*. Addison-Wesley, Bonn.

[23] BREDIS, K. UND LORENZ, D. (2011). *Mathematische Bildverarbeitung*. Vieweg & Teubner, Wiesbaden.

[24] BRÉMAUD, P. (2014). *Fourier-Analysis & Stochastic Processes*. Springer, New York.

[25] BRIGHAM, E. O. (1995). *FFT: Schnelle Fourier-Transformation, 6. Aufl.* Oldenbourg, München, Wien.

[26] BURGER, W. UND BURGE, J. (2009). *Digital Image Processing: Volume 1 – Fundamental Techniques, Volume 2 – Core Algorithms*. Springer, New York.

[27] BURGER, W. UND BURGE, J. (2013). *Digital Image Processing: Volume 3 – Advanced Methods*. Springer, New York.

[28] CANNY, J. (1986). A computational approach to edge detection. *IEEE Trans. Pattern Anal. Machine Intelligence* PAMI-8, S. 679–698.

[29] CAO, F. (2003). *Geometric Curve Evolution and Image Processing* Vol. 1805 of *Lecture Notes in Mathematics*. Springer, Berlin.

[30] CHANG, C.-I. (2003). *Hyperspectral Imaging: Techniques for Spectral Detection and Classification*. Springer Science & Business Media, New York.

[31] CHAPMAN, H. N. (2010). Microscopy: A new phase retrieval for X-ray imaging. *Nature* 467, S. 409–410.

[32] CHENG, S.-C. UND HSIA, S.-C. (2003). Fast algorithms for color image processing by principal component analysis. *J. Visual Comm. Image Representation* 14, S. 184–203.

[33] CHIU, S. N., STOYAN, D., KENDALL, W. S. UND MECKE, J. (2013). *Stochastic Geometry and its Application, 3rd Ed.* Wiley, Chichester.

[34] COUPRIE, M. UND BERTRAND, G. (1997). Topological grayscale watershed transformation. In *SPIE Vision Geometry V Proceedings*. Vol. 3168. Bellingham, Washington. S. 136–146.

[35] COUSTY, J., BERTRAND, G. UND NAJMAN, L. (2009). Watershed cuts: Minimum spanning forests and the drop of water principle. *IEEE Transactions on Pattern Analysis and Machine Intelligence* 31, S. 1362–1374.

[36] DAHMEN, T., ENGSTLER, M., PAULY, C., TRAMPERT, P., DE JORGE, N., MÜCKLICH, F. UND SLUSALLEK, P. (2016). Feature adaptive sampling for scanning electron microscopy. *Sci. Rep.* 6:25350, S. 1–11.

[37] DANIELSON, G. C. UND LANCZOS, C. (1942). Some improvements in practical Fourier analysis and their application to X-ray scattering from liquids. *J. Franklin Inst.* 233, S. 365–380.

[38] DANIELSSON, P.-E., LIN, Q. UND YE, Q.-Z. (1999). Efficient detection of second degree variations in 2D and 3D images. *Technical report*. Department of Electrical Engineering, Linköpings University Linköping, Sweden.

[39] DE BERG, M., VAN KREVELD, M., OVERMARS, M. UND SCHWARZKOPF, O. (2000). *Computational Geometry, 2. Ed.* Springer, Berlin, New York.

[40] DORF, R. C. (2006). *Circuits, Signals, and Speech and Image Processing.* CRC Press, Tylor & Francis, Boca Raton, Florida.

[41] ELLIOTT, D. F. UND RAO, K. R. (1982). *Fast Transforms: Algorithms, Analyses, Applications.* Academic Press, New York.

[42] FAIRCHILD, M. D. (2005). *Color Appearance Models, 2nd Ed.* Addison-Wesley, Boston.

[43] FEICHTINGER, H. G. UND STROHMER, T. (1998). *Gabor Analysis and Algorithms.* Birkhäuser, Basel.

[44] FELDKAMP, L., DAVIS, L. UND KRESS, J. W. (1984). Practical cone-beam algorithm. *J. Opt. Soc. America* A1, S. 612–619.

[45] FRAUNHOFER ITWM, DEPARTMENT OF IMAGE PROCESSING. ToolIP – Tool for Image Processing. *http://www.itwm.fraunhofer.de/abteilungen/bildverarbeitung/oberflaecheninspektion/toolip.html* 2017.

[46] FRIGO, M. UND JOHNSON, S. G. FFTW 2.1.3 (the fastest Fourier transform in the West). *http://www.fftw.org/* 1998.

[47] GEBEJES, A. UND HUERTAS, R. (2013). Texture characterization based on grey-level co-occurrence matrix. In *EDIS – Publishing Institution of the University of Žilina.* Žilina, Slowakia. S. 375–378.

[48] GEORGI, W. UND METIN, E. (2009). *Einführung in LabVIEW, 4. Aufl.* Fachbuchverlag Leipzig im Carl Hanser Verlag, Leipzig.

[49] GONZALEZ, R. C. UND WOODS, R. E. (2007). *Digital Image Processing.* Addison-Wesley, Reading, Mass.

[50] GORDON, R., BENDER, R. UND HERMAN, G. T. (1970). Algebraic reconstruction techniques (ART) for three-dimensional electron microscopy and X-ray photography. *J. Theoret. Biol.* 29, S. 471–481.

[51] GRAHAM, R. L. (1972). An efficient algorithm for determining the convex hull of a finite planar set. *Information Processing Letters* 1, S. 132–133.

[52] GRAHN, H. UND GELADI, P. (2007). *Techniques and Applications of Hyperspectral Image Analysis.* J. Wiley & Sons, Chichester.

[53] GRÖCHENIG, K. (2001). *Foundations of Time-Frequency Analysis.* Birkhäuser, Basel.

[54] HAAS, A., MATHERON, G. UND SERRA, J. (1967). Morphologie mathématique et granulométries en place. *Ann. Mines.* 11, S. 736–753.

[55] HAAS, A., MATHERON, G. UND SERRA, J. (1967). Morphologie mathématique et granulométries en place. *Ann. Mines.* 12, S. 767–782.

[56] HADWIGER, H. (1957). *Vorlesungen über Inhalt, Oberfläche und Isoperimetrie.* Springer-Verlag, Berlin.

[57] HANSEN, K. UND ANDERSEN, J. D. (1997). Understanding the Hough transform: Hough cell support and its utilization. *Image Vision Comp.* 15, S. 205–218.

[58] HARALICK, R. M., CHEN, S. UND KANUNGO, T. (1992). Recursive opening transform. In *Proceedings of IEEE Computer Society Conference, 15–18 June 1992, Comp. Vision Pattern Recogn.* Champaign, IL, USA. S. 560–565.

[59] HARALICK, R. M., SHANMUGA, K. UND DINSTEIN, I. (1973). Textural features for image classification. In *IEEE Trans. Syst. Man Cybern. Soc.*. Vol. SMC-3. New York S. 610–621.

[60] HARRIS, C. UND STEPHENS, M. (1988). A combined corner and edge detector. In *Proceedings of 4th Alvey Vision Conference, AVC, Aug 31st – Sep 2nd, 1988.* University of Manchester. S. 147–151.

[61] HARRIS GEOSPATIAL SOLUTIONS. Idl – interactive Data Language. *http://harrisgeospatial.com/* 2017.

[62] HEIJMANS, H. J. A. M. (1994). *Morphological image operators.* Academic Press, Boston, MA.

[63] HEIJMANS, H. J. A. M. (1995). Mathematical morphology: A modern approach in image processing based on algebra and geometry. *SIAM Review* 37, S. 1–36.

[64] HEIJMANS, H. J. A. M. UND ROERDINK, J. B. T. M. (1998). *Mathematical Morphology and its Applications to Image and Signal Processing.* Kluwer Academic Publishers, Dortrecht, Boston, London.

[65] HERMAN, G. T. UND GABOR, G. T. (2009). *Fundamentals of Computerized Tomography: Image Reconstruction from Projections (2nd Ed.).* Springer, Dordrecht.

[66] HERMAN, G. T. UND KUBA, A. (1999). *Discrete Tomography. Foundations, Algorithms, and Applications.* Birkhäuser, Boston.

[67] HERMAN, G. T. UND KUBA, A. (2007). *Advances in Discrete Tomography and its Applications.* Birkhäuser, Boston.

[68] HIGGINS, J. R. (1985). Five short stories about the cardinal series. *Bulletin of AMS* 12, S. 45–98.

[69] HUISKEN, J. UND STAINIER, D. Y. R. (2007). Even fluorescence excitation by multidirectional selective plane illumination microscopy (mspim). *Optics Letters* 32, S. 2608–2610.

[70] INTEL, WILLOW GARAGE. *http://opencv.org/* 2017.

[71] ISO 4046(E/F). International standard on paper, board, pulps and related terms – Vocabulary, Part 1–5. ISO Copyright Office, Geneva 2012.

[72] JÄHNE, B. (1997). *Practical Handbook on Image Processing for Scientific Applications.* CRC Press Inc., Boca Raton, New York.

[73] JÄHNE, B. (2005). *Digital Image Processing, 6th Ed.* Springer, Berlin, Heidelberg.

[74] JÄHNE, B. (2005). *Digitale Bildverarbeitung, 6. Aufl.* Springer, Berlin, Heidelberg.

[75] JARVIS, R. A. (1973). On the identification of the convex hull of a finite set of points in the plane. *Information Processing Letters* 2, S. 18–21.

[76] JOST, J. (2002). *Partial Differential Equations.* Springer, Berlin, New York.

[77] KALLENBERG, O. (1997). *Foundations of Modern Probability.* Springer Series II., Probability and Its Applications. Springer, New York, Berlin, Heidelberg.

[78] KAUTZ, M., DÜLL, J. UND OHSER, J. (2011). Spatial depence of random sets and its application to dispersion of bark beetle infestation in natural forest. *Image Anal. Stereol.* 30, S. 123–131.

[79] KAUTZ, M., DWORSCHAK, K., GRUPPE, A. UND SCHOPF, R. (2011). Quantifying spatiotemporal dispersion of bark beetle infestations in epidemic and non-epidemic conditions. *Forest Ecol. Manag.* 262, S. 598–608.

[80] KHORBOTLY, S. UND HASSAN, F. (2013). Recursive implementation of Gaussian filters with switching and reset hardware. In *IEEE 56th International Midwest Symposium on Circuits and Systems (MWSCAS), 4–7 Aug. 2013.* Columbus, OH, USA. S. 1399–1402.

[81] KIMMEL, R. (2004). *Numerical Geometry of Images.* Springer, Berlin.

[82] KLETTE, R., KOSCHAN, A. UND SCHLÜNS, K. (1996). *Computer Vision.* Vieweg Technik, Braunschweig, Wiesbaden.

[83] KLETTE, R. UND ROSENFELD, A. (2004). *Digital Geometry.* Morgan & Kaufman Publ., Amsterdam.

[84] KLETTE, R., ROSENFELD, A. UND SLOBODA, F. (1998). *Advances in Digital and Computational Geometry.* Springer-Verlag, Singapore, Berlin.

[85] KLIBANOV, M. V. (2006). On the recovery of a 2D-function from the modulus of its Fourier transform. *J. Math. Anal. Appl.* 323, S. 818–843.

[86] KNUTH, D. E. (1998). *The Art of Computer Programming, Volume 3: Sorting and Searching (2. Aufl.).* Addison-Wesley, Boston.

[87] KOCH, K., OHSER, J. UND SCHLADITZ, K. (2003). Spectral theory for random closed sets and estimating the covariance via frequency space. *Adv. Appl. Prob.* 35, S. 603–613.

[88] KÖTHE, U. (2000). Generische Programmierung für die Bildverarbeitung. *PhD thesis.* Universität Hamburg.

[89] KRZIC, U., GUNTHER, S., SAUNDERS, T. E., STREICHAN, S. J. UND HUFNAGEL, L. (2012). Multiview light-sheet microscope for rapid in toto imaging. *Nature Methods* 9, S. 730–733.

[90] KUBA, A. UND HERMANN, G. (2008). Some mathematical concepts for tomographic reconstruction. In *Advanced Tomographic Methods in Materials Science and Engineering.* Hrsg. J. Banhart. Oxford University Press, Oxford S. 19–36.

[91] KUDENOW, M. W., ROY, S. G., PANTALONE, B. UND MAIONE, B. (2015). Ultraspectral imaging and the snapshot advantage. In *Proc. SPIE 9467, Micro- and Nanotechnology Sensors, Systems, and Applications VII, 94671X (May 22, 2015).* Hrsg. T. George, A. K. Dutta, und M. S. Islam. Baltimore, Maryland.

[92] LAM, W. C. Y., LAM, T. S., YUEN, K. S. Y. UND LEUNG, D. N. K. (1994). An analysis on quantizing the Hough space. *Pattern Recogn. Letters* 15, S. 1127–1135.

[93] LANTUÉJOUL, C. (2002). *Geostatistical Simulation – Models and Algorithms.* Springer, Berlin.

[94] LEHMANN, M., EISENGRÄBER-PABST, J., OHSER, J. UND MOGHISEH, A. (2013). Characterization of the formation of filter paper using the Bartlett spectrum of the fiber structure. *Image Anal. Stereol.* 32, S. 77–87.

[95] LEHMANN, T., OBERSCHELP, W., PELIKAN, E. UND REPGES, R. (1997). *Bildverarbeitung für die Medizin.* Springer, Heidelberg, Berlin.

[96] LHOTSKÝ, J. (2006). Density of cross-correlation measure and stationarity: overview. In *Proceedings of the International Conference on Stereology, Spatial Statistics and Stochastic Geometry, Prague, June 26–29.* Hrsg. R. Lechnerová, I. Saxl, und V. Beneš. Union of Czech Methematicans and Physicists, Prague. S. 97–102.

[97] LI BIHAN, N. UND SANGWINE, S. J. (2003). Quaternion principal component analysis of color images. In *Proceedings of International Conference on Image Processing, ICIP 14–17. Sept. 2003.* IEEE, Barcelona.

[98] LOHMANN, G. (1998). *Volumetric Image Analysis.* Wiley-Teubner, Chichester, New York.

[99] LUCAS, B. D. UND KANADE, T. (1981). An iterative image registration technique with an application to stereo vision. In *Proceedings DRAPA Imaging Understanding Workshop, April 1981*. Carnegie-Mellon University, Comp. Sci. Dept., Pittsburgh, Pennsylvania. S. 121–130.

[100] MASCI, J., RODOLÀ, E., BOSCAINI, D., BRONSTEIN, M. M. UND LI, H. (2016). Geometric deep learning. In *SA '16 SIGGRAPH ASIA 2016 Courses, Macau, Dec 05–08, 2016*. ACM Digital Library, New York. S. 1–41.

[101] MATHEMATICA. Wolfram Research, Champaign, Illinois. *http://www.wolfram.com/mathematica/* 2017.

[102] MATHERON, G. (1975). *Random Sets and Integral Geometry*. John Wiley & Sons, New York, London.

[103] MATHERON, G. UND SERRA, J. (2002). The birth of mathematical morphology. In *Mathematical Morphology, Proceedings ISMM, CSIRO*. Hrsg. H. Talbot und R. Beare. Sydney. S. 1–16.

[104] MATHWORKS. Die Sprache des technischen Rechnens. *https://de.mathworks.com/products/matlab.html* 2017.

[105] MECKE, J. UND STOYAN, D. (2001). The specific connectivity number of random networks. *Adv. Appl. Prob.* 33, S. 576–583.

[106] MEYER, F. (2005). Morphological segmentation revisited. In *Space, Structure and Randomness*. Hrsg. M. Bilodeau, F. Meyer, und M. Schmitt. Vol. 183 of *Lecture Notes in Statistics*. Springer, New York, NY S. 315–347.

[107] MEYER, F. (2012). The watershed concept and its use in segmentation: a brief history. *Comp. Vision Pattern Recogn.* arXiv:1202.0216, S. 1–11.

[108] MILES, R. E. (1974). On the elimination of edge effects in planar sampling. In *Stochastic Geometry*. Hrsg. E. F. Harding und D. G. Kendall. J. Wiley & Sons, Chichester, London, New York, Sydney. S. 228–247.

[109] MORELAND, K. UND ANGEL, E. (2003). The FFT on a GPU. In *Graphics Hardware*. Hrsg. D. Doggett, W. Heidrich, W. Mark, und A. Schilling. The Eurographics Association, Lyon S. 112–136.

[110] MVTEC SOFTWARE GMBH. *http://www.mvtec.com/de/produkte/halcon/* 2017.

[111] NIKOLAIDIS, N. UND PITAS, I. (2001). *3D Image Processing Algorithms*. John Wiley & Sons, New York, Chichester.

[112] NUSSBAUMER, H. J. (1982). *Fast Fourier Transform and Convolution Algorithms*. Springer, New York.

[113] OHSER, J. (2005). Quantitative Metallographie, 14. Aufl. In *Metallographie*. Hrsg. H. Schumann und H. Oettel. Wiley-VCH, Weinheim, Berlin S. 250–284.

[114] OHSER, J. UND MÜCKLICH, F. (2000). *Statistical Analysis of Microstructures in Materials Science*. J Wiley & Sons, Chichester, New York.

[115] OHSER, J. UND NAGEL, W. (1996). The estimation of the Euler-Poincaré characteristic from observations on parallel sections. *J. Microsc.* 184, S. 117–126.

[116] OHSER, J., NAGEL, W. UND SCHLADITZ, K. (2009). Miles formulae for Boolean models observed on lattices. *Image Anal. Stereol.* 28, S. 77–92.

[117] OHSER, J., REDENBACH, C. UND MOGHISEH, A. (2014). The PPI value of open foams and its estimation using image analysis. *Int. J. Mat. Res.* 105, S. 671–678.

[118] OHSER, J. UND SCHLADITZ, K. (2009). *3D Images of Materials Structures – Processing and Analysis.* Wiley VCH, Weinheim, Berlin.

[119] OHSER, J., SCHLADITZ, K., KOCH, K. UND NÖTHE, M. (2005). Diffraction by image processing and its application in materials science. *Z. Metallkunde* 96, S. 731–737.

[120] OHSER, J., STEINBACH, B. UND LANG, C. (1998). Efficient texture analysis of binary images. *J. Microsc.* 192, S. 20–28.

[121] OSHER, S. J. UND FEDKIW, R. (2002). *Level Set Methods and Dynamic Implicit Surfaces.* Springer, Berlin.

[122] OSHER, S. J. UND PARAGIOS, N. (2003). *Geometric Level Set Methods in Imaging, Vision and Graphics.* Springer, Berlin.

[123] OTSU, N. (1979). A threshold selection method from gray-level histograms. *IEEE Trans. Sys., Man., Cyber* 9, S. 62–66.

[124] PAGANIN, D., MAYO, S. C., GUREYEV, T. E., MILLER, P. R. UND WILKINS, S. W. (2002). Simultaneous phase and amplitude extraction from a single defocused image of a homogeneous object. *J. Microscopy* 206, S. 33–40.

[125] PERCIVAL, D. B. UND WALDEN, A. T. (1993). *Spectral Analysis for Physical Applications: Multitaper and Conventional Univariate Techniques.* Cambridge University Press, Cambridge.

[126] PERONA, P. UND MALIK, J. (1987). Scale-space and edge detection using anisotropic diffusion. In *Proceedings of IEEE Computer Society Workshop on Computer Vision (Miami Beach, Nov. 30 – Dec. 2, 1987).* IEEE Computer Society Press, Washington. S. 16–22.

[127] PIXELFERBER. Imaging Software. *http://www.pixelferber.de/en/* 2017.

[128] PLATANIOTIS, K. N. UND VENETSANOPOULOS, A. N. (2006). *Color Image Processing and Applications.* Springer, New York.

[129] PREPARATA, P. P. UND HONG, S. J. (1977). Convex hulls of finite sets of points in two and three dimensions. *Commun. ACM* 20, S. 87–93.

[130] PRESS, W. H., TEUKOLSKY, S. A., VETTERLING, W. T. UND FLANNERY, B. P. (2007). *Numerical Recipes – The Art of Scientific Computating, 3rd Ed.* Cambridge University Press, Cambridge.

[131] PYTHON SOFTWARE FOUNDATION. *https://docs.python.org/3/license.html* 2017.

[132] RABINER, L. R. UND GOLD, B. (1975). *Therory and Application of Digital Signal Processing.* Prentice Hall, Englewood Cliffs.

[133] RAJU, S. S., PATI, P. B. UND RAMAKRISHNAN, A. G. (2004). Gabor filter based block energy analysis for text extraction from digital document images. In *Proc. 1st Intern. Workshop on Document Image Analysis for Libraries (DIAL-04).* Palo Alto, USA. S. 233–243.

[134] REDENBACH, C., OHSER, J. UND MOGHISEH, A. (2014). Second oreder properties of the edge system of random tessellations and the PPI value of open foams. *Methodology and Computing in Applied Probability* S. 1–21.

[135] RIGLER, R. UND ELSON, E. (2001). *Fluorescence Correlation Spectroscopy: Theory and Applications.* Springer, Heidelberg, Berlin.

[136] ROERDINK, J. B. T. M. UND MEIJSTER, A. (2000). The watershed transform: definitions, algorithms, and parallelization strategies. *Fundamenta Informaticae* 41, S. 187–228.

[137] RONSE, C., NAJMAN, L. UND DECENCIÈRE, E. (2005). *Mathematical Morphology: 40 Years On.* Springer, New York.

[138] ROSENFELD, A. UND PFALTZ, J. L. (1968). Distance functions on digital pictures. *Pattern Recogn.* 1, S. 33–61.

[139] RUDIN, W. (1987). *Real and Complex Analysis.* McGrew-Hill Book Co., New York.

[140] SACKEWITZ, M. (2014). *Leitfaden zur optischen 3D-Mestechnik.* Fraunhofer-Verlag, Stuttgart.

[141] SAITO, T. UND TORIWAKI, J. (1994). New algorithms for Euclidean distance transformations of an n-dimensional digitised picture with applications. *Pattern Recogn.* 27, S. 1551–1565.

[142] SANDAU, K. UND OHSER, J. (2007). Chord length transform and segmentation of crossing fibers. *J. Microsc.* 226, S. 43–53.

[143] SANDFORT, K. UND OHSER, J. (2009). Labeling of n-dimensional images with choosable adjacency of the pixels. *Image Anal. Stereol.* 28, S. 45–61.

[144] SAPIRO, G. (2001). *Geometric Partial Differential Equations and Image Analysis.* Cambridge University Press, Cambridge.

[145] SCHARCANSKI, J., PROENÇA, H. UND DU, E. (2014). *Nonlinear Signal and Image Processing: Theory, Methods, and Applications.* Electrical Engineering & Applied Signal Processing. CRC Press, Taylor & Francis, Boca Raton, Florida.

[146] SCHARR, H. (2000). Optimale Operatoren in der Digitalen Bildverarbeitung. *PhD thesis.* Universität Heidelberg.

[147] SCHECHNER, Y. Y. UND KRIYATI, N. (2000). Depth from defocus vs. stereo: How different really are they? *Int. J. Comp. Vision* 39, S. 141–162.

[148] SCHNEIDER, C. A., RASBAND, W. S. UND ELICEIRI, K. W. (2012). NIH Image to ImageJ: 25 years of image analysis. *Nature Methods* 7, S. 671–675.

[149] SCHNEIDER, R. (1993). *Convex Bodies: The Brunn-Minkowski Theory.* Encyclopedia of Mathematics and Its Application Vol. 44, Cambridge University Press, Cambridge.

[150] SCHNEIDER, R. UND WEIL, W. (2008). *Stochastic and Integral Geometry.* Probability and Its Application. Springer, Heidelberg.

[151] SERRA, J. (1969). *Introduction à la Morphologie Mathématique.* Fontainebleau.

[152] SERRA, J. (1982). *Image Analysis and Mathematical Morphology, Vol. 1.* Academic Press, London.

[153] SEZGIN, M. UND SANKUR, B. (2004). Survey over image thresholding techniques and quantitative performance evaluation. *J. Electron. Imaging* 13, S. 146–165.

[154] SHEPP, L. A. UND LOGAN, B. F. (1974). The Fourier reconstruction of a head section. *IEEE Trans. Nuclear Sci.* 21, S. 21–43.

[155] SHEVELL, S. K. (2003). *The Science of Color, 2nd Ed.* Elsevier Science & Technology, Amsterdam.

[156] SHINOZUKA, M. UND JAN, C. M. (1972). Digital simulation of random processes and its application. *J. Sound Vibration* 25, S. 111–128.

[157] SOILLE, P. (1999). *Morphological Image Analysis.* Springer-Verlag, Berlin, Heidelberg.

[158] STOCK, S. R. (2008). *Micro-computed tomography: methodology and applications.* CRC Press, Taylor & Francis, Boca Raton, London, New York.

[159] STOER, J. UND BULIRSCH, R. (2002). *Introduction to Numerical Analysis, 3rd Ed.* Springer, New York.

[160] SVANE, A. M. (2017). Valuations in image analysis. In *Tensor Valuations and Their Applications in Stochastic Geometry and Imaging*. Hrsg. E. B. Vedel Jensen und M. Kiderlen. Vol. 2177 of *Lecture Notes in Mathematics*. Springer, New York, S. 435–454.

[161] TOMASI, C. UND KANADE, T. (1991). Detection and tracking of point features. *Technical report*. Carnegie-Mellon University, Comp. Sci. Dept. Pittsburgh, Pennsylvania.

[162] TOMASI, C. UND MANDUCHI, R. (1998). Bilateral filtering for gray and color images. In *Proceedings 6th Intern. Conf. on Computer Vision (ICCV 1998)*. IEEE Computer Society, Washington DC. S. 839–846.

[163] TOMER, R., KHAIRY, K., AMAT, F. UND KELLER, P. J. (2012). Quantitative high-speed imaging of entire developing embryos with simultaneous multiview light-sheet microscopy. *Nature Meth.* 9, S. 755–763.

[164] TORIWAKI, J. UND YOSHIDA, H. (2009). *Fundamentals of Three-dimensional Digital Image Processing*. Springer, New York.

[165] VACHIER, C. UND MEYER, F. (2005). The viscous watershed transform. *J. Math. Imaging Vision* 22, S. 251–267.

[166] WANG, H., MOSS, R. H., CHEN, X., STANLEY, R. J., STOECKER, W. V., CELEBI, M. E., MALTERS, J. M., GRICHNIK, J. M., MARGHOOB, A. A., RABINOVITZ, H. S., MENZIES, S. W. UND SZALAPSKIJ, T. M. (2011). Modified watershed technique and post-processing for segmentation of skin lesions in dermoscopy images. *Comp. Med. Imaging Graph.* 35, S. 116–120.

[167] WEICKERT, J. (1998). *Anisotropic Diffusion in Image Processing*. Teubner, Stuttgart.

[168] WEITKAMP, T., HAAS, D., WEGRZYNEK, D. UND RACK, A. (2011). ANKAphase: software for single-distance phase retrieval from inline x-ray phase-contrast radiographs. *J. Synchrotron Radiation* 18, S. 617–629.

[169] WHITTAKER, E. T. (1915). On the functions which are represented by the expansions of interpolation theory. *Proc. Royal Soc. Edinbourg* 35A, S. 181–194.

[170] WHITTAKER, J. M. (1935). *Interpolatory Function Theory*. Cambridge Univ. Press, Cambridge.

[171] WILKINS, S., GUREYEV, T., POGANY, A. UND STEVENSON, A. (1996). Phase-contrast imaging using polychromatic hard X-rays. *Nature* 384, S. 335–338.

[172] WIRJADI, O., SCHLADITZ, K., EASWARAN, P. UND OHSER, J. (2016). Estimating fiber direction distributions of reinforced composites from tomographic images. *Image Anal. Stereol.* 35, S. 167–179.

[173] YAGLOM, A. M. (1986). *Correlation Theory of Stationary and Related Random Functions I: Basic Results*. Springer Series in Statistics. Springer, New York.

[174] ZAYED, A. (1993). *Advances in Shannon's Sampling Theory*. Taylor & Francis, New York.

[175] ZHANG, J. UND HU, J. (2008). Image segmentation based on 2D Otsu method with histogram analysis. In *Int. Conf. on Computer Sci. and Software Eng., 12.–14. Dez. 2008*. Vol. 8. Washington, DC. S. 105–108.

[176] ZHENG, L. UND SHI, D. (2011). Advanced Radon transform using generalized interpolated Fourier method for straight line detection. *Comp. Vision Image Understanding* 115, S. 152–160.

[177] ZHU, N., WANG, G., YANG, G. UND DAI, W. (2009). A fast 2D Otsu thresholding algorithm based on improved histogram. In *Chinese Conf. on Pattern Recogn., CCPR, Nanjing, 4.–6. Nov. 2009*. IEEE Computer Society, Washington, DC. S. 1–5.

Index

A

Abel-Transformation 141
Abelsche Integralgleichung 141
Ableitungsfilter
– 1. Ordnung 84, 225
– 2. Ordnung 92, 94, 226
Abschließung, morphologische 62, 98
Absorption 146
Absorptionskoeffizient 144
Abstand
– Euklidischer 122, 135
– geodätischer 28, 135, 136
Abtasttheorem 179
Aliasing 181, 182
alternierender Filter 62, 98
Amplitudenspektrum 162
Äquivalenz-
– Klasse 110, 111, 114, 118
– Relation 109
ART 258
assoziativ 58, 60, 74, 96
Autokorrelation 160, 161, 236, 275

B

Bandpassfilter 231
Bartlett-Spektrum 163, 238
Beregnungsalgorithmus 134
Bessel-
– Funktion 1. Art 168, 171, 230, 280
  – modifizierte 174
– Funktion 2. Art 241
– Transformation 172, 174, 203, 238
bilateraler Filter 103
Bild
– Binär- 43
– Farb- 50
– Grauton- 32

– Hyperspektral- 50
– mehrkanalig 50
– Spektral- 50
– Ultraspektral- 50
Bild-
– Analyse 260
– Drehung 35, 36, 149
– Größe 32
– Randfehler 55, 70, 239, 244
  – morphologischer Transformationen 70
– Registrierung 159
– Schärfe 93, 94, 214
  – global 160, 163
  – lokal 73, 94
– Verzeichnung 35
Binärbild 15, 32, 43
Binarisierung 43, 55, 97, 101
– des Distanzbildes 122, 123
– Otsu- 45
Binomialfilter 80, 90, 182, 214, 216, 222, 224, 227–231
Bourgersches Gesetz 144
Boxfilter 77
Breite 238, 272
– maximale 273
– minimale 273
– mittlere 98, 273

C

Canny-Kantendetektion 90
Chamfer-
– Distanztransformation 124
– Metrik 124
Chebychev-Norm 124
City-Block-Norm 124
CLT 123
Colorierung, Pseudo- 50

Computertomographie 102, 141, 144, 147, 160, 248, 251, 259
– diskrete 258
Crofton-Formel 265, 266, 269, 270, 273

D

Dawson-Funktion 174
Detektion
– Ecken- 73, 92
– Kanten- 73, 85, 92–95, 98, 100, 230
dFT 184
Diffraktion 238
Diffusionsfilter 103, 174
– anisotrop 176, 221
– isotrop 176
Digitalisierung 23, 24
– Gauß- 23, 24, 181
– Jordan- 24
  – äußere 24
  – innere 24
Dilatation 57, 60, 122–124, 261
Dirac-Funktion 145, 147, 168, 231
Distanz
– Chamfer- 124
– Euklidische 122
– geodätische 28, 134, 135
Distanz-
– Bild 95
– Transformation 95, 122, 134
  – Chamfer- 124
  – diskrete 125
  – Euklidische 122
  – geodätische 136
  – signierte 122
distributiv 58, 70, 72, 74, 97
DoB-Filter 231
DoG-Filter 231, 232
DT 258
Durchmesser 238
– des flächengleichen Kreises 264
– Ferretscher 273

E

Eckendetektion 73, 92

– Kanade-Tomasi- 92
EDT 122–124
– diskret 125
Einflusszone 134, 136
Einheitszelle, eines Gitters 21, 32
Energie 49
– Dichtespektrum 163
Entropie 49
Erosion 61, 69, 122, 123, 261
Erwartungswert 236, 244
Euklidisch
– Abstand 122
– Distanz 122
– Distanz-
  – Transformation 122
– Norm 122
Euler-
– Formel 165
– Zahl 15, 16, 18, 19, 24, 25, 28–31, 260, 262, 270, 273
  – spezifische 275
Euler-Poincaré-
– Charakteristik 15
– Formel 19, 29
Exponentialfunktion 172, 203
Extinktionsmerkmal eines Objekts 275

F

Faltung 74, 157, 175, 213
– diskrete 25, 75, 204
– kontinuierliche 73
– von Funktionen 164
Faltungstheorem der Fourier-Transformation 164, 209, 210, 212, 254
Farbraum
– HSI- 53
– HSL- 53
– HSV- 50, 88
– LCH- 53
– RGB- 50
Feature 118, 260
Feldkamp-Algorithmus 259
Ferretscher Durchmesser 273
fFT 192
FIB 159

Filter
- alternierender 62, 98
- bilateral 103
- Binomial- 80, 90, 182, 214, 216, 222, 224, 227–231
- Box- 77
- Design 226
- Diffusions- 103, 174, 176, 221
- DoB- 231
- DoG- 231, 232
- Gabor- 232
- Gauß- 80, 92, 94, 221, 222, 229
- Glättungs- 75, 95, 229
- Gradienten- 84, 225, 226
- Hochpass- 230
- Kantendetektions- 85
- Laplace- 94, 226, 228, 230, 231, 234
- linear 25, 73, 160
- LoG- 92, 231, 232
- LSE- 74, 213, 214
- Maximum- 95, 102
- Median- 102
  - bedingt 102
- Minimum- 95, 102
- Mittelwert- 75, 76, 81, 91, 157, 220, 229
- morphologisch 95, 97, 98, 101
- nichtlinear 96, 101
- optimal 160
- Paganin- 160, 234
- Prewitt- 91
- Rangordnungs- 101, 102
- Roberts- 90
- Scharr- 227
- Sobel- 90, 227
- Tiefpass- 182, 229
- Wiener- 160, 235

Filter-
- Kern 74
- Maske 25, 74, 75, 204, 206, 213

Filterung 25, 57, 157, 213
- diskrete 204
- inverse 160, 214, 232, 240

Fläche 260, 262, 270
- der konvexen Hülle 271

Flächenanteil 102, 275
floor-Funktion 33, 35, 41, 45, 46, 52
Flutungsalgorithmus 134, 139, 140

Formation von Papier 241
Formfaktor 262, 273, 275
Fourier-
- Bessel-Transformation 171, 172, 174
- Co-Transformation 162
- Interpolation 34, 185
- Kosinustransformation 172
- Optik 161
- Reihe 184
- Sinustransformation 172
- Transformation 22, 160, 171, 204
  - n-dimensionale 162
  - diskrete 160, 183, 184
  - inverse 162, 210, 233
  - kontinuierliche 162, 207
  - schnelle 50, 192, 248

Freemans Kettencode 264, 265, 269
Frequenz 162
Funktion
- Bessel- 168, 171, 241, 280
- Dawson- 174
- Dirac- 145, 147, 168, 231
- Exponential- 172, 203
- floor- 33, 35, 41, 45, 46, 52
- Gamma- 172, 241
- Gauß- 79, 91, 144, 157, 166, 168–170, 175, 218, 231
- Indikator- 32, 44, 55, 57, 76, 95, 147, 150, 157, 169, 171, 173, 181, 230, 239
- sinc- 165, 169
- Struve- 174
- zufällige 236

G

Gabor-Filter 232
Gammafunktion 172, 241
Gauß-
- Digitalisierung 23, 24, 181, 264
- Filter 92, 94, 157, 221, 229
  - anisotrop 221, 222
  - isotrop 80, 221
- Funktion 79, 91, 144, 157, 166, 168–170, 175, 221, 224, 231

Gauß-Funktion 218
Gaußscher Prozess 241

Gaußsches Fehlerintegral 174
gefilterte Rückprojektion 255
geodätisch
– Abstand 125, 135, 136
– Distanztransformation 125, 136
Geradengleichung 142
Gesamtenergie 163, 182
Gitter
– Abstand 21, 22
– Basis 21
– Einheitszelle 21
– hexagonal 22, 29, 201
– homogen 20, 32
– inverses 22, 201
– quadratisch 22
– rechteckig 22
Glättungsfilter 229
– eckenerhaltend 103
– kantenerhaltend 102, 103, 176
– linear 75, 95
– lokal adaptiv 174
– morphologisch 95
– ortssensitiv 174
Gleichdick 273
Gleichmäßigkeit 49
Gradient 91
– morphologisch 95, 98
– Norm 85, 90, 93, 94, 98, 176
– Richtung 85, 91
Gradientenfilter 84, 225, 226
Graham-Scan-Algorithmus 274
Granulometrie, sphärische 56, 64, 65, 123, 275
Grautonbild 32
– digital 32
– kontinuierlich 32
Grauwert
– Übertragungsmatrix 49
– Histogramm 45, 48, 49, 102
– maximal 48
– minimal 48
– mittlerer 275
– Standardabweichung 275
– Transformation 45
GRF 241

Hadwiger, Satz von 262
Hadwigers rekursive Formel 18
Hankel-Transformation 171
Haralick-Koeffizienten 49
Hesse-Matrix 94
Hilbert-Transformation 145
Histogrammausgleich 46, 47, 49, 55
Hochpassfilter 230
Homogenität 49
Hough-Transformation 141, 152
HSI-Farbraum 53
HSL-Farbraum 53
HSV-Farbraum 50, 55, 88
Hülle, konvexe 271, 274
Hyperspektralbild 50

I

Idempotenz morphologischer Transformationen 62
Impulsantwort 214
Indikatorfunktion 32, 44, 55, 57, 76, 77, 95, 101, 147, 150, 157, 169, 171, 173, 181, 230, 239
Inklusions-Exklusions-Prinzip 17, 261
Interferenz 161
Interpolation
– bilinear 33–35, 149
– linear 35, 257
– mit bikubischen Splines 34
– Whittaker-Shannon- 179
inverse
– Filterung 160
– Fourier-Transformation 162, 185
– Radon-Transformation 141, 143
– Skalierung der Fourier-Transformation 163
Ionendünnung 159
Isotropie
– eines Filters 74
– eines Merkmals 260, 261

Jarvis-March-Algorithmus 274

Jordan-Digitalisierung 24
- äußere 24
- innere 24

K

Kanade-Tomasi-Eckendetektion 92
Kanten-
- Detektion 73, 85, 92–95, 98, 100, 230
  - Canny- 90
- Erhaltung 102, 176
- Schärfe 93, 94
Kennzahl 118
kommutativ 58, 74
Komplementärmenge 15
Komplementarität 28
Kongruenzklassen von Pixelkonfigurationen 26, 268, 271
Kontaktverteilung, sphärische 56, 62, 64, 72, 275
Kontrast 49
- Michelson- 49
- Otsu- 45
- RMS- 48
konvexe Hülle 271, 274
Konvexität 272, 274
Koordinationszahl 18
Korrelation 206, 207, 236, 241
- diskrete 25, 75
- von Funktionen 164
Korrelationskoeffizient 157
Kosinustransformation 172
- diskrete 187
- schnelle 197
Kovarianz 236
Kovarianzmatrix 168
Kreisfrequenz 162
Kreuzkorrelation 157, 160, 236, 243
Kurvenlänge 135, 152

L

Label 107
- Propagation 118
Labeling 28, 50, 54, 107, 108, 110, 118, 260, 270

- Algorithmus 110, 118
- implizit 118
- mit Lauflängenkodierung 118
Lambert-Beersches Gesetz 144
Länge der Projektion 266
Laplace
- Filter 94, 226, 228, 230, 231, 234
- Operator 73, 92, 163, 175
Laplace-
- Filter 226
- Operator 226
Lauflängenkodierung 118
LCH-Farbraum 53
linearer Filter 73, 160
Linienintegral 152
LoG-Filter 92, 231, 232
Lookup-Tabelle 111, 122
LSE-Filter 74, 213, 214

M

Maximumfilter 95, 102
Medianfilter 102
- bedingt 102
Merkmal eines Objekts 56, 260
Michelson-Kontrast 49
Minimumfilter 95, 102
Minkowski
- Addition 57, 66, 95
  - diskrete 66
- Subtraktion 60, 95
Mittelwertfilter 75, 76, 81, 91, 157, 220, 229
mittlere Breite 99
Moiré-Effekt 179, 182, 230
morphologisch
- Filter 95, 97, 98, 101
- Gradient 95, 98
- Transformation 57, 66, 76, 95, 97
  - Parallelisierbarkeit 59, 74
multigrid-konvergent 269

N

Nabla-Operator 84, 94, 98, 163, 225
Nachbarschaft 15, 18, 25, 28–30, 110, 112, 117, 118, 270, 274

– Graph 29
– komplementär 15, 31
Netzwerkformel 19
Norm
– Chebychev- 124
– City-Block- 124
– des Gradienten 85, 88, 90, 93, 94, 176
– Erhaltung 74, 162
– Euklidisch 122
– Maximum 123
– verallgemeinert 123
Nyquist-Frequenz, kritische 180

O

Objekt 56, 107, 108, 260
Objekt-
– Größe 264
– Merkmal 56, 107, 260
– Trennung 108, 122
Öffnung, morphologische 62, 98
Öffnungs-Transformation 123
Offset eines Bildes 32
OFR 164, 204, 275
optimale Filter 160
OR 164, 204
Ortsfrequenzraum 160, 164, 204
Ortsraum 164, 204
Otsu
– Binarisierung 45
– Kontrast 45

P

Paganin-Filter 160, 234
Parallelisierbarkeit
– linearer Filter 74
– morphologische Transformation 59, 74
– morphologischer Filter 97
Parseval-Gleichung 162
Pfad 108, 135
– diskreter 110
– kürzester 135
– Länge 135
– Verbundenheit 108–110
Phasen-

– Gang 163
– Rekonstruktion 160
– Spektrum 163
Pixel 32
Pixel-
– Größe 32
– Konfiguration 24, 25, 268, 269, 271
– Matrix 32
Plancherel-Gleichung 162, 185
Polarkoordinaten 35
Powerspektrum 163
PPI-Wert 161
Prewitt-Filter 91
Projektions-Schnitt-Theorem 249
Pseudocolorierung 50, 111, 115, 270
PSF 214
Ptychographie 160
Punktantwort 214

Q

Quantil 102
Quickhull-Algorithmus 274

R

Röntgenschwächung 146
Rückprojektion 252, 253
– gefilterte 145, 160, 254–256
Radon-Transformation 35, 141–143, 248, 266, 275
– inverse 35, 141, 143, 144, 248, 254
– schnelle 160
Randfehler 149, 151
Randlänge 264
– spezifische 275
Rangordnungsfilter 101, 102
Rasterelektronenmikroskopie 159
Rauschen 73, 235
– Salz- und Pfeffer- 102
– weißes 151
Referenzbild 73, 81, 95
Registrierung 35, 159, 160
Rekonstruktion
– algebraisch 258
– Phasen- 160

REM 159
Rendering 24, 181, 264, 265, 269, 270
– Oberflächen- 24
– Volumen- 160
Reuleaux-Dreieck 273
RGB-Farbraum 50, 51, 55
Richtung 73, 85
– des Gradienten 85, 91, 226
Richtungs-
– Ableitung 85, 225
– Verteilung 123, 151, 275
RMS-Kontrast 48
Roberts-Filter 90
Rotationsmatrix 36, 149
Rundheit 262, 273
– der konvexen Hülle 272

S

Sampling 23, 24, 32, 179, 182, 264
Schärfe, Bild- 93, 94, 160, 163
Scharr-Filter 227
Schwächungskontrast 146
Schwerpunkt eines Objekts 275
SDM 122
SDT 122
Segment 132
Segmentierung 61, 95, 108, 123, 141, 161, 260
– Über- 95, 139
Sehnenlängentransformation 123
Separabilität 94
– der Distanztransformation 128
– der Filtermaske 74, 77, 213, 220
– der Fourier-Transformation 164, 167, 198, 212
– des strukturierenden Elements 60
– in Koordinatenrichtung 77, 220
– morphologischer Transformationen 58, 59, 67
– von Binomialfiltern 80
– von Gauß-Filtern 80
Serienschnitttechnik 159
Shading 43, 81
– additiv 43, 231
– Korrektur 43, 73, 95, 99, 199, 231
– multiplikativ 43

sinc-Funktion 165, 169
Sinogramm 143–150, 251–253
Sinusoid 109
Sinustransformation 172, 174
– diskrete 187
– schnelle 197
Skelettierung 28
Sobel-Filter 90, 227
Spektral-
– Bild 50
– Dichte 56, 160, 161, 163, 233, 236–240, 242, 275
Spektrum
– Amplituden- 162
– Bartlett- 163, 238
– Energiedichte- 163
– Phasen- 163
– Power- 163, 237
Steiner, Satz von 261, 262, 274
Streckungsgrad 273
Struktur, zufällige 160, 161, 236, 275
strukturierendes Element 55, 57, 60, 65, 95, 98, 99, 101, 122, 124
Strukturtensor 91, 94
Struve-Funktion 174
Subpixelgenauigkeit 275
Symmetrie eines Filters 74

T

Template-Matching 141, 157, 158, 160
Tiefe von Defokus 94
Tiefpassfilter 182, 229
Tomographie 251
Top-Hat-Transformation 65, 98, 99
Transferfunktion
– der Richtungsableitung 225
– des Gradientenfilters 225
– des Laplace-Filters 226
– linearer Filter 214, 215
– von Binomialfiltern 215, 217
– von Gauß-Filtern 221
– von Mittelwertfiltern 220
Transformation
– Abel- 141
– Bessel- 203, 238

- Distanz- 95, 122, 134
  - Chamfer- 124
  - diskrete 125
  - geodätische 125, 136
- Fourier- 22, 160, 162, 204
  - diskrete 183, 184
  - inverse 162, 185, 210, 233
  - kontinuierliche 162
  - schnelle 50, 192, 248
- Hilbert- 145
- Hough- 141, 152
- morphologische 55, 57, 66, 95, 97
- Radon- 35, 141–143, 248, 266
  - inverse 35, 141, 143, 144, 248, 254, 255
  - schnelle 160
- Top-Hat- 65, 98, 99
- Wasserscheiden- 28, 50, 54, 95, 108, 122, 132, 134
- Zylinderhut- 65, 98, 99
translations-äquivariant 74

U

Übersegmentierung 95, 139
Ultraspektralbild 50
Umfang 260, 264–266, 268–270
- der konvexen Hülle 271, 273

V

Varianz 236, 244
Verbundenheit 108
- Pfad- 108, 109
Verzeichnung 35
Volumenrendering 160

W

Wasserscheidentransformation 28, 50, 54, 95, 108, 122, 132
- Inter-Pixel- 134
- topologisch 134
Whittaker-Shannon-Interpolation 179
Wicksellsches Korpuskelproblem 141
Wiener-Filter 160, 235
Wiener-Khintchine-Theorem 239
Wolkigkeit von Papier 241
WST 132

Z

zusammenhängend, topologisch 108
Zusammenhangskomponente 16, 19, 107, 108, 118, 260
Zylinderhuttransformation 65, 98, 99

HANSER

Programmieren lernen mit MATLAB

Stein
Programmieren mit MATLAB
Programmiersprache, Grafische Benutzeroberflächen, Anwendungen
6., neu bearbeitete Auflage
355 Seiten. 164 Abb.
€ 32,–. ISBN 978-3-446-44864-3
Auch als E-Book erhältlich
€ 25,99. E-Book-ISBN 978-3-446-45423-1

Dieses Lehrbuch beginnt mit der Vorstellung der elementaren Prinzipien der Datenverarbeitung und vermittelt darauf aufbauend die Grundkenntnisse des Programmierens anschaulich mithilfe der in MATLAB integrierten Programmiersprache. Zahlreiche Anwendungen vertiefen das Wissen und führen zusätzlich in numerische Verfahren in MATLAB ein. Wo für spezielle Probleme das Basismodul von MATLAB nicht mehr ausreicht, wird für eine intensivere Nutzung auf die MATLAB-Toolboxen verwiesen, deren Installation zum Verständnis dieses Buches aber nicht notwendig ist.

Umfangreiches Zusatzmaterial finden Sie online auf der Website zum Buch: www.Stein-Ulrich.de/Matlab

Mehr Informationen finden Sie unter **www.hanser-fachbuch.de**

HANSER

Die digitale Welt

Wöstenkühler
Grundlagen der Digitaltechnik
Elementare Komponenten, Funktionen und Steuerungen
2., aktualisierte Auflage
262 Seiten. 320 Abb. 119 Tab.
€ 29,99. ISBN 978-3-446-44396-9

Auch als E-Book erhältlich
€ 23,99. E-Book-ISBN 978-3-446-44531-4

Dieses Lehrbuch richtet sich an Studierende der elektrotechnischen Bachelor-Studiengänge. Ausgehend von den logischen Verknüpfungen werden die Grundlagen der Schaltalgebra erläutert und die digitale Schaltungssynthese dargestellt, mit der logische Verknüpfungsschaltungen für Steuerungs- und Rechenzwecke entworfen werden.

Durch eine schrittweise Vertiefung, umfangreiche Beispiele sowie über 50 Aufgaben mit Lösungen ist dieses Buch der ideale Begleiter für die Vorlesung, zum selbstständigen Lernen oder zur Vorbereitung auf die Prüfung.

Mehr Informationen finden Sie unter **www.hanser-fachbuch.de**

HANSER

010010000011110000

von Grünigen

**Digitale Signalverarbeitung
mit einer Einführung in die kontinuierlichen
Signale und Systeme**

5., neu bearbeitete Auflage

372 Seiten. 249 Abb.

€ 34,99. ISBN 978-3-446-44079-1

Auch als E-Book erhältlich

€ 27,99. E-Book-ISBN 978-3-446-43991-7

Das Buch bietet Ihnen eine Einführung in die kontinuierlichen Signale und Systeme und vermittelt die Grundlagen der digitalen Signalverarbeitung. Es richtet sich an Studierende und Ingenieure. Der Stoff wird anschaulich dargestellt. Viele Anwendungsbeispiele, Zeichnungen und Übungen mit Lösungen ermöglichen ein spannendes Einarbeiten in die anspruchsvolle Materie.

MATLAB ist ein Programm, das in der digitalen Signalverarbeitung häufig eingesetzt wird. Viele Übungen sind mit diesem Programm ausgeführt und im Internet verfügbar.

Mehr Informationen finden Sie unter **www.hanser-fachbuch.de**

Huttary
**Haushaltselektronik
erfolgreich selbst diagnostizieren und reparieren**